ISBN 978-1-332-65920-3
PIBN 10368006

English
Français
Deutsche
Italiano
Español
Português

www.forgottenbooks.com

Mythology Photography **Fiction**
Fishing Christianity **Art** Cooking
Essays Buddhism Freemasonry
Medicine **Biology** Music **Ancient
Egypt** Evolution Carpentry Physics
Dance Geology **Mathematics** Fitness
Shakespeare **Folklore** Yoga Marketing
Confidence Immortality Biographies
Poetry **Psychology** Witchcraft
Electronics Chemistry History **Law**
Accounting **Philosophy** Anthropology
Alchemy Drama Quantum Mechanics
Atheism Sexual Health **Ancient History**
Entrepreneurship Languages Sport
Paleontology Needlework Islam
Metaphysics Investment Archaeology
Parenting Statistics Criminology
Motivational

SOCIÉTÉ

DES

ANCIENS TEXTES FRANÇAIS

———

DOON DE LA ROCHE

PUBLIÉ PAR

Paul MEYER et Gédéon HUET

Le Puy-en-Velay. — Imprimerie Peyriller, Rouchon et Gamon.

DOON DE LA ROCHE

CHANSON DE GESTE

PUBLIÉE PAR

PAUL MEYER ET GÉDÉON HUET

PARIS

LIBRAIRIE ANCIENNE ÉDOUARD CHAMPION

ÉDITEUR

5, QUAI MALAQUAIS (VIe)

Publication proposée à la Société le 24 avril 1878.

Approuvée par le Conseil dans sa séance du 22 mai suivant, sur le rapport d'une Commission composée de MM. Henri MICHELANT, Gaston PARIS et Gaston RAYNAUD.

Commissaire responsable :

(en remplacement de Gaston Paris,
mort avant le commencement de l'impression)

M. Antoine THOMAS.

INTRODUCTION

CHAPITRE PREMIER

L'édition de *Doon de La Roche* a eu une histoire longue, compliquée et finalement douloureuse.

Le manuscrit de Londres qui contient le poème avait été signalé dès 1838 par Francisque Michel, parmi les résultats du voyage d'exploration dans les bibliothèques anglaises, dont il avait été chargé par le Ministre de l'Instruction publique [1]. — Lorsque Guessard conçut

1. Francisque Michel, *Rapports à M. le Ministre de l'Instruction publique sur les anciens manuscrits... qui se trouvent dans les bibliothèques d'Angleterre et d'Écosse*, Paris, 1838, in-4°, p. 55-56. Fr. Michel donne quelques détails sur le manuscrit du Musée Britannique, cite les 10 premiers et les 11 derniers vers de la chanson et indique un rapprochement possible avec *Doon de Mayence*. — A ces 21 vers, publiés par Franc. Michel, il faut ajouter deux fragments, formant un ensemble de 122 vers, correspondant aux vv. 1258-1300 et 2696-2774 de notre texte, publiés par M. W. Benary, dans le t. XXXI des *Romanische Forschungen*, p. 385-392, en appendice à l'étude que nous mentionnerons plus loin. C'est tout ce qu'on a publié jusqu'ici de *Doon de La Roche*.

le projet de la publication intégrale des chansons de
geste, dans la collection des *Anciens poëtes de la France*,
il songea à *Doon de La Roche*. Un romaniste allemand,
Carl Sachs [1], fut chargé, en vue de cette publication,
par Fortoul, alors Ministre de l'Instruction publique,
d'une mission littéraire en Angleterre : il en rapporta,
entre autres, une copie de *Doon de La Roche*, qui fut,
tout porte à le croire, remise à Guessard, et une
analyse du poème, que l'auteur publia en allemand,
à Berlin, en 1857, avec d'autres travaux sur la littérature du moyen âge [2].

Dans le prospectus joint au volume des *Anciens
poëtes de la France* qui parut en 1858 et qui contient
Gui de Bourgogne, *Otinel* et *Floovant*, on annonce
comme devant paraître : « *Fiérabras* par M. Kröber,
Doon de La Roche, par M. le doct. Ch. Sachs ». — Dans
le prospectus joint au volume qui contient *Gaufrey* et
qui est daté du 1er octobre 1859, *Doon de La Roche* est
indiqué comme devant être le 19e volume de la série ;
C. Sachs n'est plus nommé comme éditeur. — En
1864, G. Paris écrivait : « ... le roman de *Doon de
La Roche*... qui prendra bientôt sa place dans la collection des *Anciens poëtes de la France* [3] » : l'œuvre
n'avait toujours pas paru.

Guessard se méfiait, semble-t-il, de l'exactitude de la
copie de Sachs ; il profita d'un voyage que fit en Angleterre M. G. Fagniez, alors élève de l'École des chartes,
pour obtenir une révision du manuscrit. M. Fagniez

1. Il fut plus tard, avec Césaire Villatte, auteur du grand
Dictionnaire allemand-français et français-allemand.

2. *Beiträge zur Kunde alt-französischer, englischer und pro-
venzalischer Literatur, aus französischen und englischen Biblio-
theken, von C. Sachs*, Berlin, Nicolai, 1857, in-8o. L'auteur donne,
p. 2-10, l'analyse de *Doon de La Roche*, avec quelques remarques sur la langue du manuscrit.

3. *Bibliothèque de l'École des chartes*, 5e série, V (1864), 105.

fit des collationnements et des conjectures : le tout fut remis à M. Paul Meyer [1], qui fut alors, semble-t-il, chargé définitivement du soin de l'édition. M. Meyer, collationna de nouveau la copie de Sachs sur le manuscrit de Londres [2] et prépara cette copie revue et corrigée pour servir de base à l'édition, conformément au principe établi par Guessard pour la collection des *Anciens poëtes*, savoir : reproduction fidèle du texte du manuscrit principal (ici manuscrit unique), sauf dans le cas de leçons manifestement erronées.

Après les événements de 1870-1871, la publication de la collection des *Anciens poëtes* (qui, il faut le dire, n'avançait que très lentement pendant les années qui précédèrent immédiatement la guerre franco-allemande) fut définitivement abandonnée; en revanche, en 1875 fut fondée la Société des Anciens Textes Français. Dans la séance du Conseil d'administration de la Société du 24 avril 1878, M. Meyer proposa deux nouvelles publications : *Yder* et *Doon de La Roche*; le projet fut renvoyé à une commission, composée de MM. Michelant, G. Paris et G. Raynaud; dans la séance du 22 mai 1878, G. Paris fit un rapport et conclut à l'admission du projet. G. Paris fut nommé commissaire responsable [3].

Dans l'assemblée générale de la Société qui eut lieu bientôt après, le 29 mai 1878, M. Meyer, dans le rapport qu'il fit en qualité de secrétaire, parla en détail des deux poèmes qu'il s'agissait de publier. Ce qu'il dit alors [4] mérite d'être reproduit ici en entier, du moins en ce qui concerne *Doon de La Roche* :

1. Je dois la connaissance de ces faits à une communication obligeante de M. G. Fagniez, datée du 17 novembre 1917.
2. A la fin de la copie collationnée, on trouve, écrite de la main de M. Meyer, la date du 3 octobre 1865.
3. *Bulletin de la Société des Anciens Textes*, IV (1878), 72-73.
4. *Bulletin*, année citée, p. 87 et suiv.

J'ai encore à vous entretenir de deux projets réservés à un avenir moins prochain, mais au sujet desquels il importe de prendre date. Il s'agit de deux poëmes, encore inédits... Ce sont le roman d'*Yder* et la chanson de *Doon de la Roche*...

Doon de La (sic) *Roche* est une chanson de geste d'environ 4,600 vers dont l'action se passe sous Pépin le Bref. Pépin a donné en mariage sa sœur Olive à Doon de la Roche. Injustement accusée, la malheureuse épouse est chassée par son mari, et le poème est le récit des exploits à la suite desquels le jeune Landri, fils d'Olive et de Doon, réussit à se venger des traîtres qui ont calomnié sa mère. Ce thème, d'ailleurs connu, est traité avec originalité. Le récit est bien conduit, on peut même dire bien écrit, et abonde en traits intéressants. La chanson de *Doon* est ancienne : tout entière en assonances, on ne peut guère la faire descendre plus bas que la fin du xiiᵉ siècle. Signalée pour la première fois, il y a plus de quarante ans, par M. Fr. Michel, dans un manuscrit du Musée britannique, analysée sommairement il y a vingt ans par M. le Dʳ Sachs, elle est restée jusqu'à ce jour inédite, et aucun nouvel exemplaire n'en a été découvert. M. Guessard ayant bien voulu nous faire don de la copie qu'il avait fait exécuter autrefois du manuscrit du Musée britannique, votre Conseil a pensé qu'il y avait lieu de placer *Doon de la Roche*, aussi bien qu'*Yder*, au nombre des publications dont il convient de s'occuper dès maintenant.

Dix années passèrent, pendant lesquelles d'autres travaux, notamment l'édition de la *Vie de Guillaume le Maréchal*, absorbèrent l'activité de M. Meyer. Mais en 1908 il revint décidément à *Doon de La Roche*. Dans le procès-verbal de la séance du Conseil de la Société du 19 novembre de cette année nous lisons : « M. P. Meyer informe le Conseil qu'il a mis sous presse le poème de *Doon de La* (sic) *Roche*... Le Conseil nomme M. Thomas commissaire responsable pour cette publication, en remplacement de G. Paris. Le tirage est fixé

à 625 exemplaires dont 25 sur papier Whatman ¹ ».
Des communications au Conseil le tenaient au courant
des premiers progrès de l'impression ². Mais, dans le
procès-verbal de la séance du Conseil du 15 décembre
1910, on lit ³ : « M. Meyer espère reprendre l'impression de *Doon de la Roche*, que son état de santé l'a
obligé d'interrompre ». Avec sa conscience habituelle,
il crut devoir donner des explications plus détaillées
dans le rapport qu'il lut à l'assemblée générale de la
Société, le 28 décembre suivant ⁴ : « Nous devons
encore un livre, et j'ai le regret de dire que la faute est
mienne. Je suis en effet atteint, depuis plusieurs mois,
d'une affection dont je ne suis pas guéri, et qui rend
mes travaux très pénibles. Toutefois mon édition de
Doon de La Roche est assez avancée et j'espère réussir
à la terminer pendant la prochaine année ».

Mais M. Meyer avait trop présumé de ses forces. Il
ne revint sur *Doon de la Roche* que dans son rapport
lu à l'assemblée générale de la Société le 23 décembre
1913 ; il y expliqua en même temps pourquoi et en
quelle mesure il s'était adjoint un collaborateur ⁵.

Il convient maintenant de vous entretenir des autres publications depuis longtemps préparées et annoncées, et qui
ne pourraient être retardées sans inconvénient. L'une est la
chanson de *Doon de la Roche* dont les trois premières
feuilles sont en épreuves depuis 1909, et que j'ai dû interrompre, comme bien d'autres travaux, par l'état de ma
santé. Cependant il faut bien en finir. Ce qui me fatigue
particulièrement, ce n'est pas l'établissement du texte, qui
peut être terminé en peu de mois, c'est la rédaction de
l'introduction, ou plus spécialement d'une certaine partie

1. *Bulletin de la Société*, XXXIV (1908), 58.
2. *Bulletin*, XXXV (1909), 43 ; XXXVI (1910), 44.
3. *Bulletin*, XXXVI (1910), 50.
4. *Bulletin*, XXXVI (1910), 72.
5. *Bulletin*, XXXIX (1913), 77-78.

de l'introduction : la légende de dame Olive, la femme de Doon de la Roche. C'est une variante de l'histoire de la femme injustement accusée et persécutée qui finalement est réhabilitée et reprend sa position première. Les versions de ce récit, en quelque sorte banal, sont très variées et ont été maintes fois étudiées. Pour caractériser la forme que présente le poëme de *Doon de la Roche* il me faudrait poursuivre des recherches que mes loisirs et surtout l'état de ma santé, notamment la faiblesse de mes yeux, ne me permettent pas de conduire à bonne fin. Je me suis donc adressé à notre confrère M. Huet, qui est fort au courant des travaux publiés sur le groupe de légendes auquel appartient *Doon de la Roche*. Grâce à lui j'espère avoir terminé l'an prochain l'édition depuis si longtemps commencée.

Le rapport où se trouvent ces paroles fut le dernier que M. Meyer put rédiger en sa qualité de secrétaire de la Société des Anciens Textes. Le mal dont il était atteint fit malheureusement des progrès de plus en plus rapides et devint bientôt incurable.

Quand M. Meyer se fut éteint, après de longues souffrances, la confiance de Madame Meyer et celle de la Société des Anciens Textes me chargèrent de l'achèvement d'un travail auquel M. Meyer lui-même, on l'a vu, m'avait en quelque sorte associé pendant sa vie.

CHAPITRE II

LE MANUSCRIT ET LES FRAGMENTS. — LANGUE DES
FRAGMENTS ET DU MANUSCRIT.

.

La chanson de *Doon de La Roche* ne nous est parvenue que dans un seul manuscrit complet, conservé à
Londres, dans le *British Museum* : il y est côté Harley 4404. Quelques détails sur ce manuscrit ont été
donnés par H. L. D. Ward [1] ; j'en dois d'autres à l'obli-
geance de MM. L. Brandin et O. H. Prior, qui ont bien
voulu examiner le manuscrit à mon intention. D'après
ces données, le manuscrit est un in-4°, sur papier, de
251 feuillets, de 294 sur 210 millimètres ; l'écriture est
du xve siècle. La reliure est en cuir de Russie et porte
en repoussé les armes du second comte d'Oxford,
Edward Harley. Au dos sont écrits les titres : *Le roman
de Doon l'Allemand de la Roche. Epistre de Prestre
Jehan. Le Romans des Anfances Ogier.* Au dessous :
MUS. BRIT. BIBL. HARL. 4404 PLUT. LXX. E. Aucune note
d'un genre quelconque sur les feuilles de garde ou
ailleurs, de sorte que nous n'avons aucune donnée
sur les origines du manuscrit et ses destinées jusqu'au
moment où il fit partie de la collection harleienne [2].

1. *Catalogue of romances in the Department of manuscripts of
the British Museum*, London, 1883, I, 871. Une courte description
du manuscrit avait déjà paru dans *A Catalogue of the Harleian
manuscripts in the British Museum*, London, 1808, III, 141.

2. On sait qu'Edward Harley avait hérité de la magnifique
collection de manuscrits formée par son père, Robert Harley,
premier comte d'Oxford ; il y ajouta des acquisitions nouvelles.
Il mourut en 1741. En 1753, sa veuve vendit la collection à la
nation anglaise ; elle fut placée au Musée Britannique ; voir
Dictionary of National Biography, XXIV, 396. Nous ne pouvons

Le volume, écrit d'un bout à l'autre de la même main, contient : fol. 1-88 recto, *Doon de La Roche*; 3 ff. blancs, non numérotés; fol. 89, *Lettre du Prêtre Jean à l'empereur Frédéric* [1]; fol. 102-251, les *Enfances Ogier*. — Dans la partie qui contient *Doon de La Roche*, il y a 24 a 27 vers par page ; une initiale rouge marque le début de chaque laisse. — Le manuscrit est bien conservé ; dans la partie qui contient *Doon de La Roche* on trouve, au fol. 82 *b*, des vers incomplets (voir notre texte, v. 4356-4364), mais le feuillet est intact; l'écriture n'a pas souffert; il est probable que le manuscrit que le scribe avait sous les yeux offrait à cet endroit un texte en partie illisible et que le copiste s'est borné à transcrire ce qu'il pouvait lire, s'abstenant sagement de compléter les vers par des conjectures personnelles.

Si, dans ce cas, il a fait preuve de discrétion, il a malheureusement, au cours de son travail, donné de nombreuses preuves de négligence [2] et de précipitation ;

remonter plus haut en ce qui concerne les destinées du manus-crit, qui n'a certainement pas été écrit en Angleterre et qui doit provenir de France.

1. *Incipit :* « Prestes Jehans par la grace de Dieu », *etc.* C'est une pièce qui se trouve dans de nombreux manuscrits (voir *Romania*, XV (1886), 177) et qui a été publiée par Jubinal dans son édition de Rutebeuf, 2ᵉ édit., III, 356 et suiv. M. O. H. Prior a constaté d'assez fortes différences de rédaction entre le texte du manuscrit et celui de Jubinal, « mais le fond est le même, quoique la forme diffère souvent ».

2. Cette négligence se manifeste surtout par de nombreuses lacunes de vers entiers ou même de petits groupes de vers qui ont été sautés. L'original sur lequel travaillait le copiste peut être responsable d'une partie de ces lacunes ; mais c'est bien le scribe du manuscrit de Londres qui a sauté le vers 1277, lequel se lit dans le premier des deux fragments appartenant à M. Lelong ; comme nous verrons, il est à peu près certain que l'auteur du manus-crit de Londres a travaillé sur le *codex* perdu dont ces fragments sont des débris. C'est donc lui qui est probablement responsable d'une bonne partie des autres lacunes qui défigurent le texte : s'il a sauté un vers dans ce passage, il a pu en sauter d'autres.

de plus, il connaissait mal la langue des chansons de geste, déjà archaïque de son temps [1]. La tâche de l'éditeur eût été moins ardue et incertaine, si, au lieu du manuscrit de Londres, il avait eu à sa disposition un autre manuscrit, plus ancien et meilleur, dont il ne reste malheureusement que deux feuillets.

Ces deux feuillets, que nous désignerons par la lettre *L*, appartiennent à M. Eugène Lelong, qui les a achetés avec un lot de papiers et de débris provenant de Saumur. M. Lelong suppose que ce sont des débris d'un manuscrit qui aurait appartenu à la bibliothèque de Saint-Florent de Saumur ou à celle de Fontevrault. Il est probable que ces fragments ont servi de couverture à un registre et ont été ainsi préservés de la destruction.

Les deux feuillets de parchemin ont une dimension de 328 sur 210 millimètres [2]. Il y a deux colonnes par page, chaque colonne comptant 45 vers ; le début de chaque laisse est marqué par une grande initiale, alternativement bleue et rouge ; la première lettre de chaque vers est marquée d'un trait rouge. — L'écriture est du premier quart du XIVe siècle ; elle est soignée, mais un peu carrée et épaisse, de sorte qu'elle produit, à première vue, une impression confuse. Malgré les épreuves qu'ils ont traversées, les fragments ont peu souffert et sont lisibles, dès qu'on est habitué à l'écriture. Ces fragments vont, le premier, du v. 1146 au

---

1. Certains indices feraient croire que le manuscrit a été écrit sous la dictée. Nous signalons à ce point de vue la singulière faute *cest* pour *sait*, v. 3406 et l'emploi, tout aussi singulier, de l'infinitif pour le participe, *travaillier* pour *travaillié*, v. 3528, *esploitier* pour *esploitié*, v. 3517 ; des confusions du singulier et du pluriel à la 3e personne des verbes. Ces fautes s'expliquent plus facilement par des erreurs auditives que par des erreurs visuelles.

2. Ces mesures sont celles du premier feuillet, qui paraît intact ; le second a été rogné en haut.

v. 1325; le second, du v. 3110 (ce premier vers a été
en partie endommagé par le couteau du relieur) au
v. 3289 du texte.

M. P. Meyer a noté que le manuscrit auquel ces fragments ont appartenu doit avoir été, par un hasard singulier, l'original du manuscrit de Londres. En effet, ce
manuscrit reproduit, au v. 1155, une leçon fautive, qui
est le résultat d'une correction mal faite dans *L* ; si ce
fait peut ne pas être évident pour celui qui lit la note
(p. 44 de notre texte) où cette faute est indiquée et où
l'origine en est démontrée, d'une façon nécessairement
un peu complexe, il est absolument clair pour celui qui
a sous les yeux le fragment lui-même, et le met à côté
de la leçon du manuscrit de Londres.

Une étude attentive des leçons du manuscrit, com-
parées à celles des fragments, confirme ce résultat : les
fautes des fragments se retrouvent régulièrement dans
le manuscrit [1] ; nulle part [2] celui-ci ne présente une
variante préférable à la leçon des fragments [3].

---

1. On peut citer spécialement le v. 1187 (*fuanz*, faute commune au fragment et au manuscrit, pour *fianz*); le v. 1269 (*es*
pour *est*, *vo* pour *vos*, fautes communes au fragment et au
manuscrit); le v. 1275 (les mots *et mi* manquent dans le fragment
et dans le manuscrit); le v. 1300 (le mot *ja* manque dans les
fragments et dans le manuscrit). Le v. 1301 se lit dans le
fragment et dans le manuscrit : *Quant li enfes issi fors de
Coloinne a cel terme*, ce qui donne une syllabe de trop. Au
v. 3284, le second *de* manque à la fois dans le fragment et dans
le manuscrit.

2. La seule exception se rencontre au vers 3236, où le fragment
porte, au lieu de *grans* qui se lit dans le manuscrit de Londres et
qui doit être la bonne leçon, un assemblage de lettres dénuées
de sens. Mais le copiste du manuscrit a pu restituer *grans* par
conjecture : le scribe le plus négligent peut avoir par hasard une
bonne inspiration.

3. Un fait curieux qui mérite d'être noté à propos des
fragments, c'est que le copiste ne paraît pas avoir compris
la locution *par som* (ou *son*) *l'aube* (= au lever du jour), fré-

La langue des fragments *L* mérite d'être étudiée avec soin, étant plus près de celle de l'original que celle du manuscrit de Londres. L'exposé qui suit reproduit, avec quelques additions et modifications, une note détaillée de M. Meyer, rédigée en vue de l'Introduction à l'édition projetée.

Phonétique. — Voyelles.

A pour *e* est constant dans *fame*, 1221, 1298. L'auteur confondant les sons originairement distincts *an* et *en* (voir ce qui est dit plus loin sur la langue du poème), il est naturel que le copiste ne se soucie pas d'employer ces deux groupes conformément à l'étymologie et qu'il ait une tendance à écrire le plus souvent *an* [1]. Cependant, il conserve très souvent la graphie étymologique *en*, soit à la tonique, soit avant : *argent* 3121, *enfes* 1183, 1307, 3224 ; *enfant* 1166, 1179 ; *enraigier* 3281 ; *entendez* 1146 ; *entendui* 1249 ; *gent*, *genz* 3120, 3141. Pour la préposition et l'adverbe, (in ou inde), on a plus souvent *en* qu'*an* : 1156, 1157, 1159, 1163, 1164, 1171, 1226, etc. — On est porté à considérer comme une erreur de copiste *danrons* (pour *donrons*) 1149 ; cf. *donroie* 1174. Cependant on ne peut affirmer que cette prononciation n'ait pas existé.

Ain par *an* se rencontre en des cas assez bien déterminés, avant *ch* et *g* continu : *maingier* 3275, *maingeroient* 3260, *plainchier* 3265. *Estrainglaie* (étranglée) 1208, où le *g* est explosif, est exceptionnel ; la finale n'en est pas moins surprenante, car *-aie*, pour le latin *-ata*, est une prononciation de la région alpine [2].

---

quente dans les chansons de geste : au v. 1230, on lit dans le fragment *par sour l'aube*. Cette expression est régulièrement estropiée dans le manuscrit de Londres, ce qui n'a rien d'étonnant, vu sa date ; il est plus singulier qu'elle ait embarrassé le copiste du fragment, qui écrivait dans le premier quart du xive siècle.

1. Sur la graphie *sanc*, 1169 et 1281, pour *sens*, voir plus loin où nous traiterons de la langue du manuscrit de Londres.

2. Dans notre fragment, c'est peut-être simplement une gra-

Ai pour *a* se rencontre devant *g* continu (suffixe
-a t i c u s, etc.): *putaige* 1168, 1312, *hontaige* 3148,
anraige 1223, 1253, *enraigier* 3179, *saiges* 3132.— Si
mas (mais) 3189, n'est pas une faute de copiste, c'est
un exemple de la réduction d'*ai* à *a*, que nous retrouverons en étudiant la langue du manuscrit de Londres.

Si *aseier* 3279 était vraiment l'équivalent d'*essaier*,
on aurait un exemple du passage d'*e* protonique initial
à *a*, dont nous trouverons des traces assez nombreuses
dans la graphie du manuscrit de Londres, mais le vers
n'est pas bien clair et il peut être altéré.

Poichiez (=*pechiez*) au v. 3238 nous offre un exemple
du passage d'*e* protonique à *oi*; d'autre part *e* tonique,
issu d'*ĭ* latin entravé, passe à *o* dans *eschevole* 1305,
correspondant au francien *eschevele*.

Oi pour *o* est habituel avant *ch* et *g* continu : *La
Roiche* 1146, 1218, 3288; *loiges* 3204; dans ces deux
exemples, l'*o* est ouvert et tonique; de même avant
l'accent : *loigié* 3113, *broichant*, 1160, et dans *boiche*
1285, où l'*o* est fermé et tonique. On lit *ois* pour *os*
(première personne du présent de l'indicatif) au v. 1262.

Dans *ensoigner* 3227, *proinne* 1297, *roinne* 1233,
roigne 3150, *oi* correspond à la forme française *ei*
(*enseigner*, *preigne*, *reigne*), l'*i* servant à marquer le
mouillement de l'*n*. On a aussi *oi* dans *consoil* 1209,
moillor 3249, *ploin* 1213.

O, ou sont employés indifféremment pour l'*o* fermé
(latin ō, ŭ) : d'une part, *nos, vos, lor, por, jor*, mots qui
reviennent fréquemment, *gloʒ* 3111, *desoʒ* 3201, *trestot* 1280, *toʒ* 1188, 1247, *traïtor* 1188, *seinnor* 1244,
ore (lat. h o r a) 1261, *jornées* 1319, *secors* 1268, *plore*
1265, *ploroient* 1304; d'autre part, *bourc* 1259, *court*
1258, *glorious* 3217, *nevou* 3138, 3214, *prouʒ* 3228.

phie particulière (*aie* pour *ée*); comp. *vaiai* = *veai* (lat. v e t a v i)
3234.

— Dans *douce* 1262, l'*u* peut représenter *l* vocalisée, mais il y a *doʒ* (masculin) au v. 1272. — Dans *pou* 135, etc., l'*o* est ouvert (lat. p a u c u m), mais il y a *po* aux vers 1281 et 1313.

U représente *ue* : *mute* 3195, *illuc* 3186; mais on lit *bues* au v. 3205. — On lit *veul*, pour *vuel*, au v. 3242. — *Gurpie*, pour *guerpie*, au v. 1258, peut être une faute du scribe.

Ui dans *fuissieʒ* 1166, à côté de *fusse* 1167, n'est point une forme insolite; mais ce qui est bien exceptionnel, ce sont les participes passés *entendui* 1249, *corrui* 1161; la forme habituelle *u* se trouve dans *venu* 1309, 1319 et *descendu* 1320. *Fui* (lat. f u i t) est constant (1156, 1194, 1198, 1206, 1287, 3136, 3216, 3243); de même on a *connuit* 3215 et *estuit* 1195.

Consonnes. — *L* n'est pas toujours vocalisée devant une consonne : on trouve *nel* (ne le) au v. 3287, mais il y a *nou* au v. 3234; *viels* (pour *vuels*) 3286, 3287, mais *voudrai* 3222, 3223. L'article masc. sing. combiné avec *de* est tantôt écrit *dou* 1214, 3123, 3198, 3241, tantôt *do* 1270, 1274.

La notation de la finale *us* (*ls*) est flottante : *aux* 1161, mais *ax* 1214; *biaus* 1232, 1236; *biax* 1250, 1294, 3256, 3272; *bex* 1165; *damoisiax* 1302.

L mouillée, entre deux voyelles, est écrite *ll* : *essillieʒ* 3183, 3237, *moillier* 3181, 3191, 3229; suivie d'une consonne, elle est écrite *l* : *mielʒ* 1324, *iels* 1161, ou se vocalise en *u* : *euʒ* 1254.

N mouillée, entre deux voyelles, est figurée par *nni* : *gaainnier* 3194, *plainnier* 3202, ou par *gni* : *ensoignier* 3227, *ensoigneʒ* 3165; devant une atone on a *nn* : *vinne* (lat. v i n e a) 3197, *Coloinne* 1301.

Le son résultant de *t* + *s* latins est noté par *ʒ* dans *ensoigneʒ* 3165, *outragieʒ* 3167, mais par *s* dans *amïés* 3178.

Morphologie. — Déclinaison. — On trouve *s* analo-

gique au cas sujet singulier des substantifs : *hons* 1248,
3187, *prodons* 3186, 3220, *peres* 3125, 3144 ; la forme
Doʒ pour *Do*, constante dans le manuscrit, se lit dans
le fragment au v. 3238 ; je n'ai pas trouvé d'exemple
de *Do*. — Dans la déclinaison du pronom possessif, on
peut noter *tui* 1234 (cas régime pluriel).

Conjugaison. — Nous ne voyons à relever que *redoʒ*
3210 (1re pers. du sing.[1] du présent de l'indicatif),
gardoit 1307 (3e pers. du sing. du présent du subjonctif) et *haubergetes* 3259 (2e pers. plur. du présent
de l'indicatif).

Si la langue des fragments a un caractère oriental
nettement prononcé (à noter *ai* pour *a* dans certains
cas, *oi* pour *ei*, *oi* pour *o*), ce caractère est encore bien
plus marqué dans la langue du manuscrit de Londres,
qui offre d'ailleurs une plus grande variété de faits, ce
qui s'explique par la différence d'étendue, le manuscrit
contenant plus de 4600 vers au lieu des 360 des
fragments. Remarquons dès maintenant que, par un
hasard singulier, les traits les plus frappants de la langue du manuscrit, pratiquement unique, qui contient
Doon de La Roche, se retrouvent dans le manuscrit
également unique qui nous a conservé la chanson de
geste d'*Orson de Beauvais*. Dans l'exposé qui suit, nous
renverrons, pour ces traits, à l'étude de G. Paris, dans
l'Introduction à son édition de ce dernier poème [2].
Nous prenons comme point de comparaison le
« francien » normal.

Notons, avant de passer aux faits de phonétique
proprement dite, quelques particularités de graphie, qui
s'expliquent par la date du manuscrit : *au* (issu d'*al*)
s'écrit parfois *aul* : *aultres* 15, 26, *aultre*, 1298, *hault*

---

1. Nous retrouverons plus loin une forme analogue dans le
manuscrit de Londres, p. XXIII.

2. *Orson de Beauvais* (Paris, 1899), p. VII-XVIII.

46, etc.; *us* final s'écrit *lx*, *ux* et même *ulx*: *bealx* 2847, *chevalx* 1317, *joieulx* 3216, *beaulx* 3207, *chevaulx* 18, 573, 2469, *damoisiaulx* 2680, *glorieulx* 3198, *mieulx*, 1324, *mantiaulx* 25, *morciaulx* 3448, *senechaulx* 3555, etc. De même, *i* est assez souvent écrit *y*: *tournoy* 17, *loyaulment* 12, *roy* 20, *joye* 80, etc. — Il y a des traces d'orthographe étymologique : *corps* 43, *monstré* 45, *nepveu* 520, 3138, etc. (très fréquent) [1].

Phonétique. — Voyelles.

A est représenté par *ai* dans les syllabes protoniques : *aisiet*, *aissiet* (assiet) 2763, 3200, *maingier* 1443, 1537, *mainja* (mangea) 1228, et plus souvent dans les toniques : *baire* (barre) 3092, *baires* 3614, *barnaige* 16,107, *lignaige* 88, *pais* (pas) 3416, etc. Ces formes se retrouvent naturellement dans les verbes : *abaitre* 1394, *availlent* (avalent) 3575, *chaice* (chasse) 1403, *faice* (fasse) 3097, *osaites* (osaistes, osastes) 3626, *paissent* (passent) 2911 ; *ai* (a) 1849, *ait* (a) 1742, 2773, *vai* (va) 272 ; *vait* (vat, va) 267, etc., et surtout aux deuxièmes et troisièmes personnes du singulier du futur : *irais* 1294, 1362, *serais* 1349 ; *avrai* 2251, *dirai* 545, *ferai* (= *serai*, sera) 152, *irai* 130, *vandrai* (viendra) 3306, etc., et aux troisièmes personnes du singulier du prétérit : *plourai* (ploura) 187 [2]. Comparer *Orson de Beauvais*, Introduction, p. VIII. — *A* peut devenir *au* devant *l* et *bl*: *maul* 3357, *maule* 3410, *saule* (*sale*) 3535, 3557; *conestauble*, 3568, *quennissauble* 3601, *tauble* 3412 (cf. *Orson*, Intr., p. VIII-IX). — Parfois *a* devient *e* : *Elemens* (Allemands) 13, *essaus* (assaut) 1867, *leniers* (laniers) 2453, *chevellerie* 2691, *vessaulx* (vas-

---

1. La forme *monstier* pour *moustier*, 1201, 3516 se trouve déjà dans *Jourdain de Blaie*, édit. C. Hofmann.

2. Il faut probablement expliquer par le passage d'*a* à *ai*, suivi de la simplification d'*ai* en *e*, les formes *melletes* (mellastes) 4002 et *chaceste[s]* (chaçastes) 4005 ; cf. *haubergeres*, faute pour *haubergetes*, 3259.

saus) 3704 *pert* (part) 3821. Dans *Orson*, G. Paris n'a constaté ce fait que pour *a* devant *n* (Intr., p. ix). — Une fois, devant une chuintante, *a* devient *oi* : *broichès* (brachez) 3303.

E provenant d'*a* latin tonique libre devient *ei* (sporadiquement) : *grei* ou *grey* 77, 595, 1587, 3031, *crestientey* 407, *maufei* 3291, *prei* 2968 ; dans les participes : *donney* 408, *gardei* 872, *ancontrei* 1604, etc. Dans ces exemples, *ei* est final, mais on le trouve aussi à l'intérieur d'un mot : *meire* (mère) 490, *remeist* 865, *sceit* 814, 887, 3111, etc., de *savoir* (cf. *Orson*, Introd., p. ix). — *E* de toute provenance peut devenir *a*, soit dans les syllabes toniques : *ast* (est) 2951, *duchasse* 2570, *remas* (remés, de *remanoir*) 3067, *sale* (selle) 2012, 3792, soit surtout dans les protoniques : *assauça* (exhaussa), 5, *arastement* 2614, *armine* (ermine) 2706, *aseier* (essayer) 3379 [1], *assauças*, 2967, *avesques* 2936, 2967, etc., *Barnars* 3191, 3660, *Barnart* 3215, *gardon* (guerredon) 3326, *palée* (pelée) 4110, *ramés* 1902, *trabuchier* 2304, 2481. On trouve même *assongne* 4340, pour *enseigne*, ce qui semble supposer une forme *esseigne*. C'est surtout quand ce fait phonétique s'accompagne de la chute de l'*s*, dont nous parlerons plus loin, que le mot prend un aspect quelque peu déconcertant : *amaier* (esmaier) 3100, *avoilla* (esveilla) 2713, *aposa* (esposa) 4533, *malée* [2] (meslée) 2059, *ratoié* (restoié) 2537. Ce changement d'*e* en *a* se retrouve dans *Orson de Beauvais* (Introd., p. ix). — Un cas spécial, où *e* est supplanté par *a*, est celui des troisièmes personnes du pluriel du prétérit : *retournarent*, 1184, *jurarent* 1202, *montarent* 2972, *lassarent* 4377, etc.; nous reviendrons sur ce fait à propos de la langue du poème. — Notons

---

1. Cette forme reproduit celle du fragment; voir plus haut, p. xii.
2. Cette forme est aussi dans *Parise la Duchesse* (v. 2333, édit. Guessard et Larchey), dont le manuscrit unique a une teinte orientale prononcée.

encore quelques formes où ï latin entravé est rendu
par *o* (*vove* 29, lat. vĭdua) ou par *oi* (*eschevoille* 1305,
lat. *excapillat), et joignons-y (quelle que soit l'explication qu'il en faille donner) *aort* 1341.

E protonique peut passer à *i* : *giter* 2546 et à *au* :
Leauroine (pour *Loeroine*, Lorraine) 130, *guerraudon*
3383. — On le trouve quelquefois représenté par *o* et
par *u* : *proer* 35, *gurpie* 1258. — Notons encore *vaiai*,
pour *veai*, 3234, qui reproduit une forme que nous
avons déjà signalée à propos des fragments. Nous traiterons plus loin, en parlant de la morphologie, de la
chute de l'*e* protonique dans le futur des verbes de la
première conjugaison. — Par contre, un *e* posttonique
inorganique paraît dans *avecque* 3222, *avecques* 3316
(pour *avoec, avec*)[1]. On a également la forme singulière
peres 36, pour *pers*, pairs.

E nasalisé (*en*) devient *a* (*an*) beaucoup plus fréquemment que dans les fragments : *anfes*, 75, 94, *apant* 8,
antandre 80, 94, *antans* 1227, *ante* (ente) 1394, 1418,
jugemant 21, *panre* 253, etc.; les exemples abondent. De
même dans les syllabes protoniques : *amperieres* (empereres) 41, *anraige* 785, 819, 937, 1223, *tanra* (tenra,
tiendra) 68, *vanrai* (venrai, viendrai) 1277 etc., et dans
les posttoniques : *gisant* (gisent) 2912, *montant* (montent) 2286, *pendant* (pendent) 2287, *presentant* (presentent) 3028. Une fois on a *ain*, et une fois *on*, pour *en* :
gainchi 1178 (pour *guenchi*), *l'ondemain* 2117 (pour
l'endemain).

En ce qui concerne l'*i*, nous avons déjà remarqué que
cette voyelle s'écrit souvent *y*. — Nous avons noté un
exemple d'*i* inséré entre deux voyelles : *joier* 2358, pour
joer (jouer); ou bien *i* représente-t-il le *c* de jocare?

Il y a maint exemple d'*o* libre tonique (ō latin) deve-

---

1. Nous verrons que l'auteur employait parfois la forme *avecque*, mais, dans les cas cités ici, *avecque* (*avecques*) fausse le vers.

nant *eu* : *pluseurs* 24, *leurs* 25, *seigneurs* 47, *doleur* 485, *joeux* 993, *honeur* 4312, *moilleur* 3318, etc. Mais, à côté d'*o* (*enor* 8, *jugleors* 24, *seror* 89, *baudor* 113, etc.), *ou* n'est pas moins fréquent : *prou* 40, *seignours* 52, *juglour* 104, *ploure* 146, *nevou* 493, *baudour* 971, *anour* 974, etc. — *O* devient *oi* devant *ch, n, v, s, t* : *boiche* 2442, *broiche* 1099, *cloiches* 2931, *La Roiche* 2194, 2965 ¹, *boins* 2444, *oir* (or, lat. a u r u m) 2907, *oireille* 2065, *ois* (os, mod. « ose ») 1262 ², *oitour* (ostor, mod. « autour ») 2180, *oit* (ot, lat. h a b u i t) 2987, *oit* (ot, lat. a u d i t) 2825 ³, *voit* (vot, lat. v o l u i t) 3245.

Diphtongues. — *Ai* se réduit à *a* : *lassent* (laissent) 2370, *mas* (mais) 1252, 2410, 2446, 2613, 2672. Ce fait se présente surtout dans les premières personnes sing. des verbes. Présent : *a* (ai) 2411, 3820, *sa* (sai) 556, 1147, *sça* (sçai) 1278, *la* (lai ou lais) 2197 ; futur *celera* 2238, *donra* 2685, *prendra* 3522 ; prétérit *amena* 3821, *aporta* 3498, *engendra* 240, *jura* 1349, 1363, 1372, *laissa* 2025, *mena* 3095, *planta* 1272 ⁴. — Cette réduction, contrepartie du passage d'*a* à *ai*, se retrouve dans le manuscrit d'*Orson de Beauvais* (Introd. p. VII).

Ai passe parfois à *oi* : *deloier* (delaier) 276.

Au (issu d'*al*) est réduit à *a* ⁵ : *habergié* (haubergié) 2773 ; *chevache* 3058, 3722, 3824, *chevacha* 3848, *ignas* (isniaus) 3703, *madie* 2955 ; de même dans l'article : *a* (*au*) 2555, 2556, 2581, 2771. — Même fait, en ce qui concerne l'article, dans *Orson de Beauvais*, Introd. p. XII. — Tout à fait insolite est le passage d'*au* à *oi* dans *chevoichent* 4350.

---

1. Le scribe procède au hasard. Au v. 1146, où le fragment porte *La Roiche*, il écrit *La Roche*.

2. Cette notation reproduit celle du fragment.

3. *Oit* (lat. a u d i t) se retrouve assez souvent ailleurs, par ex. dans *Jourdain de Blaie*.

4. Ici le fragment porte *plantai*.

5. On pourrait dire également que, au lieu de se vocaliser, *l* tombe.

Ei s'écrit parfois *ai* : *esvailliés* (esveilliez) 3529. Il devient très fréquemment *oi*, spécialement devant *l* mouillée, *n*, *gn* et *ng* : *aparoilliés* 2761, *evoilliés* 3484, *mervoille* 195, 782 ; *moilleur* 3318, etc., *amoine*, (ameine) 2918 *ramoint* (rameint) 3418, *estroint* (estreint) 2976, *dointié* (deintié) 3103, *poine* (peine) 4197, etc. ; *amoine* (ameine) 2918, *amoingne* (ameine) 1402, *doingna* (deigna) 1865, *Leoroingne* 2816, *soigne* (seigne) 2235, 2699, 2943, 3542 ; *roiné* freigné) 315, 3014, *voigne* (veigne, viegne) 1554, 1557, *voinges* (veinges, venges) 1040, *voingier* (veingier) 1075. — Même fait dans *Orson de Beauvais*, Introd. p. xi.

Eaus, du latin e l l u s, devient souvent *iaus* : *biaulx* 1250, 1282 (mais *beaulx* 1235), *damoisiaulx* 1250, 2677 (mais *damoiseaulx* 7306), *piaulx* (peaus) 1358, *mantiaulx* 25.

J'ai noté un exemple d'*ié*, devant consonne, réduit à *i* : *laissirent* (laissiérent) 1625.

Oi devient parfois *ai* : *maie* (moie, latin m e a), *plaier* (ploier, plier) 3088. De même que *ai* se réduit assez souvent à *a*, *oi* peut se réduire à *o* : *joe* (joie) 107, 3642, *joeux* (joieus) 444, *ors* (oirs, latin h e r e s) 2957. — Le fait se retrouve dans *Orson de Beauvais*, Introduction p. vii [1].

Ou passe à *au* dans *faulx* (fous, latin f o l l i s) 3578. Cette forme se trouve ailleurs.

Nous avons relevé un exemple d'*o* non diphtongué dans *mor* 2726, première personne du sing. de l'indic. présent de *morir*, au lieu de la forme normale *muir*.

Avant de passer à l'étude des consonnes, signalons encore quelques contractions, qui n'ont rien d'étonnant quand on se rappelle la date du manuscrit : *citain* (citeain) 3115, *fel* (feeil) 2669, *gaingne* (gaaingne) 18,

---

1. Je n'ai pas trouvé d'exemple d'*ui* réduit à *u*, fait relevé dans *Orson de Beauvais*.

gaingnier, 2535, *juglour* 104, *Loroigne* 2385, *plust*
(plëust) 2693. — *E* protonique, entre deux consonnes,
tombe parfois : *guerdon* 3134, *gardon* 3326, pour *guerredon*; *chiermant* 3148, pour *chierement*.

Consonnes. — Un fait qui intéresse plutôt la graphie
que la phonétique, c'est que *c* est parfois (très rarement)
remplacé par *s* : *sens* (cens) 3130; nous verrons plus loin
la graphie inverse, *s* remplacée par *c*, qui est beaucoup
plus fréquente. — La graphie *brance* (prononcez
branke), pour *branche*, 1413, est bien connue. — Une
graphie qui intéresse la phonétique est *mange*, pour
manche, 3027.

B peut tomber dans le groupe *mb* : *tumeresces* (écrit
tumerestes), pour *tomberesses*, 4563, *tumé*, pour *tombé*
(même vers).

D, entre deux consonnes, peut tomber : *panre* (pendre)
253, et (prendre) 3585.

G continu passe à *ch* dans *lignaiche* (lignage) 700;
nous venons de relever le fait inverse, *ch* s'affaiblis-
sant en *g*[1].

H (aspiration dans les mots d'origine germanique)
tombe (très rarement) : *iaume* (heaume) 3004; on a de
même *autain* (hautain) 3419.

L, à la fin d'un mot, peut tomber : *ici* 125, *ci* (cil)
355, *si* (cil) 355 (?), *osté* (ostel) 3253; de même à l'intérieur devant consonne : *vité* (vilté) 2892. — Pour *lr*
on peut avoir *rr* : *torrai* (tolrai) 1316. — Une forme
tout à fait singulière est *solmiers* 2899, pour *sommiers*.

N, suivant *i* dans le corps d'un mot, s'écrit parfois *gn*,
ce qui semble exprimer un mouillement : *ignias* (iniaus,
isniaus) 3703, *magnie* et *maignie* (mainie, maisnie)
2374. Même fait dans *Orson de Beauvais*, Introd.,
p. XIV; parmi les exemples cités figure justement

---

1. Ces faits se retrouvent dans le manuscrit unique de *Parise
la Duchesse*; voir la préface des éditeurs, p. XIV.

magnie, pour *maisnie.* — On a, de plus, dans le manuscrit de Londres, *roigne* (rêne) 3014, 3853, et *chaingnes* (chaînes) 3091.

N mouillée peut s'écrire *ngn* : *congnuit* 3856, *Coulongne* 112, *rongne* 115, et *roingne* (règne) 3150. D'autre part, *n* mouillée s'exprime assez souvent par *in* ou *inn* : *Alemaine* 2602, *broinne* (broigne) 3739, *Coloinne* 2657, *poinant* (poignant) 3666, *toinne* (lat. teneat) 3747, etc. — Le groupe *nr* peut se réduire à *rr* : *corrée,* pour *conreée.* 4616.

R, dans les verbes, s'emploie parfois d'une façon irrationnelle, car on trouve l'infinitif pour le participe : *travaillier,* pour *travaillié,* 3528, *esploitier,* pour *esploitié,* 3517, ce qui semble prouver que, à l'époque et dans le pays où le manuscrit fut écrit, l'*r* final, de l'infinitif ne se prononçait plus.

C est souvent écrit pour *s* : *ces* (ses) 20, 3920 et ailleurs, *c'il* (s'il) 10, *ce* (se), 99, 1408, *cés* (sés, 2ᵉ p. sg. ind. pr. de *savoir*) 3227, etc. Même fait dans *Orson de Beauvais,* Introduction, p. xiv. — La graphie de *c* pour *s,* à la fin d'un mot, explique *sanc,* 179, 1169, 1787 et 2637, pour *sens.* Nous avons déjà vu *sanc,* pour *sans,* dans les fragments (ci-dessus, p. xi, n. 1); la même graphie se retrouve dans *Parise la Duchesse,* v. 1616.

S initiale s'écrit parfois *sc,* particulièrement dans le verbe *savoir* : *sçai* 75, *sçait* 70, *sceit* 815, 2773, *sçavoir* 1915 etc.; on trouve aussi *sciet* (siet, du verbe *seoir*) 3086, 3567, 3813. — *S,* suivie d'une autre consonne, tombe assez souvent : *amitié* (amistié) 1179, *ainé* 3206, *blemie* (blesmie) 2715, *chatie* (chastie) 3015, *coutés* (coustez, costez) 1174, *fut* (fust, lat. fuisset) 2849, *mainnie* (mesnie) 2211, *ponnée* (posnée) 4124, etc. Ce fait peut s'expliquer par la date seule du manuscrit, mais ce peut également être une particularité dialectale, car dans le manuscrit unique de *Parise la Duchesse,* qui est du XIIIe siècle, la chute de l's avant consonne est assez fréquente [1]. — *S*, à la fin d'un mot, s'écrit assez souvent *x* : *boix* 3173, 3236, 3386, *dux* 11, etc., *desormeix* 1882, *foix* 3455, *jamaix* 2799, *moix* 103, *Parix* 12. — Même fait dans *Orson de Beauvais*, Introd., p. XII. — Parfois, *s* s'emploie d'une façon irrationnelle : *asmonne* (aumosne) 3416 ; *cheuste* (cheüte), 2577 ; *ois* (oi, lat. h a b u i) 2857 [2]. — On a noté une fois la chute du groupe *st* à la fin d'un mot : *dona*, pour *donast*, 2641.

Une prononciation très indistincte des consonnes finales semble indiquée par la graphie *chant*, pour *champ*, 2454 [3].

Z issu de *t + s* latin devient à peu près toujours *s* : *adoubés* 34, *consoilliés* 3139, *preis* 3118, *orés* (orrez) 10, *souffrés* 1292, etc. ; les exemples sont innombrables.

Finalement, on peut observer que le copiste a une tendance à doubler les consonnes : *corraige* 3300, *donney* (doné) 408, *pallais* 3121, *remesse* (remese) 3098, *seullement* 8, *taissiés* (taisiez) 840, *tollir* 29.

Morphologie. — Déclinaison. — Notons l'emploi continuel du cas régime pour le cas sujet. Il est inutile de citer des exemples ; il suffit de renvoyer le lecteur aux variantes, relevées complètement, des 118 premiers vers du texte.

Conjugaison. — Nous avons relevé *redoz* (première personne du singulier du présent de l'indicatif) dans les

1. Dans leur Introduction à l'édition de *Raoul de Cambrai* (p. LXXXVIII, note 2), P. Meyer et A. Longnon citent une charte de 1238, écrite dans la partie méridionale du département de l'Aisne, comme le plus ancien texte à eux connu où se rencontre ce fait.

2. On peut comparer *chastive* (chative, chetive) dans *Parise la Duchesse*, p. 29.

3. On trouve *champs*, pour *chants*, dans un manuscrit du XVe siècle, cité dans le *Bulletin de la Société des anciens textes français*, III, 86.

fragments; nous trouvons, dans le manuscrit, à côté de *redouʒ* 3210, qui correspond au *redoʒ* du fragment, deux autres exemples : *menʒ* 185, *ratenʒ* 2799. On sait que ces formes ne sont pas rares ailleurs [1]. — La première personne du singulier du présent de l'indicatif offre dans quelques cas un *e* final analogique : *doute* 3797, *loe* 4436, *prie* 3413, *prise* 4331. — La troisième personne du singulier conserve parfois le *t* final du latin : *at* 1001, *ait* 1742, et *vait* (va) 267; de même au futur : *pourat* 3650, et au prétérit : *servit* 11. — La forme analogique *parle* 2674, pour *parole*, n'a rien d'étonnant, vu la date du manuscrit. — A l'imparfait, *amot* 44, pour *amoit*, peut s'expliquer par la réduction d'*oi* à *o*. — Au v. 1208, on lit *euissient*, pour *eussent*. — On trouve deux exemples de la deuxième personne du plur. du futur en -*ois* : *seroit* (pour *serois*) 83 et *durerois* 3009 [2]. — La désinence -*ut* de la troisième personne du singulier du prétérit est notée parfois -*uit* : *congnuit* 3856. — On trouve -*etes* et -*estes*, pour -*astes*, à la deuxième personne du pluriel du prétérit de la première conjugaison : *melletes* 4003, *chaceste*[*s*] 4005. — Nous avons vu que l'*e* protonique tombait parfois entre deux consonnes; le même fait se retrouve naturellement dans les verbes : *enarbrai* 3106, *getrai* 2754, *getrés* 2738, *mandrai* 3101; en revanche, un *e* est inséré dans *averoit* 3212. Ici et là ces formes faussent le vers.

L'ensemble des faits que nous venons de passer en revue indique nettement la région de l'Est, et spécialement la Lorraine, comme patrie du scribe; c'est dans le dialecte lorrain que nous retrouvons notamment deux des faits les plus frappants, la réduction d'*ai* à *a* et le

---

1. *Crienʒ* et *redouʒ*, v. 160 de *Jourdain de Blaie*; *doins*, v. 1063 de la *Chevalerie Ogier*, etc.

2. Nous verrons plus loin que l'auteur du poème employait les formes en -*oiʒ* concurremment avec celles en -*eʒ* : ce trait peut par conséquent remonter à l'original.

passage d'*es* initial à *a* [1]. La langue des fragments appartenant à M. Lelong présente, nous avons pu le constater, de grandes analogies avec celle du manuscrit de
Londres; pourtant elle n'offre pas une couleur dialectale
aussi prononcée.

1. Voir *Lothringischer Psalter... herausgegeben von Friedrich
Apfelstedt*, Heilbronn, 1881, p. XVI et XIX de l'Introduction. —
Aposer, pour *esposer*, doit être messin; comp. *aposelixe*, pour
esposalice, chez un chroniqueur de Metz, cité par Godefroy,
v° APOSELIXE. — L'origine lorraine du manuscrit d'*Orson de
Beauvais*, dont la langue, ainsi que nous l'avons constaté, présente tant d'analogies avec celle du manuscrit de *Doon de La
Roche*, ne faisait aucun doute pour G. Paris (voir son Introduction, p. III et VII).

CHAPITRE III

Versification, langue, patrie et date du poème [1].

Doon de La Roche est écrit en vers alexandrins assonancés. La structure des vers, avec la césure après le
sixième pied, ne présente rien de particulier. Comme
d'ordinaire dans les chansons de geste, les monosylla-
bes suivis d'un mot commençant par une voyelle, *ce,
je, ne, que, se* (latin s i), peuvent faire hiatus : *avers ce
quë il est* 56, *ne lance në espée* 1297, *Së il est niés le
roi* 2046, *cë est chose provée* 2539, *jë ai au cuer grant
ire* 2648. — Une autre licence bien connue[2] permet la
non-élision de l'*e* posttonique d'un mot polysyllabique
quand le mot suivant est un monosyllabe commençant par une voyelle. Cette licence, qui se retrouve
dans d'autres chansons de geste[3], est fréquente chez
notre auteur; on dirait qu'il a une prédilection pour les
vers ainsi construits. Voici les exemples que nous avons
relevés :

   713   Il est molt juenes enfes, si dit quanquë il set.
   808   Je ne vuel mie perdre la merë et le fil.
   834   Com or le voit Landris, si commencë a rire.

---

1. Parmi les observations que M. Meyer avait consignées par
écrit en vue de l'Introduction, se trouvaient des notes sur la langue du poème, ainsi qu'une table provisoire des assonances : le
tout m'a été naturellement fort utile. M. Benary a donné, dans
son mémoire cité (p. 331, note 2), de courtes remarques sur la
langue, dont j'ai également profité.

2. Voir Ad. Tobler, *Le Vers français*, trad. *K.* Breul et L. Sudre,
Paris, 1885, p. 70-71 ; P. Meyer dans son édition de l'*Escoufle*,
Introd., p. lii, liii.

3. Par exemple dans la *Prise de Cordres*, édit. Densusianu,
v. 1378, 1730, 1761 (l'éditeur corrige ces vers à tort, Introd.,
p. cxxxvi).

972   Olive la duchesse; n'a plus belë ou mont.

1206   Et fu lez une pile repostë et mucie.

1265   Quant l'entent la duchesse, si plorë et sospire [1].

1540, 1647 Car hom de riche cort doit estrë a barné.

1937   Tomilë et Malingre fera les chiés coper.

2215   Que l'avoient juré Tomilë et Malingre [2].

2315   Serjans et chevaliers enmoinnë a grant flote.

2320   Tomilë et Malingre va noncier la parole.

2726   Se je muir par amor, m'armë en ert garie.

3330   Sire, ce dist li dux, Frobert m'apelë on.

3562   Dont ot li dus pitié, si sospirë et larme.

3705   Encontre lor seignor poindrë et galoper.

3966   Tomilë en menerent [lié] a un chalant.

4247   Si dist cele donzelle : « Reveignë ou païs. »

4283   Et sa fille la gente, la bellë a[l] cler vis.

4298   Pitié ot de s'ämie, si sospirë et larme.

4443   En pais tenront la tere, des orë en avant.

4469   Monta en .j. destrier qui la cropë ot lée.

4521   Est frerë a sa mere, bien veoir le poez.

4608   A grant peinë ont fait entre eus la departie.

On peut encore citer un exemple, où le mot qui suit l'*e* posttonique non élidé est polysyllabique :

662   Quant vos verrez vo pere au pueplë assemblé [3].

L'*i* de *qui*, suivi de voyelle, s'élide parfois :

117   Damedex le confonde, *qu*'en la croiz fu penez.

2623   *Qu*'estoit au roi Dorame remés novelement.

De même l'*i* de *si* :

4534   Dis avesques i ot et *s*'i ot .c. abez.

1. Le texte imprimé porte : *si plore et si sospire*. Le second *si* devrait être entre crochets, vu qu'il manque dans le fragment et dans le manuscrit, mais cette adjonction est inutile. Même remarque pour le v. 3038.

2. Le manuscrit porte : *a Tomile et a Malingre*, leçon corrigée à tort dans le texte en : *a T. et M.*.

3. Comp. *Jourdain de Blaie*, éd. Hofmann : 1008 *cui male flammë arde* ; 1701 *ne m'en laissé issir*.

Si me est une fois contracté en une syllabe :

2873   *Sim* desfia en France Pepin[s] li emperere.

Si on lisait *Si me*, avec le manuscrit, le vers serait trop long [1].

Si les peut de même se contracter en *ses* (v. 1805).

Ainsi que nous l'avons dit, les vers sont assonancés ; on ne découvre nulle part une véritable tendance vers la rime. Le poème est divisé en 130 laisses, dont 78 masculines et 52 féminines. L'étude des assonances étant le principal moyen de connaître la langue du poète — moyen imparfait, il est vrai, puisqu'elles ne nous renseignent que sur les voyelles —, nous allons les passer en revue.

Assonances masculines.

L'*a* non nasalisé occupe les laisses XXXVIII et XCVI ; elles ne présentent pas le mélange d'*a* avec *ai*, mais c'est un hasard, car nous rencontrons ce mélange plus loin, dans les laisses féminines. Le seul mot intéressant à noter est *saus* 3356 (lat. s a l s u s), où l'*u* se prononçait évidemment comme une semi-voyelle.

A nasalisé se rencontre dans seize laisses : I, IV, VI, XVIII, XXXVII, XL, XLII, XLVI, LXI, LXXX, LXXXIII, LXXXIX, XCIII, XCIX, CXIII, CXXVI. — Dans ces laisses, le mélange d'*an* avec *en* est constant ; il n'y a pas de laisses exclusivement en *an* ou en *en*. La laisse LXXX (36 vers) est presque entièrement en *en* ; les seules exceptions sont *garant* 2605 et *dolenz* 2629 qu'on pourrait lire *dolanz* (le ms. porte *dolans*). Dans la laisse XCIX, où il y a également une prédominance d'*en*, on peut noter, au v. 3457, *Olivant*, cas régime d'*Olive* [2]. — *Ai, ei* nasalisé n'occupe qu'une

---

1. Comp. *Vie de saint Alexis*, v. 220, éd. G. Paris : *Toz sui enfers, sim pais por soue amor.*

2. La rime *besoin* 3129 semble altérée. — V. 3457, on a *apar-*

laisse, CXVIII ; les seules assonances à noter sont *Jhe-rusalem* 3398 et *entreprains* 3449, pour *entreprens*, première personne du singulier du présent de l'indicatif du verbe *entreprendre*.

É, onze laisses : II, VII, X, XXI, XXV, XXX, LIX, LXIV, LXXVIII, CV, CXXIX. — Ces laisses ne présentent rien de remarquable au point de vue de la phonétique : *set* (lat. s a p i t) y figure plusieurs fois (v. 56, 305, etc.), ce qui est normal ; de même *Dés* ou *Dex* et le cas régime *Dé*. Parfois cependant y apparaissent des mots en *ié*, particulièrement dans la laisse LIX, qui est d'une longueur démesurée (580 vers) : *droiturier* 1652, *enginiez* 1713, *espargnier* 1845, *enginié* 1914 (corrigé, peut-être sans nécessité, en *engané* dans le texte); de même dans la laisse VII, beaucoup plus courte, *envoiez* 306. Ce ne sont pas des faits de phonétique, mais de véritables licences; l'auteur de *Parise la Duchesse* se les permet fréquemment [1]. Dans la laisse CV, *vaillant* 3717, et dans la laisse CXXIX, *Jehans* 4537 sont sûrement fautifs. Comme forme verbale arbitraire, on peut signaler *fondez* 1579, pour *fonduz*.

I, quatorze laisses : V, VIII, XIII, XXVI, XLI, XLIV, LVI, LXIX, LXXXVII, XC, CXII, CXIX, CXXI, CXXIV. — Partout, sauf dans LVI, on trouve des exemples d'*i* nasalisé. Comme faits phonétiques intéressants, on y relève la présence de *puis* (pluriel de *pui*, lat. p o d i u m) 2269, *bruit*, 3932, qui semblent supposer la prédominance du second élément de la diph-

---

mant, pour *aparmain*, *aparmaint*; cette forme se trouve ailleurs. On pourrait, du reste, corriger en *aparmaint*, vu que dans les laisses féminines on trouve *chataigne* à côté de *forsane*, *entendent*, etc. (voir plus loin).

1. Voir édit. Guessard et Larchey, p. 10 en bas, 24, 25, 26, (2 fois), 36 (2 fois *siét*), etc. — De même, dans la *Prise de Cordres*, Introd., p. cxxxi, l'éditeur, M. Densusianu, signale deux exemples de mots en *ié* dans les assonances en *é*.

tongue, et de *Mongiu* 4255, qui n'est explicable que par
la supposition contraire. — Au point de vue de la morphologie, on peut citer les pronoms *mi* 228, 479, 809 ;
ti 788, 1232, 1446 ; *li* 209, 732. Au v. 2860, le manuscrit
porte *lui,* qu'il n'est pas nécessaire de corriger en *li,* car
il rentre dans le cas de *puis* et *bruit* dont nous venons
de parler. Comme formes verbales, on a *seïr* 2934,
2937, 3931, *aseïr* 4277, *cheïr* 2305, 3935, *veïr* 3923,
la troisième personne du singulier du préterit de l'indicatif *toli* 199 et celle du présent du subjonctif *aïst.*
1470.

Ié, onze laisses : XVII, XXXIII, LVIII, LX, LXXV,
LXXXII, LXXXV, XCII, XCIV, Cl, CVIII. — Dans
les laisses LXXXII, XCII, XCIV, CI, CVIII, on
trouve des exemples d'*ié* nasalisé. Au point de vue de
la phonétique on peut noter *regniez,* 1522 ; ce mot se
trouve aussi assonant en *é* (v. 1552), particularité qui
n'est pas propre à notre poème [1]. Au point de vue mor-
phologique, signalons le pronom féminin *lié* 1515, le
subjonctif *griet* 1528, le futur *iert* 1500, 1509, 1512,
2462, 3055. La forme d'impératif *ailliez* 3507, pour
allez, parait être une licence du poète en vue de l'assonance.

O fermé, onze laisses : III, XIV, XXXVI, LV, LXVII,
XCV, XCVII, C, CVII, CX, CXIV. — Dans toutes ces
laisses, sauf dans la laisse LV, on trouve des exemples d'*o* nasalisé ; dans la laisse XCVII (13 vers), la
seule assonance qui fasse exception est *jor* 3386 ; la
laisse III (36 vers) n'a que deux assonances non nasa-
lisées, *jors* 148, *sejor* 150 ; dans la laisse CXIV (46
vers), on n'en compte que quatre : *Audegour* 4005,
4038, *vos* 4009, *anor* 4016. — Parmi ces assonances

---

1. On la retrouve dans la seconde rédaction du *Moniage Guil-*
laume ; voir *Les deux rédactions en vers du Moniage Guillaume,*
éd. W. Cloetta, t. II, p. 247.

on peut signaler les premières personnes du pluriel
soms 143, *escouton* 4023, *iron* 4030. A côté d'o nasalisé, on trouve *oi* nasalisé : *besoing* 494, *poinȥ*, *poins*
(lat. p u g n o s) 984, 1420. Dans la laisse XXXVI, aux
vv. 967, 986, on trouve deux fois l'adjectif *douȥ* assonant avec *vos, baudor, mont, dous* (nom de nombre
écrit en chiffres romains), *secors, font, moi* [1], etc. On
peut encore citer ailleurs les formes verbales *bout* (lat.
b u l l i t) 3783, *dont* (lat. d o n e t) 3321 et *sourt* (lat.
s u r g i t), 3782 ; le participe *derouȥ* (lat. d i r u p t o s)
2253, etc.

Oi, sept laisses : IX, XXIII, XXXII, XLVIII, LIII,
LXVIII, CXXV. — On peut noter les formes phonétiques de l'infinitif : *veoir* 351, 356, 390, *cheoir* 395,
tenoir 627 ; nous avons rencontré plus haut les formes
analogiques, en *ir*, dans les laisses en *i* [2]. — La forme
phonétique de la deuxième personne du pluriel du futur,
verroiȥ, se lit au v. 4418, mais dans les laisses en *é* on
trouve la forme analogique : *contredireȥ* 664, *deman-
dereȥ* 1536, *ireȥ* 881, etc., *voudreȥ* 79, etc.; l'emploi
simultané des deux formes est habituel [3]. *Toloiȥ*, à la
même personne de l'indicatif présent, se lit au v. 2556.
— On peut encore signaler le cas sujet *doi* 371, 402 ;
de même *enoi* « ennui » 624, fréquent ailleurs.

U, cinq laisses : XXIX, XXXIX, LI, LXVI, LXXXVI.
— Dans les quatre premières laisses, on trouve *ui* à côté
d'*u* : *tuit, fruiȥ, bruit*, etc; c'est un fait habituel. On
peut signaler spécialement *ambedui* 1017 ; nous avons
vu plus haut *doi*; cette double forme du cas sujet est

1. La présence de *moi* (v. 983) est si extraordinaire qu'elle paraît
due à une faute du copiste ; il faut probablement corriger et lire :
que soie bien o vos, au lieu de : *que soieȥ bien o moi*.

2. Même emploi simultané des deux formes dans *Orson de
Beauvais* ; voir l'Introduction de G. Paris, p. xxxv.

3. Par exemple, dans la *Prise de Cordres*; voir l'Introduction
de l'éditeur, p. cxxxiii.

également habituelle. — A la fin de la laisse LXXXVI, on trouve deux assonances en *o* fermé (*lion* 2855; *seror* 2856), qui semblent difficiles à corriger. Ce n'est pas la seule irrégularité dans l'emploi de l'assonance qu'on rencontre dans la seconde partie du poème; elles se multiplient vers la fin.

Assonances féminines.

A-e non nasalisé, deux laisses : CII et CXXII. — A côté d'*a-e* (*sale, heretage, larme,* etc.), on trouve dans ces laisses des assonances en *ai-e* (*aigue, plaise, laisse, paile* [lat. pallium], *maistres*) et en *au-e* (*maubre, aube*). Parmi les assonances en *a-e*, on peut remarquer la troisième personne du pluriel du prétérit, *entrarent,* 3615. — Dans la laisse CXXII, *povres* 4317, doit être fautif.

A-e (*e-e*) nasalisé le plus souvent, six laisses : XXXI, LIV, LXXI, LXXVI, LXXXIV, CXI. — On voit figurer dans ces laisses des mots comme *lances* 2334, *lande* 2493, *adente* 907, *ensemble* 908, *enfes* 1385, *prennent* 3887, etc., et aussi *dame* 900, *fame* ' 1415, 2819, *forsane* 2498 ; puis *Loereigne, Looraingne,* 1402, 2816, *compaignes* 2333, *chataigne* 2508, et même *maille* 2506.

É-e, onze laisses : XV, XXIV, XLIX, LXXVII, LXXIX, LXXXVIII, CIV, CIX, CXVI, CXVIII, CXXVII. — Dans ces laisses, on ne trouve guère à relever que *teles* 3839, pluriel féminin de *tel,* et *Pere* (corrigé à tort en *Piere* dans le texte), 4101. Notons pourtant, aux vv. 4118 et 4163, le cas sujet *emperere,* employé en fonction de régime.

È-e, trois laisses : XXXIV, L, LXXIII. — Il n'y a à noter que la forme francienne *duchesse* 1323, un exemple d'*e* nasalisé dans *gente* 1326, et *laissent* 2370 (nous

---

1. M. Meyer avait noté que *fame* (toujours écrit *fâme* dans les manuscrits) et *dame* sont réunis sous la même assonance dans d'autres poèmes, par exemple dans *Aye d'Avignon,* éd. Guessard et Meyer, p. 45, 53, 59, etc.

avons signalé plus haut *laisse* parmi les assonances en *a-e*). Cette présence de la diphtongue *ai* dans celles en *è* est un fait que connaissent d'autres poèmes relativement anciens, notamment la *Prise de Cordres* [1].

I-e, dix-sept laisses : XVI, XIX, XXII, XXVII, XLIII, XLV, LVII, LXV, LXXII, LXXIV, LXXXI, XCI, CVI, CXVII, CXXVIII, CXXX, auxquelles il faut joindre, semble-t-il, les deux laisses LXII et CXV, qui ont un caractère spécial. — De ces laisses, neuf (XXII, XLIII, LVII, LXV, LXXII, LXXIV, LXXXI, XCI, CXXX) offrent des exemples d'*i* nasalisé : *princes* 845, *quinze* 842, *Malingres* 1191, 1220, etc. — Le fait le plus intéressant qu'on peut constater dans ces laisses en *ie*, c'est la réduction d'*iée* à *ie* : *corrocie* 507, 830, *enseignie* 602, *mucie* 1206, *rafichie* 2411, *esmaïe* 2743, etc. Le prétérit *assemblirent* 2968, pour *assemblerent*, est tout à fait surprenant.

Les laisses LXII et CXV donnent lieu à des difficultés spéciales. Telles qu'elles se présentent dans le manuscrit, elles offrent des mots assonant en *i-e*, d'autres en *ié-e*, et d'autres encore qui ne rentrent ni dans la première catégorie ni dans la seconde. On peut ramener un certain nombre de mots en *ié-e* à la forme *i-e*, en supposant que nous avons ici affaire à *ié* réduit à *i* devant une consonne, fait souvent signalé [2], qui aurait été méconnu par les copistes ; on pourrait ainsi restituer,

---

1. Voir les observations de M. Densusianu dans son édition de cette chanson, Introduction, p. cxxix et cxxxv.

2. On le trouve notamment dans le seul manuscrit connu du *Tristan* de Beroul (*arire*, pour *ariere*, *escrive*, pour *escrieve*, *pice*, pour *piece*, etc.; voir l'Introduction de M. E. Muret dans sa 2ᵉ édition, Paris, 1913, p. xi); dans des manuscrits et des chartes d'origine normande (voir A. Langfors, dans son édition du *Roman de Fauvel*, par Gervais du Bus, Introd., p. lxvii). Pour la réduction d'*ié* à *i* dans le dialecte liégeois, voir Gustave Cohen, *Mystères et moralités du manuscrit 617 de Chantilly*, Paris, 1920, in-4°, p. xxxix.

dans la laisse LXII, *porquirent*, pour *porquierent*, *saint Pire*, pour *saint Pierre*, *jugire*, pour *jug[i]ere*, etc., et faire des corrections analogues dans la laisse CXV. Mais il y a des mots qui résistent à toute correction : on peut lire *tirie*, pour *tirée* 4086, mais il paraît difficile de corriger *affiirent*, 2146, pour *affierent*, considéré comme équivalent *d'affiierent*, et le cas des mots (laisse CXV) *detiennent* 4060, *entrerent* 4085, *novelle* 4092, paraît désespéré[1]. — Nous avons par conséquent laissé les assonances de ces deux tirades à peu près telles qu'elles étaient dans le manuscrit, les abandonnant, comme un problème à résoudre, aux phonétistes de profession. — Ce qui complique encore le problème, c'est que la réduction d'*ié* à *i* devant consonne ne se rencontre dans aucune des nombreuses laisses incontestablement en *i-e* qu'offre le poème ; d'autre part, on ne saurait considérer les laisses LXII et CXV comme des interpolations, car elles sont nécessaires à la marche du récit.

O-e, neuf laisses : XI, XXVIII, XXXV, XLVII, LII, LXX, CIII, CXX, CXXIII ; l'*o* doit être fermé dans les laisses XLVII et CXXIII. —On peut noter que, dans la laisse CXXIII, *dolce* (féminin de l'adjectif) assone avec *plore*[2] 4359 et *tote* 4339, de même que le masculin, *douʒ* dans la laisse masculine XXXVI, assone avec *menor*, *seignor* et *toʒ*. Dans la laisse XI, *cloistres* 436 assone avec *ofre*, *ores*, *sorent* ; dans la laisse LXX, *Antoine* avec *offrent*, *broche*, *parole*; de même, dans la laisse CXX, *istoire* et *victoire* avec *deporte*, *queroles*, etc. Enfin *oi* suivi d'*n* mouillée se rencontre dans la laisse CXXIII (*Coloigne, Sasoigne* [2 fois], *Tresmoigne*).

---

1. Cette laisse CXV a manifestement embarrassé les anciens copistes, comme elle gêne un éditeur moderne; nulle part le texte n'offre plus d'incertitudes que dans cette tirade.

2. Ce mot, qui manque dans le manuscrit, a été suppléé par conjecture, mais c'est celui que le sens exige.

U-e, trois laisses : XII, XX, LXIII. — La seule observation à faire, c'est que, dans les laisses féminines
en *u,* comme dans les laisses masculines, on trouve *ui* à
côté d'*u* : *destruite* 449, 454, *destruire* 457, *Puille* 2192,
desduire 2186. — Dans la laisse XII, *martin* 458 doit
être fautif [1].

L'étude du texte, en dehors des assonances, nous
donne quelques faits grammaticaux de plus. — Dans la
déclinaison, l'*s* analogique de flexion peut faire défaut
au cas sujet : *Asse* (A 30) 1343, 4151, mais *Asses* 1385,
1405, etc.; de même *emperere* 4597. — A côté des
premières personnes du pluriel des verbes en *-on,* que les
assonances en *o* nous permettent de constater (*escouton*
4023, *iron* 4030), nous trouvons *-omes* dans le corps
du vers : *assauromes* 1767, *empliromes* 3713, *lairo-*
mes 2110, *parleromes* 318, *poomes* 1768, *savomes* 2047 ;
si on lisait *assauron,* etc., le vers serait trop court d'une
syllabe [2]. — En ce qui concerne le futur et le condition-
nel d'*avoir,* on trouve *avera* 4516, *av[e]rez* 4524, mais
avrai 1938, *aras* 2252, *avra* 2251, *avroit* 3212; de
même *dureroiz* 3009, à côté de *durra* 291. — La forme
analogique *aima* (première personne du présent de
l'indicatif) se trouve au v. 1181. La terminaison *-iens*
(première personne plur. du subj. imparfait ou du con-
ditionnel) ne compte pour deux syllabes qu'au condi-
tionnel : *morrïens* 1275, *serïens* 3211, *garirïens* 3212 ;
cf. au subjonctif imparfait, *dëussiens* 3279. Dans la
syllabe radicale des verbes, *eü* compte généralement
pour deux syllabes; on trouve cependant les formes

---

1. Nous avons signalé plus haut des fautes contre la morphologie
commises en vue de l'assonance; il y a également des fautes contre la syntaxe : *entrepris* 235, pour *entreprise; froissiés* 3092,
(masculin), au lieu du féminin *froissies; envie* 1479 (indicatif),
pour *envoit* (subjonctif), qu'exige le sens de la phrase.

2. Même emploi simultané des deux formes dans *Orson de*
Beauvais; voir l'édition de G. Paris, Introd., p. xxxv.

contractées : *geu* 3174, *eu* 3563 [1]. — *Meïsmes* compte pour trois syllabes à l'intérieur du vers 3153 comme à l'assonance de 2145 (je n'ai pas trouvé d'exemple de la forme contractée); *nient* (ms. *neant*) est monosyllabe au v. 591, mais dissyllabe au vers 1391. On peut encore signaler *li* comme article féminin singulier : *li aigue*, 4427. Mais il faut se borner [2].

Essayons maintenant de déterminer, à l'aide des données grammaticales que nous venons d'énumérer, la région dans laquelle notre poème a été écrit, bien qu'il ne soit pas facile d'arriver à des résultats très précis.

Un fait qui frappe d'abord est la réduction d'*iée* à *ie*. Cette particularité se rencontre depuis le nord de la Normandie jusqu'en Lorraine; elle exclut, comme patrie de notre auteur, l'Ouest, le Centre, la région au sud de Paris, même une partie de la Champagne [3]. Chrétien de Troyes fait, dans ses rimes, la distinction d'*iée* et d'*ie*. — La réduction d'*ié* à *i* devant consonne, que nous avons remarquée dans deux laisses, se rencontre, nous l'avons vu, dans un domaine tout aussi étendu, mais plutôt sporadiquement, semble-t-il, que régulièrement. — La confusion d'*a* et d'*e* nasalisés

---

1. On trouve des exemples plus nombreux de ces sortes de contractions dans *Orson de Beauvais*; voir l'Introduction de G. Paris, p. xxxv, xxxvi. — On lit *dust*, pour *deust*, dans *Jourdain de Blaie*, éd. C. Hofmann, v. 683.

2. Au vers 4174, on constate l'élision d'*e* posttonique devant *hante* (*h* d'origine germanique) : *La ot tante hante frainte*, mais c'est un fait habituel dans cette sorte de cliché; voir *Moniage Guillaume*, 2ᵉ rédaction, 5409, et *Florence de Rome*, 2616. — Un fait analogue se rencontre aux vv. 3756: *Fil Griffon d'Autefeuille*, 4179: *Fiert Griffon d'Autefeuille*, et 4183: *Sur la gent d'Autefeuille*, pour *de Hautefeuille* (on sait que l'*h*, dans l'adjectif *haut*, est d'origine germanique). Le manuscrit écrit *Haulte Feulle* au v. 4168, après la préposition *à*.

3. Cf. O. Densusianu dans son édition de la *Prise de Cordres*, p. cxxxviii, note 4.

permet une constatation plus précise : c'est un fait distinctif des dialectes de l'Est, opposés à ceux de l'Ouest et du Nord [1]. — Nous avons noté, dans les assonances en *a-e*, un prétérit en *-arent* au v. 3615 : ces formes sont caractéristiques des dialectes de l'Est et du wallon [2]. — *Li*, comme article singulier féminin, n'est pas aussi nettement délimité, mais se rencontre dans les dialectes de l'Est [3].

A ces constatations, tirées de la langue, viennent s'en ajouter d'autres, tirées du contenu du poème. L'auteur se montre spécialement préoccupé de l'Est, de la vallée du Rhin. C'est là qu'il place en grande partie l'action de son poème : il parle des villes du Rhin, de Worms (*Gormaise*), de Spire (*Espire*), de Mayence, de Cologne [4]. Il sait que ces villes remontent à une haute antiquité; il dit de Mayence (v. 3838) :

Mais la citez est forte, Sarrazin la fonderent.

« Sarrazin » ici équivaut à « Romains ». Il sait qu'il y a à Cologne un archevêque et une église Saint-Pierre [5].

Tout cela plaide en faveur d'une origine orientale de la chanson que nous a conservée le manuscrit de Londres.

1. Ed. Schwan et D. Behrens, *Gramm. de l'anc. franç.*, trad. O. Bloch (Leipzig, 1913), § 42.

2. *Ouvr. cité*, § 355.

3. *Ouvr. cité*, § 333.

4. L'original immédiat sur lequel travaillait l'auteur du poème conservé avait également placé une partie de l'action dans la vallée du Rhin; il mentionnait Cologne (voir le chapitre suivant). Mais, à en juger par l'imitation espagnole, les noms empruntés à cette région étaient bien moins nombreux dans ce poème que dans la rédaction qui nous est parvenue.

5. Il est vrai que cette église est mentionnée dans d'autres chansons de geste ; voir la *Table* de M. E. Langlois, au mot *Saint-Pierre*.

Quant à la date, on a pu remarquer[1] que M. Meyer, en 1878, était d'avis qu'on ne pouvait guère la faire descendre plus bas que la fin du xiiᵉ siècle. Il attachait une importance spéciale au fait que le poème était entièrement écrit en assonances ; s'il avait pu traiter la question à fond, il aurait sans doute fait valoir d'autres arguments, empruntés à la langue : c'est ainsi que nous avons vu plus haut que, comme des poèmes qu'on tient habituellement pour antérieurs à l'an 1200, *Orson de Beauvais*, *Jourdain de Blaie*, notre chanson n'admet que très rarement la contraction d'*eü* et *eu* ou *u*. — M. Meyer avait noté le passage de notre chanson où Landri et ses compagnons, arrivés à Constantinople, s'émerveillent de la richesse[2] et de la force de la ville (v. 1390 et suiv.) :

> Et dit li uns a l'autre : « Povre terre est de France :
> Li sires qui la tient par droit niĕnt s'en vant[e] ;
> Mais servons bien cestui s'il vuet et il commande,
> Que il n'a souz ciel homme qui tant ait ars ne lances,
> Qui peüst ceste vile ne abatre ne prendre ».

Comme M. Meyer le faisait remarquer, l'observation que Constantinople est imprenable « date d'avant 1204 » ; en effet, après la prise de la ville, en cette année, par les Croisés, la remarque n'eût plus eu de sens. — Le raisonnement serait absolument probant si le poème que nous a transmis le manuscrit de Londres était une œuvre originale ; mais nous verrons plus loin que l'auteur a travaillé d'après une chanson plus ancienne, dans laquelle il était également question du séjour de Landri à Constantinople ; il reste la possibilité que le

1. Ci-dessus, p. iv.
2. La richesse de Constantinople est encore mentionnée dans *Florence de Rome*, poème relativement récent (v. 120-121, éd. Wallensköld) : *Qui tient Constantinoble mout a grant seignorie, C'onques ne fu citez de tresor si garnie.*

renouveleur ait reproduit mécaniquement un passage
de son original. Il faut cependant observer que, si
l'auteur du roman espagnol a fidèlement résumé, en
cette partie du récit, le poème qu'il avait sous les yeux,
il n'y avait pas de place dans ce poème pour une conversation paisible entre Landri et ses compagnons sur la
richesse et la force militaire de la ville de Constantin '.

Nous croyons donc que la conséquence tirée par
M. Meyer des vers cités a bien des chances d'être juste
et que cet indice vient s'ajouter à ceux qui nous obligent
à placer la rédaction de notre poème au plus tard dans
les premières années du XIIIe siècle.

Avant de passer aux questions d'histoire littéraire que
soulève *Doon de La Roche*, nous devons parler ici de
l'aspect du texte. Ainsi que nous l'avons dit plus haut,
l'idée primitive de M. Meyer, quand il préparait pour
l'impression la copie du manuscrit de Londres, était
manifestement de s'écarter de ce manuscrit aussi peu
que possible, et d'en conserver la graphie. Lorsque,
après un long intervalle, il s'occupa de nouveau de
Doon de La Roche, il changea de système, probablement
sous l'influence des fragments qui lui avaient été com-
muniqués par M. Lelong et dont la langue, ainsi que
nous l'avons vu, ne présente pas le caractère nettement
lorrain du manuscrit. En établissant le texte, M. Meyer
adopta une graphie très rapprochée du francien. Nous
avons suivi ce système, malgré ses inconvénients, car
l'abandonner et revenir à la graphie du manuscrit,
c'eût été recommencer tout le travail et retarder indéfi-

---

1. M. Benary (p. 318, note, de son mémoire) s'est efforcé de
trouver un *terminus a quo* dans une prise de Laodicée (*Lalice*)
par les Musulmans en 1188. Mais comme cette ville est fréquemment mentionnée dans les chansons de geste, un trouveur,
voulant raconter une guerre entre Byzantins et Sarrasins, pouvait
facilement tirer de son imagination une prise de *Lalice* par ces
derniers, sans avoir présent à l'esprit un fait réel et contemporain.

niment une édition attendue depuis des années. Dans la
partie du texte que nous avons eue à établir [1], nous avons
par conséquent maintenu autant que possible l'orthographe adoptée par M. Meyer, notamment la distinction
d'*an* et d'*en*, d's et de χ, issu de $t + s$. Certaines incon-
séquences étaient difficiles à éviter ; on voudra bien
nous les pardonner [2]. — A partir du v. 118, M. Meyer
n'avait pas cru utile de noter intégralement dans les
variantes toutes les leçons corrigées dans le texte.

Dans l'édition d'un texte qui ne nous est parvenu, à
360 vers près, que dans un manuscrit unique, de date
récente et plein de fautes, il fallait nécessairement
avoir recours à la critique conjecturale : M. Meyer ne
s'en était naturellement pas fait faute [3], et, d'autre part,
M. Antoine Thomas a remédié par des émendations
personnelles à des passages qui semblaient désespérés
et à d'autres dont l'altération avait pu échapper à un
lecteur moins attentif et moins familier avec notre
ancienne langue. Nous n'avons pas cru nécessaire d'indiquer chaque fois le nom de l'auteur de l'émendation ;
le lecteur voudra bien admettre que les meilleures
conjectures sont de MM. Meyer et Thomas, les moins
bonnes de l'auteur de ces lignes.

M. Meyer, en préparant une édition, songeait à
tout : j'ai trouvé dans ses papiers, outre quelques
notes pour l'Introduction, un embryon de Glossaire,
et même des éléments pour l'Index des noms propres.
Tout m'a été fort utile.

1. Le texte établi par M. Meyer allait jusqu'au v. 3365.
2. Pour la graphie, comme pour le fond du texte, on ne s'est
pourtant pas astreint à un respect superstitieux du travail de
M. Meyer. Il est évident que, s'il avait pu terminer l'édition lui-
même, il aurait changé bien des choses sur épreuve. — Au moment
de sa mort, 3 feuilles seulement étaient composées.
3. M. Meyer avait indiqué des émendations en marge de sa
copie ; ces indications m'ont été fort utiles pour la partie du
texte qu'il n'avait pas établie.

CHAPITRE IV

ANALYSE DU POÈME.

Doon l'Allemand, chevalier presque sans terres (il ne possède que la ville de La Roche), a servi fidèlement, pendant trois ans, le roi Pépin, mais le roi ne lui a rien donné, et Doon, de son côté, ne veut rien lui demander. La sœur du roi, Olive, aime Doon, mais elle ne le dit à personne. Le jour de la Saint-André, le roi récompense les « soudoiers » et les princes de sa cour ; cette fois encore, il ne donne rien à Doon. Les chevaliers couards débitent à ce sujet des plaisanteries qui parviennent à l'oreille de Pépin ; il fait venir Doon et, pour le récompenser, il lui offre la main de sa sœur Olive et toute la Lorraine [2]. Doon refuse d'abord, mais, par la volonté du roi, le mariage se fait : Landri est engendré. Doon s'établit à Cologne [avec sa femme] et sept cents chevaliers (v. 115).

Dans cette ville, il y avait un traître, Tomile, oncle de Ganelon, cousin germain de Hardré et de.. (*nom altéré*). Il dit à Doon que sa femme ne l'aime pas, qu'il l'a sur-

1. Des analyses plus ou moins détaillées du poème (*F*), faites à d'autres points de vue que celle-ci, ont été données par Sachs, dans son travail cité, par Léon Gautier, *Les Épopées françaises*, 2ᵉ édit., II, 253-261, par W. Benary dans son mémoire cité, p. 313 et suiv. — Afin de décharger le chapitre suivant, on donne ici, en note, quelques indications sur les épisodes correspondants du roman espagnol en prose (*E*) et de la version norroise dans la *Karlamagnus-Saga* (*N*; voir pour les détails bibliographiques le chapitre qui suit), et aussi quelques renvois à des épisodes analogues dans d'autres chansons de geste.

2. Dans notre poème, ce terme a un sens fort étendu ; Cologne en fait partie, puisque Doon, après avoir reçu en fief la Lorraine, va s'établir dans cette ville.

prise, couchée avec un « garçon » [1]. Doon menace de le faire pendre, s'il tient encore de tels propos. Le traître appelle un « garçon » et le pousse à se glisser dans le lit d'Olive, qui a bu trop de « piment » ; elle n'entend rien, ne voit rien [2]. Le garçon, en effet, se glisse sous la couverture du lit, sans autre vêtement que ses braies, mais il n'ose faire violence à la duchesse. Tomile, de son côté, appelle Doon. Celui-ci vient, accompagné de trois comtes ; il soulève la couverture, et trouve le garçon couché à côté de sa femme (v. 116-196).

Doon coupe immédiatement la tête au misérable, sans le mettre d'abord à la torture. Il veut de même couper la tête à sa femme, qui s'est éveillée et ne comprend rien à ce qui se passe ; mais ceux qui l'accompagnent le retiennent et lui donnent le conseil de faire venir le roi Pépin. Olive, de son côté, offre de se justifier par l'épreuve du feu ou de l'eau ; Doon est sur le point d'accepter, mais, Tomile excitant sa jalousie, il se met en colère, et frappe même d'un coup de pied le petit Landri [3]. Doon envoie à Pépin son chapelain, Grégoire, pour l'inviter à venir, sous un prétexte, à Cologne. Grégoire part pour Paris et s'acquitte de sa mission. Pépin se rend à Cologne, où Doon expose l'affaire : Tomile veut qu'Olive soit brûlée vive ; Jofroi, cousin de Doon, s'offre à combattre pour Olive en duel judiciaire ; Doon repousse toute proposition de cette

---

1. Dans *F*, le traître agit sans motif, ou du moins aucun motif n'est indiqué. Dans *E*, Tomillas (= Tomile) veut perdre Oliva (= Olive), afin de pouvoir plus tard marier sa fille Aldigon (= Audegour) au duc de La Roche, redevenu libre (fol. a. ij. v°). — Dans *Nc*, le traître, Milon, se venge de ce qu'Olif (= Olive) a repoussé ses propositions amoureuses.

2. Pour ce trait du « piment », inintelligible ici, voir le chapitre suivant.

3. Ce détail du coup de pied donné à Landri par son père se retrouve dans *E* (fol. a. viij. v°), mais plus tard, après la scène à l'église.

nature [1]. Avec l'approbation de Pépin, Doon se sépare
de sa femme ; on assigne à celle-ci, malgré ses lamen-
tations, une demeure (*ostel*) hors de la ville, où elle
aura chaque jour deux pains pour toute nourriture.
Elle garde auprès d'elle le petit Landri, qui a sept ans
(v. 197-532).

Tomile conseille à Doon de répudier définitivement
Olive, et d'épouser une fille à lui [Audegour] : elle lui
apportera en dot les villes de Worms (*Gormaise*) et
de Spire (*Espire*) et vingt mulets, chargés d'or et
d'argent. Doon déclare qu'il accepte cette proposition,
si le roi donne son consentement. Doon et Tomile
vont à Paris, où le roi consent, en effet, au mariage,
après que Tomile lui a livré vingt mulets chargés
d'or [2] ; seulement, il exige que sa sœur Olive soit traitée
et vêtue conformément à son rang. Après Pâques, à
Cologne, a lieu le mariage de Doon et d'Audegour.
Au moment où le mariage se célèbre, Olive se rend
à l'église, son petit Landri dans ses bras : l'enfant
élève la voix, s'adressant à son père et à l'archevêque,

1. Dans *N*, il y a réellement un duel judiciaire entre « Engel-
bert de Dynhart », qui prend la défense d'Oliva, et le traître Milon,
qui l'accuse (analyse de G. Paris, p. 106-107). — Dans *E* (fol. a.
vj. v°-vij. r°), il y a une ordalie par le feu, à laquelle Oliva se
soumet et qui se termine à son honneur.

2. Pépin est de même représenté comme vénal dans le *Roman
d'Aubery le Bourgoing*, éd. Tarbé, Reims, 1849, p. 110 (comp.
p. XIV) et dans des versions franco-italiennes et italiennes de
Bovon de Hantone (voir G. Paris, *Mélanges de littér. franç. du
moyen âge*, p. 110). Charlemagne se laisse corrompre dans *Orson
de Beauvais*, éd. G. Paris, v. 340 et suiv., et dans *Aye d'Avignon*,
éd. Guessard et P. Meyer, p. 99. — Dans *E* (fol. a. viij. r°),
Tomillas donne de l'or au « duc de La Roche » (comme dans *F*,
v. 565) ; quant à Pépin, pour le rendre favorable au mariage
d'Aldigon (= Audegour) avec le duc, il lui promet que les terres
de « Flandes » (= Flandres) et de « Florencia », qui avaient été
données en dot à Oliva, feront retour au territoire royal, ce qui
est une corruption déguisée.

et proteste contre le mariage [1]; il menace Tomile d'un châtiment futur. De l'église, on se rend au palais. Tomile injurie Olive, et Doon renie son fils. Celui-ci se déclare prêt à combattre le calomniateur de sa mère; Tomile lui tend son gant; l'enfant saisit un bâton et frappe Tomile à la tête, si rudement qu'il tombe par terre. Doon défend à Tomile de se battre avec son fils; il ordonne à Olive de rentrer à son « hôtel », où elle pourra se livrer à sa « puterie ». Olive proteste de nouveau de son innocence; le petit Landri déclare qu'il vengera sa mère dès qu'il sera en état de porter les armes. L'auteur prédit qu'en effet Landri se fera redouter, d'Aix-la-Chapelle jusqu'à Constantinople. Désormais commence une merveilleuse chanson (v. 533-869).

Audegour s'efforce d'exciter Doon contre Landri et sa mère; elle insulte et frappe le petit Landri toutes les fois qu'il vient voir son père. Elle met au monde un fils, Malingre, qui sera félon et perfide; quand Landri a dix ans, Malingre entre dans sa septième année. Lui aussi insulte Landri; même il le frappe [2], et Tomile lui donne un coup de pied. Cette fois, Doon prend le parti

1. La protestation du jeune fils d'Olive contre le second mariage de son père se retrouve de même dans E (fol. a. viij, r°, en bas), mais cette protestation a lieu au palais, au moment où le repas de noces va commencer; la scène à l'église manque. Cette scène se retrouve, au contraire, dans Parise la Duchesse, éd. Guessard et L. Larchey, p. 49 : le vieux Clarembaut y proteste contre le second mariage du duc Raimont qui a chassé sa première femme; comme Landri, Clarembaut s'adresse directement à l'évêque (Parise, v. 1631; comp. notre poème, v. 692-694).

2. Ce thème de l'inimitié entre les jeunes Landri et Malingre se retrouve, avec d'autres circonstances, dans N (voir l'analyse de G. Paris, p. 109); il manque dans E. Dans ce dernier récit, Oliva, retirée dans un couvent et craignant les entreprises de Tomillas contre le jeune Enrrique (= Landri), fait répandre le bruit que celui-ci est mort, et l'envoie ensuite en Orient (E, fol. b. j.). Toute cette histoire semble une invention du rédacteur espagnol.

de son fils aîné; Landri, heureux de cette intervention, monte sur une table et tient des propos menaçants contre Tomile; Doon adresse des reproches à celui-ci. Asson de Mayence conseille à Doon de donner La Roche à Landri; Audegour proteste; Tomile frappe Asson si rudement qu'il tombe aux pieds de Landri. Ce dernier arrache son « espié » à un veneur venu du bois, et en transperce le corps de Tomile, qui tombe également. En peu d'heures, il y eut soixante-dix combattants; Landri et ses partisans ont le dessous; ils vont à leurs hôtels pour s'armer : c'est la première fois que Landri prend les armes. Il y a un combat sur les bords du Rhin; Tomile est blessé; il conseille à ses parents, Ganelon, Hardré et Hervi de Lion, de conclure avec Landri une trêve de quatre ou cinq ans; on pourra toujours l'assassiner plus tard. Doon accepte l'idée d'une suspension des hostilités, et annonce à Landri qu'il a conclu une trêve; il se déclare joyeux du courage de celui qu'il n'ose croire son fils. En entendant attaquer de nouveau le caractère de sa mère, Landri se fâche : il brandit sa lance contre son père, mais celui-ci réussit à le calmer. Landri retourne à Cologne, où la trêve est jurée solennellement pour cinq ans (v. 870-1194).

Au bout de six mois, Tomile et son lignage jurent, au « mostier », la mort de Landri; mais la nonnain Beneïte, cachée derrière un pilier, entend le serment des conjurés[1]. Elle va au palais avertir Doon; celui-ci fait

---

1. Cet épisode manque complètement dans *E*; dans *N*, il y a un attentat contre la vie de Landri, mais avec des circonstances entièrement différentes (analyse de G. Paris, p. 110, en bas). — Complot très semblable contre le jeune Milon dans *Orson de Beauvais*, éd. G. Paris, v. 640 et suiv.; cependant la conjuration n'a pas lieu dans une église, semble-t-il, bien que les conjurés jurent *sor sains*, et c'est « uns gars de la cuisine » qui révèle le complot — M. Benary (p. 355 de son mémoire) en rapproche avec raison le complot de Pépin le Bossu contre la vie de Charle-

venir son fils et lui conseille de quitter le pays et de se réfugier en France, chez son oncle Pépin. — Landri appelle Gilibert, Asson, Guinemant et d'autres, en tout 80 pairs de Lorraine, et leur demande de le recevoir dans leur « mainburnie » ; il sera leur homme lige. Mais ils refusent de l'aider, à cause de l'inconduite de sa mère. Landri, désespéré, retourne à l'hôtel de sa mère Olive et lui déclare qu'il va la quitter, puisque Tomile, Malingre et sa marâtre ont juré sa mort : il ira d'abord demander secours à Pépin ; si celui-ci ne le retient pas, il s'en ira en « paiennie ». Il montre à sa mère un arbre qu'il a planté : un « clerc » lui a dit que lui et cet arbre mourront dans la même année ; tant que cet arbre sera vert et bien portant, Olive pourra être sûre que son fils est en vie [1]. Sa mère est désolée ; Landri part avec Asson et Guinemant (v. 1195-1308).

Ils arrivent à Liège : Landri demande l'aide des bourgeois : ils la lui refusent, à cause du « putage » de sa mère. Ils s'en vont à Paris et descendent chez un bourgeois, qui va dire à Pépin que son neveu est arrivé ; le roi défend de laisser entrer Landri. Celui-ci vient frapper à la porte du palais ; le portier lui refusant l'entrée, l'enfant se met en colère et le maltraite ; Asson et Guinemant le calment. Pépin, du haut de son palais, adresse la parole à Landri ; il voudrait bien l'aider, mais il ne peut, car il est lié par un serment à Tomile. Le lendemain matin, il envoie cependant à Asson et à

magne, d'après le récit du Moine de Saint-Gall, II, 12, dans *Monumenta Germaniae, Scriptores*, II, 755.

1. L'arbre « signe de vie » se retrouve (remarque de M. Benary, p. 386, note) dans *Doon de Maience*, v. 5395 (p. 163). Voir sur cette croyance en un lien entre la vie d'un homme et celle d'une plante : P. Sébillot, *Folk-lore de France*, III, 372 ; Mannhardt, *Wald und Feldkulte*, I, 45 et suiv. ; Frazer, *The Golden Bough*, III, 391 et suiv. (2ᵉ édit.) ; Hartland, *Legend of Perseus*, II, 28 et suiv. ; G. A. Wilken, *Verspreide Geschriften* (Semarang, 1912), III, 291 et suiv.

Guinemant deux mulets chargés d'or, pour qu'ils
gardent Landri avec soin. Landri prie encore Pépin
de le retenir près de lui : le roi refuse de nouveau, car il
est lié par le serment qu'il jura après avoir reçu de
Tomile les vingt mulets chargés d'or [1]. Landri part,
arrive à Rome, s'embarque pour la Grèce à « Saint-
Pierre au Bras » et arrive à Constantinople (v. 1309-
1384).

Landri et ses compagnons contemplent avec admira-
tion le luxe et la richesse de la ville imprenable, auprès
de laquelle la France paraît une pauvre terre. Landri se
présente à l'empereur Alexandre [2], qui le retient à son
service (v. 1385-1407) [3].

Ce fut au mois de mai, que les arbres fleurissent.
Olive se lève au matin : elle voit l'arbre [de Landri]
couvert de feuillage ; il y a cependant une branche
sèche. Elle comprend que son fils n'a pu obtenir le
secours qu'il demandait ; elle se désespère et craint

1. Plus haut, v. 607 et suiv., où il est question de l'accord peu
honorable conclu entre Tomile et Pépin et de l'or reçu par
celui-ci, il n'est rien dit d'un serment du roi.

2. Ce nom se trouve au v. 1436.

3. Dans E (fol. b. vij. v°), Enrrique, apprenant que le « soldan »
de Babylone va attaquer Constantinople, quitte Jérusalem, qu'il
vient de conquérir sur les Sarrasins, pour aller au secours de la
ville menacée ; il fait naufrage et réussit à gagner la terre avec
deux compagnons seulement. Ils arrivent à Constantinople
dénués de tout et affamés. Enrrique reste à l'entrée de la ville,
au pied d'une tour, pendant que ses compagnons vont dans la
ville pour chercher de la nourriture. En les attendant, il se
plaint à haute voix et raconte son histoire. Mergelina, la fille de
l'empereur, qui habite dans la tour, entend ses plaintes ; elle lui
jette d'abord de l'or, puis donne ordre à un *senescal* de le faire
monter. — Tout cela pourrait être de l'invention du rédacteur
espagnol ; il y a pourtant une certaine analogie entre ce récit et
ce qui est raconté dans *Élie de Saint-Gilles*, éd. G. Raynaud,
v. 1401 et suiv. — Le nom du « soldan », *Mirabel*, se lit dans la
Prise de Cordres et dans d'autres chansons de geste ; voir la *Table*
de M. E. Langlois.

bien ne jamais le revoir. Pendant ce temps, Landri est
à Constantinople. L'empereur est menacé d'une guerre :
les Sarrasins se sont emparés de *Lalice* (= Laodicée) et
en ont chassé les *Harmins* [= Arméniens] qui l'occu-
paient[1]. Landri, qui vient d'être fait chevalier par
l'empereur, attaque les païens et fait leur seigneur
prisonnier ; il le livre à l'empereur (v. 1408-1439).

Celui-ci a une fille, qui s'appelle Salmadrine ; elle est
amoureuse de Landri au point d'en tomber malade.
Voyant qu'elle est souffrante, près de mourir, l'empereur
l'interroge ; elle dit qu'elle désire épouser Landri, qui
vient de sauver le pays. L'empereur répond qu'il ne
sait rien de certain sur l'origine de Landri ; il consen-
tirait volontiers au mariage, même si le jeune chevalier
était bâtard, si celui-ci était réellement parent du roi
de France, ainsi que l'ont affirmé Asson et Guinemant ;
mais l'empereur se refuse à le croire. Les barons
conseillent à l'empereur d'envoyer deux messagers,
qui s'enquerront de la véritable origine de Landri : s'il
est réellement neveu du roi de France, l'empereur lui
donnera sa fille en mariage ; s'il ne l'est pas, il le récom-
pensera de ses services et le renverra (v. 1440-1500).

L'empereur ordonne à deux de ses chevaliers, Berengier et Outré, de s'en aller en France, à Laon, pour
savoir la vérité au sujet de Landri. Salmadrine les fait
venir de son côté et menace de les faire mettre à mort
s'ils rapportent [au sujet de Landri] des choses qui lui
seraient désagréables. Elle leur donne deux « dromadaires », qu'elle fait garder dans un cellier et qui courent

---

1. Sur les mentions des Arméniens dans les chansons de geste,
voir F. Macler, *La France et l'Arménie à travers l'art et l'histoire*,
Paris, 1917, gr. in-4°, p. 12 et suiv. Il résulte de ces recherches
que l'auteur de *Doon de La Roche* peut être classé parmi les
« trouveurs », relativement instruits, qui savaient que les Arméniens étaient chrétiens ; d'autres les rangent avec les *Açopars*, les
Bedoïns et autres ennemis de la Chrétienté.

merveilleusement vite : avec ces montures, ils peuvent
être de retour en huit jours et demi. Ils partent, richement costumés, assis sur les dromadaires et munis de
malles remplies de « besants ». Au bout de huit jours
ils sont à Cologne ; ils demandent l'hospitalité à un
riche bourgeois, Gonteaume, originaire de La Roche et
cousin de Doon. Gonteaume se déclare prêt à les loger
pendant un an, sans rien leur faire payer, « pourvu seulement que Dieu ramène Landri, mon vrai seigneur, et
qu'il maudisse Tomile et Malingre, qui l'ont chassé du
pays » ! Les messagers sont ravis quand ils apprennent
qu'il connaît Landri. Les chevaux (= les dromadaires)
sont logés par Gonteaume dans un cellier (v. 1501-
1668).

Mais Hardré a rencontré les messagers et remarqué
leurs chevaux merveilleux ; il conseille à Malingre
d'aller les enlever. Malingre suit ce conseil : il s'empare des chevaux, après un combat avec les serviteurs
de Gonteaume, combat où il est blessé ; il se réfugie
ensuite à l'hôtel de Tomile. Gonteaume va se plaindre
à l'archevêque de la violence qui lui est faite, et l'archevêque convoque les bourgeois, au nombre de soixante
mille. Ceux-ci conseillent à l'archevêque d'envoyer
Gautier, cousin germain de Doon, à l'hôtel de Tomile,
pour réclamer les chevaux ; s'il ne veut les rendre, il
sera attaqué. Malingre refuse les chevaux ; l'archevêque
ordonne alors aux bourgeois de s'armer. Ceux-ci
s'arment en effet ; on sonne la « bancloche » ; Gonteaume
et ses serviteurs se joignent à eux ; on attaque le château et les gens de Tomile : lutte violente, où Tomile et
Malingre sont blessés. Tomile et les siens s'enferment
chez eux ; Tomile se met à une fenêtre et propose aux
assaillants de rendre les chevaux et d'en rester là : son
jeune neveu, qui n'est pas encore chevalier, a fait une
folie qu'il est prêt à réparer. L'archevêque accepte cette
proposition ; l'assaut cesse et les bourgeois s'en vont.

Tomile et Malingre vont rendre les chevaux à Gonteaume et s'humilient devant lui ; mais les bourgeois leur donnent des coups de pied et leur reprochent leur conduite envers Landri, leur seigneur. Les messagers assistent à la scène et se réjouissent : ils savent maintenant de science certaine que Landri est le neveu du roi et n'ont pas besoin d'aller en France (v. 1669-1882).

Olive sort à ce moment de l'église où elle était allée prier. Gonteaume, qui seul lui est resté fidèle, l'invite à entrer chez lui et la fait souper avec les messagers, auxquels il explique qui est Olive; les messagers lui donnent des nouvelles de Landri. Comme ils sont édifiés sur l'origine de Landri et se croient dispensés de poursuivre leur voyage en France, ils partent le lendemain matin; Gonteaume, l'archevêque et Olive les convoient; Olive leur remet, pour Landri, un anneau qu'elle a reçu de Doon pendant la première nuit de leur mariage (v. 1883-1972).

Après un heureux voyage, les messagers arrivent à Constantinople. C'est au mois de mai : l'empereur Alexandre est dans son verger, sous une tente; Landri, Asson et Guinemant sont avec lui, en même temps que Salmadrine, gracieusement costumée. Elle adresse la parole à Landri; celui-ci ne répond guère à ces avances et lui dit qu'il pense à sa mère, qui est en France au pouvoir de Tomile. A ce moment, les

1. Cet épisode, où l'on voit les bourgeois d'une ville s'armer et se mettre en mouvement contre un chevalier qu'ils considèrent comme un ennemi, est une sorte de lieu commun qui se retrouve dans plusieurs chansons de geste (*Ogier le Danois*, *Gaydon*, etc.) et même dans *le Conte du Graal* de Chrétien de Troyes. Voir C. Voretzsch, *Epische Studien*, I, *die Composition des Huon von Bordeaux*, Halle a. S., 1900, I, 184 (comp. 182, note). La différence, c'est que, dans les épisodes signalés par M. Voretzsch, le chevalier qu'on attaque est un personnage sympathique, tandis que, dans *F*, Tomile et Malingre sont des traîtres et que tous les torts sont de leur côté.

messagers arrivent ; ils mettent pied à terre devant la
tente de l'empereur, et font le récit de leur mission : ils
ont constaté que Landri est bien le neveu du roi Pépin ;
en même temps, Outré remet à Landri l'anneau
qu'Olive lui a confié. — Après avoir pris connaissance
de ces nouvelles, l'empereur Alexandre n'hésite plus ;
il accorde à Landri la main de sa fille (v. 1973-2109).

Le récit revient à Malingre, le fils d'Audegour. Doon
avait « adoubé » (fait chevalier) son fils ; mais celui-ci,
de plus en plus exaspéré contre Olive, veut qu'on lui
enlève les terres qu'elle tient encore ; Doon s'y refusant,
Malingre traite son père de *couz sofranz* (cocu com-
plaisant) ; le père frappe le fils, qui réplique, et les deux
hommes en viennent aux mains. Des chevaliers réussissent cependant à établir une trêve entre le père et le
fils. Tomile et Malingre n'en chassent pas moins Olive
de Cologne ; elle part, assise sur un mauvais « roncin »,
et se réfugie en Hongrie, où elle est recueillie par son
oncle, l'évêque Auberi, à « Seine la ville » (v. 2110-
2166 ; cf. v. 2925, pour la résidence d'Auberi).

Tomile et Malingre, craignant une invasion possible
de leur terre par Doon et Landri, expulsent Doon de
Cologne ; quand celui-ci veut se réfugier à Aix-[la-Cha-
pelle], on lui en refuse l'entrée. Il se retire à La Roche
et part de là pour Paris, afin d'y voir Pépin. Il trouve
le roi malade ; Pépin demandant des nouvelles d'Olive,
Doon raconte qu'elle a été chassée par Tomile et
Malingre, qui ont occupé ses fiefs. Le roi se met fort
en colère, reproche à Doon sa conduite à l'égard de sa
sœur, et le défie [1]. Doon, épouvanté, se retire à La

---

1. Le roi arrache quatre poils de son « pellisson » d'ermine [et
les jette au visage de Doon] (v. 2261). Le même mode de défi se
retrouve dans *Raoul de Cambrai* (v. 2316-2318, édit. Meyer et
Longnon), et dans *Girbert de Metz* (voir la note des éditeurs de
Raoul de Cambrai sur le passage cité, en tenant compte de ce
qu'ils disent dans l'Introduction, p. LXIII, note.)

Roche, qu'il fortifie, puis il assiège Aix-la-Chapelle. Ceux de la ville font une sortie ; Doon les attaque avec succès et fait des prisonniers, qu'il amène à La Roche. Un écuyer va annoncer le désastre à Tomile et à Malingre ; ceux-ci s'avancent contre La Roche. Il y a combat devant la ville, et Doon lutte personnellement contre Tomile. Celui-ci, repoussé, s'enfuit à Aix, et Malingre à Spire ; mais bientôt tous deux réunissent de nouveau une armée de 40.000 hommes et attaquent de rechef La Roche. Doon et Jofroi défendent la ville; ils auraient réussi à repousser les assaillants, si Pépin n'était survenu. Il attaque Tomile et Malingre et taille leur armée en pièces; Tomile s'enfuit à Mayence, et Malingre à Spire. Alors le roi se retourne contre Doon : il prend La Roche et fait jurer à Doon et à son neveu Jofroi qu'ils quitteront le pays (v. 2167-2408) [1].

« Les autres jongleurs qui disent de Doon en ont beaucoup chanté, mais ils ne savent pas [la véritable histoire] : je la reprends là où ils l'abandonnent ; je reviendrai plus tard à Landri » (v. 2409-2412).

Doon, [accompagné de Jofroi], s'en va en Hongrie : là règne le roi Dorame, vaillant chevalier, qui réclame la moitié de Constantinople ; pour cette expédition, il prend à son service des chevaliers, entre autres Doon et Jofroi. Les Hongrois campent sur la rive du « Hongre » : ils jurent de tout ravager jusqu'à Constantinople. Un messager à cheval, blessé, annonce ces mauvaises nouvelles [2] à l'empereur [Alexandre]; Salmadine sup-

---

1. Dans *E* (fol. b. vj. verso en bas), Pépin enlève également au duc de La Roche ses terres, mais les circonstances diffèrent complètement.

2. Comp. aux vv. 2131-233 et aux v. 2455-2459 la *Chevalerie Ogier*, édit. Barrois, v. 1225 et suiv. : *Uns chevaliers s'en est sevrés des nos, Qui d'un espial fu navrés ens el cors : Le Toivre passe, son escu a son còl, Ainc ne fina si est venus a l'ost. — Tot droit a l'ost s'en vint li messagiers, Le roi trova en son tref ou il siet, Puis*

plie Landri de marcher contre Dorame. Landri refuse
d'abord d'intervenir, jugeant les Hongrois des adver-
saires indignes de lui. Mais, quand un second messager
blessé survient, porteur de messages encore pires, Landri crie à ses chevaliers « Armez-vous ! » Quarante
mille hommes partent avec Landri; ils attaquent les
Hongrois, et Landri tue Garnier (v. 2413-2489).

L'empereur Alexandre attaque son neveu Dorame :
il est sur le point d'être vaincu, quand Landri survient :
il frappe Dorame de son épée et l'étourdit d'un grand
coup : Dorame se rend prisonnier.

Leur roi vaincu, les Hongrois prennent la fuite;
seuls Doon et Jofroi tiennent tête aux assaillants.
Landri attaque son père, sans le reconnaître, et réussit à
le vaincre; il va lui couper la tête quand le duc lui
crie merci; Landri le remet alors au roi Alexandre. De
leur côté, Asson et Guinemant ramènent Jofroi prisonnier. Doon et Jofroi, grièvement blessés, sont enfermés,
avec quatre-vingts de leurs compagnons, dans une des
prisons, où ils demeurent pendant sept ans (v. 2520-
2550).

Le récit revient à Olive, qui est restée chez l'évêque
(Auberi). Un jour, en sortant de l'église, elle est
reconnue par quatre « pers de La Roche », qui ren-
traient d'un pèlerinage d'outre mer. Ils étaient partis
de chez eux il y a sept ans, avant que la dame eût été
accusée [d'adultère]; quand ils voient Olive, ils
s'étonnent beaucoup; ils se disent entre eux : « Nous
avons trouvé notre dame ». Ils l'arrêtent, s'inclinent
devant elle et l'interrogent; elle leur raconte son histoire. Ils jurent sur des reliques qu'ils lui rendront sa
terre et sa contrée. L'évêque assure à Olive que ces

s'escria tant com il puet huchier : « Rois, car chevalche ! etc. » Un
épisode analogue se lit dans Élie de Saint Gilles, v. 182 et suiv.,
éd. G. Raynaud.

quatre barons lui rendront en effet sa terre; il l'engage
[en attendant] à tenir large « mesnie » et à donner de
grandes « soudées » (v. 2551-2595) [1].

Le récit revient à Landri : le « trouveur » rappelle
ses aventures et l'amour de Salmadrine. Une nuit,
Landri est seul, sans autre suite que les cinq compagnons qu'il avait amenés de France; son maître Guinemant remarque qu'il pleure et soupire. Interrogé
par Guinemant, Landri évoque ses malheurs : sa mère
[probablement] tuée, le roi Pépin qui l'a abandonné,
le mauvais « lignage » qui possède sa terre. Guinemant lui conseille de prendre congé du roi Alexandre,
de retourner [en France] et d'y défier le roi Pépin.
Landri approuve ce conseil (v. 2596-2670) [2].

Un écuyer de l'empereur Alexandre a surpris cette
conversation et se hâte de la rapporter à son maître :
celui-ci déclare qu'il approuve le projet de Landri et
défend sa conduite contre les reproches de Salmadrine,
sa fille. Il est minuit, on sonne les matines; l'empereur va assister au service dans la crypte de Sainte-
Sophie. Salmadrine se lève et, vêtue seulement d'un
mantelet d'hermine, se rend dans la chambre où
reposent ceux de France. Elle se glisse dans le lit de
Landri, donne un baiser au jeune homme. Landri,
troublé, s'éveille et la conjure de dire qui elle est; Sal-

---

1. Cet épisode peut paraître surprenant, car dans la suite du
récit il n'est plus question de ces quatre « pers ». Il faut cependant remarquer que les vv. 2584-2585 préparent en quelque
sorte le récit subséquent, où l'on voit Olive reconquérir sa terre.
2. Dans *E*, l'empereur Manuel donne à Enrrique (= Landri)
l'empire de Constantinople et la main de sa fille, Mergelina,
immédiatement après sa défense victorieuse de la capitale contre
Mirabel, soletan de Babilonia. Quelque temps après le mariage,
Enrrique, une nuit qu'il reste éveillé (fol. c. vj. v°), se reproche
à lui-même de n'avoir pas encore vengé sa mère, trahie par
Tomillas. Mergelina, couchée à ses côtés, entend ses soupirs et
l'interroge.

madrine se nomme et ajoute : « tu peux faire de moi ton plaisir; si je meurs d'amour, mon âme sera sauvée ». — « Dame », répond Landri, « votre père est mon seigneur; allez vous recoucher ». Salmadrine consent à se retirer; elle veut cependant que Landri lui apprenne « un des jeux de France ». Landri répond : « J'y consens; mais promettez-moi que, le jour de la Pentecôte, vous prierez votre père de rendre la liberté à ceux qui sont en prison : je leur pardonnerai, afin que Dieu m'accorde de me venger du traître Tomile ». Il consent alors à ce que Salmadrine lui donne un baiser, qu'il lui rend d'ailleurs : ce ne sera pas une honte pour elle, et, en ce faisant, il ne sera pas parjure à l'égard d'Alexandre (v. 2671-2750).

La jeune fille se retire. Le lendemain l'empereur fait venir ses barons, et les Allemands (c'est-à-dire Landri et les siens) se présentent devant lui. Alexandre offre à Landri sa fille et la moitié de son « fief », s'il consent à rester. Landri pleure : il pense à sa mère Olive et à son père Doon; il ne sait pas que celui-ci est prisonnier de l'empereur Alexandre (v. 2751-2774).

Il y a grande réunion dans le palais de l'empereur : les Allemands détiennent la « sénéchaussée » : Jofroi [1] et Guinemant portent les éperons; Amauri et Andrieu, l'enseigne et les épées; Landri, dans sa livrée à croix d'argent, dirige la foule. Les évêques et les abbés célèbrent le service divin; les jongleurs violent et chantent. Doon, dans sa prison, entend ce bruit insolite; il interroge le « chartrier ». Celui-ci répond qu'il y a aujourd'hui grande fête dans le palais de Constantin : le roi porte sa couronne et donne à ses princes leur « chasement ». Doon se lamente; Asson de Mayence [2], pour le

---

1. Il doit y avoir ici une confusion de l'auteur; voir la note sur le vers 2783.

2. Confusion en sens contraire; voir la même note.

consoler, lui raconte un songe qu'il a eu. — Au sortir
de l'église, Landri et Salmadrine prient l'empereur
Alexandre de mettre en liberté les prisonniers; l'empereur donne l'ordre demandé. Doon est si faible qu'il
ne peut se tenir debout et qu'on doit le porter. Après
qu'il a mangé, on le conduit devant le roi; celui-ci lui
demande son nom, en faisant l'éloge de son courage.
Doon se fait connaitre (v. 2774-2855).

Quand Landri entend ce que son père a dit et quand
il reconnaît son maître Guinemant, il tombe à genoux
et se nomme [1]. Il demande des nouvelles de sa mère.
Doon raconte comment il a été chassé du pays par les
traîtres et attaqué par le roi Pépin; il ne sait ce qu'est
devenue Olive. Landri pleure; l'empereur lui conseille
de reconquérir plutôt sa terre et de la rendre à son
père, ou à sa mère, s'il peut la retrouver. Salmadrine
intervient, et rappellant que Landri lui a promis le
mariage, elle menace de se tuer ou de se déshonorer,
si Landri part. Celui-ci la rappelle aux convenances.
L'empereur donne à Landri de l'or et vingt mille
hommes pour l'expédition qu'il doit entreprendre.
Landri marche vers l'Allemagne en traversant l'Italie
et la Maurienne; de son côté, Tomile commence à
garnir ses châteaux (v. 2856-2923).

Sur ces entrefaites, l'évêque Auberi, chez qui Olive est
toujours réfugiée, tient sa cour à « Seine la ville », lors
de la fête de Pâques; il s'adresse à ses chevaliers, leur
présente Olive et leur raconte comment elle a été chassée de son pays. Revêtu de son étole, il se jette à leurs
pieds et leur annonce son intention de faire la guerre

---

1. Orson de Beauvais, prisonnier, est délivré de même par son
fils Milon (*Orson de Beauvais*, v. 1818 et suiv., éd. G. Paris).
Bien que les circonstances diffèrent beaucoup, certains détails
sont cependant communs aux deux récits : Orson se lamente
dans sa prison, v. 1751-1757; une fois délivré, il est si faible
qu'il ne peut rester debout, v. 1804.

à Tomile : « Seigneurs, aidez-nous ». Il réunit ses
« soudoiers » dans un pré hors de la ville. — L'armée
se met en marche ; la duchesse la suit, assise sur une
mule. Ils arrivent devant La Roche ; ils mettent des
troupes en embuscade dans les prés devant la ville,
pendant que, d'autre part, trente chevaliers enlèvent du
butin ¹ [sous les murs]. Malingre sort de la ville, suivi
de cent quarante chevaliers ; ils réussissent à reprendre
le butin enlevé, mais tombent dans l'embuscade ; des
parents de Malingre sont tués. L'évêque Auberi s'attaque à Malingre lui-même. Olive, qui tient un bâton
à la main, frappe Malingre à la tête ; il s'enfuit avec les
siens ; Auberi et ses chevaliers prennent La Roche.
Les chevaliers s'emparent d'Audegour et la présentent
à Olive. Celle-ci veut d'abord la livrer à ses écuyers et
à ses garçons ; mais, sur les supplications de sa rivale,
elle se borne à la faire enfermer dans une prison sou-
terraine (v. 2924-3058).

Pendant ce temps-là, Malingre s'enfuit jusqu'à
Mayence. Il raconte à Tomile sa défaite et la perte de
La Roche. Tomile est d'avis d'offrir la paix à l'évêque
et à Olive, quitte à les empoisonner ou à les assassiner
plus tard. De son côté, Doon, suivi de 20.000 chevaliers, vient camper devant Sobrie ² : c'est une ville
qui lui appartient en propre, son père, l'Allemand
Florent, l'ayant jadis conquise sur un roi [païen ?].
Doon tient conseil : la puissance de Tomile l'inquiète ;

---

1. Probablement, dans la pensée de l'auteur, du bétail.

2. Ce nom de *Sobrie* ou *Sorbrie* est essentiellement propre à la
chanson d'*Élie de Saint-Gilles*, où la ville est souvent mentionnée ; en dehors de ce poème, on n'en trouve qu'une ou deux
mentions (voir la *Table* de M. E. Langlois). Cette ville « lointaine
et fabuleuse » (G. Paris) est tout à fait à sa place dans *Élie*,
comme centre des aventures également lointaines du héros, mais
elle fait singulière figure dans *F*, au milieu des noms historiques de Liège, Cologne, Worms, Spire, Mayence, etc. L'emprunt
à *Élie de Saint-Gilles* paraît certain.

Landri se fait fort de prendre la ville, mais Doon repousse cette idée, ne voulant pas dévaster son propre territoire. Avant d'agir, il ira, déguisé, avec Jofroi, parcourir le pays, pour s'assurer de la véritable situation de Malingre et de dame Olive. Doon et Jofroi partent, en effet, déguisés en pèlerins ; ils entrent dans une forêt où Doon, du temps de sa puissance, chassait souvent. A l'issue de la forêt, ils se trouvent dans les terres d'un maire, Bernard, homme et métayer du duc. Bernard a dix fils, dont cinq sont chevaliers, et cinq employés sur les terres de leur père. Malgré ses beaux troupeaux et ses meutes de chiens, le maire n'a pas le cœur joyeux ; il songe à Doon, son seigneur, qui est absent : il en parle à son fils aîné. Survient Doon, déguisé, qui reconnaît Bernard, et il lui demande l'hospitalité pour lui et Jofroi. Admis dans la demeure, il met Bernard à l'épreuve ; il se conduit exprès d'une façon insupportable : il renverse le diner qu'on lui offre ou le donne à manger aux domestiques, surtout il dit sans cesse du mal de Doon, qu'il traite de couard. Les deux premières fois, le maire, sur les instances de sa femme, maîtrise sa colère ; après la troisième incartade du soi-disant pèlerin, qu'il prend pour un envoyé de Malingre, il le met à la porte avec son compagnon, malgré la nuit et le temps affreux qu'il fait (v. 3059-3391).

Une fois dehors, sous la pluie froide, Jofroi se lamente ; Doon se moque de lui. La femme de Bernard, entendant les plaintes de Jofroi, obtient de son mari qu'on fasse rentrer les deux hommes, et leur ouvre « l'ostel » ; elle fait allumer du feu et leur donne des manteaux. Bernard, toujours en colère, s'avance vers eux, et reconnaît Doon à un signe qu'il a sur la main. Doon renonce alors à feindre. Bernard et sa famille lui font fête ; on lui apprend qu'Olive se trouve à La Roche, d'où elle a chassé Tomile (v. 3392-3479).

Le lendemain matin, Doon et Jofroi revêtent de nouveau leur costume de pèlerin; accompagnés de cinq des fils de Bernard, habillés en bergers, ils partent pour La Roche. Le but de Doon est d'éprouver Olive. Devant la « salle » [du palais], le duc rencontre sa femme; il se donne pour un pèlerin qui chemine, avec ses compagnons, allant de France à Cologne. Olive ordonne à son sénéchal de les héberger et de leur donner de l'argent (v. 3480-3553).

Doon se trouve ainsi dans la « salle » de son château; pendant le dîner, le faux pèlerin dit du mal de Doon, à la grande indignation d'Olive, qui le rabroue. Le dîner fini, on fait le lit des pèlerins au milieu de la salle; le lendemain matin, avant l'aurore, ils se lèvent et s'arment [1], puis se postent aux fenêtres; le duc crie « Sobrie! », son « enseigne » (cri de guerre). Olive se désespère; elle croit que le château a été surpris par des partisans de Tomile et de Grifon. Dans le bourg, en bas du château, les barons s'arment de leur côté, et pénètrent dans le château, pour châtier les « truants » qui s'y trouvent; mais Jofroi de Mayence les apaise en révélant que c'est Doon de La Roche en personne qui est là. Olive, un peu rassurée, entre dans la salle et interpelle le faux pèlerin, qui reconnaît qu'il est Doon. Les fils de Bernard ouvrent les portes [du château]; les barons pénètrent dans la salle et rendent hommage à leur seigneur; mais Olive dit qu'elle ne pourra partager le lit de Doon tant que Tomile n'aura pas été pris et n'aura pas avoué ses machinations (v. 3554-3652).

Doon et ses compagnons, armés par Olive [2], reviennent à Sobrie. Devant la ville, ils trouvent Landri, à qui ils apprennent que sa mère a pris La Roche; mais il refuse d'aller la voir avant le châtiment de Tomile. On envoie

---

1. On ne dit pas où ils ont pris ces armes; tout cet épisode es très confus.

2. Notez qu'au v. 3559 ils étaient déjà armés.

des messages à Sobrie pour faire savoir aux bourgeois
que leur seigneur Doon est devant la ville; ils sont très
joyeux et font sonner les cloches. Les personnages les
plus nobles de la ville s'avancent à cheval pour saluer
Doon; le maire lui adresse la parole et lui offre des
vivres pour ses troupes, en vue du siège de Mayence.
Doon refuse; il a assez de provisions (v. 3653-3718).

L'armée du duc marche de Sobrie sur Mayence, à travers un territoire peu fertile. Landri, seul, s'éloigne de
l'armée, assis sur un mulet, pour aller chasser au faucon. Il est surpris par deux fils de Grifon [de Haute-
feuille], Hardré et Hélie, au moment où son faucon
vient d'abattre un cygne. Hardré insulte Landri, lui
reprochant de chasser près du vivier de son père Grifon; il en résulte une querelle et un combat. Hardré
tue le mulet de Landri ; Hélie l'attaque de l'autre côté,
mais Landri le tue. Hardré veut venger son frère, mais
Landri le désarçonne, le lie sur son cheval et l'amène à
Doon, qui le fait pendre devant Mayence (v. 3719-3831).

Les troupes de Doon sont devant Mayence. On dresse
des machines de guerre pour battre les murs ; mais la
ville, fondée par les Sarrasins, est forte, et les assiégeants
ne parviennent pas à endommager ses portes d'ivoire [1].
Landri jure qu'au besoin il assiégera la ville pendant
sept ans. Malingre fait une sortie avec la meilleure
partie de sa suite armée ; mais les hommes de Landri
réussissent à lui couper la retraite. Dans la mêlée, il

1. Nous n'avons pas trouvé ailleurs mention de ces portes
d'ivoire (*olifant*) de Mayence, qui sont peut-être une invention de
l'auteur. On peut noter qu'à la fin du xiie siècle, époque probable
de la composition de *F*, Mayence était ville ouverte. Pour punir
les bourgeois du meurtre de leur archevêque, Arnold de Seelho-
fen, Frédéric Barberousse avait fait démolir les murs de la ville en
1163; ils ne furent reconstruits qu'en l'an 1200; voir K.-A. Schaab,
Die Geschichte der Bundes-Festung Mainz, Mainz, 1835, in-8°,
p. 68.

lutte avec son frère, qu'il reconnaît, et est fait prisonnier
par celui-ci [1]. Le siège de la ville se prolonge. Doon
permet au menu peuple, aux femmes, aux vieillards
et aux enfants de sortir de la ville pendant la nuit ;
après un siège qui dure trois ans et demi, il ne reste
à Tomile que vingt hommes. Quand ils n'ont plus à
manger qu'un poulet, ils se lamentent et veulent aller
demander grâce à Doon et à Landri. Mais Tomile
refuse ; il propose de s'enfuir de l'autre côté du Rhin,
en « Saissoigne » (le pays des « Saisnes », Saxons) : il y
reniera la foi chrétienne, puis, aidé des païens, il ter-
rifiera de nouveau ses ennemis. Les autres approu-
vent cette idée (v. 3832-3915).

Mais Landri fait bonne garde autour de la ville ; il
veille jour et nuit [2]. Survient enfin l'évêque [Auberi],
amenant un ingénieur, Gillibert, fils d'Henri : celui-ci
construit des machines de guerre qui détruisent cent
quarante toises des murs et brisent les portes d'ivoire.
Mayence est prise. Tomile veut s'enfuir, mais il est
fait prisonnier par Landri. On rend la ville à Asson,
qui en était seigneur jusqu'au moment où il la quitta
pour suivre son maître Doon. Le duc part pour La
Roche, emmenant Tomile (v. 3916-3966).

Après qu'Olive a embrassé son fils, Tomile est pré-
cipité dans la prison [souterraine] où se trouve déjà sa
fille. On dîne dans le palais, puis on fait venir Tomile,
qui avoue son crime, et est pendu par Olive en per-

---

1. Dans *E* (fol. d. iij. v°), il y a un combat entre Malindre (=
Malingre) et Enrrique (= Landri), qui le tue d'un coup de lance.

2. Cet épisode, qui ne mène à rien, semble une réminiscence
d'un récit qui nous a été conservé dans *E* (fol. d. iiij. v°-d. v. r°) :
le traître Tomillas, assiégé, non dans Mayence, mais dans Cologne,
fait creuser un chemin souterrain, qui débouche au dehors ;
au moment où il veut sortir de ce chemin secret, il est surpris
par les gens d'Enrrique, qui campent justement à l'endroit où se
trouve l'issue ; il est reconnu et fait prisonnier.

sonne, après avoir été traîné par la ville ; le corps est brûlé. Ensuite, arrive le tour d'Audegour : on la dépouille de ses vêtements, et on la jette dans le bûcher, qui vient de consumer les restes de son père ; les cendres sont semées au vent[1]. Quant à Malingre, on lui coupe les jarrets[2] ; mais le clergé, par ses supplications, obtient qu'on lui fasse grâce de la vie : il devient moine blanc, au cloître de Saint-Pierre (v. 3904-4058).

Doon, suivi de ses troupes, se dirige vers Cologne ; comme on lui en refuse l'entrée, il assiège la ville et y lance le feu grégeois, qui incendie des rues entières. Les bourgeois avaient reconnu Pépin comme seigneur et lui envoyaient annuellement un tribut ; épouvantés, ils prennent [la résolution d'offrir les clés de la « tour » à Doon ; l'archevêque et son clergé se présentent devant le duc, et lui livrent la ville. Doon épouse Olive une seconde fois à l'église Saint-Pierre ; on célèbre des noces magnifiques, et Pépin vient y assister. Il embrasse Olive ; quant à Landri, il lui adresse des paroles élogieuses, et il lui promet la Bretagne, l'Anjou, la Normandie et la « seneschauciée de France ». Mais Landri refuse : il ne veut rien tenir de son oncle, qui a abandonné sa mère, accepté les présents de Tomile et refusé de le recevoir, lui Landri. Une scène violente a lieu entre l'oncle et le neveu ; Pépin exaspéré par les reproches de Landri, veut le frapper, mais Asson et Guinemant le calment ; Pépin quitte la ville (v. 4059-4159)[3].

---

1. Dans *E* (fol. d. vij. v°), Oliva fait tirer à quatre chevaux, sous ses yeux, le traître Tomillas. Il n'est rien dit du supplice d'Aldigon (= Audegour).

2. Ce supplice de Malingre rappelle la légende des Énervés de Jumièges, eux aussi fils révoltés contre l'autorité paternelle.

3. Dans *E* (fol. d. vj. v°), Enrrique, une fois que Tomillas est pris, a une entrevue avec Pépin et lui adresse des reproches amers sur sa conduite ; mais l'oncle et le neveu se réconcilient immédiatement après.

Landri réunit son armée, les hommes de l'empereur
[de Constantinople], et va attaquer Hautefeuille, la
ville de Grifon. La troupe de Landri rencontre celle
de Grifon ; Landri tue celui-ci de sa propre main et
met ses gens en fuite ; il prend ensuite la ville, où il
trouve un riche butin, qu'il envoie à son père (v. 4160-
4191).

Landri croit pouvoir se reposer enfin ; mais il en sera
autrement. Un jour que l'empereur Alexandre de Constantinople est assis à une fenêtre de son palais, il voit
un beau cygne, qui lui rappelle le vaillant Landri. La
fille de l'empereur paraît ; elle demande à son père de
faire revenir Landri, qui lui a promis de l'épouser.
L'empereur envoie en France un messager, Malprin,
qui devra rappeler à Landri ses engagements. Le
messager part et trouve Landri au château de La
Roche. Il lui parle de l'empereur Alexandre et de sa
fille, qui languit d'amour pour lui, et lui présente un
anneau, sur lequel il jura jadis de revenir vers son
pays [Constantinople], dès qu'on le lui présenterait
(v. 4192-4295).

Landri ne sait que faire ; mais son maître, Guinemant, lui reproche ses hésitations : « Tu as reconquis
tes terres et vaincu tes ennemis ; ton père et ta mère
se sont réconciliés ; tu dois retourner au pays où tu
as pris jadis les armes ; l'empereur t'y comblera de dons,
et tu épouseras sa fille ». Landri s'y résout (v. 4295-
4320).

Mais un second messager arrive, messager de
malheur : il annonce que « l'emperres de France » a
été pris à la chasse, avec cent chevaliers de sa suite [1].

---

1. M. Benary rapproche de cet épisode celui de *Jean de Lan-
son*, où Charlemagne est surpris et fait prisonnier à la chasse par
le héros du poème (voir l'analyse de P. Paris dans *Histoire littér.
de la France*, XXIII, 580).

Landri ordonne aussitôt qu'on lui apporte ses armes ; il
réunit 4000 chevaliers. Pendant ce temps, les « Saisnes »
chevauchent et s'éloignent, emmenant Pépin ; [leur roi]
Brohimax reproche à celui-ci la mort de son oncle
Carsadoine, et lui annonce qu'il sera jugé le lendemain
à Trémoigne. Pépin, transporté de colère et de douleur,
brise les cordes qui lui lient les mains ; d'un seul coup
de poing il abat l'un des Saisnes. Ceux-ci tirent leurs
épées ; ils sont sur le point de le tuer, quand Landri,
sortant d'une vallée, les attaque avec ses chevaliers :
Brohimax est tué par Landri ; les Saisnes prennent la
fuite ; les chevaliers [français] se délient mutuellement,
revêtent les armures des Saisnes tués, et montent sur
leurs chevaux ; Pépin, notamment, s'empare de l'armure
de Brohimax. Ils se joignent aux compagnons de Landri : les païens sont mis complètement en déroute, et
les chrétiens ramassent un grand butin. Quand Landri,
l'épée rouge de sang, rencontre son oncle, il lui dit :
« Roi, vous êtes pris ; vous me suivrez à Cologne ;
après vous, c'est moi qui posséderai le trésor de
Paris ». Pépin se résigne à son sort ; il descend même
de cheval et tombe aux pieds de Landri. Mais celui-ci
le relève : l'oncle et le neveu s'embrassent (c'était la
volonté de Dieu) et se rendent ensemble à Cologne
(v. 4321-4414).

Pépin fait peser trois fois en fin or son corps et son
haubert ; il offre cet or à l'autel de l'église Saint-Pierre,
distribue des dons à ses compagnons, et offre à Landri
cent chevaux. A Cologne, au palais, les barons dînent :
Landri leur annonce que, les traîtres étant punis et
ses parents réconciliés, il partira le lendemain pour
Constantinople, où il a promis d'épouser la fille du
roi Alexandre. Pépin dit qu'il partira volontiers avec
lui ; on envoie un messager à Constantinople, pour
annoncer l'arrivée prochaine de Landri et de sa suite
(v. 4415-4461).

Le messager arrive à Constantinople ; l'empereur, apprenant la nouvelle, monte à cheval pour aller à la rencontre de Landri. Rencontre de l'empereur et de Landri, d'Olive et de Salmadrine. On descend au palais, où a lieu un dîner magnifique ; jeux. L'empereur Alexandre envoie des messagers, pour que tous les barons de son empire viennent assister aux noces de sa fille. Tant de barons y vinrent que les noces durent se faire hors de la ville, dans une grande prairie. En présence de Pépin, l'empereur Alexandre adresse la parole à Landri et lui annonce qu'il lui donne sa fille, avec tout son empire. Le mariage de Landri et de Salmadrine est célébré par l'archevêque Jean, à la grande église, en présence des deux empereurs ; Landri et Salmadrine sont couronnés au palais, où a lieu une fête égayée par des ménestrels. Les réjouissances durent pendant un mois entier ; puis l'empereur congédie ses barons après avoir distribué des cadeaux ; mais Landri garde près de lui les Français, pour leur montrer ses châteaux. A la fin, Pépin annonce qu'il est obligé de rentrer dans son pays ; Landri lui recommande de vivre en paix avec Doon et Olive ; Pépin promet à Landri le secours de sa « chevalerie », s'il en avait jamais besoin. On donne le signal du départ et on prend congé ; Olive recommande à Salmadrine son fils Landri. Pépin, Doon et Olive arrivent à Cologne, où les bourgeois leur font fête, puis Pépin regagne Paris. Doon et Olive vivront désormais en paix. Landri et Salmadrine eurent des enfants qui tinrent à la fois Constantinople et le domaine qu'avait possédé Olive, et qui furent de bons chevaliers (v. 4462-4627).

La chanson est finie ; si vous voulez en savoir davantage, adressez-vous ailleurs (v. 4628-4638).

CHAPITRE V

FORMES DIVERSES ET ÉVOLUTION- DE LA LÉGENDE ÉPIQUE.

Le sujet de *Doon de La Roche* nous a été transmis dans plusieurs versions, en différentes langues.

En français : le présent poème (*F*).

En espagnol : un récit en prose, *Historia de Enrique fi de Oliva* (*E*), que Ferdinand Wolf, bon juge en ces matières, fait remonter au xiv⁰ siècle. Il a été imprimé [1] à Séville en 1498 ; cette édition est très rare ; j'ai pu me servir d'une réimpression, faite également à Séville, en 1545, *por Dominico de Robertis*, et dont la Bibliothèque Nationale possède deux exemplaires, Rés. Yd. 238 et Rés. Y². 818. Une analyse détaillée en a été donnée par Ferd. Wolf dans son livre intitulé : *Ueber die neuesten Leistungen der Franzosen für die Herausgabe ihrer National Heldengedichte* (Vienne, 1833), p. 98-123 ; une autre, plus rapide, mais accompagnée d'une comparaison suivie avec *F*, se trouve dans un mémoire de M. W. Benary [2], que nous aurons souvent l'occasion de citer (p. 313-324).

En vieux norrois : la seconde branche de la rédaction remaniée de la *Karlamagnus-Saga* (*Nc*). Cette branche, qui ne se trouve pas dans la rédaction primitive, a été traduite peu après 1284, non, comme l'ensemble de la *Karlamagnus-Saga*, sur un poème français,

---

1. Voir, sur les éditions, Brunet, *Manuel du libraire*, II, 988 (5ᵉ éd.).

2. *Ueber die Verknüpfungen einiger französischen Epen, und die Stellen des Doon de Laroche*, dans *Romanische Forschungen*, XXXI, 3o3-3g4.

mais, ainsi qu'il est dit expressément, sur la traduction anglaise [perdue] d'un poème français [1]. Elle a été publiée par R. C. Unger, dans son édition de la *Karlamagnus-Saga* (Christiana, 1860, p. 50-75); l'éditeur a donné une analyse, en danois, dans son introduction. G. Paris a reproduit cette analyse, traduite en français, dans la *Bibliothèque de l'École des chartes*, année 1864 (5e série, tome V), p. 105 et suiv., en l'accompagnant de quelques remarques précieuses. F. Wolf avait donné une analyse plus sommaire (d'après Gundtvig) dans une note intitulée : *Ueber die Olivasaga*, dans les *Denkschriften* de l'Académie de Vienne, vol. VIII (année 1857) p. 263-268.

Dans le dialecte des îles Fœroe : un chant populaire (*Na*), recueilli et publié, avec traduction danoise, par V. U. Hammershaimb, dans *Antiquarisk Tidskrift*, vol. Ier (année 1846-1848), p. 279-304.

Il existe également, sur notre thème, un chant islandais, mentionné par Hammershaimb dans son article cité, p. 280.

Quand on compare ces versions, on voit dès l'abord, qu'elles se divisent en deux groupes : 1°, le poème français et le roman espagnol ; 2°, le récit de la *Karlamagnus-Saga* et le chant des îles Fœroe. Les deux versions septentrionales sont très étroitement apparentées : comme l'a déjà remarqué M. Benary, elles sont d'accord, même pour des noms de personnages de second plan. M. Benary (p. 236 de son mémoire) croit que la version des Fœroe est indépendante de la *Karlamagnus-Saga,* tout en provenant du même original ; mais ses arguments sont bien faibles, et une raison décisive nous porte à admettre que le chant populaire est une simple réminiscence, plus ou moins fidèle, du récit de la

---

1. F. Wolf et G. Paris ont noté que cette indication est confirmée par l'emploi du mot *stevardh*, emprunté à l'anglais *steward*.

compilation norroise [1]. Il y a, dans le chant, des altérations et des transpositions évidentes [2] ; en outre, les exigences du style traditionnel des chanteurs des îles ont amené des développements et des modifications de la donnée primitive. Pour nous, dans la suite de la discussion, la *Karlamagnus-Saga* sera l'unique représentant du second groupe.

Examinons d'abord le premier groupe : le poème français et le roman espagnol (*F* et *E*). Dans les grandes lignes, *E* est d'accord avec *F* ; il doit avoir été traduit sur une rédaction très voisine de notre texte. Comme dans *F*, Oliva est la sœur de Pépin ; la substitution d'*Enrrique* à *Landri* (nom du fils) s'explique facilement : le nom peu connu de *Landri* a été remplacé par *Enrrique* (= *Henrique, Henri*), très répandu,

---

1. En effet, dans ce chant, comme dans la *Karlamagnus-Saga*, Olifa (= Olive) est la fille, non la sœur, de Pépin, et Charlemagne, son frère, est nommé dans le couplet 3 (« Karlamagnus Pippingsson »). Nous verrons plus loin qu'il y a de fortes raisons de croire que cette modification dans la généalogie d'Olive, ainsi que l'introduction du personnage de Charlemagne, est le fait, non du traducteur anglais, mais du compilateur de la *Karlamagnus-Saga*. — Notons que le chant islandais nous présente la même généalogie, à en juger d'après le titre, donné ainsi par Hammershaimb (p. 280 de son article) : *Landres sémur, sonar Hugions hertoga af Englandi, og Olifar, systur Karlamagnus keisara*. S. Grundtvig, qui, dans son grand ouvrage intitulé : *Danmarks gamle Folkeviser* (Copenhague, 1853), I, 199-201, s'est occupé de *Doon de La Roche*, croyait également que le chant était indépendant de la *Karlamagnus-Saga* ; ses arguments (traduits par Ferd. Wolf dans sa note déjà citée, *Ueber die Olivasaga*, p. 266) ne semblent pas non plus convaincants : ils reposent en somme sur des raisons de sentiment.

2. C'est ainsi que l'épisode des vêtements donnés à Landri par son ancienne nourrice, et qui disparaissent par enchantement, est placé, dans la *Karlamagnus-Saga*, après la rencontre de la mère et du fils (analyse de G. Paris, p. 110) ; le chant (couplets 128-136) place cet épisode avant cette rencontre, certainement à tort, car il se trouve ainsi séparé des autres enchantements de la marâtre.

dans la péninsule ibérique comme ailleurs. La première partie du récit, jusqu'à l'exil d'Enrrique (Landri)
a de grandes analogies avec *F*; notons cependant que
Tomillas endort Oliva, non au moyen d'un soporifique,
mais par une *carta hecha con muchos conjuros y con
muchos encantamentos* (fol. a. iij. v°); mais immédiatement avant cet épisode (fol. a. ij. v°, a. iij.-v°), il est raconté que Tomillas verse à Oliva du vin *aparejado con
yervas*, qui la rend malade, ce qui rappelle le « piment »
dont il est question dans *F* (v. 169). Cette *carta*
enchantée, qu'on retrouve dans d'autres récits du moyen
âge [1], semble ici une interpolation du rédacteur espagnol. — L'homme que Tomillas place dans le lit d'Olive
est un écuyer qui *avia se hecho arlote* [2] et s'était costumé
en pèlerin (*romero*, fol. a. iij. v°); Tomillas l'ensorcelle
au moyen d'un anneau magique (*sorteja*) et l'oblige à
faire tout ce qu'il veut. — Après sa disgrâce, Oliva se
réfugie, sur le conseil du comte «Jufré de Flandes », dans
une abbaye de femmes, fondée par le comte (fol. a. vij.
v°), version qui est un affaiblissement évident de ce qui
se lit dans le passage correspondant de *F*.

La suite du récit présente des analogies avec *F,* tout
en s'en écartant parfois : Enrrique (Landri) part pour
l'Orient, accompagné du comte « Jufré », déguisé en mar-
chand, qui le présente comme son fils ; un épisode, probablement interpolé par le traducteur espagnol, lui fait
conquérir Damas et Jérusalem ; il reprend sur les Infi-
déles la vraie Croix [3] (fol. b. ij. v°-vj. v°). Comme dans

1. Voir Gertrude Schoepperle, *Tristan and Isolt*, Frankfurt,
1913, I, 257. L'exemple le plus connu se lit dans le quatrième
conte du *Dolopathos* (éd. Oesterley, p. 58 ; éd. Hilka, p. 64; trad.
franç., éd. Brunet et Montaiglon, v. 7167 et suiv.).

2. Ferd. Wolf, *Ueber die neuesten Leistungen*, p. 101, traduit
arlote par « vagabond » (*landstreicher*).

3. Sur les sources du rédacteur espagnol dans cette partie de
son récit, on trouve quelques observations dans Ferd. Wolf,
Ueber die neuesten Leistungen, p. 109.

F, il secourt l'empereur de Constantinople contre son ennemi, l'*almirante Mirabel*, réussit à le vaincre et à anéantir son armée ; l'empereur lui donne la main de sa fille Mergelina et lui cède l'empire (fol. c. vj. v°). — Bientôt après ce mariage, Enrrique se rappelle Tomillas et sa trahison envers Oliva ; avec l'approbation de sa femme, il organise une expédition pour châtier le traître. — Sur ces entrefaites, la renommée des exploits d'Enrrique étant parvenue en France, le pape avait ordonné au comte de La Roche de reprendre sa femme. Il en résulte un différend entre le comte et Tomillas, dont la fille se trouve répudiée ; le roi prend parti pour Tomillas ; guerre : le comte et Oliva sont assiégés dans La Roche. — Venu en France avec son armée, Enrrique trouve ses parents assiégés ; il pénètre sous un déguisement dans le château, sans cependant se faire reconnaître ; puis il attaque les traîtres avec son armée : il tue de sa propre main Malindre, son demi-frère (fol. d. iij. v°) ; Tomillas est pris et supplicié (fol. d. vij. v°)[1].

On voit que cette suite d'événements ressemble en gros à ce qui est raconté dans *F*, mais en diffère par bien des détails ; la grande différence consiste en ceci que, dans *E*, le fils, Enrrique (= Landri) passe seul en Orient, le père restant en France ; par conséquent, Doon n'est pas fait prisonnier en combattant l'empereur de Constantinople au service du roi de Hongrie ; la délivrance du père par le fils a lieu dans des circonstances tout autres. Cet épisode de la guerre d'Orient, du combat entre le père et le fils, etc., est-il une invention de l'auteur de *F*, ou bien se trouvait-il dans l'original de *E* et a-t-il été laissé de côté par le traducteur espagnol ? On pourrait discuter longuement là-dessus,

---

1. L'innocence d'Oliva est démontrée d'une façon ingénieuse et compliquée, qui doit être une invention de l'auteur espagnol (fol. d. v. v°), étant en rapport avec la forme spéciale qu'a revêtue dans *E* la machination de Tomillas contre Oliva.

si une particularité de *F* ne constituait une preuve décisive en faveur de la première hypothèse. Au moment
où il va raconter le départ de Doon pour la Hongrie,
dont le roi se propose d'attaquer l'empereur de Constantinople, l'auteur de *F* dit :

> Cil autre jugleor qui de Doon vos dient
> Assez en ont chanté, mais il ne sevent mie…
> La ou il la vos laissent la vos ai rafichie [1].

Tous ceux qui ont quelque peu pratiqué les chansons
de geste connaissent ces sortes de formules et savent ce
qu'elles veulent dire : le poète les emploie quand il
s'écarte de son original et se met à inventer de son propre
crû ; ce qui suit est par conséquent une invention personnelle du trouvère. Nous pouvons donc admettre que
l'auteur de *F* travaillait d'après un poème plus ancien
et plus simple, qui ne contenait pas l'épisode des aventures de Doon en Orient, et que le traducteur espagnol a
connu, directement ou indirectement, le poème perdu.

C'est là un résultat surtout négatif; mais nous pouvons
aller plus loin. Si la comparaison détaillée de *F* et de *E*
est difficile, puisque nous ne pouvons déterminer avec
précision les détails que le traducteur espagnol a
modifiés, nous voyons cependant que la chanson de
geste et le roman espagnol présentent en gros, en ce
qui concerne Landri, la même suite d'événements : dans
les deux récits, Landri (Enrrique) est aimé de la fille
de l'empereur de Constantinople, auquel il a rendu, à
la guerre, des services signalés; dans les deux récits, il
part de Constantinople avec une armée, pour châtier les
traîtres qui sont cause des malheurs de sa mère. Nous
avons vu que, en ce qui concerne la première partie du
récit — les machinations contre Oliva et la disgrâce de
celle-ci — il y a, à côté de grandes différences, des ana-

---

1. V. 2409-2411. Il faut admettre entre les vv. 2410 et 2411
un vers perdu, où il était question d'une *histoire* ou d'une *chanson.*

logies essentielles entre *E* et *F*, qui confirment l'hypothèse d'un poème perdu, source commune de *F* et de *E*.

Le groupe des versions septentrionales — qui se
réduit en fait au récit de la *Karlamagnus-Saga*, que nous
désignerons simplement par *N* — présente des pro-
blèmes plus complexes. — *N*, rapproché de *F*, présente
de grandes différences, surtout en ce qui concerne la
seconde partie du récit, bien que la narration norroise
se termine, comme celle de *F* et de *E*, par la réhabili-
tation d'Olive et le châtiment des coupables. — Dans la
première partie du récit, nous avons en somme les
mêmes événements que dans *F*, mais avec des différences de détail ; Olive (*Olifa*) est la fille, non la sœur de
Pépin ; Charlemagne [1] joue un rôle dans le récit. Le
mari s'appelle « Hugon » au lieu de Doon ; la machination dont se sert le traître (qui s'appelle ici Milon et
qui a fait à Olive des propositions déshonnêtes qui ont
été repoussées) pour perdre Olive est à peu près la même
que dans *F*, mais les événements sont racontés d'une
façon plus logique (voir plus loin, p. LXXIII) : l'homme
que le traître place dans le lit est un nègre (*blámann*) ;
les détails qui suivent (offre d'Olive de se soumettre à
un jugement de Dieu, arrivée de Pépin) présentent également de grandes analogies. Finalement, Olive est
condamnée à être enfermée pendant sept ans dans une
tour remplie de reptiles venimeux ; on lui donne jour-
nellement une cruche d'eau et un pain grossier pour

---

1. G. Paris (*Histoire poét. de Charlemagne*, p. 414, note 3)
attribuait ces changements au rédacteur de la *Karlamagnus-Saga*,
qui aurait voulu rattacher cette branche, comme les autres, au
nom de Charlemagne. Cette supposition nous paraît très vrai-
semblable. En effet, si Charlemagne avait figuré, comme frère
d'Olive, dans le poème primitif, on ne voit pas comment ce nom
célèbre aurait pu disparaître si complètement des versions *E* et
F, où il n'est pas question de Charlemagne, mais uniquement
de Pépin, moins connu cependant que son fils.

toute nourriture. — Hugon épouse la fille du traître, qui s'appelle ici Aglavia; il en a un fils, Malalandres. Landri, le fils d'Olive (en norrois : Landres), cherche un asile chez son ancienne nourrice, Siliven. Sur le conseil de celle-ci, il se rend cependant de nouveau à la cour, pour y assister à un jeu de paume, et y faire l'épreuve de sa valeur; il a une rencontre violente avec son demi-frère; à la suite de cet événement, il doit s'éloigner définitivement.

A partir de ce moment, les événements sont tout autres que dans *E* et *F* : errant et affamé, Landri rencontre des nains, auxquels il enlève des objets merveilleux qui procurent à manger et à boire. Les nains, d'abord hostiles, se réconcilient avec lui et lui prédisent qu'il trouvera bientôt sa mère, qui est en prison. Il trouve, en effet, une tour; près d'une petite lucarne, un oiseau chante; Landri décoche une flèche à l'oiseau; la flèche touche sa mère à la poitrine; elle se lamente et se fait connaître. Landri ouvre la prison, voit sa mère entourée de reptiles, la délivre, la réconforte avec les mets que lui procure la nappe merveilleuse enlevée aux nains. Sur le conseil d'Olive, il retourne chez sa nourrice, afin d'aviser aux moyens de réhabiliter sa mère. Voulant se rendre à la cour de Charlemagne, qui a succédé à Pépin, il a à lutter contre de terribles enchantements de sa marâtre, puis à déjouer un attentat de Milon et de Malalandres, qui veulent le tuer. Finalement, Olive est réhabilitée en présence de Charlemagne, et Milon enfermé dans la prison qu'elle occupait naguère et où les reptiles le dévorent. Olive entre dans un couvent.

En présence de ce récit, si différent de *F*, nous devons rappeler d'abord que si la *Karlamagnus-Saga* reproduit habituellement des poèmes français que le rédacteur avait sous les yeux, il en est autrement pour l'histoire d'Olive et de Landri : le rédacteur travaillait d'après l'imitation anglaise d'un poème français. Il y a, par conséquent, deux intermédiaires : l'imitateur anglais et le traducteur norvégien ; de là une double cause d'incertitude.

G. Paris, en 1864, fut frappé de la simplicité relative du récit norrois, comparé à *F*. « L'original du livre islandais », écrit-il, « était évidemment plus simple, plus archaïque et meilleur sous tous les rapports ; il n'avait pas introduit dans son récit ces aventures insipides, dont la scène est en Orient, condition presque indispensable à tous les romans de la décadence au moyen-âge ». — M. Benary pense, au contraire, que la seconde moitié du récit, celle qui contient les aventures personnelles du fils d'Olive, a été modifiée sous l'influence des contes populaires (p. 324-326 du mémoire cité [1]).

Il est évident que la question de la valeur de *N* est très complexe. Certains détails ont été certainement introduits par le traducteur anglais. Si Gaston Paris avait écrit sur cette question une étude détaillée, au lieu d'une courte notice, il eût été le premier à faire remarquer que « Mimung», nom d'une épée, et « Kleming », nom d'un cheval, n'ont jamais pu se trouver dans une chanson de geste française : ces noms ont été introduits dans le récit par le rédacteur norvégien, ou, plus vraisemblablement, par le traducteur anglais, qui les a empruntés à des traditions germaniques.

Pour la première partie du récit, *N* a certainement de la valeur pour la reconstruction de la forme primitive de la légende. Seul, il a bien conservé un détail,

1. M. Benary nomme (p. 316 de son mémoire), parmi les traits folkloriques de *N*, « un oiseau qui parle ». Mais l'oiseau qui *parle* ne figure que dans le chant populaire qui, ainsi que nous l'avons vu plus haut, n'a pas de valeur indépendante ; le récit de la *Karlamagnus-Saga* (p. 68, l. 17 du texte) ne connaît qu'un oiseau qui *chante*.

altéré dans E et devenu complètement inintelligible dans F. Dans notre poème, Tomile, parlant d'Olive, dit (v. 199) :

> Ele est molt forment ivre, tant a beü piment.

On ne voit pas à quoi rime cette accusation d'ivresse, portée ainsi contre Olive, que rien n'explique ni ne prépare. — Dans E, comme nous l'avons noté plus haut, Tomillas verse à Olive du vin, « préparé avec des herbes », qui la rend malade ; il l'endort ensuite au moyen d'une charte magique, ce qui est inutilement complexe. Seul N, donne un récit intelligible et logique. Après s'être réconcilié avec Olive, qui avait d'abord repoussé rudement ses propositions amoureuses, le traître (Milon = Tomile) prie la reine de sceller leur réconciliation en buvant avec lui à un gobelet, rempli d'un breuvage soporifique. « Il le porte à ses lèvres, fait semblant de boire ; la reine, au contraire, vide la coupe et tombe aussitôt dans un sommeil semblable à la mort » (analyse de G. Paris, p. 107). Grâce à cet engourdissement de la reine, Milon peut mettre à côté d'elle, dans son lit, un homme, un nègre, qu'il a assoupi avec le même breuvage. — Ce récit a tout l'air d'être la version originale : F a voulu abréger et modifier, il a laissé de côté la scène de la réconciliation et la première mention du breuvage, et, ainsi, il est devenu inintelligible ; E a voulu mettre, dans le récit, du merveilleux, de la sorcellerie, et il a introduit la charte magique, qui fait double emploi avec le vin « herbé ». Cette fidélité manifeste de N, pour un détail essentiel, nous inspire de la confiance en ce qui concerne le reste de son récit, notamment pour le trait si curieux que l'homme que le traître introduit dans le lit d'Olive est un nègre.

Les doutes portent surtout sur la seconde partie de N, récit des aventures de Landri après qu'il s'est éloigné définitivement de la cour. Il est certain, nous l'avons vu, que le traducteur anglais a introduit dans son récit des noms empruntés aux traditions germaniques ; les nains, auxquels Landri vole les objets magiques, n'auraient-ils pas la même origine ? On sait quel rôle jouent les nains dans les récits épiques allemands et scandinaves. Cependant, il faut remarquer que les nains ne sont pas complètement absents de l'épopée française : Picolet, dans la *Bataille Loquifer,* est un nain, de même que Pacolet, dans *Valentin et Orson* ; Obéron, dans *Huon de Bordeaux,* est un nain secourable, exactement comme les nains mentionnés dans *N.* Le trait des objets magiques volés à des êtres surnaturels n'est pas propre aux Germains ; il appartient au folklore international, et figure notamment dans un conte mongol [1].

L'utilisation de ce thème des objets magiques se retrouve ailleurs dans l'épopée française. Il est question de la nappe merveilleuse qui fournit des mets dans une chanson de geste du xive siècle, *Charles le Chauve* [2]. — L'épisode où Landri doit lutter contre les enchantements de sa marâtre Aglavia paraît singulier au premier abord. Cependant les enchantements ne sont pas rares dans les chansons de geste. On connaît les sorcelleries de Maugis ; et les enchantements d'Orable, les « jeux d'Orange », dans les *Enfances Guillaume* [3], ont la plus grande analogie avec ceux d'Aglavia dans *N.*

---

1. Il se trouve dans la rédaction mongole des *Vingt-cinq Contes du Vetâla* : un pauvre diable vole à des *dakinis* (personnages de la mythologie bouddhique) un marteau et un sac qui donnent de quoi manger et tout ce qu'on désire. Voir *Mongolische Märchen-Sammlung... herausgegeben von B. Jülg,* Insbruch, 1868, in-4°, p. 140-141.

2. Voir l'analyse de P. Paris, dans *Histoire littér. de la France,* XXVI, 106.

3. Voir *Die Chanson « Enfances Guillaume », Teil II, Text mit Varianten, Apparat, Einleitung und Inhaltsanalyse... von August Becker* (Greifswald, 1913, in-8°), p. 40 et suiv., v. 1874-

Orable est une magicienne sympathique, Aglavia une
magicienne antipathique : voilà la seule différence.
— De même, la prison affreuse, peuplée d'horribles
reptiles, où, d'après *N*, Olive est enfermée, se
retrouve dans *Bovon de Hantone* [1] et dans d'autres
chansons de geste [2]. — On pourrait encore faire valoir
que, pour une chanson de geste, *N* a un caractère fort
peu guerrier, vu qu'on n'y trouve pas un seul récit de
bataille. Mais il en est de même pour d'autres chansons
de geste anciennes : il n'y a presque pas d'épisodes guerriers dans l'ancienne chanson de geste d'*Ami et Amile*
publiée par Conrad Hofmann ; il n'y en a pas du tout
dans le *Pèlerinage de Charlemagne*, ni dans le poème
de *Basin et Charlemagne*, que nous connaissons par

1981. Comp. l'analyse de P. Paris dans *Histoire littér. de la
France*, **XXII**, 475-477.

1. Voir v. 945 de l'édit. donnée par Stimming du texte anglo-
normand. D'autres exemples sont cités par l'éditeur, p. CXL de
l'Introduction ; on pourrait allonger cette liste, citer, par exemple, le *Moniage Guillaume*, édit. Cloetta, 2° rédaction, v. 3206,
3244 ; dans *F* même, Audegour est précipitée dans une
« chartre », où

    Coleuvres, boterel li manjoent les flans (v. 3985).

2. En ce qui concerne le rôle de Siliven, nourrice et conseillère
du jeune Landri, on peut, à défaut de rapprochements plus
directs, rappeler le rôle que des femmes de toute condition jouent
dans les chansons de geste : c'est ainsi que, dans *Hervi de Metz*,
v. 1975 et suiv. de l'éd. Stengel, le jeune héros, renié et « fors-
juré » par son père, est protégé par sa demi-sœur, une bâtarde,
qui a épousé un bourgeois de Metz. Du reste, le rôle que joue
Siliven prouve qu'elle n'est pas d'une condition réellement infé-
rieure. D'après les idées du moyen âge, la nourrice d'un enfant
de naissance élevée devait être elle-même de bonne naissance ;
voir *Roman des Sept Sages*, éd. Keller, v. 185 et suiv. Le petit
Arthur, élevé en secret, est confié à la femme d'un homme qui
n'est pas riche, mais dont le fils est plus tard chevalier ; voir
Merlin, éd. G. Paris et J. Ulrich, I, 122, 133. Le personnage de
la nourrice était certainement dessiné avec plus de soin dans le
roman primitif que dans le résumé qui nous est parvenu.

une ancienne traduction néerlandaise. Certes, les héros
des chansons de geste sont toujours des guerriers ; mais
ces récits incessamment répétés de sièges et de batailles,
tels qu'on les trouve dans F et tels qu'on les trouvait
également, bien que moins nombreux, dans l'original
commun et perdu de F et de E, ne sont pas une preuve
d'antiquité ; ils annoncent plutôt la décadence prochaine du genre, où l'épopée dégénère en chronique.

Nous sommes, par conséquent, ramenés à la théorie
de G. Paris. N reproduit, avec fidélité dans les détails
essentiels, un poème français perdu, ne contenant pas
l'épisode des aventures de Landri à Constantinople,
donc plus simple et plus ancien que le poème, également perdu, que postule la comparaison de F et de E.

Désignant par les sigles O¹ et O² les deux poèmes
français perdus, nous pouvons établir le classement suivant de nos versions :

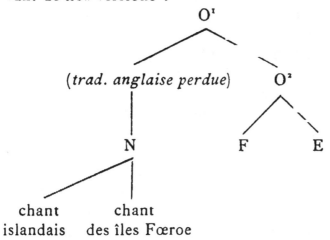

On pourrait faire valoir, contre ce classement, que F
a en commun avec N des traits qui ne sont pas dans E,
notamment l'inimitié de Landri et du fils de la marâtre

1. Ce classement est loin d'être assuré pour le chant islandais,
qui a pu être intermédiaire entre N et le chant des îles Fœroe.

(Malalandres dans *N*, Malingre dans *F*) avant l'exil du
premier. Mais il ne faut pas perdre de vue que l'auteur
de *E* s'est certainement permis de grandes libertés : son
idée de faire entrer Olive dans un couvent (idée qui
semble bien propre à un Espagnol dévot) a pu entraîner
des modifications dans l'histoire de la jeunesse d'Enrrique (= Landri), qui ont fait disparaître la donnée de
l'inimitié précoce entre les deux demi-frères, que l'auteur de O² avait conservée.

On pourrait encore objecter que notre hypothèse de
deux renouvellements anciens, qui auraient bouleversé
toute l'économie du poème primitif, n'est guère conforme à ce qu'on sait de l'histoire des chansons de geste.
Il est certain, en effet, que beaucoup de « renouveleurs »
de chansons de geste ont respecté le plan original du
poème qu'ils entendaient adapter au goût de leur temps,
et se sont contentés de modifier certains détails ; mais
d'autres ont procédé d'une façon plus radicale. On peut
citer le poème d'*Ami et Amile*, composé au xive siècle, et
conservé dans le manuscrit fr. 12547 de la Bibliothèque
Nationale, où les données anciennes ont été complètement remaniées. Si l'on récusait cet exemple comme
trop récent, nous rappellerions, outre le renouvellement
de *Berte au Grand Pied* par Adenet le Roi, si différent
de l'ancien poème tel qu'on peut le reconstruire, la
seconde rédaction du *Moniage Guillaume*, où a été
inséré le long épisode de Sinagon, qui ne se trouvait
pas dans les versions anciennes du poème, et, avant
tout, la *Reine Sebile*, cette chanson perdue que nous
pouvons reconstituer à l'aide de plusieurs documents
et qui diffère à tant d'égards du poème franco-italien de
Venise, publié sous le titre de *Macaire* par A. Mussafia
et par Guessard. En effet, si Guessard s'est trompé en
admettant que le poème franco-italien qu'il éditait était
la transcription pure et simple d'une chanson française,
il n'en reste pas moins que ce poème suppose un texte

français perdu, plus ancien et plus simple que la *Reine Sebile*, et où manquaient des scènes entières et des personnages qui se trouvent dans le poème plus récent [1]. Et ce poème lui-même était relativement ancien, puisqu'Aubri de Trois-Fontaines le connaît déjà. Le renouvellement supposé de notre poème ne serait donc pas un cas isolé.

Nous ne devons pas non plus nous étonner de voir la version primitive de *Doon de La Roche* entre les mains d'un traducteur anglais. Le public français d'Angleterre était conservateur dans ses goûts littéraires ; il se plaisait aux formes anciennes des poèmes, tandis que les renouvellements se succédaient sur le continent. Fait remarquable : ce sont des manuscrits écrits en Angleterre qui nous ont conservé la forme primitive, ou du moins très ancienne, de la *Chanson de Roland*, de la *Chanson de Guillaume*, du *Pèlerinage de Charlemagne*, de *Gormont et Isembart*. Le récit que nous a transmis la *Karlamagnus-Saga* est aussi peu exceptionnel par son histoire externe que par son contenu.

Si nous voulons, après ce classement des versions conservées de la légende, nous faire une idée de son développement et de ses origines, nous devons d'abord nous demander si elle contient un élément historique. M. Ferdinand Lot a prononcé la parole décisive, dès 1903, quand il a qualifié *Doon de La Roche* de « composition de pure fantaisie [2] ». Cet arrêt d'un spécialiste de l'histoire carolingienne n'a pas arrêté le zèle érudit de M. Benary, qui s'est obstiné à chercher dans *F* des données historiques. Naturellement, il a fini par trouver ce qu'il cherchait ; mais à quel prix ! Il identifie (p. 365 de son mémoire) Landri avec Landfrid, duc des Ala-

---

1. On n'y voyait pas le jeune Louis prendre les armes pour venger sa mère ; le larron Grimoard n'y figurait pas non plus.
2. *Romania*, XXXII (1902), 12.

mans, adversaire de Charles Martel en 730; plus loin
(p. 374), il tente d'établir l'équation : *Landri = Childéric* [1]. — Une théorie qui s'appuie sur de pareils rapprochements se condamne elle-même. Les efforts in-
fructueux de M. Benary ne peuvent que confirmer la
manière de voir de M. F. Lot : *Doon de La Roche* ne
contient d'autre donnée historique que le nom de
Pépin le Bref, qui y figure comme frère de la femme
calomniée de Doon; l'œuvre elle-même est une fiction,
dont nous pouvons analyser les éléments divers.

Le premier élément est l'histoire de la femme innocente, vertueuse, odieusement calomniée, puis humiliée
et maltraitée par suite de cette calomnie. C'est là un
thème fréquent dans la littérature du moyen âge; la
forme du récit qui se rapproche le plus de *Doon* est
celle qui forme le début de l'histoire de la femme de
Charlemagne accusée d'adultère, telle qu'elle se lit
dans le poème franco-italien (déjà cité plus haut) de
Macaire [2]. Dans ce poème, comme dans *N* — nous
avons vu plus haut que, des trois versions essentielles
de *Doon*, *N* est la seule qui présente un récit consistant
de la machination — le traître, Macaire, est amoureux

1. *Landri* provient, comme on sait, du germanique *Landric*
et est différent de *Landfrid*. Les efforts pour rattacher *Landri* à
Childéric (au moyen de formes qui se trouvent dans un manuscrit franco-italien de Venise!) sont tout aussi vains. Les raison-
nements du savant allemand sur *Landri*, *Plandris* et *Flandris*
(p. 362-364) ne sont pas plus solides; de plus, Jean des Prés,
que cite M. Benary, est une autorité bien tardive et suspecte. Le
mémoire de M. Benary contient d'utiles remarques de détail, mais
toute cette démonstration historique est complètement manquée.

2. Le rapprochement a déjà été indiqué par G. Paris, *La littérature franç. du moyen âge*, § 27 (5e édit., Paris, 1914, p. 50) et
par M. Benary, p. 314, n. 1. — La forme du récit, telle qu'elle se
trouvait dans le poème plus récent de la *Reine Sebile* (œuvre
perdue, mais qu'on peut reconstituer pour le fond) est altéré,
ainsi que l'a déjà vu M. Pio Rajna, *Origini dell' epopea francese*
(Firenze, 1884), p. 180-182.

de la reine et lui fait des propositions déshonnêtes, qu'elle repousse ; il les fait renouveler par un nain ; la reine manifeste son indignation et frappe même le nain violemment ; Macaire persuade à celui-ci de se glisser dans le lit de la reine. La conséquence est que Charlemagne, trouvant le nain dans le lit de sa femme, croit celle-ci coupable [1] ; plus tard, Macaire lance le nain dans le bûcher allumé destiné à la reine. Le trait essentiel, que le mobile du traître est la fureur de l'amant repoussé, trait qui se trouve à la fois dans *Macaire* et dans *N*, s'est complètement obscurci dans *E* et *F*. On retrouve de même dans les deux récits, *Macaire* et *N*, ce détail, que le calomniateur sait présenter comme amant de la reine un individu qui doit inspirer du dégoût à une femme normalement constituée, un *nain* dans Macaire, un *nègre* dans *N*, et aggrave ainsi la culpabilité de sa victime. — Ce trait du nègre,

---

1. *Macaire*, édit. Mussafia, *Altfranzösische Gedichte* (Wien, 1864), II, p. 8 ; édit. Guessard (Paris, 1866), p. 28. La version du poème franco-italien est confirmée, pour l'essentiel, par le poème moyen-haut-allemand de Schondoch (xive siècle), la *Reine de France,* dans lequel le nain est un instrument absolument inconscient du traître, le « maréchal » (*marschal,* v. 55-102, dans *Schondochs Gedichte,* éd. H. Hertz, p. 82-86, Breslau, 1908, in-8° [*Germanistische Abhandlungen,* fascic. 30]) : le roi, averti, tue le nain. — Le nain est moins innocent dans le miracle dramatisé de la Vierge, *Miracle de la Marquise de la Gaudine,* dans *Miracles de Nostre Dame,* éd. G. Paris et U. Robert, II, p. 132-139, où l'action présente du reste de grandes analogies avec les deux récits précédents. — Plus altérés sont les épisodes analogues d'*Octavian,* éd. Vollmöller (Heilbronn, 1883, in-8°), v. 193-281 (le « garçon », est tué par le mari), et de *Florent et Octavien,* chanson de geste du xive siècle (Bibl. Nat., ms. fr. 1452, fol. 5b-6b ; comp. l'analyse dans *Hist. littér. de la France,* XXVI, 304) ; ces deux œuvres reproduisent une chanson de geste perdue du xiie siècle, remplie de réminiscences. Même récit, italianisé, dans les *Reali di Francia* d'Andrea da Barberino, l. II, c. 42 (édit. Gamba, p. 181 ; édit. Vandelli, II, 2, p. 178-179).

dans *N*, est remarquable. Les nègres n'étaient certainement pas communs en Europe au XIIe siècle; d'autre part, ce détail rappelle immédiatement les récits des *Mille et une Nuits*, dans lesquels des femmes blanches, plus ou moins haut placées, sont accusées, à tort ou à raison, de relations coupables avec des esclaves nègres. — Notre thème serait-il par hasard d'origine orientale, arabe? Nous n'avons pas réussi à trouver, dans les traductions des contes et nouvelles arabes qui sont à notre disposition, un récit correspondant exactement à celui de *N*; cependant dans un récit bien connu des *Mille et un Jours*, l'*Histoire de Repsima*, appartenant au cycle de la « femme chaste convoitée par son beau-frère », on peut signaler le thème de l'amant repoussé, qui introduit, dans la chambre [à coucher?] de la femme qu'il veut perdre, un homme destiné à jouer le rôle d'amant [1] surpris avec la femme, en réalité innocente; seulement, cet amant n'est pas un nègre. — Jusqu'ici nous n'avons pas réussi à trouver dans les traductions de contes arabes, ou arabo-persans, quelque autre récit, présentant une analogie plus précise avec le groupe de récits occidentaux que nous avons signalés, et notamment avec *N*; un autre sera peut-être plus heureux.

---

1. *Les Mille et un Jours*, édit. du « Panthéon littéraire », p. 266. Même récit, traduit d'après un recueil persan, *Al Farag Ba'da Alsidda*, par A. Wallensköld, dans son mémoire intitulé : *Le Conte de la femme chaste convoitée par son beau-frère* (dans *Acta Societatis Scientiarum Fennicae*, t. XXXIV, n° 1, p. 101). Le récit persan diffère par les détails du récit des *Mille et un Jours* et est, à bien des égards, absurde; il est possible que Pétis de Lacroix et Le Sage, rédacteurs des *Mille et un Jours*, l'aient arrangé. Malgré les incertitudes qui planent encore sur la source (ou les sources) des *Mille et un Jours*, M. Wallensköld (p. 18 de son mémoire) croit cependant que, en ce qui concerne notre récit, les rédacteurs français ont puisé à une source différente du recueil persan.

Mais, dans *Doon de La Roche* — c'est toujours la rédaction *N* que nous avons spécialement en vue — ce thème de la femme calomniée ne forme que le début du récit ; le reste de l'histoire appartient à un autre thème, qu'on peut désigner comme celui de « la femme persécutée, maltraitée pendant des années, finalement délivrée et vengée par son enfant [ou ses enfants] ». En effet, dans *N*, nous voyons Olive enfermée pendant des années dans une prison effroyable, avec un pain grossier et une cruche d'eau pour toute nourriture ; c'est son fils Landri, devenu grand, qui l'en tire et qui la venge en châtiant les traîtres qui la persécutaient. — Dans la version de *F*, il n'est pas question de prison : Olive est réduite à une position humiliée et précaire ; elle perd ses droits d'épouse et est réléguée dans une maison située hors de ville, où elle vit dans la misère, avec son jeune enfant, qu'on considère comme bâtard ; pour sa nourriture, on ne lui donne que deux pains par jour (v. 514 et suiv.). Tout cela a l'air d'une version adoucie du récit primitif [1].

---

1. Dans *F*, aux v. 902 et suiv., Audegour, la seconde épouse de Doon, accuse celui-ci de continuer à entretenir des relations avec sa première femme répudiée : *Ainɀ mainteneɀ a tort dame Olive de France, Chascun jor i gisieɀ quant il vous atalente.* M. Benary considère ce trait d'une sorte de bigamie comme primitif et archaïque (voir p. 365-366 de son mémoire). Mais il faut remarquer, d'abord, que, dans ce vers, ce n'est pas le poète qui parle en son propre nom : il fait parler Audegour en fureur, disant du mal d'une rivale. Ensuite, il faut rapprocher ce propos d'autres passages du poème, où Audegour accuse Olive de vivre en prostituée (v. 915 et suiv., 930-931, 945 et suiv.). De même, Tomile avait essayé de faire croire à Pépin qu'Olive s'abandonnait à tous les hommes qui la désiraient (v. 581 et suiv.). Le véritable sens de l'accusation d'Audegour aux v. 902 et suiv., est, par conséquent, que Doon est un des nombreux amants de sa première femme, devenue une vraie courtisane. Interprétés ainsi, à la lumière d'autres passages de la chanson, les vers qu'invoque M. Benary ne se rapportent plus à une véritable bigamie, et ils perdent le caractère que leur donnait l'explication du savant allemand.

La version de *E*, où Olive se fait religieuse, s'écarte
encore davantage de la version originale. Celle-ci,
conservée, à notre avis, dans *N*, nous présente nettement le thème de la « mère persécutée, sauvée et
vengée par son fils ». Ce thème, fort ancien [1] et qui
tient aux sentiments les plus profonds de la nature
humaine, a pu être réinventé au cours des siècles; nous
croyons cependant que l'auteur du poème primitif sur
Doon de La Roche (*O'*) avait présent à l'esprit une version
d'un conte extrêmement répandu — on l'a noté depuis
l'Europe occidentale jusque dans l'Archipel indien —,
où une jeune femme odieusement calomniée (le plus
souvent par des sœurs, jalouses de son bonheur) et par
suite soumise à des traitements indignes, est finalement
sauvée et réhabilitée par ses enfants devenus grands,
ce qui entraîne, dans les versions bien conservées, le
châtiment des personnes qui avaient calomnié la mère [2].
Il est certain que ce conte était connu en France au
XIIe siècle : des données essentielles empruntées à ce
récit ont été combinées avec celles d'un autre conte
pour former la première partie du poème du *Chevalier
au Cygne* [3]. Le trait commun à ces récits est avant tout
le traitement abominable infligé à la mère calomniée :
dans un conte syriaque, noté d'après la tradition orale

1. Nous nous bornerons à citer, pour l'antiquité grecque, l'histoire d'Antiope et de ses fils, Amphion et Zéthos, sujet d'une tragédie perdue d'Euripide, dont on possède un schéma détaillé et
dont des fragments assez étendus ont été trouvés, il y a une tren-
taine d'années, en Egypte. A. D'Ancona, *Sacre Rappresentazioni*
(Firenze, 1872), III, 319, a cité l'histoire de Tyrô et de ses fils,
thème d'une tragédie perdue de Sophocle.

2. Voir E. Cosquin, *Contes populaires de Lorraine*, I, n° 17; le
recueil des frères Grimm, n° 96; J. Bolte et G. Polívka, *Anmer-
kungen zu den Kinder- u. Hausmärchen der Brüder Grimm*, II
(Leipzig, 1913), 380-394; *Revue d'ethnographie et de sociologie*,
année 1910, p. 210 et suiv., et année 1911, p. 189 et suiv.

3. Voir *Romania*, XXXIV, 206 et suiv.

par Galland et inséré par celui-ci dans sa traduction des *Mille et une Nuits*, elle est exposée en public à une porte, et chaque passant doit lui cracher à la figure; dans un conte russe, elle est emmurée. Dans la version primitive de la chanson de geste sur la *Naissance du Chevalier au Cygne*, que nous a conservée le *Dolopathos* latin de Jean de Haute-Seille, la mère est condamnée à être enterrée jusqu'aux mamelles dans la cour du château de son mari, où les gens du château doivent se laver les mains au-dessus de sa tête et les essuyer à ses cheveux [1]. Dans notre hypothèse, la tour terrible où Olive est enfermée est l'équivalent de ce supplice naïvement barbare; et l'on peut noter que, dans des rédactions plus récentes du *Chevalier au Cygne*, le supplice décrit par la version primitive est également remplacé par une dure prison [2].

Dans le conte, les enfants, qui ont été exposés, une fois devenus grands, sauvent et réhabilitent leur mère. Ce trait est clairement marqué dans la version *N* de *Doon*, où c'est Landri qui tire Olive de sa prison et amène la punition des traîtres; dans *E* et *F*, les événements sont

1. *Johannis de Alta Silva Dolopathos*, éd. Hilka, p. 82, l. 26-30; traduction française de Herbert, *Roman de Dolopathos*, éd. Brunet et Montaiglon, v. 9508 et suiv.

2. *La Chanson du Chevalier au Cygne*, éd. Hippeau, t. I, v. 277 et suiv.; *Le Chevalier au Cygne*, éd. Reiffenberg, I, p. 34, v. 696 (la prison est très adoucie). Dans le résumé latin d'une version française perdue (*ouvr. cité*, 1, p. 186) la mère est précipitée dans un puits profond et horrible. — Un récit analogue à celui du *Chevalier au Cygne* fait le fond du *Miracle du Roi Thierry* (voir *Miracles de Nostre Dame*, éd. G. Paris et U. Robert, VI, 257 et suiv.) et de la seconde partie du roman de *Theseus de Cologne* (on a remarqué depuis longtemps que ces deux œuvres doivent avoir une source commune) : on y retrouve la mère calomniée et la dure prison. — D'autre part, le supplice de l'enterrement à mi-corps de la femme innocente se retrouve dans la chanson de geste d'*Orson de Beauvais* (éd. G. Paris. v. 853 et suiv.), mais les circonstances diffèrent complètement.

plus compliqués et le thème primitif s'est quelque peu
obscurci; cependant, dans ces deux récits, c'est Landri,
le fils, qui prend l'initiative de l'expédition destinée à
châtier les traîtres qui ont fait le malheur de sa mère
(*E*, fol. c. vi, v°; *F*, v. 2645 et suiv.). Dans toute cette
partie décisive du récit, c'est le fils d'Olive qui agit et
commande (voir *F*, v. 2918) et non l'époux : au milieu
de toutes sortes de complications, nous retrouvons dans
les versions *E* et *F* la donnée de *N*, qui est également
la donnée du conte populaire et du *Chevalier au
Cygne* [1] : la mère réhabilitée par ses enfants (ou son
enfant).

Voici comment a dû procéder l'auteur du poème
primitif (*O'*), que nous pouvons restituer en gros par
N. Connaissant le récit populaire, il le transforma en
récit épique, en remplaçant par la prison le supplice
singulier de la mère relaté par le conte [2]. Il transforma
de même la suite des événements, d'un merveilleux
bizarre, qui, dans le conte, amènent la délivrance de la
mère, en une suite d'actions vaillantes du fils unique,

---

1. Dans la version primitive de la chanson, conservée par le
Dolopathos, cette donnée s'est quelque peu obscurcie, par suite
de la contamination du conte avec un autre, celui des frères
transformés en oiseaux; on peut cependant noter que la sœur
des frères métamorphosés se met en rapport avec la mère maltraitée et que c'est elle qui, en attirant l'attention du père, amène
le dénouement, la délivrance de la mère et la punition de la
belle-mère coupable. Dans le groupe des versions plus récentes,
que G. Paris appelait *Béatrix* (voir *Romania*, XIX, 1890, p. 323
et suiv.), ce n'est plus la fille, c'est un des fils qui joue le rôle
principal. Ainsi que l'a remarqué G. Paris (article cité, p. 323,
note 2), le thème de la mère réhabilitée par le fils se retrouve
encore dans la première partie de *Doon de Mayence*. Enfin, on
peut citer encore, comme un exemple de ce thème du fils ven-
geant sa mère, le poème plus récent sur « la Reine de France
calomniée », la *Reine Sebile* (rôle du jeune Louis, fils de Sebile).

2. Cependant nous avons vu que, dans un conte russe, la mère
est *emmurée*, ce qui ne diffère pas beaucoup de la prison.

qui remplaçait les deux fils et la fille qui figurent dans les versions bien conservées du conte. Il emprunta les détails de ces actions, soit à la tradition populaire (l'objet magique volé aux nains), soit à d'autres chansons de geste (les enchantements de la marâtre), ainsi que nous l'avons exposé plus haut. Quant au début du récit, comme la version du conte [1] (la mère accusée d'avoir mis au monde des chiens) lui paraissait par trop enfantine, il la remplaça par l'histoire de la femme accusée faussement d'adultère et du pseudo-amant introduit dans le lit, histoire alors répandue et qui était peut-être, ainsi que nous l'avons indiqué plus haut, un thème international, d'origine arabe.

Ce poème primitif (O^1), dont l'action se retrouve, quant aux données essentielles, dans N, fut profondément remanié, surtout en ce qui concerne la seconde partie (les aventures du fils) : le résultat de ce remaniement fut le second poème perdu (O^2), dont E nous a conservé les lignes principales. L'auteur de ce poème jugeait que le rôle du jeune Landri était à la fois trop fantastique et trop peu développé : afin de pouvoir y introduire les aventures lointaines et les récits de guerre qui lui plaisaient [2], il fit intervenir un autre thème, que M. Benary (p. 368 de son mémoire) appelle celui de « l'exil » et qui a été défini, avec une heureuse préci-

---

1. Qu'on retrouve dans le *Chevalier au Cygne*, le *Miracle du Roi Thierry* et *Theseus de Cologne*.

2. Ceci se rapporte à la seconde partie du poème ; quant à la première, les malheurs de la mère, il est difficile de s'en faire une idée nette, le rédacteur espagnol ayant beaucoup changé. Il est cependant probable que l'adoucissement des données primitives et barbares du récit, en ce qui concerne le traitement infligé à la mère calomniée, adoucissement nettement marqué dans F, était déjà indiqué dans O^1. Un pareil adoucissement des données primitives se retrouve dans le poème sur la *Naissance du Chevalier au Cygne*, publié par Todd, quand on le compare au récit archétype, que nous a conservé le *Dolopathos*.

sion, par G. Paris, à propos de la chanson de geste provençale de *Daurel et Beton* [1].

Le jeune homme inconnu qui, chassé par un malheur
quelconque de son pays, grandit à la cour d'un roi étranger,
s'y distingue par ses exploits, se fait aimer de la fille du roi,
et revient, d'ordinaire avec l'aide de ce roi, pour tirer vengeance de ses ennemis, est un thème fréquent dans notre
épopée : nous le trouvons dans *Mainet*, dans *Jourdain de
Blaie*, dans *Orson de Beauvais*, dans *Bovon de Hanstone*,
dans le poème tout saxon de *Horn*; il rappelle les aventures
prêtées à Childéric par les légendes franques.

Si l'auteur de *O*[2] envoie le jeune Landri chercher fortune à Constantinople, c'est là une conséquence de
l'attrait que l'antique Byzance exerçait sur l'imagination
des romanciers du xiiᵉ siècle [2]. Le rôle que *F* attribue
à la fille de l'empereur et qui se retrouve, bien que
d'une façon moins prononcée et moins choquante,
dans *E*, est fréquent dans les chansons de geste, quand
il s'agit de jeunes filles amoureuses, qu'elles soient
chrétiennes ou sarrasines : elles font les avances avec la
plus grande facilité (qu'on se rappelle Seneheut dans
Auberi le Bourgoin, Oriente dans *Orson de Beauvais*,
et surtout Belissent dans *Ami et Amile).* Dans *E* aussi
bien que dans *F*, le fils de la femme persécutée, après
avoir rendu à l'empereur de Constantinople par son
courage des services signalés, revient dans son pays

1. *Mélanges de littérat. française du moyen âge*, p. 145-146. —
G. Paris, qui a oublié de parler du rôle de Landri dans notre
poème, ne parle pas non plus de *Parise la Duchesse*, où l'on
trouve manifestement le même thème; il est vrai que le jeune
Huguet, dans *Parise*, s'il amène des troupes avec lui, ne doit pas
ces troupes à son beau-père ou futur beau-père, mais cela ne fait
pas grande différence.

2. M. Benary remarque qu'il est déjà question de Constantinople dans des récits sur Childéric.

avec une armée pour châtier les traîtres [1]. Nous sommes obligé de nous en tenir à ce schéma sommaire, le rédacteur espagnol ayant probablement modifié et ajouté bien des détails; il est cependant assez probable que l'épisode final, où l'on voit Doon et Olive assiégés par Pépin et Tomile dans La Roche, et délivrés par Landri (= Enrrique), se lisait déjà dans le poème français (*O²*).

C'est sur ce poème qu'a dû travailler l'auteur du poème conservé, *F*. Celui-ci était évidemment d'avis que, dans l'œuvre qu'il avait sous les yeux, le rôle du père de Landri, Doon, qui cependant donnait, déjà anciennement, son·nom à toute la chanson [2], était trop sacrifié, et il résolut de le relever. Il modifia par conséquent l'action : au lieu d'être assiégé dans La Roche par Pépin, comme dans *O²*, Doon, dans *F*, est chassé de ses domaines par le même Pépin; obligé de vivre de son épée, il prend du service à l'étranger, chez le roi de Hongrie, et se trouve ainsi mêlé à la guerre entre ce roi et l'empereur de Constantinople, qui, de son côté, a à son service Landri, le fils de Doon. Il en résulte l'épisode où le père et le fils se combattent sans se reconnaître, situation souvent traitée dans les littératures du moyen âge depuis le *Hildebrandlied* [3], de même que la scène où le fils délivre, sans le savoir, son père d'une longue et dure captivité, se retrouve ailleurs [4]. — Ces dévelop-

1. Dans *E*, Enrrique (= Landri) est à ce moment le gendre et même le successeur de l'empereur ; dans *F*, Landri est le fiancé de la fille de l'empereur.

2. Ceci résulte du passage de l'*Ensenhamen* de Guiraut de Cabrera, que nous citerons plus loin.

3. R. Köhler et G. Paris en ont réuni de nombreux exemples ; voir R. Köhler, *Kleine Schriften*, II (Berlin, 1900), 263. — Il faut bien avouer que, si l'auteur de *F* a ainsi mis la main sur des situations émouvantes, il les a traitées d'une façon médiocre.

4. L'épisode où le fils délivre le père emprisonné se retrouve, sous une forme bien meilleure, dans *Orson de Beauvais*, ainsi

pements obligèrent l'auteur de *F* à modifier par contre-
coup le rôle de Landri : dans *O*², Landri assistait l'empereur de Constantinople une fois, contre les Sarrasins ;
dans *F*, il l'assiste deux fois, la première fois contre les
Sarrasins, la seconde fois contre le roi de Hongrie..
Pour gagner de la place, et afin de pouvoir plus tard
raconter en détail la seconde guerre, l'auteur de *F* a
réduit à une mention sommaire le récit de la guerre
contre les Sarrasins, qui, du moins à en juger d'après
l'espagnol, était raconté longuement dans *O*²; tout l'intérêt se porte chez lui sur la guerre contre les Hongrois,
et la défense de l'empire contre Dorame, roi de Hongrie, devient le service signalé rendu par Landri à
l'empereur de Constantinople. Mais, encore une fois,
toutes ces modifications sont la conséquence de l'importance du rôle donné au père de Landri.

Nous retrouvons cette préoccupation dans les scènes
où Doon se rend, déguisé, dans ses terres, pour mettre
à l'épreuve la fidélité de son vassal, le maire Bernard,
et surtout celle de sa femme. On sait que ce thème du
mari rentrant chez lui, déguisé, après une longue absence, est très ancien : il remonte à l'*Odyssée*. Au
moyen âge, et dans le cycle carolingien, on le retrouve
dans le récit fantastique du voyage de Charlemagne à
Paris, inséré dans le poème de la *Spagna*, et qui pourrait bien remonter à un poème épisodique français
perdu[1]. Ici encore, l'auteur de *F* est peu original pour

que l'a remarqué M. Benary (p. 333 de son mémoire), qui a
noté également que le « maître » du jeune Milon dans *Orson
de Beauvais*, Guinement, porte le même nom que le « maître » de
Landri dans *F*.

1. Voir G. Paris, *Histoire poétique de Charlemagne*, p. 398.
Le fait que ce récit est « amorcé » dans l'*Entrée d'Espagne* (éd.
Thomas, v. 643 et suiv.) confirme singulièrement l'hypothèse de
G. Paris. Voir aussi *Neophilologus*, III (1917-1918), 245, 246. On
peut encore songer à l'épisode de « Tristan fou » dans différentes
versions de *Tristan*; mais Tristan n'est pas le *mari* d'Iseut.

le fond de son invention. Afin de maintenir jusqu'au bout l'importance attribuée au personnage de Doon, il lui attribue l'initiative du siège de Cologne, ville qui joue du reste, dans *F*, un tout autre rôle que dans *E*, où elle est aux mains de Tomile, tandis que dans *F* les habitants ont juré fidélité à Pépin.

Un épisode entièrement de l'invention de l'auteur de *F* est celui qui nous montre le roi Pépin, fait prisonnier à la chasse par les « Saisnes » et sauvé, grâce à l'intervention rapide et courageuse de Landri, intervention d'autant plus méritoire que le roi s'était fort mal conduit à l'égard de la mère de Landri, qui était pourtant sa sœur, et à l'égard de Landri lui-même. Il semble bien (quoique la chose ne soit pas clairement expliquée dans *E*) que, déjà dans *O²*, Pépin se laissait corrompre par Tomile pour donner son consentement au mariage de la fille de celui-ci avec Doon ; il y avait également (voir plus haut, p. LXI, note 3) une scène assez violente où Landri victorieux faisait à Pépin des reproches sur sa conduite. C'est cette scène qui a donné à l'auteur de *F* l'idée d'ajouter l'épisode de Pépin tombé au pouvoir des « Saisnes » et sauvé par Landri[1]. On reconnait dans cette invention l'esprit féodal, qui aime à opposer au roi faible, lâche ou même félon, le dévouement et le courage du vassal, qui sauve le monarque indigne en quelque sorte malgré lui ; on peut citer notamment le *Couronnement de Louis*, ou plutôt l'ensemble des chansons sur Guillaume d'Orange, qui ont pour idée fondamentale, ainsi que l'a montré M. Bédier[2], l'antithèse

---

1. Cet épisode est du reste très maladroitement amené, car on ne voit pas bien comment le roi, rentré en France au moment où il se querelle avec Landri (v. 1319 et suiv.), se trouve subitement près du Rhin (v. 4328 et suiv.), exposé à un coup de main des Saisnes, qui sont fixés de l'autre côté du fleuve et qui le traversent pour aller surprendre Pépin à la chasse.

2. *Les Légendes épiques*, I (1ʳᵉ édition), 280.

entre le roi, perpétuellement représenté comme un être
lamentable, et le vassal, perpétuellement glorifié. Ici
encore, l'auteur de *F* reste bien au-dessous de ses
modèles.

Nous pouvons encore signaler un épisode qui tient
du lieu commun dans une partie antérieure du poème
(v. 1713 et suiv.) : c'est celui où les bourgeois de Cologne, après la plainte portée par Gonteaume, se mettent
en mouvement contre Tomile et Malingre, qui se sont
emparés des « dromadaires » des messagers de l'empereur de Constantinople, auxquels Gonteaume avait
accordé l'hospitalité. Il est assez probable [1] que nous
sommes ici en présence d'une invention de l'auteur de
F. Quel que soit l'auteur de l'épisode, il n'a pas fait
preuve d'une bien grande originalité. Nous avons déjà
dit plus haut que ce soulèvement des habitants d'une
ville contre un chevalier qui, à leurs yeux, s'est mal
conduit, est une sorte de lieu commun, qui se trouve
dans d'autres chansons de geste et même dans le
Conte du Graal de Chrétien de Troyes. — L'évêque
guerrier Auberi, oncle d'Olive, nous représente le type
ancien du prélat féodal et guerrier ; c'est une copie
affadie du Turpin de la *Chanson de Roland*.

Le classement des versions, tel que nous le propo-
sons, diffère notablement de celui de M. Benary [2]; cette
différence est la conséquence naturelle de nos diver-
gences d'appréciation, surtout en ce qui concerne la
valeur de la version *N*. Notre système a sur celui du
savant allemand l'avantage d'une plus grande simplicité ; il suppose moins de versions perdues. La partie

1. *E* ne contient rien qui corresponde à tout ce récit de l'envoi
des messagers et de leurs aventures ; mais il faut toujours se
rappeler que l'auteur de *E* se permet de grandes libertés avec
son original.

2. Voir le tableau généalogique des versions, p. 328 du mémoire de M. Benary.

de notre théorie relative à l'origine folklorique du thème est naturellement une hypothèse [1] ; mais si notre tableau généalogique des versions est juste, *Doon de la Roche* offre un exemple remarquable des formes diverses, de plus en plus compliquées, que peut revêtir un thème de chanson de geste [2].

Nous avons jusqu'ici négligé de propos délibéré un témoignage dans lequel on pourrait voir le reflet d'une version perdue de *Doon de La Roche*, différente de toutes celles que nous connaissons, mais qui nous semble plutôt une fantaisie individuelle de jongleur. Il s'agit de passages relatifs à Doon et à sa femme Olive qui se lisaient dans un renouvellement de la chanson de *Doon de Nanteuil*, actuellement perdu, mais dont le président Fauchet a pris des extraits qui ont été publiés par Paul Meyer [3]. On y lit (p. 22 de l'article de P. Meyer) :

1. On pourrait encore supposer que l'auteur du poème archétype avait présent à l'esprit, non le conte populaire lui-même, mais la forme primitive de la *Naissance du Chevalier au Cygne*, conservée dans le *Dolopathos* et dans laquelle, comme nous l'avons vu, ce conte est utilisé et modifié : la coïncidence curieuse que la sœur des frères métamorphosés en cygnes va visiter sa mère, enterrée à mi-corps dans la cour du château, de même que Landri, dans *N*, découvre sa mère dans la prison affreuse où elle a été enfermée, serait un argument à l'appui de cette façon de voir. Mais la chanson primitive de la *Naissance du Chevalier au Cygne* était-elle antérieure au *Doon de la Roche* primitif?

2. On pourrait objecter à notre théorie que, *F* étant probablement antérieur à l'an 1204, et notre classement postulant deux poèmes français perdus, le poème primitif devrait vraisemblablement se placer avant 1150. Cela peut paraître une date bien ancienne pour une chanson qui ne contient aucune donnée historique. Mais on pourrait répondre en citant l'exemple de la chanson archétype d'*Ami et Amile*, qui ne contient pas non plus d'éléments historiques et qui n'en est pas moins fort ancienne, probablement antérieure à l'an 1100 (voir J. Bédier, *Les Légendes épiques*, II, 179).

3. *Romania*, XIII (1884), 1-26.

Olive, seur de Charles, fut mariée a Doon de la Roche, seigneur de Frize (?), et fut separée de lui, puis espousée par Bertran, fils de Naismes.

Et plus haut, p. 21 :

Bertran, fils de Naismes, espouse Olive, fille de Pepin, seur de Charles, et d'elle eut Gautier, qui espousa Nevelon [1], fille dudit Charles et tua Justamont.

P. Meyer, en publiant ces extraits, conjectura (p. 10 de son mémoire) que l'auteur du renouvellement de *Doon de Nanteuil* connaissait *Doon de La Roche* « d'après une rédaction dont nous ne soupçonnions pas l'existence. » Cela est possible ; mais les imaginations que nous présentent ces deux extraits sont tellement étranges [2] qu'il est plus probable que nous sommes en présence d'une invention personnelle du jongleur tardif qui renouvela la chanson de *Doon de Nanteuil.* — On peut remarquer qu'ici, comme dans la *Karlamagnus-Saga* et le chant des Fœroe, Olive est la fille, non la sœur de Pépin ; cela est la conséquence du fait que l'action de *Doon de Nanteuil* est placée sous le règne de Charlemagne : voulant mêler Olive à cette action, l'auteur a été obligé de la rajeunir d'une génération, et d'en faire la sœur, non la tante de l'empereur. Le renouveleur de *Doon de Nanteuil* et le rédacteur de la *Karlamagnus-Saga* ont fait, chacun de son côté, le même changement.

Si, après cette étude sur les différentes formes de la légende épique de *Doon de La Roche*, on essaie d'apprécier la valeur littéraire de *F* considéré en lui-

---

1. Nevelon est un nom d'homme. Si Fauchet a bien lu, il y a ici une véritable singularité.

2. Notamment en ce qui concerne la mort de Justamont, tué par Gautier, fils de Bertran et d'Olive. Une tradition constante fait tuer Justamont par Pépin le Bref (voir G. Paris, *Mélanges de littérature française du moyen âge*, p. 201-203, 214).

même, on arrive, je crois, à un jugement d'ensemble
moins favorable que celui porté jadis par P. Meyer,
dans son rapport de 1878 à la Société des Anciens
Textes Français. Le style du poème a quelque chose de
mou, les caractères sont souvent d'une grande banalité[1].
Une grande partie de F n'est, notre discussion l'a montré, qu'un renouvellement d'un poème antérieur (O'):
c'est ainsi que la comparaison avec E montre que la jolie
scène où le petit Landri proteste contre le second
mariage de son père, n'est pas de l'invention de l'auteur
de F, mais se lisait dans son original. — Les épisodes
que ce « trouveur » a ajoutés de son crû sont en grande
partie des lieux communs, faisant partie du « matériel
roulant » de l'épopée, suivant l'expression de G. Paris.
Chose curieuse : notre poète, qui développe parfois
avec une insistance inutile et choquante les scènes bru-
tales et cruelles[2], montre le plus de talent dans les
tableaux d'un genre paisible et en quelque sorte idyl-
lique. La scène où Bernard, le riche « vavasseur », assis,
le soir, sous un chêne, voit rentrer ses beaux troupeaux
et a cependant l'âme attristée par le regret de son seigneur absent (v. 3200 et suiv.), est vraiment belle et originale. C'est également une invention curieuse que ce
Gonteaume, à la fois guerrier et riche citoyen de Cologne, qui invite régulièrement à dîner la pauvre Olive,
honnie de tous (v. 1889 et suiv.). Ici, comme ailleurs,
l'esprit du poème se rapproche de celui du roman bourgeois[3].

Doon de La Roche n'a pas eu, sous ses différentes

1. Qu'on mette, par exemple, le traître Tomile à côté de
Lambert d'Oridon, dans *Auberi le Bourgoin*, la comparaison ne
sera pas à l'avantage de notre auteur.

2. Notamment la scène entre Olive et Audegour prisonnière
(v. 3024 et suiv.), celle du supplice de Tomile (v. 4025 et suiv.).

3. Voir notamment, à la fin du poème, les adieux d'Olive et de
Salmadrine (v. 4472 et suiv.).

formes, un succès de premier ordre : il n'est pas devenu
le noyau d'un cycle; il n'a même pas eu une suite, ainsi
que cela est arrivé à *Ami et Amile* et à *Aye d'Avignon*.
Cependant, notre poème a pénétré dans le Midi. Dans
l'*Ensenhamen* bien connu où le Catalan Guiraut de
Cabrera, sous prétexte de reprocher à un jongleur son
ignorance, donne une longue énumération de sujets
épiques, figure entre autres *Doon*: le jongleur, dit Guiraut, ne sait chanter

> Ni d'Oliva, ni de Doon [1].

Dans le Nord de la France, le succès de la chanson
s'est longtemps maintenu, et *Doon* est devenu un sujet
de tapisserie : en 1387, Jean Cosset, d'Arras, vendit à
Philippe le Hardi l'*Histoire de Doon de La Roche*,
pour 600 francs [2].

Enfin nous devons signaler l'imitation probable de
certains épisodes, de certains traits de *Doon de La Roche*,
et spécialement du poème conservé, dans la chanson de
geste de *Parise la Duchesse*. Déjà M. W. Benary a noté
(p. 333 de son mémoire) une scène analogue dans les
deux poèmes, et conclu à une imitation de *Doon* par
l'auteur de *Parise*; on peut relever encore d'autres points
de ressemblance. Remarquons d'abord qu'on retrouve

---

1. Édition de Bartsch, *Denkmäler der provenzalischen Litte-
ratur* (Stuttgart, 1856, in-8º), p. 91. Le texte de Bartsch porte
Olitia, mais la leçon du manuscrit d'Este est bien *Oliva*; voir
A. Mussafia, dans les *Sitzungsberichte* de l'Académie de Vienne,
classe philos. histor., t. LV (1867), I, 425. Déja Ferdinand Wolf
avait conjecturé qu'*Oliva* était la vraie leçon et que l'allusion se
rapportait à *Doon de La Roche*; voir *Denskschriften* de l'Académie de Vienne, classe philos. histor., VIII (1857), 268, note 2.
L'activité poétique de Guiraut de Cabrera se place dans les
vingt dernières années du XIIᵉ siècle (voir G. Paris, *Mélanges de
littérat. franç. du m. â.*, p. 221, n. 3).

2. J. Guiffrey, *Histoire de la Tapisserie* (Tours, 1886, in-4º),
p. 42.

dans *Parise* le thème principal de *Doon*, la mère réhabilitée et vengée par le fils [1], et aussi le thème secon-
daire, l'exilé qui se rétablit dans sa patrie avec
l'appui d'un prince étranger; mais il y a des ressem-
blances plus précises. Le vieux Clarembaut (c'est ce
qu'a déjà noté M. Benary) proteste contre le second
mariage du duc Raimond (p. 49 de l'édition) de même
que le petit Landri, dans *Doon*, proteste contre le
second mariage de son père; on peut noter que Clarembaut, comme Landri, s'en prend, en termes violents,
presque identiques, au prélat qui va célébrer le mariage,
mais il faut remarquer que la scène a dans Doon
quelque chose de plus original, vu que c'est un enfant
qui parle. Ce vieux Clarembaut, le défenseur de Parise,
présente de singulières analogies avec Gonteaume, le
partisan d'Olive dans *F*; tous les deux sont représentés
comme souffrants, malades [2]; mais dans *Parise* cette
maladie n'est pas motivée, tandis que, dans *F*, elle l'est
par le chagrin que cause à Gonteaume l'absence de
Doon. Ici encore, *F* est supérieur à *Parise*. Enfin,
Parise, dans la chanson qui porte son nom, est accusée,
comme Olive dans *F*, de vivre en prostituée; on peut
noter que le vers 2546 (p. 76 en bas) de *Parise* est
presque identique au vers 917 de *F* [3].

Ces faits sont d'autant plus curieux que *Parise la
Duchesse*, au point de vue littéraire, nous paraît, dans
son ensemble, préférable à *Doon de la Roche*. Mais il y
a, dans l'histoire littéraire, d'autres exemples d'imi-
tateurs supérieurs à leurs modèles.

1. On peut remarquer que, dans *Parise*, la mère est exilée
(p. 22 de l'édition Guessard et Larchey); *Parise* est par conséquent
plus éloignée du thème primordial que *N* et même que *F*, où il
reste des traces de l'*emprisonnement* primitif.

2. *Parise la Duchesse*, p. 11, 13, 23; comp. *F*, v.

3. Remarquons encore que l'église Saint-Pierre de Cologne,
mentionnée assez souvent dans *F*, l'est également dans *Parise la
Duchesse* (v. 928, 935).

Comme tant d'autres chansons de geste, *Doon de La Roche* a été populaire hors de France : nous avons vu que la légende épique, sous ses différentes formes, a été imitée ou résumée en Espagne, en Angleterre, en Norvège, en Islande ; dans la première moitié du siècle dernier, le récit des malheurs d'Olive et des aventures de Landri se chantait encore aux îles Fœroe. De toute cette gloire traditionelle il ne reste actuellement, en langue française, qu'un seul document complet : le manuscrit de Londres contenant le poème qui voit enfin le jour.

APPENDICE

A. — REMARQUES SUR QUELQUES NOMS PROPRES.

Le nom de Landri, le véritable héros du poème, se retrouve dans toutes les versions (dans *N*, « Landres », dans *E*, « Enrrique », par une altération que nous avons signalée plus haut, p. LXVII). M. F. Lot, dans son étude sur la chanson de geste perdue de *Landri*, qui aurait eu pour héros un Landri, comte de Nevers, fait cette remarque [1] : « Je hasarde en terminant l'hypothèse que Landri a fourni son nom, rien que son nom, au roman en vers de *Doon de La Roche* [2]. Le héros de cette composition de pure fantaisie, dont l'action est censée se passer sous le roi Pépin, est Landri, fils de Doon, surnommé « de la Roche ». Ce Doon de la Roche ne devrait-il pas son existence à Boon de Monceaux (*Bodo de Moncellis*), père du comte de Nevers, Landri ? Je suppose que Boon a été changé en Doon sous l'influence de « Doon de Mayence ».

Cette hypothèse est ingénieuse ; nous devons cependant faire observer qu'il n'est pas absolument sûr que le père de Landri se soit appelé « Doon de La Roche » dans le poème archétype. Dans *N*, il s'appelle Hugon, souverain du val de Munon. Il est vrai que l'on pourrait supposer que l'imitateur anglais du poème primitif

1. *Romania*, XXXII (1903), 13.
2. M Lot ajoute en note : « Je m'aperçois que M. de la Lande de Calan a eu l'idée de ce rapprochement dans son livre bizarre, *Les personnages de l'époque romane* (Redon, 1901, in-8°), p. 172 ». — Les « Landri » sont très nombreux dans l'épopée française : la *Table* de M. E. Langlois en énumère vingt-six. Cette fréquence semble indiquer qu'un prototype, célèbre de bonne heure, a amené la popularité du nom.

perdu aura remplacé le nom de « Doon », dont il n'y avait pas d'équivalent en anglais, pour celui, plus connu de « Hugon ». L'auteur du roman espagnol s'est trouvé placé devant la même difficulté : il s'en est tiré en désignant constamment le mari d'Olive par une périphrase, « el Duque de la Roche ».

Que le nom de « Doon » se soit trouvé ou non dans le poème primitif, c'est certainement un ancien nom épique : à côté de « Doon de Mayence [1] », que rappelle M. Lot, on peut citer « Doon de Nanteuil », héros d'une chanson de geste qui n'est certainement pas de l'époque la plus reculée de l'épopée, mais dont la première rédaction devait remonter assez haut [2].

Le « val de Munon », dont Hugon (= Doon) est le souverain dans N, reste mystérieux [3].

La Roche est le domaine propre du père de Landri dans E comme dans N : ce nom remonte donc à O^2. M. F. Lot, qui croit que l'auteur de *Doon* a été influencé, en ce qui concerne le personnage de Landri, par la chanson de geste perdue, qui avait comme protagoniste un comte de Nevers, rappelle [4] qu'il y a dans le Nivernais plusieurs localités du nom de « La Roche ». Mais la géographie de *Doon* indique plutôt l'Est comme théâtre de l'action; cela est évident en ce qui concerne F. Les indications de E sont plus vagues; toutefois le fait que, dans le roman espagnol, Tomillas (= Tomile) est comte de Cologne, semble bien indiquer que, dans O^2, l'action était placée également dans l'Est.

---

1. Ce personnage doit être bien plus ancien que la chanson de geste très récente dont il est le héros; voir les observations de G. Paris, *Histoire poétique de Charlemagne*, p. 76 et 168.

2. Voir l'étude de P. Meyer dans le t. XIII de la *Romania*, citée plus haut, p. xciii.

3. M. Benary (p. 239, note, de son mémoire) a vainement essayé de l'identifier, nous n'avons pas été plus heureux.

4. Article cité, p. 13, note 4.

On peut par conséquent identifier [1] le La Roche de E
et F avec la ville de Laroche dans le Luxembourg
belge, localité certainement ancienne et qui était jadis
le chef-lieu d'un comté. Il est vrai que La Roche, dans
E aussi bien que dans F, est représentée comme une
ville fortifiée, tandis que le Laroche belge ne fut entouré
de murailles que dans la première moitié du XIVe siècle [2];
mais on sait que, en pareille matière, les auteurs de
chansons de geste ne se piquent pas d'une exactitude
absolue.

Le nom d'*Olive* [3], qui se trouve à la fois dans F, dans
E (« Olive ») et dans N (« Olif »), se lisait certainement
dans le poème archétype (O').

Dans N, le traître s'appelle *Milon* ; M. Benary a déjà
fait remarquer (p. 355 de son mémoire) que *Milon* est
un nom de traître dans *Aye d'Avignon*, *Gui de Bourgogne* et *Bovon de Hanstone* ; il peut donc remonter au
poème français primitif.

Le nom de « Tomile », que donne F, se retrouve, lé-
gèrement modifié (« Tomillas »), dans E : il se lisait
donc dans O^2. Ce nom manque dans la *Table* de M. E.
Langlois ; il a l'air fabriqué, peut-être sur le modèle
d'*Amile* [4].

La fille du traître, seconde épouse de Hugon

---

1. Ainsi que l'a déjà proposé M. Benary, p. 358 de son mémoire.

2. A. de Leuze, *Histoire de Laroche et de son comté* (Arlon,
1880, in-8°), p. 6.

3. Ce nom paraît emprunté à l'hagiographie : la liste alpha-
bétique des saints dans L. de Mas-Latrie, *Trésor de chronologie*,
mentionne cinq saintes du nom d'Olive. Ce nom se retrouve dans
Élie de Saint-Gille et dans *Yde et Olive*, suite de *Huon de Bordeaux* (voir E. Langlois, *Table*) ; ces deux poèmes l'ont probablement emprunté à *Doon de La Roche*.

4. Dans les romances espagnoles qui se rattachent à la chanson d'*Aiol*, le traître s'appelle « Tomillas » (voir G. Paris, *Hist.
poétique de Charlemagne*, p. 212). Ce nom est probablement
emprunté à la version espagnole en prose de *Doon* (E).

(= Doon), s'appelle *Aglavia* dans *N*, nom qui paraît singulier et qui ne se trouve pas dans l'onomastique de l'épopée française [1].

Le fils issu du second mariage de Hugon (= Doon) avec cette femme s'appelle *Malalandres* dans *N. G.* Paris (p. 109 de son analyse) a restitué avec beaucoup de vraisemblance comme nom français *Mallandri*; le nom aurait été inventé pour faire antithèse à *Landri*. Dans *F*, ce personnage s'appelle *Malingre*; dans *E*, où il ne paraît qu'une fois, *Malindre* (fol. d. iii, r° et v°). Cette forme semble à première vue un intermédiaire entre *Mallandri* et *Malingre*, mais il est plus probable qu'on est en présence d'une altération pure et simple de *Malingre* [2].

Cet examen des principaux noms ne répand pas autant de lumière qu'on le désirerait sur la question importante de la véritable nature de *N*. Le traducteur anglais de *O*[1] a changé, semble-t-il, certains noms de son original, mais, d'autre part, l'auteur de *O*[2] paraît avoir innové dans l'onomastique du poème, de même qu'il en modifie profondément le contenu.

---

1. Il en est de même de « Siliven «, nom de la nourrice et con-seillère de Landri dans *N*.

2. Malingre est le nom d'un Sarrasin dans la *Chanson d'An-tioche*, et celui d'un personnage de la lignée de Ganelon dans une variante de *Gui de Bourgogne* (voir E. Langlois, *Table*), « Malyngres » figure parmi les parents du traître Macaire dans l'ancienne traduction espagnole en prose de la *Reine Sebile*, p. 511, col. *a* en bas, de l'éd. Bonilla y San Martin, dans *Libros de Caballerias*, 1ᵉ parte, *Ciclo arturico, ciclo carolingico*, Madrid, 1907, pet. in-fol. (*Nuova Biblioteca de autores españoles*, VI). — Au moyen âge, le nom de Malingre a été porté par des person-nages réels (cf. *Bulletin de la Société des Anciens Textes Français*, III, 97). Aujourd'hui c'est un nom de famille ; le *Bottin* de Paris pour 1918 compte trois « Malingre ». Les rapports de ce nom avec l'adjectif *malingre* ne sont pas bien éclaircis.

B. — SUR UN DÉTAIL DU RÉCIT DE LA « KARLAMAGNUS-SAGA ».

Afin de réunir tout ce qui peut donner lieu à quelques rapprochements avec le récit du poème primitif, tel qu'il est résumé dans la *Karlamagnus-Saga*, j'appelle ici l'attention sur un récit épique irlandais, forme spéciale d'un conte international [1] dont l'origine première n'est pas encore certaine, bien que, en ce qui concerne le récit irlandais, une dérivation byzantine paraisse très probable. Dans ce récit, qui se trouve dans un manuscrit antérieur à 1150, se lit l'épisode suivant, dont j'emprunte le résumé au professeur R. Thurneysen :

Une reine coupable confesse ses méfaits (des meurtres) à son confesseur ; celui-ci les révèle à son tour au roi, qui ordonne de l'enfermer dans une logette de bois près d'un carrefour. Elle vit là pendant sept ans de ce que des gens charitables lui font passer par les petites fenêtres de la logette. Au bout de sept ans, le roi, apprenant qu'elle vit encore, la fait sortir, et, sur sa demande, fonde pour elle un couvent et une église.

Cela rappelle quelque peu le récit de la *Karlamagnus-Saga* (p. 108 de l'analyse de G. Paris) : « il [Charlemagne] approuve l'avis de Milon d'enfermer Olive dans une tour de pierre ; pendant sept ans elle y vivra d'un pain grossier et d'une cruche d'eau, et si au bout de ce temps *on la trouve encore vivante*, c'est signe qu'elle sera innocente et accusée à tort ». — La ressemblance des deux récits est plutôt extérieure que fondamentale ; cependant, il est possible que le récit byzantin ait influencé la chanson de geste [2].

Gédéon HUET.

8. Voir Reinh. Köhler, *Kleine Schriften*, II, 393-399.
9. *Ibid.*, II, 398.

C. — NOTE COMPLÉMENTAIRE SUR L'HISTORIQUE DE L'ÉDIITON.

Lorsque Gédéon Huet s'est éteint, à Paris, le 10 novembre 1921, les feuilles 1-11 de l'édition de *Doon de la Roche* (texte et début des notes) étaient tirées ; les feuilles *a-g* (introduction) avaient été mises en pages après une première correction de l'auteur.

Comme commissaire responsable, secondé par M. Henri Lemaitre, que Gédéon Huet lui-même avait désigné dans son testament, j'ai procédé à une dernière révision de l'Introduction et fait les quelques modifications de détail qui m'ont paru indispensables.

M. Henri Lemaître, utilisant les notes de Paul Meyer et de Gédéon Huet, a établi la copie du Glossaire, de l'Index des noms propres et de la Table des matières Grâce à son zèle, la disparition successive des deux auteurs n'a pas entraîné pour la publication de ce volume autant de retard qu'on aurait pu le craindre. Au nom de la Société des Anciens Textes français, je tiens à lui exprimer ici les plus vifs remerciements.

Antoine Thomas.

DOON DE LA ROCHE

I

Seignor, oez chançon cortoise et avenant; (*f. 1*)
Vieille est et ancienne, de Doon l'Alemant.
Toz tens servi a cort par ses armes portant;
De piller, de rober, n'ot un denier vaillant ;
5   Il essauça toz dis et leva ses serjanz,
Les povres chevaliers, les orphelins enfanz.
Nuns hons de son lignage n'ot de terre .j. arpant,
Fors solement La Roche et l'enor qu'i apent;
Mais li douz rois de gloire en donna Doon tant
10   Com vos orrez avant, s'il est qui vos en chant.
Li dus servi Pepin le roi molt longement,
A Paris en la sale, toz dis molt loiaument.

*N. B. Pour les deux premières laisses, toutes les leçons rejetées
sont données, même quand elles n'intéressent que la graphie.*

1 Seignours oues chançons courtoise. — 3 Touz temps, court
p. ces années pourtant. — 4 piler, ung deniers. — 5 Il lassauça
tous diz, serjans. — 6 anfans. — 8 seullement, apant. — 9 doulx.
— 10 Comme, orés, c'il, vous. — 11 dux servit, longuement. —
12 Parix, salle tous, loyaulment.

Molt i ot Angevins (?), Baviers et Alemanz
Et Normans et Frisons et Pohiers et Flamens,
15   Dessus trestoz les autres fu i Do l'Alemanz :
De sens, de hardïesse et de barnage ot tant,
Quant il vait en tornoi, li gentiz Alemanz,
S'i gaaigne chevaus, si les donne as serjanz
Et as chevaliers povres qui d'avoir n'ont nient.
20   Quant li rois tient ses plaiz, cui douce France apent,
S'il i a nul tort fait ne nul faus jugement,
Li conseil [de] Doon le vont si redreçant
Ja ne s'en plainderont li petit ne li grant.   (*v*°)
Et jugleors plusors ot a sa cort toz tens ;
25   Si lor donnoit mantiaus et blïauz bels et genz
Et peliçons ermins et autres garnemenz ;
Onques n'i vint si povre nen tort de li mananz.
Ores si [crut] en Deu le pere roi aidant
Que a veve moillier ne vout tolir nïent,
30   Ne petit orfelin ne fist aler plaidant ;
Por tant l'ama li sire qui fu adonc vivanz.

II

Molt fu Do de la Roche de grant nobilité,
Li gentilz Alemans qui tant fist a loer.

---

13 dãgeũt Bavies **et** Elemens ; *cf. vv. 998-9.* — 14 Flamans
— 15 D. trestous l. aultres fui Daon l'Alement. — 16 et de
hardies et de barnaige. — 17 vat, tournoy, gentis Elemans. — 18
gaingne chevaulx, donnet auz serjans. — 19 aus, niant. — 20 roy,
ces plait, apant. — 21 faiz, nulz faulx jugemant. — 23 lé p. —
24 pluseurs, court, tous temps. — 25 leurs d, mantiaulx et
bliaux bes. — 26 hermis, aultres garnemans. — 27 nã cort de
li menaz. — 28 *Il ne serait pas impossible que* roi aidant *fût une
mauvaise leçon pour* reamant (*ou* roiamant) ; *cf. v. 1172.* —
29 Car a vove, vot tollir neant. — 30 fit. — 31 Pour, fuit, viant.
— 32 fut Doz. — 33 fit aler.

Onques puis qu'il prist armes et il fu adobez
35 Ne vout li dus ardoir ne preer ne rober,
Ainz servi par ses armes les princes et les pers,
Et tant fist lor servise que li donnent asez.
Doons servi Pepin a Paris la cité
Trois anz toz acompliz, ne li vout rien rover,
40 A .iij^c. chevaliers qui sont preu et sené.
Et Pepins l'empereres li eüst trop donné :
Une seror avoit nostre empereres ber,
La dame ot nom Olive au gent cors honoré;
Ele amot plus le duc que nule riens, fors Dé;
45 Mais ainz ne l'en ot cuer ne corage mostré
Por ce qu'il n'estoit mie de si haut parenté.
Seignor, ja dit l'escriz qui vos est demostrez
Que il n'est chose en terre, tant le sache on celer,
Que avant ne reveingne quant il est destiné.
50 Ainsi font les amors que Do a demené   (f. 2)
Vers Olive la bele o le viaire cler.
Seignor, ce fu .j. jor devant Nativité,
A feste saint Andrier, qu'Avent doivent entrer;
Pepins nostre empereres, li gentiz et li ber,
55 Loa ses soudoiers, ses en lessa raler,
Cui .c. mars, cui .iij^c, avers ce que il set.
As princes donna [il et] chastiaus et citez,
Donjons et bors et viles, recez et fermetez;

---

34 qui prit, fut adoubés. — 35 vot, dux, proer. — 36 Ains, peres.
— 37 leur service que li donnarent. — 38 servit. *Au lieu de* Doons
on pourrait proposer Cil Do. — 39 ans tous acomplis, vot. —
40 prou. — 41 Pepin l'amperieres. — 42 serou. — 43 gens, corps.
— 44 Elle, nul. — 45 ains, an, couraige monstré. — 46 Pour ce
qui, hault paranté. — 47 Seignours, escrit, vous, demoustré. —
48 Qui n', saiche. — 50 amours, Doz a amené. — 51 belle. —
52 Seignours, fut, jour davant. — 53 Avant doient. — 54 gentil.
— 55 Lea, an lassa. *Il paraît manquer un vers.* — 56 Cu
.c. mars ou iijc au's ce qu'il il est; *cf.* Charroi de Nimes, *v. 38.*
— 57 Au p. d. chastiaulx. — 58 bours, villes, reces, fermetés.

Cui qu'il doint ne. cui non, Doon n'a rien donné,
60   Le gentil Alemant, ainçois l'a oblïé,
Car il ot en la cort longement conversé :
Esté i ot .iij. anz et ou quart est entrez.
.   Cil coart chevalier en pristrent a parler
Et dient l'uns a l'autre que Do est oblïez,
65   Tant a servi le roi que il l'a oblïé.
« Par la foi que vos doi, riens ne li vuet donner :
« Il gardera la cort et l'iver et l'esté,
« Et tenra les chemises quant li bainz ert chaufez,
« Si avra nom Rouciens as grenons enfumez. »
70   Tant ala la parole que Pepins bien le set ;
Grant honte en a li rois, s'a Doon apelé :
« Sire Do de La Roche, gentiz, nobles et ber,
« Cil autre chevalier m'ont congié demandé ;
« Tuit s'en vont en lor terres, mais vos estes remés.
75   — Sire, » ce dist li enfes, « car jel sai de verté,
« Son droiturier seignor doit on servir assez,
« Et je vos servirai volentiers et de gré ;
« Et quant vos vos serez des autres delivré,   (v°)
« Si me donrez del vostre autant que vos voudrez ».
80   Quant l'entendi li rois, grant joie en a mené :
« Sire Do de La Roche, gentiz estes et ber ;
« Par la foi que vos doi, ce sai bien de verté,
« Se vos auques [m']amez, toz seroiz mes privez ;
« Et puis que je vos voi [del tot] entalenté

59 Que qu'il d. ne cu. — 60 ainsois. — 61 oit, cort longuement. — 62 ans et onqes e. antrés. — 63 chevaliers, prinrent,
parlés. — 64 li .j. a l'a. q. Doz. — 66 vous. — 67 court. —
68 tanra, bain est chauffé. — 70 Pepin, sçait. . — 71 roi. —
72 Doz, gentil, noble et bel. — 73 Ces aultres chevaliers.
— 74 leur terre mas. — 75 dit, anfes, je sçai de veritei. —
76 signeur, assés. — 77 vous, voulantier, grei. — 78 vous vous
serés, delivrés. — 79 donrés du, vous vouldrez. — 80 antandi, roi,
joye. — 81 Doz, gentil e. e bel. — 82 foy, vous, verité. — 83 Se
vous amés anques tot seroit m. privés. — 84 vous v. antalanté.

85 « De faire mon servise sanz point de fauseté,
    « Par la foi que vos doi, hui est li·jors entrez
    « Que vos donrai tel chose dont vos me savrez gré,
    « Dont li vostres lignages sera toz honorez :
    « Olive ma seror vueil [jou] que vos prenez ;
90 « De tote Loeroigne avrez la ducheé :
    « .XX. chastiaus i a forz et .xiiij. citez ;
    « Et, puis que voz lignages ert au mien ajostez,
    « Ci a soudées granz, si les vos vueil donner. »
    Quant l'entendi li enfes, si commence a plorer :
95 « Sire douz emperere, merci ! por amor Dé ;
    « Mes cuers et mes avoirs vos sont abandoné.
    « Se je n'ai [dame] Olive, ja sont fames assez ;
    « Endroit le mien lignage me covient marïer :
    « Li oisels qui se haite ainz qu'il puisse voler
100 « Chiet a terre dou ni, s'est a terre versez. »
    Et respondi li rois : « Em pardon em parlez. »
    A joie et a lïesce li ont fait esposer.
    Molt furent granz les noces, si ont .j. moisduré ;
    Li jugleor dou regne en furent bien loé :
105 Il en ont vair et gris et hermins engolez,   (f. 3)
    Destriers et palefrois et mulez sejornez.
    A joie et a barnage furent cil asemblé.
    Adonc i fu Landris li vallez engendrez,
    Li niés le roi de France, qui tant fist a loer.

85 san. — 86 vous, le jour antrés. — 87 vous, savrés grés. —
88 le vostre lignaige, tous honorés. — 89 veul q. vous prenés. —
90 toute Laorroigne avrés. — 91 chastiaulx, fors, cités. — 92 vos
lignaige est, ajostés. — 93 Ci a gens (*avec un signe d'abréviation*) soudées se la vous vuel d. — 94 anfes, commance. — 95
S. doz e. m. p. l'a. de Dieu. — 96 abandonés — 97 assés. —
98 Androit, linaige, convient. — 99 oisel, ce, ains qu'i. — 100
versés. — 101 parlés. — 102 espouser. — 103 grande l. nopces,
moix durés. — jugleour do rôme. — 105 vers e g. et hermis ango-
lés. — 106 sejournés. — 107 joe, barnaige. — 108 fui Baudris li
vallès engendrés. — 109 n. li r.

110 Adonc s'en parti Do, li ber et li seneź;
A .vij^c. chevaliers gentilment conreez
S'en va droit a Coloigne, cele bone cité.
A joie et a baudor furent cil asemblé;
Puis furent a dolor et a duel desevré.
115 .I. losengiers du regne les a toz enchantez;
Il avoit nom Tomiles, .j. traîtres morteź.
Damedex le confonde, qu'en la croiz fu penez!

III

Il ot ja a Coloigne .j. traïtor felon :
Cil ot a nom Tomiles, oncles fu Guénélon,
120 Cosins germains Hardré et Hervi(?) le larron,
Si apartint Maugin, .j. encrisme felon;
Bien vint dé son lignage qu'il feïst traïson.
Sodoiers fu le duc, princes de sa maison.
Il n'ama onques home chevalier se lui non.
125 Ici[l] mena la dame par grant séducion;
Par ses losengeries la destruit et confont.
Il apela le duc a conseil sur le pont : .
« Sire Do de la Roche, entendez ma raison:
« Je dirai tel parole, se j'en ai le pardon,
130 « Par tote Loeroigne en ira li renons. »
Et respondi li dus : « Car le nos dites dont.   (v°)
— Biaus sire, volentiers, quant j'en ai le pardon.
« Ma dame ne vos aime vaillissant .j. boton :

110 partit Doz, bers, sennés. — 112 vàt, Coulongne celle
bonne. *J'adopte la forme* Coloigne, *qui est celle du fragment L.*
— 114 a d. a adisel. — 115 losangiers de rongne, touz an-
chanté. — 116 non, traites. — 117 an, crois, fust penés. — 118
A partir d'ici on ne donnera, parmi les leçons rejetées, que
celles qui présentent quelque intérêt. — 119 ot non. — 120
Hardroi et Iduem (*ou* Iduein). — 126 loséngiers.

« Ier main la pris provée gisant a .j. garçon ;
135 « Ne l'osai envaïr, car pou ôi compagnons. »
Quant l'entent li dus Do, a pou d'ire ne font :
« Tomiles de Coloigne, baissiez vostre raison,
« Car, par icel apostre a cui peneant vont,
« Par pou que ne vos fier [ens] ou chief d'un baston ;
140 « Et se vos plus d'Olive me dites se bien non,
« Plus haut vos ferai pendre que nul autre larron.
— Sire, » dit li traître, « merci ! por Dieu del mont ;
« Se nel vos puis prover en cest mois ou nos soms,
« Si me trenchiez la teste sans autre reençon. »
145 Quant li dus l'entendi, si tint le chief embronc ;
Il plore tendrement des biaus ieus de son front.
« Dex, » dist il, « sire pere, par vo saintisme non,
« Car me donez la mort ainz que vienne li jors.
« Haï ! terre, car fent et de desoz moi font !
150 « De ci que en l'abisme ne vueil avoir sejor ;
« Haï ! Olive dame, de la vostre façon
« Ne sera jamais fame, chevaliers ne nus hom.
« Je vos amoie plus que riens qui fust ou mont. »

IV

La suer le roi fu molt cortoise et avenant ;
155 Ele ot .j. molt biau fil de Doon l'Alemant :
Il ot a non Landri par droit baptisement.
El gentil damoisel molt i ot bel enfant.   (f. 4)
Tomiles de Coloigne le va molt soduiant ;
Ocire vuet sa mere a duel et a torment.
160 .I. garçon apela, si li dist : « Vien avant.
« Se je t'osoie dire mon cuer et mon talent,

135 anveïr, compagnon. — 145 ch. a uif bron. — 147 dit, et
toujours ainsi. — 148 C. ne d. la m. a. q. nôme li j. — 149
de d. morfont. — 152 Ne ferai.

« Je te feroie riche et d'or fin et d'argent. »
Et respont li garçons : « Tot a vostre commant.
— Va donc, si le me jure tost et isnelement,
165 « Puis te dirai mon cuer plus descombréement. »
Li gloz s'engenoilla, si fist le serement,
Et li a dit Tomiles : « Se toi plaist, or entent.
« La duchesse se gist en sa chambre leenz;
« Ele est molt forment ivre, tant a beü piment.
170 « Ele n'ot ne ne voit ne a home n'entent;
« Va te couchier o li en son lit coiement;
« Se te queut en amor, riches seras mananz :
« Chevalier te fera, ne demorra nïent;
« Ele te donra armes et riches garnemenz. »
175 Et respont li lechiere : « Tot a vostre commant. »
Il entra en la chambre par molt fier marrement;
Entreci que au lit ne fist arestement,
Et sozleva le paile tost et isnelement.
Oez dou lecheor conme il perdi le sens.
180 Il sozleva le paile, si s'est couchiez dedenz :
Trestoz nus en ses brai[e]s vers la dame s'estent;
N'ose envaïr la dame, car pou ot hardement.
Tomiles vint a l'uis, s'apela le duc franc :
« Sire, » dist li traïtres, « trop tardez, venez en ;   (v°)
185 « Ja verrez de ma dame a estros se je menz. »
Quant l'entent li dus Do, a pou ne pert le sens ;
Des beaus ieus de son front plora molt doucement
Et du cuer de son ventre va parfont sospirant.
O lui a pris .iiij. contes, si s'en torna atant ;
190 Çaintes ont les espées as bons aciers trenchanz.
Il entra en la chambre corrociez et dolenz,
Entreci que a[u] lit n'i fist arestement;
Il sozleva le paile tost et isnelement

167 .Elle li a d. — 168 sa, ms. la. — 169 b. de p. — 170
Elle n'ot ne vot. — 172 q̃ust en a. — 175 commandemant. —
179 sens, ms. sanc.

Et trova le garchon lez sa fame gisant :
195 Ce ne fu pas mervoille se il en fu dolenz,
Que il n'a soz ciel home qui n'en fust corroçanz.

V

Li gloz fu en la chambre durement entrepris ;
Il ne sot ou aler ne en quel part fuïr.
Do a traite l'espée, la teste li toli :
200 Au desmembrer li tout, qu'autre mal ne li fist.
De ce fist il que fox qu'a gehine nel mist.
E[s]tes vos ma[i]s Tomile du murtre bien garni :
N'en orra mais parler de ci que a maint di,
Mais droiz a droit repaire, pieça que on le dit :
205 Encor le couvendra le mal pechié gebir,
Comme il fist le garçon o la dame gesir,
Par la foi que vos doi, se Dieu plaist et Landri.
Olive s'esveilla, si geta .j. sospir
Et choisi le garçon qui gist de devant li,
210 Et son paile sanglent et son seignor mal mis,
Et demanda les contes : « Ceste noise qui fist ?
« Je li ferai la teste et les membres tolir. »   (f. 5)
Li dus a trait l'espée ; le chief en eüst pris,
Quant li conte [le] corrent par les braz retenir.
215 « Sire Do de la Roche, por amor Dieu, merci !
« S'ocïez nostre dame, vos serez mal bailli.
« Certes, ne remanrons en trestot cest païs ;
« Je ne sai en quel terre vos peüssiez garir.
« Mais envoiez en France a son frere Pepin ;

---

196 f. dolans — 199 Doons. — 200 tout, *ms.* toli, *mais l'hémistiche entier est probablement corrompu.* — 201 que g. ne. — 203 m. dit. — 209 Et vot le. — 211 noise, *ms.* nuse *ou* mise. — 216 seriez. — 217 ne, *ms.* nos. *Ce vers s'accorde mal avec ce qui précède et avec ce qui suit. Lacune ?* — 218 puissiez.

220 « Ce est li gentiz rois qui le lion ocist.

 « Il en penra justice trestot a son plaisir,

 « Du pendre ou de l'ardoir ou du metre en essil.

 — Seignor, » dist li dus Do, « com puis enragier vis

 « De la plus bele dame qui de mere nasqui !

225 « Por quoi m'a la malvaise vergondé et honi ?

 « Ja l'amoie je plus que riens que Dieus feïst. »

 La dame en apela et Jehan et Henri :

 « Dont est mesire Do corrociez envers mi ?

 « Face faire itel feu com lui vient a plaisir,

230 « De .xx. cherres d'espines alumé et espris,

 « Ou en mete .xl., se lui vient en plaisir ;

 « Puis me face les membres lier a son devis.

 « Quant la flame ert plus granz, si me getez en mi :

 « Se .j. pois en est ars ou garnemenz bruïz,·

235 « Dont puis je provée estre de pechiez entrepris !

 — Mauvaise, » dist li dus, « por quoi parlez vos si ?

 « Ja estes vos provée de veoir et d'oïr.

 « Mais ne vos amerai ne vostre fil Landri ;

 « Par la foi que doi Dieu, onques ne m'apartint,   (v

240 « Onques ne l'engendrai ne il n'est pas mes filz.

VI

 — Sire Do de la Roche, » dist la dame au cors franc,

 « Faites faire itel feu com vos vient a commant,

 « De .xx. cheres d'espines, mais qu'il soit bien ardanz ;

 « Ou en i metez .xxx., s'il vos vient a talent.

---

222 De p. — 226 Je l'a. — 230 ch'res, *plus bas* (*v. 243*) cheres;
alumés. — 231 xl, *ms.* xix, *qui fausse le vers* (dis et nuef) *et de
plus n'est pas un chiffre raisonnable.* — 233 en mi, *ms.* dedanz;
cf. v. 246. — 235 provée, *ms.* primes, *en abrégé, cf. v.* 237.
Il faudrait entreprise, *mais je ne vois pas le moyen de corriger.*
— 239 doi à Dieu. — 243 soient b. a.

245 « Puis si me faites penre a deus de voz serjanz
      « Et me getent en mi quant la flame ert plus granz :
      « Se .j. pois en est ars ne blemiz garnemenz,
      « Dont provez ert mis cors de pechiez recreanz.
      « Et se Jesus m'en gete par son commandement,
250 « En après cel juïse vos en ferai plus grant :
      « Si me pendez au col .j. muele pesant
      « Le faiś d'une cherée a .xx. homes levant,
      « Puis si me faites penre a .c. de voz serjanz,
      « Si me getent en mer, la teste tot devant,
255 « En la greignor abisme, por Dieu le vos commant ;
      « Et, se je m'en revien tot par dessus flotant,
      « Ou pechié n'avrai corpes que mis m'avez devant ;
      « Et se j'en vois au fons, fins en ert faite atant ;
      « Puis cest jor n'en orrez parole ne semblant.
260 —Mauvaise », dist li dus, « por quoi en parlez tant ?
      « Ja estes vos provée d'oïr et de veant.
      « J'ai ocis le garçon a mon acerin brant.
      — Sire », dient li conte, « trop parlez hautement·
      « Hom ne doit soi honir abandonéement.   (f.
265 « Faites fermer le[s] huis tost et apertement,
      « Que parole n'en isse, ne nel sache la gent,
      « Puis prenez les juïses qu'ele vos vait ofrant. »
      Li dus lor otria[st] volentiers, bonement,
      Quant li cuvers Tomiles vint par destre corant,
270 Et a saisi le duc par son hermine blanc :
      « Que vues tu faire, Do, mauvais hom recreanz?
      « Se tu prens les juïses qu'ele te vait ofrant,
      « Dont ne se couchera a .xl. ou a .c. ?
      « Doon le cous soffrant t'apelerons toz tens.
275 « Nos t'irons par Coloigne a noz doiz demostrant.
      « Si seras cous clamez, ce dient li enfant. »

246 En. — 250 v. serā pl. g. — 253 a, ms. et. — 258 ert, ms.
est. — 261 et davant ; cf. vv. 237 et 369. — 263 dit li c. — 264 h.
si a. — 267 te v. — 269 vint, ms. mḷ't. — 274 apeleron. — 276
dïent, corr. diront?

Quant l'entendi li dus, a pou d'ire ne fent;
Il n'en presist plus rien por les membres perdant.
Il issi de la chambre corrociez et dolenz
280 Et trova la norrice sus ou palais seant,
Et Landrïet son fil dedens le berz plorant.
Quant li enfes le voit, si li rit bonement,
Et li dus le bota de son pié laidement,
Que li berz reversa et l'enfes chiet adens :
285 Li viaires li fiert desus le pavement;
Bien i parut la plaie jusqu'as armes portant.
Li enfes brait et crie, qui ne set autrement :
Ne puet sa dolor dire, car il n'a pas le sens.
[Li] troi chevalier plorent por l'amor de l'enfant,
290 Et dist li .j. a l'autre : « Molt nos vait malement; (v°)
« Ci commence tel guerre qui durra longement ».

VII

Li dus Do de La Roche a son fil mal mené,
Landrïet le petit, qui est de jone aé;
Sanglent ot le visage et la boche et le nés.
295 Bien poez [de voir] dire que Do fu molt irez;
L'un duel mis avec l'autre n'ot en lui qu'aïrer.
Et dist li uns a l'autre : « Nostre sire est desvez;
« Ja soloit il son fil Landrïet [molt] amer
« Et sa moillier la gente servir et honorer.
300 « Ne sai quel vif deable ont entre eus conversé. »
Ja n'a il soz ciel home qui en eüst parlé
[Ne] mais que li troi conte qui sont a lui alé.
L'uns le prent par le braz, d'une part l'a torné :

---

278 presist, *ms.* print. — 279 Il i. hors de. — 281 le berz, *ms.*
le braiz — 284 berz, *ms.* braz — 286 p. jusques a. — 288 n'est
p. le sanc. — 289 plorent, *ms.* plorant. — 296 d. mit (*ou* nut)
auo; *la restitution est fort douteuse, d'autant plus que* l'autre
pourrait avoir été écrit par anticipation sur le v. suivant. —
297 Nostr. filz.

« Sire Do de La Roche, gentiz, nobles et ber,
305 « Dolenz iert l'emperere Pepins, se il le set;
« Mais prenez .j. message et si li envoiez.
— Si ferai je, seignor, car molt sui vergondez.
« Maleoite soit l'eure que je fui onques nez. »
Il apele Gregoire, son chapelain privé :
310 « Sire frans clers », [dit il], « envers moi entendez :
« De ci que au matin a Paris m'en irez ;
« Pepin l'empereor vueil que me saluëz.
« Il me dona .j. don, genz fu et honorez :
« Ce fu un pan de terre que molt fait a loer.
315 « .I. hom la me chalonge, qui est d'autre regné ;
« Ma terre en est enfraite et ses bans trespassez.   (
« Or vienge en Loeroigne por sa terre aquiter,   .
« Et quant il ert venuz, si parleromes d'el.
— Sire », ce dist Gregoires, « je le dirai assez. »

VIII

320 Cele nuit jut Gregoires de ci que au matin,
Li gentiz chapelains cui Diex puist beneïr.
Il monte sus .j. mul corant et arabi,
Et entra en sa voie, s'acuilli son chemin,
Et trespassa les terres, les puis et les larriz ;
325 N'i ot reigne tirée de ci que a Paris ;
Et a trové le roi sus el palais marbrin.
L'emperere le baise, delez lui l'a assis,
De sa suer demanda, le premier mot que dit,
Et après de Doon le chevalier gentil.
330 « Comment le fait ? » [dist] il, « comment se maintient il

304 n. et bel. — 305 D. ser. — 308 Maldite s. l'eur que je fuis.
— 314 un pou. — 315 regné, *ms.* roiné. — 317 Or vienge, *ms.*
Vome, *avec un signe d'abréviation sur l'o.* — 318 il est. — 321
Le g. clerc c. D. puet deuoir *ou* denoir. — 322 mulet. c. — 328 sa
suers. — 330 C. le fait il lor c. se m. il.

— A la foi que vos doi, molt bien, la Dieu merci!
« Je[l] laissai a La Roche sain et haitié et vif;
« Mais .j. don lui donnastes, qui molt fu seignoris :
« Ce fu un pan de terre que molt fait a cherir ;
335 « .I. hom la li chalonge, qui est d'autre païs.
« Olive vostre suer n'a ne joie ne ris.
« Ne sai por quoi ce est, ne m'en ont nul mot dit,
« Li dus la vuet ardoir et les membres tolir. »
En l'oreille li dist coiement et seri :
340 « De putage la rete, ne vos en quier mentir. »   (v°)
Quant l'entent l'emperere, il n'en a mie ris,
Et si fu sages hom qu'a home ne le dist,
Ainz entra en sa chambre trestot a escheri ;
Soef maine son duel, que nuls hom ne l'oï.
345 « Ha! suer Olive, qui en [tel] penser vos mist ?
« Por quoi m'avez vos, dame, vergondé et honi ?
« Ainc mais de mon lignage pute fame n'issi. »

IX

De ce fist l'emperere que proz et que cortois
Quant nel vout dire a home, chevalier ne borjois;
350 Ainçois monta le jor, si chevalcha le soir,
Atot .xv^m. homes va sa seror veoir.
Il trespassa les terres, les plains et les arbroiz;
Venuz est a Coloigne : molt fu granz li esfroiz,
Et descendent es rues chevalier et borjois,
355 Hennissent cil cheval, cil mul, cil palefroi.
Do de La Roche va son serorge veoir;
Ses bras li mi[s]t a col, si le baisa .iij. fois,
Puis l'en a apelé belement en requoi :

---

333 l. donnait. — 334 un pou. — 335 .i. hommes qui s'alonge;
cf. v. 315. — 336 v. s. ne joie ne ne rit. — 345 en pansée. On
pourrait aussi proposer Ha[i] O. s. qui en penser. — 347 Ainz —
349 nel, ms. ne le — 355 H. ci ch. si m. e palfrois.

« Sire d[r]oiz emperere, » ce dist Do li cortois,

360   « Olive vostre suer a honi vos et moi.

« Certes lez .j. garçon la reprist l'autre soir ;

« Je li trencha[i] la teste a mon branc vianois.

« Demandez le Tomile, qui ci siet delez moi,

« Qui reprist le garçon qui avec li gisoit ;

365   « Comme autres a sa fame ses talenz en faisoit.

— Et vos, sire Tomiles, qu'en direz ? » dist li rois.

— Sire, » dist li trai[t]res, « se peser ne vos doit,

« Je jugeroie bien qu'on la deüst ardoir :

« Ele est tote provée d'oïr et de veoir. »

370   Adonc parla Moriz, Amauris et Jofroiz ;

Li .j. est niés Doon, sui cosin sont li doi :

« Par les sainz Dieu, Tomiles, ne dites mie voir ;

« Ma dame ne fist onques putage ne desloi.

— Toz en es perjurez, cuverz », ce dist Jofroiz ;

375   « Prez sui que m'en combate contre vos orendroit,

« Seus et seus par mes armes, lassus en ces chaumois.

« Ou encore autre jeu vos partirai ainçois :

« Soiez .v. chevalier, nos ne serons que trois,

« Puis ce venez combatre lassus en ces herboiz ;

380   « Se ne vos rendons pris et recreant le roi,

« Si nos face mes sire desmembrer et ardoir.

« C'est ores granz merchie[z] de .v. homes a trois,

« Mais encor est plus granz de l'ome qui est droiz.

— Sire », ce dist Tomiles, « n'en combatrai des mois.

385   « Demandez le Doon, qui est ci delez moi,

« Qui reprist le garçon o qui ele gisoit,

« Com autres a sa fame ses talenz en faisoit.

« Il ocist le garçon a son branc vianois.

— Sire Do de La Roche, qu'en direz ? » dist li rois.

---

362 b. manois, *cf.* v. 388. — 369 tout p. — 374 es perius.
— 376 Seul et seul ; c. chanoi *avec signe d'abréviation sur*
l'a. — 380 ne nous r. — 383 p. grant a l'o. q. e. droit — 384
de moi — 386 Om ; g. q. avec e. — 388 b. manois, *cf.*
v. 362

390 « [Or] alons en la chambre; ma seror vueil veoir.   (v

    — Sire », ce dist dus Do, « com vos plaira si soit.

    « Lors parlerez a li, la metrez en destroit. » .

    En la chambre s'en entre Pepins li gentiz rois

    Quant la dame le voit, encontre se levoit;

395 Ele s'agenoilla; es piés li vait cheoir

    Por merci deprïer, car mestiers l'en estoit.

    Et li rois traist l'espée, qui corrociez estoit :

    Ja'n eüst pris la teste quant i vienent li .iij. .

    Adonc parla Moriz, Amauris et Jofroi[z],

400 Li .j. est niez Doon et sui cosin li doi :

    « Sire douz emperere, ice n'est mie droiz,

    « S'ele a fait son pechié, par la foi que vos doi,

    « Que on la doie ocire, desmembrer ne ardoir;

    « Preigne sa penitence bonement, sanz deloi,

405 « De faire les juïses qu'ele Doon ofroit.

X

    — Seignor », ce dist li rois, « com puis ore desver

    « De la plus bele dame de la crestïenté

    « Que j'avoie Doon, le riche duc, doné,

    « Le meillor chevalier de la crestïenté !

410 « Por quoi m'a la mauvaise honi et vergondé?

    — Sire, » ce dist la dame, « se ainsi m'aïst Dés,

    « Hé ! Dex, ja sui je preste de juïse porter,

    « Soit en feu ou en eve ou la ou vos voudrez.

    — Et vos, sire Tomiles », dist li rois, « ce oez

415 « Com ma suer se poroffre a juïse porter :   (f.

    « Ele nel feïst mie, por les membres coper,

    « Se ne seüst en li molt tres grant seürté.

    — Sire », ce dist Tomiles, « oez et escoutez :

---

392 la, *ms.* sa, — 399 Amauris, *ms.* et Maufis. — 408 j'a a Doz
— 411 se, *ms.* ne. — 416 E. ne le f.

« Ce que vi a mes ieus n'a mestier de monstrer.
420 « Il n'a soz ciel larron, tant ait avoir emblé,
    « S'on le lait escondire, qui ja soit pris provez. »
    Quant l'entendi la dame, si commence a plorer :
    « Certes, sire Tomiles, bien sai que me haez.
    « Diex m'en face venjance, qui en crois fu penez.
425 « Ne puis envers vos toz ne tencier ne plorer,
    « Car parole de fame ne puet avant aler :
    « Ja n'avra si grant droit ne soit a tort tornez.

XI .

    — Sire droiz emperere, » ce dist Do de La Roche,
    « Fols est qui fame croit quant juïse li ofre :
430 « Ce que vi a mes ieus vuet torner a fantosme;
    « Le garçon ocis jou, par saint Pierre de Rome. »
    Dist Tomiles li lerres : « Mervoilles en oi ores.
    « Hé ! ber, car trai l'espée, la putain si afole. »
    Il issi de la chambre, si hauça sa parole,
435 Que Normant et Breton et Loereing le sorent,
  . Et li moine et li clerc des mostiers et des cloistres
    Ou Olive ot doné et calices et croces
    Et dras et vesteüres, estamines et botes...
    « Haï! Olive dame, franche riens, douce chose,
440 « Cil Sire vos garisse, qui soztie[n]t tot le trone
    « De vostre part remaine li biens faiz et l'aumosne. »

XII

Or es vos la mervoille par la vile espandue :

419 Et que maines (*ou* ui a mes) uuet enz a estre monstrer; *cf.*
v. 430. — 421 qui, *ms.* que. — 431 J'occis le garçon. — 439 Ha
dame Olive. *Les vers 439-41 semblent devoir être placés dans la*
bouche des clercs du v. 436, comme quelques vers plus bas, mais
alors il faudrait supposer qu'un vers annonçant ce discours a été
omis.

Chevalier et serjant en emplirent la rue,
Puceles et meschines la rescrïent et huent,
445   Ces clerc et ces chanoine qui par les mostiers furent,
Ou Olive ot doné [et] palefrois et mules,
Estamines et croces, cierges et vesteüres.
« Haï ! Olive dame, de la vostre aventure !
« A quel tort seras, lasse, demenée et destruite !
450   « Cil Sire vos garisse, qui fu mis el sepulcre. »
Li rois ist de la chambre, toz li fronz li tressue :
« Seignor franc chevalier de France et de Herupe,
« [Se] ma suer m'a boni, ce n'est mie droiture
« Qu'ele pour ce doie estre afolée et destruite,
455   « Se li boin chevalier de ma cort ne la jugent. »
Plus de mil chevalier envers lui se remuent :
« Sire bons emperere, por quoi feras destruire
« Olive ta seror et livrer a martire ?
« S'ele a fait son pechié, c'est a fame nature ;
460   « Mais por ce ait l'onor de sa vile perdue,
« A Doon de La Roche ne soit ele mais drue. »
Et respondi li rois : « Ce n'est mie mesure
« Qu'a Doon l'Alemant en soit l'onor tolue,
« Ainz vueil bien que il l'ait, car c'est droiz et mesure ;
465   « Ja Olive ma suer n'en tenra teneür[e].
— Lasse ! » ce dist Olive, « or sui je bien vaincue   (f.
« Quant mi ami charnel premerain me forjurent. »

XIII

Quant part Do de La Roche de sa fame a cest di,
Li gentilz Alemans qui fu proz et hardiz,

---

443 Serjant en emplirent chevalier tout le r. — 444 la, *ms.* le.
— 446 Cu ele ; *cf. 437.* — 450 es sepulture. — 453 Ma serors —
458 *Je ne sais quel mot substituer à* martire. — 463 l'onor,
ms. lantor. — 464 qui lait. — 467 mi. *ms.* nulz. — 468 Q. Doz p.;
c. dit.

470 Onques nus hom de char plus grant dolor ne vi
Des dus, des arcevesques, des princes dou païs.
Ele a dit .iij. paroles qui departent d'ami :
« A Dieu vos comant, Do, qui en la crois fu mis.
« Frans hom, se me vosisses encor[e] retenir,
475 « Comme .j. autre chaitive vos servisse toz dis ;
« Ne rovasse avoec vos ne mangier ne dormir ;
« Quant ore ne puet estre, n'i queïsse gesir,
« Ainçois fuissent no lit a toz jors departi.
— Mauvaise, » fait li rois, « tornez vos de sor mi ;
480 « Ja ne vos amerai a jor que soie vis. .
« Ne tenrez de ma terre .j. pié ne .j. demi ;
« Ne né vos amerai, car soing [n']ai de Landri :
« Onques ne fu mes niés n'onques ne m'apartint. »

XIV

Quant part Do de La Roche de sa fame a ce[l] jor,
485 Onques nus hom de char ne vit si grant dolor
De dus et d'arcevesques, de princes, de contors.
Ele dist .iij. paroles qui desoivrent d'amor :
« A Dieu vos comant, Do, du ciel le creator ;
« Frans hom, se me vosisses retenir avuec vos,
490 « Come une autre chaitive vos servisse toz jors.
— Mauvaise, » dist li rois, « tornez [vos] de sor nos ;
« Je ne vos amerai que je vive a nul jor,
« Ne ja Landri vo fil ne clamerai nevo. »
Hé ! Diex, puis fu tel ore qu'il li ot tel besoing
495 Qu'il fust desheritez, quant Landris le rescost.

---

470 g. d. n'eüst. — 472 d. d'amis — 474 vosissies encor r. — 477
mqueisse. — 478 A. fuissiés vos litz a trestous. — 482 Cf.
v. 745. — 484 Q. Doz p. — 486 de p. et de c. — 489 ce me vosissies r. avuel v. — 491 tenez desus n., cf. vv. 479, 809. — 493
filz. — 495 L. le resconte.

Tomile de Coloigne fist il puis del chief blos
Et gebir par la gueule le pechié orguillos
Com il mena sa mere par ses granz traïsons.

XV

La suer le roi de France fu molt forment irée ;
500   Ou ele vueille ou non, [de] la tor l'avalerent.
Ele crie et huche a molt grant alenée :
« Haï ! Pepins de France, por quoi faites ce, frere,
« Que de l'onor me getes que m'avoies donée ? »
En France s'en reva Pepins nostre emperere,
505   E Do li Alemanz en la sue contrée ;
Sa suer ne son nevo n'en laissa il denrée.

XVI

La suer le roi fu molt dolente et corrocie ;
Ou ele vueille ou non, l'ont jus de la tor mise.
Quant ele ist dou palais, si huche et si crie :
510   « Haï ! Pepins de France, por quoi ce faites, sire,
« Que de l'onor me getes ou tu m'avoies mise ?
« Certes, tot [ce] me fait li traïtres Tomiles.
« Diex m'en face venjance, li filz sainte Marie. »
.I. ostel li ont quis la desus en la vile ;
515   Chascun jor a .ij. pains : tele fu sa devise ;
Iluec se desduira come .j. autre chaitive.

XVII

Nostre emperere s'est en France repairiez,   (f.
La desus a Paris, en son demoine fié,

496 f. il plus le ch.blou. — 500 la t. li a.

Et si a Loereigne au duc Doon laissié;
520 Sa suer ne son nevo n'en a laissié plain pié.
Tomile[s] de Coloigne chascun jor se porquiert
Comment il doinst sa fille au duc, li aversiers.
Damediex la maudie, qui en croiz fu dreciez.

XVIII

Olive la duchesse ot molt le cuer dolent
525 De ce qu'ele est retée de traïson par tant,
De chose dont n'ot onques corage ne talent,
Et si em pert La Roche et l'onor qu'i apent
Et son seignor Doon, qu'ele paramoit tant,
Plus que nule rien qui fust ou siecle vivant...
530 A son ostel ou ore norri bien son enfant,
Landrïet le petit, tant que il ot .vij. anz :
Mieldres est ses aages que autres de .x. anz.
Et Do fu a Coloigne, ou il tint ses corz granz,
Norri ses chevaliers, s'aleva ses serjanz.
535 Atant es vos Tomile sus ou palais errant,
Et apela le duc tost et isnelement :
« Sire », dist li traître, « entendez mon semblant;
« Une rien vos dirai, si vos vient a commant :
« Car donez dame Olive a .j. de voz serjanz,
540 « Jamais a la putain [ne] serez atendanz;
« Puis porquerrez tel fame de cest jor en avant

---

525 e. restée. — 526 dont, *ms.* que. — 529 q. fut en cest s. *On pourrait encore proposer, pour avoir une meilleure coupe,* P. q. n. autre rien en cest s. v. — *Après ce vers il semble bien qu'il y ait une lacune, à moins que le suivant ne soit corrompu. On pourrait supposer quelque chose comme ceci :* [En la vile vesqui la dame povrement], En son ostel... — 532 Mas miedres. — 535 Etant. — 537 traître, *ms.* aultre. — 540 p. s. mais a.

« Dont Damediex de gloire vos doinst .j. tel enfant...

« Qu'[en] après mon decès tiegne mes onors granz. »

Quant l'entent li traîtres, si fu liez et joianz ;

545 Ja dira tel parole dont puis remest dolenz.

XIX

Chascun jor se porquiert li traîtres Tomiles

Comment il ait doné au duc [Doon] sa fille.

.I. jor l'a encontré, si li a pris a dire :

« Sire Do de La Roche, ce me semble folie

550 « Que vos ne prenez fame dont aiez fil ou fille

« Qui desoentre vos vostre onor tienne quite. »

Et respondi li dus : « Je n'en sai nule, siré,

« Qui ne soit ma parente ou si près dame Olive,

« Ma premeraine fame, ainçois que [la] preïsse ;

555 « N'en avrai ja mais nule de si grant seignorie. »

Et respont li traîtres : « Je en sai une, sire,

« Qui molt est proz et sage, si est molt vostre amie.

— Tomiles, » dist li dus, « qui est cele meschine ?

— Sire, » ce dist Tomiles, « c'est une moie fille

560 « Qui est molt trés cortoise, si est de sens esprise,

« Ele done por vos les pailes et les cires.

« Je tienz .iiij. chasteaus en la moie baillie

« Et la grant visconté de Gormaise et d'Espire ;

542 nous d. *Le discours de Tomile est inachevé, et le v. 543 paraît être la conclusion d'une réponse de Doon à laquelle manque le commencement ; ou encore (mais cette supposition est moins probable), on pourrait rattacher le v. 543 au discours de Tomile en le corrigeant ainsi :* Qu'en après vo decès (*ou* Qu'après vostre d.) t. voz o. g.; *mais, dans cette seconde hypothèse, il faudrait admettre que la réponse de Doon aurait pris place entre les vv. 543 et 544, et manquerait tout entière.* — 551 Qui de comme vous tr'es vostre honeur tout quicte. — 554 a. q. je perise — 559 ce une mée f. — 561 les peles ; *cf. v.* 603, les cendaus et les cires. — 563 de Gormai et de Spire ; *cf. v.* 848.

    ą Par la foi que vos doi, je vos claim trestot quite;
565   « Et si vos en donrai de besanz pleine emine,
    « .XX. mulez toz chargiez d'or et d'argent, [beaus] sire.
    Avoir fiert molt granz cous, pieç'a que l'oï dire.
    « Je la prendrai », dist Do, « se Pepins la m'otrie;
    « Il me donna a feme sa seror dame Olive : .
570   « N'en avrai jamais nule de sens si bien garnie. »   (ƒ

XX

    Estes vous la novele par la vile espandue.
    Serjant et chevalier [en] emplirent les rues;
    Il montent es chevaus et es fautrées mules;
    De ci que a Paris n'i ot regne tenue.
575   Tant font par lor jornées que il a Paris furent.
    Vindrent en la cité, si descendent es rues.
    A l'encontre [en] alerent cil qui les coneürent...
    Et quant le voit li rois, contre lui se remue;
    Premierement demande : « Qu'est ma suer devenue ?
580   « Hé! las, come il me poise de la sue aventure!
    — Sire, » ce dit Tomiles, « ja est ele si pute
    « Que ne se garde d'ome la fole creature.
    « Ainçois se maintenra comme autre creature.
    — Tomiles, » dit li rois, « bien l'avez maintenue;
585   « Mais, par icel apostre qu'on requiert ou Sepulcre,
    « Se par autrui ne fust provée et perceüe,
    « Pieç'a qu'en eüssiez cele teste perdue.

565 de resans p. amine. — 567 *sic ms.*, *cf.* v. 610 — 570 avrai, *ms.*
amai. — 572 en *est ajouté pour compléter le vers, mais on pourrait
aussi proposer* ont emplies. — 573 m. a c. — 574 roine t. — 575
font, *corr.* vont?— 576 es, *ms.* as — 577 A l'e. a. ci quil connegu-
rent.— 578 lui *ne s'explique qu'à condition de supposer que dans un
vers précédent, qui serait omis, il aurait été parlé de Tomile ou de
Doon.* — 583 creature *a visiblement pris la place de quelque autre
mot en* ure. — 584 maintenue *est peu satisfaisant; corr.* coneüe?

— Hé! las », ce dist Tomiles, « male croiz ai eüe
« Quant, por bien et par foi et par bone nature
590 « Et por mon droit seignor, m'est tel poine creüe.

XXI

— Sire, » ce dist li dus, « je n'en sai nient [penser],
« Mais vez ici Tomile qui me fait grant bonté,
« Que il n'a c'une fille, si la me vuet doner,
« Et .iiij. forz chastiaus et .ij. granz viscontez. »
595 Et respondi li rois : « Je l'otroi a son gré,
« Quant il de ma seror ne puet estre amendé;
« Mais ja ne ferai chose dont je plus soie irez.

XXII

« Dites, sire Tomiles, » ce dist li rois meïsmes,
« Ou est dont cele fame, ne [le] celez vos mie,
600 « Que li dus Do penra en la soie baillie?
— Sire », dist li traître, « et ja est ce ma fille,
« Qui molt est proz et sage, cortoise et enseignie.
« Ele done por lui les cendaus et les cires,
« Si n'a si bele fame jusqu'au port de Surie.
605 « Je tienz .iiij. chastiaus en la moie baillie
« Et les granz viscontez de Gormaise et d'Espire :
« Par la foi que vos doi, je li claim [tres]tot quite,
« Et je vous en donrai de besanz ploine emine,
« .XX. mulez toz chargiez du plus fin or d'Afrique. »
610 Avoirs fait molt grant chose, que tote rien otrie.
Et respondi li rois : « Et je l'otri meïsmes.

---

588 ai seüe. — 591 s. neant. — 592 gr. honeur. — 596 amander. — 597 le p. — 604 *Corr.* jusqu'as porz(?) — 606 Gornai.
— 608 amine.

XXIII

« Sire Do de la Roche, » ce dist Pepins li rois,
« Vos penrez vostre fame, jel vuel et si l'otroi,
« Quant il de ma seror ne puet estre autre roi,
615 « D'Olive la duchesse, qui a le cors cortois.
« Mais ja ne ferai chose dont plus forment me poi[s]t.
—Sire », ce dit Tomiles, « aiez pa[i]s, ce que doit ?
« Laissiez ester le plait de Doon et de moi,
« Et je vos en donrai grant part de mon avoir :
620 « .XX. mulez toz chargiez de fin or arabois.
— Je l'otroi, beaus amis, » ce li a dit li rois.
Le jor en fu li plaiz ou palaiz maginois :
.XX. mulez en reçoit trestoz chargiez d'avoir;
Quant les ot receüz, si 'n ot au cuer enoi.   (f.
625 Puis a dit .iij. paroles, coiement, en requoi :
« Ha[i] ! Olive dame, grant duel porrez avoir
« Quant vos verrez voz regnes autre fame tenoir.
« Miens en ert li domaiges, car je[l] sai et otroi. »

XXIV

Do demande congié et Tomiles li lerres ;
630 « Seignor, alez a Dieu, » si a dit l'emperere;
« Quant noces volez faire, [soit] ma serors remese;
« Mais dorenavant vueil qu'ele soit bien gardée
« Et de vair et de gris richement afublée,
« Si ait en sa compaigne .iij. homes a espées;
635 « Et qui mal lui fera, si soit chier comparée.
« Cuidiez vos, sire Do, par l'arme vostre pere,
« Que, se Landris vit tant que [il] ceingne l'espée,

613 v. jo. — 614 autre roi, *sic ms.*, *altéré* — 626 pouez a. —
627 vos remmes a. f. tenir. — 628 je sais. — 629 a To. — 631
reniese. — 633 de vers. — 634 compagnie — 637 ceigne, *ms.* ceinde.

« Que il ne vueille avoir l'onor et la contrée
« Que je avoie vos et ma seror donée? »
640 Quant l'entent li dus Do, s'a la teste enclinée,
Puis a dit .iij. paroles coiement, a celée :
« Haï! Olive dame, coṁ vos vi bele et clere,
« Et com vos estïés cortoise et bien senée!
« Maleo[i]te soit l'arme tel parole a menée
645 « Dont m'amor et la vostre est ainsi deśevrée. »
Il montent es mulez, s'acoillent lor errée ;
De ci que a Coloigne ne firent arestée ;
Ainsi i sont venu a lor bele jornée.

XXV

Ce fu après la Pasque, que li mais doit entrer,
650 Li dus fu a Coloigne de La Roche li ber, •
Li cortois Alemans qui tant fait a loer,
Et dut ses noces faire, s'autre fame esposer,
C'est la fille Tomile, le traïtor mortel,
Audegour la cuverte; son cors maudie Dex.
655 Et Landris fu petiz, mais molt fist a loer,
Li niés le roi de France, qui tant par estoit ber.
Par le mien escïent, n'ot que v[iiij] anz pásse[z],
Mais sages fu et cointes, vistes [et] emparlez :
Chascuns li rueve dire, par soi vuet delivrer.
660 Olive la duchesse li a dit et conté,
Asses et Guinemanz, qui le porent amer :
« Quant vos verrez vo pere au pueple assemblé,
« Qu'il devra s'autre fame plevir et esposer,
« Vos irez au mostier, si le contredirez ;

641 et c. — 646 errée, *ms.* ferrée. — 652 Et doit. — 657 *Cf.*
vv. 795 et 884. — 658 cointes, *ms.* de coste. *On lirait plutôt*
justes *que* vistes. — 660 la duche.

665 « Millor plait en avrez, se vos le ....
 « Et millors tesmongnages, se mestier en avez.
 —Seignor, » ce dist Landris, « car me laissiez ester :
 « Je lui dirai molt bien et mieus, se vos volez.
 « Je sui petiz et enfes, si n'i porroie aler,
670 « Et la presse est molt grant ; car m'i faites porter,
 « Si irai mon dommage et ma honte esgarder. »
 Olive la duchesse l'a en ses bras levé ;
 Venue est au mostier, fait la presse coper ;
 Dont se taisirent tuit, et Landris a parlé,
675 Li niés le roi de France, li damoiseaus senez.
 Ja parlera li enfes com ja oïr porrez :
 « Sire dus de la Roche, grant pechié i avez,
 « Qui ma dame laissiez, autre fame prenez,
 « Et moi tolez ma terre et autrui la donez.   (f.
680 « Ma dame est tote preste de juïse porter,
 « Soit en feu ou en eve, ou la ou vos voudrez.
 « Sire, car me resgarde ; si t'en prengne pité :
 « Ja n'a il soz ciel home, s'il m'eüst engendré,
 « Que a molt grant merveille que ne m'eüst amé ;
685 « Et diable en ont si vostre cuer remué.
 « La vostre char meïsme com poez abonter ?
 « Tuit cil qui vos esgardent sont tuit mi parjuré.
 « Encor vos porrai faire felonie et viuté :
 « Se Diex me laisse vivre c'armes puisse porter,
690 « N'en penrai .j. vivant que je voise encontrer
 « Ne lui face les membres et la teste coper.
 « Et vos, sire arcevesques, ques avez esposez,
 « De par nostre apostoile, qui tient crestïenté,
 « Vos desfens je trés bien que messe n'i chantez.

---

665 si vous le pourchassez, *leçon inadmissible tant pour le sens que pour la rime.* — 668 l. dirais — 669 si, *ms.* se — 684 amer. — 685 remuer. — 687 resgardent. — 688 viuté, *la leçon du ms. est peu claire ; on peut lire* bonté *ou* veuté. — 690 N'an panrai .j. rien je ne v, e,

695   « Et vos, sire Tomiles, [s']or[es] vos en gabez,
       « Vos ferai tondre en croiz‚com .j. autre desvé ;
       « A la cowe d'un mul vos ferai anoer,
       « Qui vos combrisera et la boche et le nés.
       « Par trestote Coloigne vos ferai traîner,
700   « Tant qu'a vo fier lignage il sera reprové.
       «. Par ces amples costieres vos ferai demener,
       « Que les membres trestoz vos avrez desnoez,
       « Puis les ferai recuerre et en .j. ru gîter ;
       « Et certes, nis la terre ou li sans ert colez
705   « Ferai je depecier, foïr et grafiner,
       « Puis le ferai ardoir et la poudre venter.
       « Tout ainsi faitement vos ferai demener. »
       Quant l'entendi [Tomiles], s'a Doon apelé :
       « Sire, » dist li traître, « com est fel et enflez !
710   « Encor fera il pis se il vit son aé.
       « Se vos le commandez, ja l'avroie tué.
       — Tomiles, » dist li dus, « car le laissiez ester :
       « Il est molt juenes enfes, si dit quanque il set.
       « Vos vos devez taisier, qui corpes n'i avez. »
715   Puis a dit .iij. paroles coiement, a celé ;
       « Haï ! Olive dame, com grant duel vos avez !
       « Ne rote ne viole ne vos puet conforter.
       « Certes, se ce n'estoit por vo grant parenté,
       « Et que a mon lignage ne fust trop reprové,
720   « Ne vos vosisse perd[r]e por l'or de .xx. citez. »

XXVI

Molt fu grande la corz a Coloigne la cit,
Quant Do ot assemblez les barons du païs.
Le jor a prise fame sanz congié de Landri ;
Ce ne fu pas por ce n'i meïst contredit,

---

697 d'une mule. — 704 nes, sens. — 705 Fera ne — 711 com-
mandiés. — 712 l. a e. — 713 si, *ms.* cil. — 717 r. de v. — 721
granz, cité.

725 Mais, se li enfes vit tant qu'armes puist baillir,
     Ce est .j. mariage qui durera petit.
     Du mostier sont issu, ou palais se sont mis :
     Les tables furent mises, a[l] mangier sont assis;
     Cil jugleor si chantent et demoinent granz ris.
730 Qui que chant ne qui lait, Olive n'a nul ris,
     Ainz plora tendrement et tint son fil Landri;
     De ses braz le descent, si le mist devant li;
     Ele plore des iex, si gete granz sospirs :
     « Beaus filz », dit la duchesse, « estez ci .j. petit;
735 « S'esgardez vostre pere qui a fame me prist,   (f.
     « Qui me hait si du cuer que ne me puet veïr. »
     — Mauvaise, » dist Tomiles, « car tu le mesfeïs
     « Tot au pïeur garçon de trestot ce païs;
     « Do li trencha la teste a son bran acerin.
740 « Se li dus me creoit, il t'ardroit le matin,
     « La defors ceste vile, en .j. bordel petit.
     — Mauvaise, » dist li dus, « tornez vos en de ci :
     « Je ne vos amerai tant que je soie vis,
     « Ne n'avrez de ma terre ne plain pié ne demi,
745 « Ne ne vos amerai, car soin n'ai de Landri;
     « Par la foi que doi Dieu, onques ne m'apartint.
     — Sire, » dist la duchesse, « por l'amor Dieu, merci!
     « Preste sui, s'il vos plait, a porter .j. juïz,
     « Soit en feu ou en eaue ou en autre peril,
750 « Que ne l'oi en pensée ne ne le consenti.
     — Par Dieu, » ce dist li dus, « n'en avrez escondit,
     « Car vos estes provée de veoir et d'oïr. »
     Quant l'entent la duchesse, si enforce ses cris,
     Et garda a la terre et voit son fil Landri,
755 Ele plore des iex et giete granz sospirs :
     « Beaus filz, » dist la duchesse, « tant par estes petiz!

725 a. puet. — 729 chantant, demoine. — 730 *P.-ê.* qui[l] lait (?)
— 731 tient. — 737-8 *Ces deux vers s'accordent mal; p.-ê. un
vers a-t-il été omis entre les deux.* — 741 La defroit. — 755 Et.
— 756 f. ce dit.

« Lasse! que n'es si granz qu'armes puisses soffrir!
« Si penroies venjance du gloton maleït
« Qui si juge mon cors et livre a juïz.
760 — Taisiez vos, bele mere, » ce li a dit Landris.
« Vos n'avez ceanz pere ne parenz ne amis,
« Ne mais que moi tot seul que portastes a fil.
« Je ne vos faudrai ja tant que je soie vis.
« Car laissiez [or] le duc ses noces maintenir,
765 « Et mon seignor Tomile dire tot son plaisir :
« Se je puis vivre tant qu'armes puisse baillir,
« Ce est .j. mariages qui durera petit.
« Quant je voi bien [huimais] n'i troverai merci,
« Ne m'i celerai mais, par les sainz que Diex fist,
770 « Car s'est home qui die qu'o vos putage fist,
« Prez sui que lui combate trés par mi cest larriz,
« A cheval et a armes, en mi ce pré flori :
« Si soit Jesus au droit, qui en la croiz fu mis.
« Se je sui en bataille recreanz et matiz,
775 « Dont en prengne venjance mes sire a son plaisir.»
Quant entent la duchesse que ses enfes a dit,
Que, selonc son pooir, li vuet faire escondit,
Pasmée chiet a terre devant les moz Landri,
Quant li enfes la lieve par le peliçon gris.
780 Et tuit cil dou palais en sont tuit esbahi ;
Il n'i ot si hardi que .j. seul mot deïst,
Mais entr'eus vont disant coiement et seri :
« Bien a parlé cil enfes, granz mervoilles a dit.
« Se il puet ja tant vivre qu'armes puisse servir,
785 « Ce est .j. mariages qui durera petit. »
Quant Tomiles l'oït, a poi n'enrage vis :
Il a pris son gant destre, sel presente Landri :   (f.
« Vez moi ci em present de combatre vers ti,

---

757 puissiés. — 766 tant vivre. — 770 Car nôme dont qui voz putaige fit. *La correction est fort incertaine.* — 771 combatre ; *on pourrait garder cet infinitif en substituant* de *à* que. — 787 sel, *ms.* soi.

« Que il n'a si putain en .lx. païs.

790 — Vos i mentez, maus sers, » ce li a dit Landris.
Il garda a la terre, vit un baston gesir,
Tost et isnelement cele part corant vint ;
Plus tost qu'il onques pot a ses .ij. mains le pri[s]t,
Par la sale repaire coreços et maris.

795 L'enfes avoit .viij. ans, come la geste dit ;
Ou que voit le trait[r]e, ne l'a pas meschoisi,
Ainz va feri[r] Tomile devant, enmi le vis,
Amont parmi les iex, entre les .ij. sorciz ;
Tot li a fait sanglant et la boche et le vis

800 Et les goles de martres dou peliçon hermin :
Ou que il vueille ou non, a la terre chaï.
Quant le vit li dus Do, molt joios en devint.
Il tressailli la table, que le vin espandi ;
Tost et isnelement cele part corant vint ;

805 Ou qu'il vit le trait[r]e, si l'a a raison mis :
« Par les sainz Dieu, Tomiles, il n'ira mie ainsi.
« Apelez .j. tel home vers vos se puist tenir ;
« Je ne vuel mie perdre la mere et le fil.
« Olive, » fait li dus, « tornez vos de sor mi ;

810 « Je vos hai tant de cuer que ne vos puis veïr.

XXVII

« Alez a vostre ostel, » dit li dus, « dame Olive ;
« Molt vos hai de mon cuer et si ne vos aim mie.
« Faites voz mauvaistiez et vostre puterie.
— Ne[l] dites mais, biaus sire, » ce li a dit Olive ;

815 « Je ne fui onques pute, Diex le set, nostre sire.
« Ou vos vueillez ou non, serai je vostre amie,
« Si serai a voz piez et a la terre encline ;

795 come la g. le d.; *on pourrait aussi garder le en lisant*
com. — 797 A. na — 800 de martees. — 807 se peut.
— 810 v. peut.

« Car ja n'amerai fame qui vers home se prise,
« Avant que s'amistié ait ainsi reconquise. »
820 Quant l'entendi li dus, a poi n'enrage d'ire ;
Il sospire de cuer com hom plains de grant ire,
Et parla hautement, si que François l'oïrent :
« Par foi, Olive dame, ainsi n'ira il mie,
« Car vos estes vers moi si durement mesprise
825 « Jamais n'orrons ensemble ne messe ne matines. »
Et respont la duchesse : « Dont m'en irai je, sire.
« A Damedieu de gloire, le fil sainte Marie,
« Commant je vostre cors, que de mort le garisse.
« N'en deïst hui a[u]tant tel a en ceste vile ».
830 Olive s'en torna dolente et corocie,
S'en maine devant li Landriet le nobile,
Car ne l'ose laissier por les parenz Tomile
Dont la fole estoit grant en la sale perrine.
Com or le voit Landris, si commence a rire,
835 Car corroz a enfant ne dure gueres mie ;
Il regarde sa mere qui plore et sospire,
Et voit ses iex moilliez com pleine de grant ire ;
Or dira tel parole, onc greignor ne veïstes   (f.
D'enfant de son eage qui muere ne qui vive :
840 « Taisiez vos, bele mere, por Dieu le fil Marie
« Oan oi jou .vij. ans, si com je vos oi dire,
« Certes, en petit d'ore [ert] que j'en avrai .xv.,
« Que porrai porter armes, s'il est qui les me livre ;
« Si ferai je a .x., or est plus corz termine,
845 « Puis manderai o moi les contes et les princes,
« Trop lor donrai or fin, besanz et manandies ;
« Il vendront tuit a moi, si feront mon servise.

---

818 amerai, sic ms., corr. amera (?) *Le vers n'est pas clair.* —
819 Autant. — 829 atant telle. — 833 fole, *ms.* sale. — 835 C.
trestous. — 838 Ains d. t. p. ains grans ne veïst; *on préférerait*
ne (*ou* nen) oïstes. — 841 Je averai vij ans. *Il serait légitime
de remplacer* vij *par* viij, *cf. v. 795.* — 842 averai. —843 Q. pou-
ras. — 844 est, *corr.* ert (?)

« Je vos rendrai Coloigne et Gormaise et Espire,
« Et la tor de La Roche dont vos fustes fors mise.
850 « Encor vos ferai dame de [grant] fermeté riche. »
Quant l'entent la duchesse, s'en fu si esbaudie
Qu'ele n'ot onques cure de sa male haschie,
Ainz apela le duc, si li a pris a dire :
« Sire Do de La Roche, dès or m'en vois je, sire. »

XXVIII

855 La dame s'en torna, finée a sa parole
Et Tomiles commence et [si] haste ses noces ;
Par le mien escïent, comparé ert encores.
Chantent cil jugleor et violent et rotent.
. . . .
Des Aiz a la Chapele jusqu'a Bacce a la porte
860 Et de Verdun ou mont entre ci que a Roinne
Ne remest plus cité, tant fust de haut mur close,
Que Landris ne preïst par vigor et par force ;
Et par mer et par terre mena il tel esforce,
De plainne Monpeillier jusqu'a Constantinoble
865 Et de Montefleüne deci qu'a Finepople,
Ne remest plus paien, Sarazin ne Turcople,
Que ne feïst passer par mi le Bras Saint George,
Ce est une riviere qui molt est roide et forte ;
Dont la chançons commence merveillose dès ore.

852 mal' adventure. — 855 f. a s'orisoraison. *On serait porté
à corriger* sa raison ; *mais alors il faudrait supposer que le v.* 855
est le début d'une laisse dont la suite nous manque. — 858 *Après
ce vers il y a une lacune. Les vers suivants annoncent visible_
ment les exploits de Landri, mais rien, dans le texte, n'indique
qu'il s'agit de Landri.* — 859 sic. — 860 Et de V. il sont antresi
q. a Roinne. *Par* Roinne *il faut entendre le Rhone.* — 862 Que
on ne prist p. v. ou p. f. — 865 Montefleune *ou* Montefleuve. —
868 Si ; fort et roide.

XXIX

870　Ce dit sainte Escripture, si [com] savez bien tuit,
　　　Que ja de mauvais arbre ne issera bon fruiz.
　　　Or norrissiez .j. lop tant qu'il soit parcreüz,
　　　Quant vos l'avrez nori, gardé et bien peü,
　　　Toz tens sera il lous ; cuidiez qu'il desnaturt ?
875　Quant vos bien li ferez, de lui gardez vos plus :
　　　Il mangera voz bestes et gaster avoz fruiz.
　　　Do a pris[e] sa fame, mervoilles fist li dus.
　　　A la fille Tomile a cele nuit geü
　　　Et engendra .j. fil : fel et enragiez fu,
880　Car puis mist Loeroigne en dolor et em bruit.

XXX

　　　Do de la Roche fu corociez et irez,
　　　Et fu par sa folie de tot desconfortez ;
　　　Et Landris fu petiz, mais molt fist a loer.
　　　Par le mien escïent n'ot que .viij. ans d'aé,
885　Et si vait a la cort ou pas ne fu amez.
　　　La fame que Do prist l'avoit coilli en hé,
　　　Audegours la cuverte (son cors confonde Dex)
　　　Et de fait et de dit et de quanqu'ele set.
　　　« Sire Do de la Roche, nos somes asemblé
890　« A tort et a pechié et a mal, ce veez.
　　　« Pieç'a que vos ai dit que vos Landri n'amez　　(f.
　　　« Ne ne le norrissiez, ne ja ne l'alevez,
　　　« Car enfanz d'autre fame ne doit on ja amer.
　　　« De mon pere ai mervoille que tant l'a enduré,

871 istera. — 875 bien, *ms.* mal. — 880 Car plus iuit Leeroi-
gne et dolor embruit. — 882 descontez. — 883 fist, *ms.* fut. —
886 le coillit antehee. — 887 la couverte. — 888 *Lacune. après ce*
vers ? — 891 Passes vous. — 893 de te f. — 894 Je me mervoille
de mon pere.

895 « Que il ne l'a ocis ou noié ou tué.
« Assez querez engin par quoi fust acordez.
— Dame », dit li dus Do, « car me laissiez ester.
« Si malement me puis ou lignage fier
« Qui chascun jor me ruevent mon enfant afole[r].

XXXI

900 — Sire dus de la Roche, bien sai, » ce dit la dame,
« Que vos riens ne m'amez ; de ce sui en fiance,
« Ainz maintenez a tort dame Olive de France :
« Chascun jor i gisez quant il vos atalente.
« Cuidiez que bel me soit et n'en soie dolente ?
905 « Ja ne verrai Landri que n'aie duel ou ventre.
« Car li faites cest uis de cest palais deffendre.
— Dame, » dit li dus Do, « or oi plait qui m'adente.
« Maleoite soit l'eure que venismes ensemble ! »

XXXII

Or voit Landris li enfes, qui auques s'aperçoit
910 Et set le grant outrage qui chascun jor li croi[s]t.
L'enfes vat a la cort et au main et au soir,
Et la male marastre le bote de sor soi,
Audegours la cuverte, cui Dieu grant mal otroit.
« Filz de putain, bastarz, fui de ci d'avant moi.
915 « Va ou borc, a ta mere ; trop est riche d'avoir :
« Assez lui ont doné chevalier et borjois ;
« El ne se garde d'ome qui de mere nez soit.

---

895 Q. il né vous a o. n. — 896 p. qui f. — 905 que n'an a. —
906 c. us — 907 me dante — 908 Maldite s., q. nous v.; — 909 s'
manque. — 914 b. fut. — 917 Elle, soit nez.

—Dame, » [ce] dist li dus, « aiez pais, ce que doit.
« Ja ne vos amera Landris, car ce est droit.
920 « Encor le compar[r]ez a quel fin que ce soit.
 « Si en perdrez la teste ; si ne puet remanoir.
 — Sire, » ce dist Landris, « certes, vos dites voir. »

XXXIII

 Landri[s] va a la cort chascun jor por mangier,
 Li niés le roi de France, li damoisiaus prisiez.
925 Tomiles le fait batre garçons et pautoniers :
 Si li traient le poil quant il siet au mangier,
 Et la male marastre le bote de ses piez,
 Audegours la cuverte, cui Dieus doinst encombrier.
 « Filz de putain, bastarz, que demandes, que quiers ?
930 « Va au borc o ta mere ; trop riche est de deniers :
 « Assez l'en ont doné serjant et chevalier.
 — Dame, » ce dist Landris, « aiez pais, si m'oiez ;
 « Laissiez ester ma mere, car riens ne vos requiert.
 « Encor le comparrez, par les ieus de mon chief ;
935 « Si em perdrez la teste : ja trestorné n'en [i]ert. »
 Or est venuz li termes qu'ele dut acouchier,
 Si delivre d'un fil ; fel [fu] et enragiez ;
 Il ot a non Malingre ; Dieus confonde son chief.
 Li dus le fist en fonz lever et baptisier,
940 Mais ainc ne porta foi a home desoz ciel,
 Se il le pot traïr, murtrir ne enginier.

XXXIV

 Quant li enfes fu nez, granz duel[s] en fu en terre.

Landris vait a la cort au matin et au vespre,
Et la male marastre le bat, qu'ele ne cesse :   (f.
945 « Filz de putain, bastarz, fui de ci, car tu desves.
  « Va a[u] borc a ta mere, car trop est riche, certes :
  « Assez l'en ont doné [et] li clerc et li prestre ;
  « El ne se garde d'omme de cest siecle terestre.
  — Dame », ce dist Landris, « car aiez pais et cesse ;
950 « Laissiez ceste maniere, car pas ne vos apele.
  « Encor le comparrez, par Dieu le roi celestre ;
  « N'en serez trestornée ; s[i] en perdrez la teste. »
Or est venuz li jors [que] ses ventres l'apresse,
Si delivre d'un fil : granz duel[s] en fu en terre.
955 Li dus le fist lever a Ais a la chapele,
Et ot a non Mali[n]gre ; Dieus confonde sa teste.
Car il ne porta foi a nul home terrestre.
Li niez le roi de France l'ama[s]t, s'il poïst estre,
Ainsi comme son frere volentiers et a certes :
960 Quant il l'en vuet baisier, si li guenchist la teste.
Quant Landris ot .x. ans, Malingres entre el setme.

XXXV

Or croissent li enfant et lor bruiz et lor force.
Malingres fu gaignarz, cuverz et de male ordre,
Ou que il vit Landri, laidement l'aparole :
965 « Par les sainz Deu, bastarz, molt me poise dès ore
  « Que vos vivez ceans de mon pere et du nostre.

---

943 et a v. — 945 b. fut. — 948 Elle. — 953 ses v. li a prise
— 955 f. laver. — 957 nul, *ms.* aul'. — 960 gaichit. — 961 M.
antre .vj. *Mais la correction laisse subsister une difficulté,
puisque Landri, au moment du second mariage de son père, avait
huit ans (v. 884). Il faut probablement substituer, dans le premier
hémistiche,* xv à x. — 963 fu gainnars — 964 Onques n'oït L.

« Vos n'estes pas mes frere, ne li cuers nel m'aporte
« Que je ja preigne a vos amistié ne acorde. »

XXXVI

Donques parla Landris, qui fu simple[s] et douz :
970 « Par les sainz Dieu, beaus frere, grant pechié dites [vos]
« Mes pere prist ma mere a joie et a baudor,
« Olive la duchesse ; n'a plus bele ou mont.
« .I. pechiez de deable s'est meslez entr'els .ij.,
« Por quoi ne puis avoir demi pié de l'enor.
975 « Haï ! Pepins, beaus oncles, por Dieu, ou estes vos ?
« Se je[l] vos demandoie, avroie encor secors ;
« Mais por ce nel di mie que jel quiere vers vos :
« Toz tens vos servirai com mon frere menor ;
« Ou soit ou tort ou droit, s'en ferai mon seignor. »
980 Quant l'entendi Malingre[s], a poi de duel ne font :
« Alez en douce France, bastarz contralios.
« Ja Damedé [ne] place, du saint ciel glorios,
« Por riens que sachiez faire que soiez bien o moi. »
Par les cheveus l'aert a ambe .ij. ses poinz ;
985 Ja l'eüst ou feu ars, quant Landris se rescost,
Mais ne le vot tochier, tant fu simples et douz.
Atant es vos Tomile par la presse ou cort,
Et vait ferir Landri de son pié, veant toz,
Qu'il l'abat en la sale sanglant et vergondos.
990 Quant le voit li dus Do, a pou d'ire ne font :
« Par les sainz Deu, Tomiles, grant pechié faite[s] mo
« Que demande[z] Landri, cest chetif pecheor ? »
Quant l'entendi li enfes, liez en fu et joios.

967 nel, *ms.* ne le. — 970 grans pechiés. — 977 M. no di miè
por ce q. jo querre v. v. — 982 de s. — 985 a. e qu. L. se rescont,
— 987 envers T.

XXXVII

Quant l'enfes entendi de Doon l'Alemant
995 Qu'i[l] l'ot por lui prier et mostrer bel semblant,
Bien poez dire et croire liez en fu et joianz;
Monta sor .j. table, si parla hautement :
« Or m'entendez, » dist il, « Bavier et Alemant,   (f.
« Et Normant et Frison et François et Flamant !
1000 « Le grant orgueil Tomile, Dame dieus le cravant,
« Car ma mere a destruite par son faus jugement.
« Se Dieus me laisse vivre jusqu'as armes portant,
« J'en penrai la venjance au mien commandement. »

XXXVIII

Dont reparla Malingres, qui fel fu et gaignarz :
1005 « Par les sainz Dieu, biaus pere, pechié dit[es] et mal.
« Je sui li vostre filz et ma mere est leals.
« Ci illuec me honi[st] chascun jor .j. bastarz.
« Ja Damedieus de gloire ne[n] ait en m'arme part
« Si je ne vos [l']ocis, se longes i esta.
1010 — Biaus niés », ce dist Tomiles, « malement vos hasta :
« Veez de vostre pere qui l'a torné a gas.
« Chascun jor s'aperçoit par engin et par art
« Comment Landris soit riches et vos soiez bimarz.

XXXIX

— Par les sainz Dieu, Tomiles, » ce a dit Do li dus,
1015 « Tot cest plait avez vos commencié et meü
« Por quoi li .ij. enfant sont ensemble irascu :

996 joeux. — 1002 v. jusques a. — 1005 pechiés — 1009 i estat
— 1913 bimars, *corr.* buisnarz (?) — 1016 irascir.

« Frere deüssent estre et ami ambedui
« Et retenir lor terre a force et a vertu »
D'autre part ont le jor en la cort respondu,
1020 C'est Guinemanz et Asses et Moriz li chenuz.
Et Asses de Maience est en piez levez sus :
« Par les sainz Dieu, dus Do, morz es et confonduz.
« Tu es entre .ij. seles a la terre cheüz,
« Quant tu pr[es]is moillier, ainc tant gente ne fu,
1025 « Or as prise la fille au traïtor parjur,
« Tomile de Coloigne, ne[l] vos celerons plus.
« Donez Landri La Roche, car nos l'otrion tuit :
« Doée en fu sa mere ; estre en doit revestus ».
Quant l'entendi li dus, ainz tant joios ne fu.
1030 Audegour la cuverte, cui Dieus doint maleür...
« Par les sainz Dieu, dans Asses, fol plait avez meü.
« Por poi que [ne] vos fier sur la teste d'un fust,
« Qui ci me tos m'enor, si la dones autrui. »
Es le cuvert Tomile par la presse acoru :
1035 « Aiez pais, bele fille ; s'il vos plaist, seez jus.
« Il n'a droit en l'enor, se molt chier n'est venduz. »
Plus tost qu'il onques pot, est cele part venuz :
« Par les sainz Dieu, dans Asses, dans cuvers, dans parjurs.
Du poing que il ot gros enz ou col l'a feru,
1040 Et jusqu'as piez Landri l'a sovin abatu.
Com or le voit li enfes, ainc tant dolenz ne fu ;
« Se je or ne m'en venge, morz sui et confonduz. »
Par la sale resgarde droitement a .j. uis,
Et voit un veneor qui de bois est venuz
1045 Et tenoit en sa main .j. grant espié molu.

1017 deusrient, enmedui. — 1018 et envers tuit. — 1019 Qu'a.
— 1020 Mois ; cf. 1242. — 1030 dont mal jour. *Il manque ici
un vers, p. ex.* : Si s'est levée en pié, que trop iriée fu. — 1031
deux A. — 1032 fier, *ms.* fies. — 1034 couvert. — 1036 Je vai d.
— 1037 est, *ms.* estre. — 1038 *Ici encore il paraît manquer au
moins un vers.* — 1039 ot, *ms.* a. — 1040 a pied. — 1045 e. molin
ou moliu.

Com or le voit Landris, cele part est venuz,
Si li a tost des poinz arachié et tolu ;
Par le palais repaire dolenz et irascuz ;
Ou qu'il voit le traître, ne l'a mesqueneü :
1050 Il va ferir Tomile, ne s'est aresteüz ;
Grant cop li a doné et de fer et de fust,
Que par mi leu du cors toz l'aciers en parut ;
Nel navra mie a mort, por tant l'a abatu.
Tomiles brait et crie et apele ses druz.

XL

1055 Tomiles fu navrez, si en fu molt dolenz,
Car Landris l'a feru par son fier hardement,
Li niés le roi de France, qui fu proz et vaillanz.
Volentiers recovrast encor en autre sens,
Quant i corut ses pere, si li to[l]t et desfent :
1060 « Vues le tu donc ocire ? et voi ci ses parenz.
— Sire, » ce dist Landris, « je ai droit voirement,
« Car ma mere ont destruite li sien faus jugement.
« Se Dieus me laisse vivre jusqu'a armes portant,
« J'en penrai la venjance au mien commandement ».
1065 Et Asses de Maience s'est levez en estant ;
La colée ot reçue, grains en fu et dolenz ;
De sa honte vengier estoit molt desiranz.
Par la sale regarde droitement vers .j. banc,
Et voit un eschaquier a or et a argent :
1070 Plus tost qu'il onques pot, cele part vint corrant,
Tost et isnelement a ses .ij. mains le prent,
Par le palaiz repaire tost et isnelement
Et va ferir Tomile ou visage devant,

1049 le, *ms.* li. — 1051 Grans cop. — 1053 Ne le navrai il mie.
— 1058 r. ansoi en a. seui. *La correction est douteuse.* — 1065
c'est l. — 1073 au v.

Quant .j. siens niési vient, Clarembaus de Dinant;
1075 De son oncle vengier mòlt par fu desiranz.
Et Asses le feri ou visage davant :
Le sanc et la cervele a la terre en espant,
Si que mort l'ahati desus le pavement ;
Et li parent Tomile se vont molt escriant.
1080 Lors meïsme i corurent Baivier et Alemant,
Et furent en po d'orè .lxx. combatant.
La force les sorprist, que l'iroie celant ?
Fors solement Formont, Asson et Guinemant.
Vienent a lor ostels, prenent lor garnemenz.
1085 Ce fu le premier jor que Landris armes prent :
Il ne ceint pas l'espéé, mais a son col la pent,
Car de Pepin son oncle a grant joie l'atent,
Qui plus lui est faliz des personéement.
.II. chevalier les sivent a esperons brochant,
1090 N'i a celui des .ij. ne soit riches mañanz.
Selon l'aigue du Rin s'en vont esperonant ;
La force les enchauce environ de toz sens ;
Et quant le voit Landris, si en fu molt dolenz.
Il en [a] apelé Asson et Guinemant :
1095 « Seignor, or entendez, franc chevalier vaillant :
« Cestes genz qui [nos] sivent si efforciéement
« Ne me gardent honor por Pepin le roi Franc.
« Mielx voldroie estre morz n'i fiere maintenant. »
Il broiche le cheval des esperons trenchanz
1100 Et a brandi la lancé au cònfenon pendant;

1074 *Le ms. répète le premier hémistiche :* Quant .j. sien niés
i vient tost et isnelmant | Quant .j. sien niés i vient Clarambaus
de Dinans. *Ces deux vers doivent évidemment être réduits à un
seul.* — 1075 par fut molt. — 1076 ferut. — 1080 meismes. *Corr.*
L'ore meïsme i corrent? — 1081 *Ms.* vijxx, *chiffré qui fausse le
vers, et qui d'ailleurs paraît bien élevé.* — 1082-3 *Ces vers se suivent
mal; manque-t-il un vers entre les deux?* — 1083 Formant —
1084 V. et leur ostes. — 1088 despersencemant. — 1089 proi-
chant. — 1090 menans. — 1091 du rus. — 1096 Ces g. q. sunt
ici effreemant. — 1098 fiers. — 1100 Et a brandie l.

Sor l'escu de son col feri un Alemant,
Par sor la bocle a or li peçoie et porfent,
Le haubert de son dos li desmaile et desment,
Le cuer qu'il ot ou ventre en .ij. moitiez li fent.
1105 Toute plaine sa lance l'abati mort sanglant,
Et escria « La Roche ! » tost et isnelement. (
La force les enchauce environ de touz sens.

XLI

Asson et Guinemant en apela Landris,
Li niés le roi de France, li damoiseaus gentiz :
1110 « Ceste gent qui nos sivent et a hu et a cri
« Ne me garde[nt] honor por mon oncle Pepin.
« Mais mielx morir volroie que n'i voise ferir. »
Il a brandi la lance au confenon porprin ;
Joserant de Coloigne va en l'escu ferir ;
1115 Par sor la bocle d'or li peçoie et malmist
Et l'aubert de son dos desmailla et rompist ;
Le cuer qu'il ot ou ventre en .ij. moitiez fendi,
Tote plaine sa lance l'abati mort sovin,
Puis rescrie « La Roche ! chevalier, ferez i ! »
1120 Guinemanz fiert .j. autre, li proz et li bardiz,
Que mort l'a abatu devant lui ou larriz ;
Et Asses de Maience lor a le quart ocis.
Esperonant s'en vont delez l'aigue du Rin ;
N'i avront huimais garde de toz ceus de la cit.
1125 Damedieus les garisse, qui en la croiz fu mis.
Tomiles fu navrez, s'en fu grains et marriz,
Et Malingres le plore et sa mere autresi.
Atant es Guenelon et Hardré son cousin ;
Asamblé avec eus si estoit Aloris
1130 Et Hervis de Lion, li cuverz de put lin,

1101 ferut. — 1102 P. sur, perçoie. — 1115 P. s. la bloc a
or ; cf. v. 2297. — 1116 desmaille. — 1123 du rus. — 1126
grains, ms. grieus. — 1129 avec, ms. auos.

Et lor riche lignages qui si fut de haut pris :
Ne fussent traîtor, tés chevaliers ne vi.
Plus tost que onques porent si l'ont a raison mis :
« Sire, mor[r]ez en vos, nobles hom et gentis? »
1135 Et respont li traîtres : « Je n'ai soin de morir;
« Mais, si Landris s'en vait, nos sommes escharni :
« Il gastera noz terres et trestoz noz païs.
« Car alez tost après, sel faites revenir,
« Et nos li donrons trive a .iiij. ans ou a .v.,
1140 « Et puis si l'ocirons belement a loisir,
« Murtrir ou estrangler, quant il ert endormiz.
— Hé ! Diex, « ce dist faus Guenes, « coïm gent conseil a
— Voire », ce dist Hardrés, « onques plus gent ne vi. »
Ou que il voit le duc, si l'a a raison mis,
1145 En l'oreille li dist coiement et seri :
« Sire dus de La Roche, entendez ça vers mi.
« Or voi je ce et sai que pensez de Landri ;
« Et car alez après, sel faites revenir ;
« Et nos li donrons trives a .iiij. ans ou a .v.
1150 « Querez ou doit aler ; ja l'avons nos norri. »
Et respondi li dus : « Or avez vos bien dit :
« Se cest plait poez faire, dont m'avez vos gari.
— Oïl, » ce dist Hardrez, « par foi le vos plevi. »
Li traîtor li ont fiancé et plevi,
1155 De cel jor en .v. ans i ont le terme mis,

●

1140 Et plus. — 1141 *Il manque sûrement un vers 'avant ou après celui-ci.* — 1146 *Ici commence le premier des deux feuil-lets dont se compose le fragment appartenant à M. Eugène Le-long (L.).* — 1148 *Leçon de L.; le ms. omet* Et; L. sel, *ms.* ce le. — 1149 *L.* trives, *ms.* treves. — 1155 *Ms.* De cel jour .v. anz .v. le terme meis. *Cette leçon, qui n'a pas de sens, est exactement celle du fragment L., mais elle résulte d'une correction mal faite dans ce fragment, où la leçon première était* De cel jor en avant i ont le terme meis; *la correction a consisté à raturer, à l'encre rouge, les mots* en avant i ont *et à les remplacer par* v anz v. *Le cor-recteur aurait du se borner à remplacer* avant *par* .v. anz, *et à ex-ponctuer (ce qu'il n'a pas fait) l'e de* meis.

Damedeus les confonde, qui en la croiz fu mis.
Li dus Do en monta sor .j. cheval de pris;
Il issi de la vile por ramener Landri.

XLII

Li dus D. en monta sor .j. cheval ferrant :
1160 Il issi de la vile a esperons brochant.
Tant a corru li dus c'aus ielz vit·son enfant.
A haute vois escrie Asson el Guinemant :   _(f_
« Por Dieu, franc chevalier, n'alez plus en avant,
« Car je vos ai pris trives de cest jor en .v. anz.
1165 « Haï! beaus filz Landri[s], com estes avenanz!
« Se creüsse vo mere, que fuissiez mes enfanz,
« De nule rien en terre ne fusse si joianz.
« Li putaiges de li vos va molt encorpant. »
Quant l'entendi Landris, a pou ne pert le sens :
1170 « Par Dieu! vos i mentez, dans cuverz soduanz.
« Ele ne fu ains pute, Deu en trai a garant.
« Certes, se ce n'estoit, por Deu le roiamant,
« Car vos estes mes pere, nel celerai neant,
« Je vos donroie tel as costez et as flans... »
1175 Il ne se pot tenir, au maltalent c'ot grant;
Il broche le cheval des esperons trenchanz
Et a brandi la hanste au confenon pendant :
Son pere eüst feru quant se gainchi ou champ.
De·bien et d'amistié a apelé l'enfant :
1180 « Haï! beaus filz Landris, com vos voi essaiant!

1156 les _d'après L._; _ms._ le. — 1157 sor _d'après L_; _ms._ sus. — 1166 _Les deux textes_ mon enfant. — 1169 sens, _les deux textes_ sanc. — 1173 nel, _L._ nol, _corrigé en_ nos, _ou l'inverse, ms._ nous. — 1173 Car _sic L et ms.; corr._ Que (?) — 1174 _La phrase paraît inachevée_ — 1177 hanste, _L._ hante, _ms._ lance. — 1178 _Il semble que, dans L., se ait été surchargé en_ il.

« Voir, nule riens en terre ne par aime je tant ;
« Mais retornez arrieres tost et isnelement.
— Sire, » ce dist li enfes, « tot a vostre commant. »
Il retornerent tost li chevalier vaillant
1185 Et vindrent a Coloigne, la cité qui est granz,
Puis i estut Landris encores demi an,
Dont doit avoir la mort s'il est jamais fianz
Le traitor Tomile ne a toz ses parenz.

XLIII

Quant Landris est entrez en ce jor en la vile,
1190 Li dus et li princier en ont les trives prises ;
Trés bien les a jurées Tomiles et Malingres
Et la male marastre, qui molt ne l'ama mie,
Audegour la cuverte, cui Jesus maleïe.
De ce jor en .v. anz i fu mis li termines.
1195 Puis i estut Landris demi an en la vile
Por esgarder Tomile et lor estre et lor vie ;
Bien doit avoir [la mort] se il en eus se fie.
Tomiles fu senez, s'est la plaie garie.
Tant a alé .j. jor par Coloigne la riche
1200 Que de son fier lignage ot molt grant compagnie.
Au mostier les mena entre vespre et complie ;
La mort Landri l'enfant jurerent et plevirent,
Que ne l'oï nuns hom qui muire ne qui vive,
Ne mais que solement la nonne Beneïte
1205 Qui estoit au mostier ou fa[i]soit son servise,
Et fu lez .j. pile reposte et mucie.

1187 fianz, *les deux textes ont* fuanz, *qui n'offre ici aucun sens ;
la correction est suggérée par le v.* 1197 ; *seulement, au v.* 1188,
on préférerait al *ou* el *au lieu de* le. — 1197 la mort *manque
dans les deux textes, cf. v.* 1187. L. *porte* avoirt, *où le* t *est un
reste de* mort. — 1204 *Les deux textes portent* benoite. — 1205,
au *dans les deux textes ; corr.* ou(?) — 1206 fu, L fui.

Or puis je dire et croire qu'il ne l'i sevent mie,
Car il l'eüssent morte, estranglée ou ocise.
Ele a oï le murtre, le consoil et le signe,
1210 Por [ce] molt tenrement des ieus plore et sospire,
Damedieu reclama, le fil sainte Marie,
Que il ces traïtors confonde et mal[e]ïe,
Car il sont trestuit plein de molt grant felonie.
Ele issi du mostier, que nus d'eus nel sot mie,
1215 Par .j. petit huisset qu[e] ele i sot meïsmes.
Entre ci qu'au palais ne cesse ne ne fine ;   (
Ou qu'ele voit Doon, par le mantel le tire :
« Gentis dus de La Roche, entendez moi, beaus sire,
« Li niés au roi de France recevra par folie,
1220 « Car sa mort ont jurée Tomiles et Malingres,
« Meïsme vostre fame qui ne le rainme mie :
« Leanz, en cel mostier, sont trestuit en concile. »
Quant l'entendi li dus, a pou n'enrage d'ire ;
Tenrement des iex plore et de son cuer sospire ;
1225 Damedeu reclama, le fil sainte Marie ;
Quatre foiz se pasma ; ne s'en pot tenir mie.

XLIV

Quant li dus Do entent que la nonnains li dit,
Et il sot bien de voir que mie ne menti,
Onques puis, cele nuit, ne manja ne dormi.
1230 L'endemain, par som l'aube, a fait Landri venir ;
Bel et cortoisement a apeler le prist :

1208 euissient *dans les deux textes.* — 1210 *Ms.* Par ; *les deux
textes omettent* ce. — 1212 malie *dans les deux textes* — 1213 *L.*
felonie, *ms.* ire. — 1215 i sot, *ms.* issoit, *L.* issot. — 1219 recevra, *sic L. et ms.; corr.* restera (?) — 1221 *Leçon de L.; ms.* ne
l'ainme. — 1222 *L.* concele, *ms.* conceille. — 1230 *L.* par sour,
ms. par soubz. — 1231 *L.* le fist (*mot rayé*) le prist.

« Haï ! biaus filz », dist il, « com me poise de ti !
« Ne te puis en cest regne ne aidier ne tenir.
« Cil gloton t'ociront, qui sont tui enemi.
1235 « Et car t'en va en France a ton oncle Pepin.

XLV

— Je irai volentiers, » dist Landris, « biauz douz sire.
« Ne me volez tenser ne garder en la vile,
« Ainz me faites ici comme fel et traître.
« Jamais ne finerai deci qu'en qu'en paiennie ;
1240 « En la crestïenté ne remandrai je mie. »
Landris en apela Gilebert de Vaubile,
Asson et Guinemant et Roon et Morise,
Des pers de Loereigne .iiij.xx des plus riches :
« Seignor franc chevalier qui Pepin estes quites,
1245 « Sui home et sui ami de grant ancesserie,
« Et car me recevez en vostre mainburnie.
« Se je ja aquier terre, je vos ferai toz riches :
« Ou soit ou torz ou droiz, je serai vostre bons liges. »
Quant cil ont entendu, ensemble respondirent :
1250 « Ne vos aiderons ja, damoiseaus, beaus douz sires ;
« Li putaiges vo mere a la terre honie,
« Ma[i]s servirons a l'autre, vostre frere Malingre. »
Et quant l'entent Landris, a po n'enraige d'ire ;
Tenrement des ieus plore et de son cuer sospire.
1255 « Par Deu, » ce dit li enfes, « le fil sainte Marie,
« Se je ja tant puis vivre que armes aie prises,
« Je vos torrai les testes, les membres et les vies. »
A iceste parole a la grant court gurpie,
S'en est venuz au bourc, a l'ostel dame Olive ;

1233 L. roinhe, ms. rainne. — 1234 tui d'après L., ms. tuit. —
1240 Gilebert, sic ms., L. Gelebert ; Vaubile, sic L., ms. Naubile.
-- 1243 Ms. peres. — 1247 ja est omis dans le ms. — 1256 L.
c'armes, ms. qu'armes (vers trop court). — 1258 gurpie, sic L et ms.

1260 Il l'en a apelée ; si li a pris a dire :
    « Demain m'en irai, dame, ainçois l'ore de prime.
    « N'i os mès demorer, bele mere, douce amie,
    « Car ma mort ont jurée Tomiles et Malingres,
    « Et ma male marastre, cui Jesus maleïe. »
1265 Quant l'entent la duchesse, si plore et si sospire :
    .IIII. foiz se pasma, ne s'en pot tenir mie.

XLVI

    — « Je m'en irai, ma dame, » dist Landris, » voirement
    « Ne lairai que Pepin .j. secors ne demant,
    « Et s'il ne me retient, n'es[t] pas droiz que vo[s] ment,
1270 « Du païs m'en irai, par le mien escïent :   (f.
    « De ci qu'en paiennie ne tarderai nïent.
    « En cel vergier plantai .j. douz aubre l'autre an ;
    « Mere, ja le me dist .j. sages clers lisanz,
    « Proz et escïentros et dou siecle sachanz,
1275 « Qu'entre mon aubre [et mi] morrïens en .j. an.
    « Tant com vos le verrez vert, foilli et portant,
    « Tant ratendez noveles de Landri vostre enfant :
    « Tote voie venrai, ne sai demorer tant.
    « Et puis que le verrez et sec et decheant,
1280 « Ja ne me verrez mais en trestot vo vivant. »
    Quant l'entendi Olive, a pou ne pert le sens ;
    Quatre foiz se pasma por Landri son enfant.

XLVII

    « Tu t'en iras, biaus filz, a Paris a ton oncle ;

1260 a d., *sic m.*, L. au d. — 1262 *Les deux textes* N'i ois. —
1263 Sic *dans les deux textes. Vers trop long, corr.* ma m.(?) —
1269 *Les deux textes ont* nes, vo. — 1274 L. assiantrous, *ms.*
essciantiouz. — 1275 *Même lacune dans les deux textes.* — 1277
Ce vers est omis dans le ms. — 1278 *Ms.* nesca (= ne sça[i]).

« Je remanrai, biau[s] filz, chaitive et besȯingnose.
1285 « L'arbre que tu plantas baiserai a ma boche,
      « Ne passera .j. jors, .x. foiées ou .xij. »
      La dame se pasma, qui trop fu dolorose.

XLVIII

      — Tu t'en iras, biaus filz, » dist la mere, « je voi ;
      « Je [re]maindrai chaitive, si avrai le cuer noir ;
1290 « Cil gloton me sivront au matin et au soir.
      « Se Pepins te retient, por Dieu, mande le moi.
      — Dame », ce dist Landris, « soffrez vos ; ce que doit
      « Je ne vos faudraÎ ja contre cui que ce soit.

XLIX

      — Tu t'en iras, biaus filz, en estrange contrée ;
1295 « Je remaindrai ici chaitive et esgarée ;
      « N'i troverai parent, cosin germain ne frere
      « Qui por moi preigne ja ne lance ne espée.
      « Garde por autre fame ne soie obliée.
      — Dame », ce dist Landris, « n'estes pas bien sen
1300 « Je ne vos faudrai [ja], que vos estes ma mere. »

L.

      Quant li enfes issi de Coloigne a cel terme,

1286 *Ms.* Je i passerai ; *L.* jorz, foiez ; *ms.* jour, foix. — 1288
L. jo v. ; *on pourrait proposer* jel. — 1290 *L.* süerront, *ms.* sueront. — 1295 *ici manque dans le ms.* — 1296 *Ms.* Ne troverais
parans. — 1297 *L.* proinne, *ms.* prangnent l. — 13o0 ja *manque*
dans les deux textes. — 13o1 *L. et ms.* i. fors de.

Li niés le roi de France, li damoisiaus honestes,
Molt par avint granz dues, a cel jor, en la terre.
Molt ploroient ces dames, chevalier et puceles,
1305 Et Olive se pasme et sa crine eschevele,
Et dus Do en fait tant, par poi qu'il ne se desve.
Va s'en li gentiz enfes cui Deus gardoit de perde ;
Asson et Guinemant en°mena, qui le servent.
Il sont venu au Liege ; cele nuit i herbergent ;
1310 Il manda les borjois que aïde li facent.
« Ne vos aiderons ja, sire, jovente bele :
« Li putaiges vo mere a honie la terre. »
Com or le voit Landris, a po que il ne desve.
— Par Deu, » ce dist li enfes, « le verai roi celestre !
1315 « Se je ja tant puis vivre qu'armes puisse °reçoivre,
« Je vos torrai les vies, les membres et les testes. »
Remontent es chevaus, que n'i osent plus estre ;
De ci que a Paris ne finent ne ne cessent.
A Paris sont venu par lor jornées beles :
1320 La nuit sont descendu chiez .j. borjois, Auterme
Et cil en va conter a Pepin les noveles :
« .I. vostre niés, Landris, est venuz en voz terres,
« Qui est fils dame Olive, vo seror, la duchesse. (f.
« Mielz resemble Doon que nule riens en terre. »
1325 Tuit i corrent la gent ; forment i a grant presse
Por veoir le valet, que la persone est gente.
Quant l'entendit li rois, a pou d'ire ne desve ;
Il dist une parole dont li autre s'esperdent :
« Fermez me tost les portes, que ne soient overtes. »
1330 Quant cele parole oient, ne lor fu mie bele.

1305 D'après L.; ms. et escrine et eschevoille (L. eschevole).
— 1306 Ms. Et li duc D. tant en f. a p. que ne ce d. — 1307
D'après L.; ms. garde de perdre. — 1310 facent sic L, ms. faice.
— 1315 ja manque dans le ms. ; reçoivre, sic ms. et L. — 1317
Ms. a ch. — 1320 Les deux textes portent Aterme, mais cf. v.
1355. — 1324 Ms. r. a. D. — 1325 Ce vers est le dernier du
premier des deux feuillets L. — 1329 qu'elle nes.

LI

Quant li borjois du regne ont le roi entendu,
Que Landris n'i seroit aidiés ne maintenuz,
Adonc plorent des ieus ; molt furent esperdu.
Landris vint a la porte, que vout entrer la sus :
1335 « Portiers, ovre la porte ; beneois soies tu !
      « Car a Pepin mon oncle sui a besoing venuz ;
      « S'il me voloit aidier, bien me seroit cheü.
      — Vos n'i poez entrer », cil li a respondu ;
      « Par la foi que vos doi, li rois l'a deffendu »
1340 Et quant l'entent Landris, molt en fu irascuz :
      Par les cheveus l'aert, si le hurte a .j. mur,
      Et l'eüst ja tué, mais .j. seul pou s'estut,
      Car Asse et Guinemanz i sont corant venu.
      Il escrient ensemble : « Damoisiaus, que fais tu ? »
1345 Or est Landris a val et Pepins [fu] lassus.
      Li rois garde a val, s'a son neveu veü ;
      Il le voit bel et gent [et] lonc et parcreü.
      « Haï ! biaus sire niés, comme [je] maris sui,
      « Quant de moi ne seras aidiez ne secoruz !
1350 « Je le jurai Tomile, le maleoit parjur.
      « Or ne sai plus que dire, mais huimain remains tu. »

LII

Or est Landris a val, ça dejus a la porte,
Et voit Pepin son oncle, qui de rien nel conforte ;
Il demoine tel duel, par po qu'il ne s'afole.
1355 La nuit s'en va gesir chies Auterme, son oste,
Mais n'i ot rien chanter, ne fait soner viole.

1331 de romme, li rois. — 1337 cheüz. — 1341 aert *ms.* aort ;
hurent. — 1343 i, *ms.* il. — 1351 remains, *ms.* semans. — 1353
ne le c. — 1354 qu'il, *ms.* qui. — 1356 fait, *ms.* faire.

L'endemain par som l'aube fist Pepins molt grant chose
Qu'il prist de son avoir quant .ij. mulet en portent,
Et piaus et peliçons .iiij^{xx}. beaus et nobles :
1360 Asson et Guinemant les done toz et ofre,
Por ce que il Landri gardent sor tote chose.

LIII

« Tu t'en iras, biaus niés », ce dist li rois, » je voi;
« Ne te puis retenir, par la foi que te doi :
« Je le jurai Tomile, le cuvert, l'autre soir.
1365 « Quier que tu te garisses et que raies ton droit.
« De ta mere me poise, qui est en tel destroit;
« Cil glouton l'ociront ou au main ou a[u] soir.
— Sire », ce dist li enfes, « tel est vostre voloir.
« Se Dieu pleüst qu'e[n] vos bien[s] peüst remanoir,
1370 « Sire, car me retien, que ce est biens et droiz.
— Por neant en parlez, biaus niés », ce dist li rois;
« Ne te puis retenir, par la foi que te doi :
« Je le jura[i] Tomile, le cuvert male[o]it,
« Et il m'en dona, certes, grant part de son avoir :
1375 « .xx. mulez toz chargiez de fin or arabois. »
Quant l'enfes l'entendi, cuidiez que bel l'en soit?   (f.
Landris aqueust son oire et trossa son harnois;
Le grant chemin S. Piere acoilli [il] tot droit.
En la cité de Romme sejorna .iiij. mois,
1380 Vint a S. Piere au Bras, trova nés et eschois;
Landris est entrez enz, trop lor dona avoir.
Il arivent en Grice, en iver, qu'il fait froit;
Voient Costentinoble, le palais haut et droit :
Jamais ne finera de ci qu[e] il i soit.

1357 p. souz, f. par m. — 1358 quanz .ij. mulle. — 1360
Assam. — 1370 e. bien et droit. — 1376 soit, *ms.* fut. — 1377
oire, *ms.* or. — 1378 ch. a S. P. — 1379 mois, *ms.* nuit. — 1381
enz, *ms.* an. — 1382 Grice, *ms.* Frise; feist f.

LIV

1385 Asses et Guinemanz et Landris, qui fu enfes,
Voient Costentinoble, le palais haut et ample ;
A l'ore de midi en la cité s'en entrent :
De l'or et de l'argent grant mervoille lor semble,
Des perrons entailliés a pieres et a gemmes ;
1390 Et dit li uns l'autre : « Povre terre est de France :
« Li sires qui la tient por droit nïent s'en vant[e] ; ·
« Mais servons bien cestui s'il vuet et il commande,
« Que il n'a souz ciel homme qui tant ait ars ne lance
« Qui peüst ceste vile ne abatre ne prendre ».
1395 Il chevalchent ensemble ; en la place descendent,
Et truevent l'amiral desouz l'ombre d'une ente.
Devant s'en vait Landris, qui est bele jovente,
Et salua le roi par molt grant sapïence :
« Dieu vous saut, empereres, et si saint et si ange !
1400 — Amis, et Dieus te saut ! » dist li rois Alixandre.
« Dont estes ? dont venez ? ne[l] celez, de quel reigne ?
— A la moie foi, sire, je sui de Locreigne,
« Mais guerre i a tant fort que m'en chace et ameigne.
« Sire, car me retien tant qu'espée me ceignes.
1405 — Amis », ce dist li rois, « frere, bele jovente,
« Et je vos retendrai et vos genz toz ensemble ».
Asses et Guinemans de pitié plorent sempres.
      Ce fu au mois de mai, que florissent ces entes ;
Par matin se leva cele duchesse franche,
1410 La mere au duc Landri, dame Olive la gente ;
Venue est au vergier desouz l'ombre d'une ente,
Et el la voit foillier, verdoier et reprendre ;
Et garde d'autre part, voit une seche branche,

1387 s'en antrent en la c. — 1403 ameigne (*ms.* amoïrigne),
corr. enmeigne (?) — 1404 me sengnies. — 1412 el, *ms.* elle.

Qui ne pooit foillier n'amors ne s'i puet prendre :
1415 La dame se pasma, que molt iert sage fame :
Landris ne puet avoir le secors qu'il demande.
« Haï! Landris, beaus filz, com por vos sui dolente!
« Jamais je ne verrai vostre bele jovente. »
Quatre foiz se pasma desoz l'ombre de l'ente.

LV

1420 Olive est a Coloigne, ensemble fiert ses poins :
« Haï! Landris, beaus filz, molt me poise de vos :
« Jamais ne vos verrai ne vos moi ne je vos ».
Et li enfes servoit au riche empereor,
Droit a Costentinoble enz ou palais gregnor.
1425 Asses et Guinemanz furent bien de la cort.
Une guerre sordi au riche empereor :
Paien et Sarrazin, li cuvert orguillos,
Li ont tolu Lalice, les palaiz et les tors,   (f.
S'en ont getés Hermins, les gardains pris trestoz.
1430 Ainz que fausi[s]t la guerre ot Landris ses ados :
Li rois li ceint l'espée, voiant ses barons toz,
Et si li dona armes et chevaus merveillos.
Bien furent emploiées au noble poigneor ;
Puis en ferit .M. cous sor paiens a baudor,
1435 Et desconfist paiens et si prist lor seignor,
Sil rendit Alixandre sanglant et vergondos.

LVI

Ceste bataille et autre[s] voirement fist Landris ;
El est tote provée de veoir et d'oïr,

1414 Que; n'amors, *sic ms.*, *altéré*; prendre, *ms.* ranne. — 1415
iert, *ms.* estoit. — 1416 qu'il, *ms.* qui. — 1417 com, *ms.* comme.
— 1424 enz, *ms.* sus. — 1428 o. tolus lice. — 1429 g. fais t. —
1432 dona, *ms.* done. — 1434 baudor, *ms.* baudoir. — 1436 Sou.

Et bien le tesmongnerent li baron du païs.
1440 Li roi[s] ot .j. fille qui ot le cors gentil,
Cui Salmadrine apelent li baron du païs :
Sor tote rien sor terre ama cele Landri,
Qu'el ne pooit mangier, reposer ne dormir.
Li rois la voit malmetre, empirier et morir ;
1445 Bel et cortoisement a aresnier la prist :
« Haï ! fille », dist il, « molt me poise de ti.
« Je te cuidai doner tel prince ou tel marchis
« Qui detenist ma terre et trestot mon païs.
« Bien n'en avrez [vos] mie, ce m'est il bien a vis.
1450 — Sire », dist la pucele, « molt sui près de morir, '
« Mais encor sai tel chose dont porroie garir. »
— Et que seroit ce fille ? » li rois li respondit.
« Il n'a soz ciel espice ne vos face venir,
« Ne home, tant soit fiers, corajos ne bardiz.
1455 — Sire », dist la pucele, « de Dieu .vͨ. mercis,   *(vᵒ)*
« Mais ce n'i a mestier, par foi le vos plevis.
« Dès ores vueil je, pere, que me donés mari,
« Ce soldoier de France c'om apele Landri.
« Aquitée a la terre et trestot le païs ;
1460 « Il n'est tel hom ou monde por ses armes servir.
— Fille », ce dist li rois, « laissiez ester Landri.
« Je ne sai dont est nez, ne [sai] de quel païs.
« Car pleüst or a Dieu, qui en la crois fu mis,
« Qu'i'[l] fu[s]t parenz le roi qui France a a tenir,
1465 « Pepin l'empereor, qui est biaus et gentis,
« Ou ses niés ou cosins fust ores cil Landris !
« Encor fust il bastarz, sel seüsse de fi,
« Vos li donroie a fame, par foi le vos plevis.
« Asses et Guinemanz il le m'ont assez dit,

1441 Qui. — 1444 morir, *ms.* noirie — 1445 Belle et acortoise-
ment. — 1449 non a. — 1450 morir, *ms.* mort. — 1452 Et que ce-
roisse f. — 1454 *Vers interpolé, à moins qu'il n'y ait une lacune
après.* — 1455 S. ce d. — 1464 p. li r.

1470 « Mais je nes en croirai, se Damedieus m'aïst :
    « Puis que hons de sa terre est chaciés et fu[i]tis,
    « Felonie et bonté puet dire a son plaisir. »

LVII

    Landris, qui fu de France, ama molt Salmadrine,
    Ele lui assez plus que pucele qui vive.
1475 Li rois li a doné grant mestier adeprimes :
    Chambellan en a fait de ses demoines princes.
    Molt le tint grandement et par grant seignorie :
    .IX^m. chevalier chascun jor le servirent.
    Tomile est a Coloigne; Dieus grant mal li envie!

LVIII

1480 Or sert Landris le roi et si bon chevalier
    Droit a Costantinoble, ou palais tot plenier.
    Molt volentiers preïst Salmadrine a moillier,   (f.
    Se li rois lui vosist doner et otroier,
    Mais il ne savoit mie cui fu filz ne cui niés,
1485 Se il ert niés le roi qui France a a baillier.
    Hé! Diex, s'il le seüst, onques ne fust si liez.
    A .j. conseil le traient si baron chevalier :
    « Empereres, biaus sire, por quoi vos esmaiez ?
    « Car prenez en vo cort .ij. cortois messagiers,
1490 « Si[s] envoiez en France, a Monlaon le fié,
    « Por savoir de Landri cui filz est ne cui niés.
    « Se il est niés le roi qui France a a baillier,
    « Si lui donés vos terres et vo fille a moillier ;
    « Et s'il n'est de lignage ne issi enforciez,

1475 a ce priuues. — 1476 ses, *ms.* ces. — 1477 le, *ms.* la. —
1485 ert, *ms.* est. — 1489 en vou cors.

1495 « Si pren de ton avoir, si lui done congié ;

« Si en ira en France li gentiz soldoiers,

« Puis n'en orrez parler a nul jor ; ainsi iert,

« Sil metra en obli Salmadrine au vis fier. »

Et respondit li rois : « Bien m'avez conseillié ;

1500 « Ainsi le ferai je, ja trestorné nen iert ».

Il en a apelé deus de ses chevaliers,

Berengier et Outré, qui molt font a proisier :

« Seignor, venez avant, nobile chevalier.

« D'une mole besoigne vos convient travaillier :

1505 « Vous en irez en France, a Monlaon le fié,   .

« Por savoir de Landri, cui filz est ne cui niés,

« Se il est niés le roi qui France a a bai[l]lier ;

« Mi home estes tuit liege, nel me devez noier.

« Tant portez de l'avoir com a plaisir vos iert,   (v°)

1510 « Si faites richement acheter les manglers. »

Et cil li respondirent : « Com vos plaira si iert.

« Au matin moverons, ja trestorné nen [i]ert. »

Salmadrine la belle en a oï plaidier,

Si manda a celé a li les messagiers,

1515 Et il [i] sont venu cortoisement a lié.

Sor .j. faudestuel d'or dejoste les assiét,

Bel et cortoisement les prist a araisnier :

« Seignor, or entendez, nobile chevalier.

« Vos en irez en France, a Monlaon le fié,

1520 « Par la foi que vos doi, bien m'a esté noncié :

« Je sui fille de roi, a celer ne[l] vos quier,

« A moi apent la terre et trestoz li regnez :

« Plus aim le soldoier que nule riens soz ciel,

« Par ice[l] saint apostre c'om a Rome requiert,

1495 se l. — 1497 iert, ms. iest. — 1498 Se m. — 1500 trestornent. — 1502 Outré, ms. Garin ; cf. v. 1527, 1530, etc. —
1503 n. et ch. — 1508 nel, ms. ne le. — 1510 Après ce vers, il y
a p.-ê. une lacune de quelques vers ; cf. v. 1537, 1645. — 1511
iert, ms. est. — 1515 lié, ms. ele. — 1523 aim, ms. aime.

1525 « Se vos en dites choses qui de nïent me griet,
    « Je vos ferai les membres et les testes trenchier.
    — Bele », ce dit Outrez, « com vos plaira si iert ;
    « Ja chose ne dirons qui de nïent vos griet.
    « Le matin moverons, ja trestorné nen iert.

LIX

1530 — Berengier[s] et Outrez, » dist li roi[s], « ça venez.
    « D'une moie besoingne vos convient a pener :
    « Vos en irez en France, a Paris la cité,
    « Por savoir de Landri, de quel gent il est nez,
    « S[e] il est niés le roi qui France a a garder,
1535 « Mi home estes [tuit] liege, gardez ne[l] me celez ;
    « Vos menrez de l'avoir tant com demanderez, ·   (f.
    « Et faites les mangiers richement achater ;
    « Onques ne soit garçons de vo mangier tornez,
    « Serjans ne chamberiers ne prestres ne juglers,
1540 « Car hom de riche cort doit estre a barné. »
    Et cil li respondirent : « A vostre volenté ;
    « Le matin moverons, ja nen ert trestorné ».
    Salmadrine la bele en a oï parler,
    Si manda les messages en sa chambre a privé,
1545 Sor .j. faldestuel d'or les a fait as[s]eter ;
    Bel et cortoisement les prist a apeler :
    « Seignor », dist la pucele, « je vos ai fait mander ;
    « Vos en irez en France, a Paris la cité,
    « Por savoir de Landri, de quel gent il est nez.
1550 « Par la foi que vos doi, bien m'a dit et conté ;
    « Je sui fille de roi, que de fi le savez ;
    « A moi apent la terre et trestoz li regne[z] :

1525 neant m'angriet ; *cf. v. 1528.* — 1528 ne d. ch. — 1539 chamberiere ; *cf. v. 1646.* — 1544 messages, *ms.* messagier ; privé, *ms.* primé *ou* privié. — 1546 l. a p. — 1551 de si le sairés.

« Je vos ferai toz riche[s], cui qu'en doie peser ;
« Par ice[l] saint apostre qu'on quiert en Noiron Pré,
1555 « Se vos en dites chose qui ne me viegne a gré,
« Je vos ferai les membres et les testes coper.
— Bien vos avons oï, bele », ce dist Outrez ;
« Nous n'en dirons ja chose qui ne vos viegne a gré ;
« Le matin moverons quant il ert ajorné.
1560 — Par foi, « dist Salmadrine », molt avez bien parlé.
« Quex chevaus menrez vos ? gardez ne[l] me celez.
— Par foi, noz deus mulez », si li a dit Outrez.
— Je ai .ij. dromadaires coranz et abrivez
« Que faiz en .j. celier, bien a .vij. anz, garder.
1565 « En .viij. jors et demi serez vos retorné,
« Car il iront plus tost c'oisiaus ne puet voler ».
Et cil li respondirent : « Ainsi com vos volez ;
« Le matin moverons quant il ert ajorné,
« Puis si serons très bien baigné et conreé ».
1570 L'endemain, par som l'aube se sont li mès levé,
Et mistrent en lor dos les hermins engolez
Par desor les blïauz a fin or gironez.
Les granz mantels de sable ont li mès afublé,
Li tassel en [v]aloient tot l'or d'une cité,
1575 Pierres i a et brasmes qui molt font a loer.
Les chapiaus sebelins ont en lor chiés fermez,
Escharpes cordoenes et les bordons ferrez ;
Li picois sont d'argent et li voruel d'or cler.
Il port[er]ent es males les besanz d'or fondez,
1580 De trestot le plus riche que on peüst trover.
Les dromadaires ont du celier amenez,

1555 chose, *ms.* choses. — 1561 Q. ch. m. g.vos ne me c. —
1570 p. souz, li nies l. *Il se peut qu'il manque un vers après celui-ci ; cf. v. 1942.* — 1574 tãsel en aloient. — 1575 brasmes, *ms.* brenies. — 1578 voruel *ms.* rovuel, *sic ms., corr.* verroil (?) *cf. v. 1950.* — 1579 es, *ms.* ae. — 1580 peüst, *ms.* puet. *Ce vers s'accorde mal avec le précédent. P.-ê. manque-t-il un vers entre les deux.* — 1581 ont, *ms.* sont ; celier, *ms.* celies.

Et lacent les cu[i]ries et les chanfreins dorez,
Que mal ne lor puist faire li venz ne li orez,
Car il iront plus tost c'óisiaus ne puet voler.
1585 Li messagier monterent par les estriers dorez,
Et sont venu au roi ; congié ont demandé,
Et il lor a doné volentiers et de gré.
Salmadrine la bele les comanda a Dé   (f.
« Qui vos rameint par tens a joie en cest regné.
1590 — Bele, Dieus vos en oie, » si li a dit Outrez.
     — Por Dieu, seignor baron, de l'esploitier pensez.
     — Certes, » ce dist Outrez, « ja mar en parlerez. »
Li messagier s'en tornent, qui sont pro et sené ;
De ci qu'au Bras Saint George ne se sont aresté.
1595 Quant il i sont venu, s'entrent en une nef,
Damedieus lor dona tant droiturier oré !
D'autre part a la rive [quant] se sont arivé,
Si drecent les cu[i]ries et les chanfreins dorez ;
Li mesagier remontent par les estriés dorez,
1600 Et trespassent les terres et les amples regnez :
En .viij. jors ont passé .xlviij. citez
Et .vij. roialmes grans et .x. arcevesquez.
Entre ci qu'a Coloigne ne voldrent arester,
Mais ainçois qu'i[l] retornent seront grain et iré,
1605 Car Hardrez li traît[r]es a les mes encontrez,
Sil vait noncier 'Tomile et Malingre a l'ostel.
Et li mès chevalchierent par la bone cité
Et trespassent les rues, li pro et li sené ;
Tresqu'a l'ostel Gontiaume ne se sont aresté :
1610 Ce fu uns borjois riches qui fu de Roche nez,
Cosin[s] germain[s] Doon, le franc duc honoré.
Por l'amor de Landri estoit si adolez,

1582 lancent, chanx frains. *De même v. 1598.* — 1583 puist, *ms.* puet. — 1589 ramoinne. -- 1592 ja, *ms.* je. — 1596 *Si l'on n'admet pas le sens exclamatif, il faut supposer une lacune après ce v.* — 1598 Se d. — 1600 Ce le v. — 1609 s. arester.

Qu'i[l] ne leva de lit bien a .vij. ans passez,
Et gist en mi la sale ainsi com .j. tel bers
1615 En .j. lit torneïs qui molt fait a loer :
Li esponde sont d'or, et d'argent li listé,
Et les coutres de paile, dou millor d'outre mer,
Linçuel et oreiller et voiles de sendel,
.VII^c. bezanz i tienent de fin or esmeré;
1620 Et ot de sa mesnie .xxx. sergenz privez,
Qui li font ses comans, n'en est .j. trestornez;
Chascuns avoit vestu .j. hermin engolé.
Atant es vos les mès qui ont forment erré;
A piet sont descendu au mauberin degré;
1625 La defors si laiss[i]erent les chevaus por garder.
Li dromadaire furent estanc et tressüé
Et li mès sont forment travaillé et pené.
A pié en sont monté contremont les degrez,
Jusqu'es palaiz de marbre ne se sont aresté,
1630 Et saluerent l'oste com ja oïr porrez :
« Ci[l] Damedex de gloire qui en crois fu penez,
« Il saut icest borjois et lui et son barné. »
Quant l'entendit li ostes, si a le chief levé :
« Seignor, et Dieus vos salve! » dist Gontiaumes li ber
1635 « Dites, franc pelerin, de quel terre venez,
« Et ou irez, seignor ? De quel terre estes né ? »
— « A la moie foi, sire, si orrez verité :
« Né de Constantinoble, la mi[r]able cité,
« Et venons a saint P[i]ere nostre ofrande porter.
1640 « Por ce qu'estes prodome, somes a vos torné;   (f.
« Haubergiez nos enuit, por sainte charité,
« Qui vos doint [ce]le rien que vos plus desirez.
« Nos avons trop deniers et or et argent cler,

1617 de peale. — 1618 oreillieux. — 1619 esmeré, *ms.* amer. —
1623 erré, *ms.* crié; *cf. v.* 2036. — 1626 f. ataint; *cf. v.* 2038.
— 1627 mès, *ms.* nies. — 1632 icest, *ms.* li. — 1634 Gontiaumes, *ms.* Gonciaumes *et souvent ainsi dans la suite.* — 1636 q.
terres. — 1642 Qu'il.

« S'en ferons les mengiers richement acheter.
1645 « Ja ne sera nus homs de noz mengiers tornez,
« Serjanz ne chamberiers, ne prestres ne juglers,
« Car hons de riche cort doit estre a barné ».
— Par mon chief, » dist li ostes, « bien vos est encon
« Par la foi que vos doi, ostel avez vos tel,
1650 « Entreci qu'a .j. an, se penre le volez,
« Ja ne vos costera .ij. deniers moneez.
« Que Dieus rameint Landri, mon seignor droiturier
« Et maldie Tomile et Malingre l'enflé,
« Que ainsi l'ont a tort de cest païs geté. »
1655 Li messagier l'entendent, grant joie en ont mené,
Et dient li .j. l'autre : « Bien nos est encontré.
« Ancui orrons noveles ; je le voi bien tot cler.
« Landris est niés le roi, bien oïr le poez.
« Nos ne querons en France, certes, avant aler. »
1660 Com or le voit li ostes, ses prent a apeler :
« Seignor », ce dist Gontiaumes, « les chevaus me ren
« Je vos ai herbergiez, ja mar en doterez ;
« [Ja] n'i perdrez del vostre .ij. deniers moneez,
« Voz ostes ne vos rende .j. marc d'or esmeré. »
1665 — Sire, » dient li mes, « Dieus vos en sache gré. »
. Et il li font molt tost les chevaus delivrer,
Ou celier desoz terre les en ont fait mener,
Du fuere et du blanc orge lor ont [il] fait doner.
Por amor de ses ostes est Gontiaumes levez
1670 Et chauciez et vestuz et très bien conreez ;
Si s'en va au mostier por la messe escoter,
Qu'il n'en feïst autant bien a .v. ans passez.
Andeus les messagiers a avo lui menez,
Mais ainz qu'il s'en repaire sera grains et irez,

1647 estre, *ms.* ilec ; *cf.* v. 1540. — 1652 D. ramoine L. *Il est
probable qu'après ce vers, on lisait un vers perdu, où Landri était
qualifié de neveu du roi Pepin, cf. v. 1658.* — 1656 li .j. a l'a. ;
est, *ms.* a. — 1662 dorerez. — 1663 N'i perderés. — 1664 esmeré,
ms. escuier. — 1669 G. lever. — 1672 f. mais a.

1675 Car Hardrez li traïtres a les mès encontre[z],
    Si l'a noncié Tomile et Malingre a l'ostel :
    « Par les sainz Dieu, Tomiles, bien vos est encontré :
    « Par le mien escïent, que vos estes faez.
    « Or vi .ij. paùtoniers en cele vile entrer,
1680 « Si moinent .ij. chevaus, plus fier ne furent né ;
    « Se miens estoit li pires, par sainte charité,
    « Je nel donroie mie por Coloigne sor mer ;
    « Car i alez, cosins, les chevaus lor tolez.
    « A cele Pentecoste en serez adobez. »
1685 Quant l'entendi Malingre, grant joie en a mené ;
    Tost et isnelement l'en prist a apeler :
    « Ou seront il trové, sire cosins Hardrez ? »
    Et respont li traïtres : « Ja 'n orrez verité,
    « Sire, en l'ostel Gontiaume, que molt petit amez »
1690 Et respont li traît[r]es : « Vos dites verité ;
    « Jamais ne l'amerai en trestot mon aé,
    « Tot por l'amor Landri, le gloton deffaé,
    « A cui il fist grant bien quant il fu ou regné. »
    O lui .xxx. serjanz s'en est li gloz tornez,
1695 Et vienent a[l] celier, si ont les huis froez,
    Pristrent les dromadaires qu'il truevent establez,
    Ses en moine li gloz ou borc a son ostel,
    Et li serjant Gontiaume se corurent armer.
    Molt fu grant [la] meslé[e] au perron de degré :
1700 .XIIII. des Malingre i ont les chiés co[l]pez ;
    Il meïsme[s] i fu d'un grant espiet navrez ;
    Fuant s'en va li gloz el borc, a son ostel.
    .I. escuier[s] le va a Gontiaume conter ;
    Issuz est dou mostier ou il avoit oré.
1705 Come or le voit li mès, si l'en a apelé :
    « A la moie foi, sire, mal vos est encontré :

1679 pautoniers, *ms.* pauterniés. — 1686 prist, *ms.* print. —
1691 en t. ma vie. — 1692 l'a. de L. — 1696 Prinrent. — 1700 i
oit des chief ; *cf. v. 1836.* — 1701 m. fut il. — 1702 es b.

« Perdu sont li cheval que devïez garder

« A ces .ij. pelerins que vos ici veez. »

« — Diva », ce dist Gontiaumes, « qui m'a donc desrobé

1710 « — [Tomiles et Malingres ont cerchié votre ostel]

« Et tolu les chevaus, ja nel vos quier celer,

« A ces .ij. pelerins que vos ici veez ».

« — Hé! las », ce dist Gontiaumes, « com par sui engini

Plus tost qu'il onques pot est arriere tornez,

1715 Et vint a l'arcevesque, es piez li est alez,

Doulcement li baisa le cordoan soler.

Li sainz hom l'en redrece, que molt le pot amer ;

Bel et cortoisement le prist a apeler :

« Por Dieu, sire Gontiaumes, dites, et coi avez ?

1720 « Est vos failliz avoirs ? ferai vos en doner. »

E respondi Gontiaumes : « [Sire], j'en ai assez,

« [D']or et [d']argent ai ge .xxx. somiers trossez.

« Tomiles et Malingres ont cerchié mon ostel

« Et tolu .ij. chevaus, ne le vos quier celer,

1725 « A ces .ij. pelerins que vos ici veez.

« Or m'en voi a saint Piere et a vos por clamer.

« Or m'en faites justice, sire preudom et ber. »

Et respont l'arcevesques : « Ja mar en parlerez ;

« Les chevaus vos rendrai, cui qu'en doie peser. »

1730 Il manda les borjois de la bone cité :

Bien sont .lx. mile quant il sont asemblé,

Et il i sont venu volentiers et de gré.

« Seignor », dist li sainz hom, « je vos ai toz mandez.

« Je sui serjanz saint Piere, si que vos le savez,

1735 « Et si ai le païs et la croce a garder,

« Et qui mal me fera, a vos m'en doi clamer.

1710 *Ce vers, qui est nécessaire pour le sens, est restitué par conjecture d'après le v. 1723.* — 1711 je nout v. — 1713 engi-niez (*ms.* enginiés) *ne convient pas à la rime ; corr.* com puis ore desver ? — 1715 es, corr. as ? — 1720 Estes v. failli a a. — 1721 ai, *ms.* aiz. — 1728 Ja *ms.* Je. — 1731 emsemblé. — 1732 et de ben g.

« Tomiles et Malingre ont saint Pierre robé
« Et tolu .ij. chevaus, ne le vuel pas celer.
« Si vos ren je la croce, ne [la] vuel plus porter. »
1740 Et dient li borjois : « Il dit bien verité.
« Tomiles est traïtres, nos le savons assez.
« Ainsi a il Landri de cest païs geté ;
« Niés est le roi de France, dont sommes parjuré. »
Li messaige l'entendent ; grant joie en ont mené ;
1745 L'uns vers l'autre s'en rïent coiement a celé :
« Par les sains Dieu, compains, bien nos est encontré. (
« Landris est niés le roi, jou sai de verité ;
« Ja ne querons en France plus avant [a] aler.
Lors dient li borjois : « Envers nos entendez :
1750 « Sire sainz arcevesques, por sainte charité,
« Car mandez a Tomile, sans plus de demorer,
« Qu'il rende les chevaus ; n'en soit .j. refusez.
« Et, s'il ne le vuet faire, par sainte majesté,
« Nos les assaurons sempres volentiers et de gré.
1755 « S'en trestoute Coloigne les poomes trover,
« Les membres et les testes lor ferïens coper ;
« S'issent fors de Coloigne li cuvert naturel.
— Hé ! Diex, dist l'arcevesque, « qui i porroit aler ? »
La ot .j. chevalier[s], de Monlaon fu nez ;
1760 Cil ot Gautier a nom, qui fu proz et senez,
Cosins germains Doon et de son parenté.
Quant le vit l'arcevesque, si l'en a apelé :
« Hé ! beaus amis Gautiers, por Dieu, car i alez ;
« Si dites a Tomile, gardez ne li celez,
1765 « Qu'il rende les chevaus, n'en soit .j. trestornez ;
« Et, se il nou vuelt faire, par sainte charité,
« Nos l'assauromes sempres volentiers et de gré.

1738 nou v. — 1742 ait il. — 1745 Li .j. v.; et c. — 1748 querrons. — 1753 Et se il ; *on pourrait proposer* Et se il nel v. —
1756 lor, *ms.* li; *si l'on veut conserver* li, *il faut corriger* les testes *en* la teste. — 1757 Silsont f. *Cf. 1784-5.* — 1767 N. la sau-
ro mes.

« [S]e en tote Coloigne les poomes trover,
« Nous lor ferons les membres et la teste coper...
1770 « Par le mien escïent, mar i seront trové.
　　— Sire », ce dist Gautiers, « bien lor savrai conter ».
Il monta ou cheval courant et abrivé
Et a çainte l'espée au pom d'or neelé;　　　　　　(v°)
Andeus les mesagiers a avo lui menez;
1775 Jusqu'a l'ostel Tomile ne se sont.aresté ;
La dedenz ont trové le gloton desfaé
Qui juoit as eschas a son cosin Hardré.
Atant es vos le mès, ses prist a apeler :
« Oiés, sire Tomiles, [en]vers moi entendez :
1780 « L'arcevesques vous mande qu'a tort l'avez robé
« Et tolu .ij. chevaus; ne le vos quiert celer.
« Se il ne sont rendu et on vos puet trover,
« On vos fera les membres et la teste coper.
« S'issiez hors de la vile, mal cuvert naturel :
1785 « Par le mien escïent, ma[r] [i] serez trové. »
Quant l'entendi Malingres, si a le chief levé :
« Par les sainz Deu, messaiges, tu as le sens desvé;
« Par le mien escïent, tu es touz enivrez.
« Les chevaus ne rendroie por quanque vos avez.
1790 « Ainz porroit .j. contraiz a loisir retorner
« De Pavie la large droit a Huissant sur mer,
« As genolz et as paumes, mar i querroit ester,
« Que rende les chevaus por home qui soit nez.
« Va dir[e] a ton seignor face ses huis fermer,
1795 « Car je n'ai nul talent de sa messe escoter,
« Certes [je] m'en tairai, si passera estez. »
　　— Dehait cui il en chaut! » ce dist Gautier[s] li ber,

1769 lor, *ms.* li. *Après ce vers, lacune*; *cf. v.* 1757 *et* 1784 —
1773 pom, *ms.* poi. — 1776 le, *ms.* li. — 1778; li m. ses print. —
1792 As genoiz et as pasme m. q. i estre. — 1787 le sanc d. —
1793 Qui. — 1796 tairai *parait corrompu*; *corr.* tendrai (?); passerai. — 1797 Dieu ait.

« Par le mien escïent, encui le compar[r]ez, »
Remonta a cheval, n'osa plus demorer ;
1800 Et li .ij. messagier s'en retornent arier,   (f.
Deci qu'a l'arcevesque ne [se] vont arester.
Quant li sainz hom les vit, s'a Gautier apelé :
« Qu'est ço, sire Gautiers, que vos avez trové ?
« Que me mande Tomiles ? garde ne me celer.
1805 « Ravrai je les chevaus ou ses a refusez ?
— Sire », ce dist Gautiers, ja 'n orrez verité :
« Les chevaus ne rendront por quanque vos avez,
« Ainz [vos] mande Malingres faites vos huis fermer,
« Car il n'a nule cure de vo messe escoter.
1810 « Certes, ne l'orra mès, ainz passera estez.
— Dehait cui [il] en chaut, ! » dit l'arcevesque[s] ber ;
« Oiez, seignor borjois ; alez vos adober ! »
Et cil li respondirent : « Si ert com vos voldrez. »
Li borjois de la vile se corurent armer
1815 Et vestent les hauberz, lacent hiaumes gemez,
Et ceignent les espées as senestres costez
Et montent es chevaus couranz et abrivez
Et furent .ix. mil[lier] quant furent adoubé.
Font soner la bancloche et les grailes soner,
1820 [Si qu'] en molt petit d'eure se furent asemblé ;
Et Gontiaumes li ost[es] s'est tous coranz armez :
Il vestit son hauberc, s'a son hiaume fermé
Et a ceinte l'espée au senestre costé,
Et a pris a son col .j. fort escu boclé,
1825 Et monte en .j. cheval corant et abrivé ;
La coverture en fu d'un brun paile roé ;

1798 encui, *ou* encor(?) *ms.* engu *avec un signe d'abréviation sur la dernière syllabe.* — 1802 les vit, *ms.* le sens ; *on pourrait proposer* le sot. — 1803 Qui est ce ; que avés vous. — 1805 ces a. — 1807 ne vous r. — 1811 Dieu ait c. — 1813 ert, *ms.* est. — 1816 senestiers c. — 1818 Et sont .ix. mil q. — 1819 les bancloiche. *Peut-être faudrait-il substituer a* soner (*dans le premier cas*) *un autre verbe, par exemple,* tentir ? — 1822 h. fermer.

.VIIᶜ. besanz i tienent de fin or esmer[é].
Et li serjant Gontiaume se corurent armer,
Et furent bien .ijᶜ. quant il furent armé,
1830 [Tres]tuit du sien lignage e de son parenté.
Jusqu'a[l] chastel Tomile ne se sont aresté.
La peüssiez veoir .j. estor si mortel :
Tante hanste i ot fraite et tant escu troé,
Des haubers jaserans tant esclavain[s] fausse[z]...
1835 Le sanc et les cervelles a la terre coler ;
Quatre vinz des Tomile i o[n]t les chiés copez,
Il meïsmes i fu d'un grant espié navrez.
Cil leans se desfende[nt] por lor vies salver,
Mais il ne lor vaut mie .j. denier moneé.
1840 Atant es vos Malingre sor .j. destrier monté ;
N'est encor chevaliers, s'est en l'estor entrez.
Et quant le voit Gontiaumes, a po qu'il n'est desvez ;
Il broche le cheval des esperonz dorez,
Et a brandi la hanste a[u] confenon doré,
1845 Et va ferir Malingre, ne le vot espargnier,
Que l'escu de son col lui a fraint et cassé,
Et l'haubert de son dos rompu et dessiré.
Sa lance li conduit lez le senestre lé ;
·Tant com han[s]te li dure, l'a il jus enversé ;
1850 Deable l'ont gari, qu'il a toz jors ame[z].
Tomiles l'a saisi entre lui et Hardré,
En .j. tor de marbre l'ont en fuie torné ;
Il referment les huis, li assaus est remez.
Tomiles en monta contremont les degrez, *(f.*
1855 Par .j. des fenestres a son chief fors geté ;
Ou qu'il voit l'arcevesque, sel prist a apeler :

1830 de sies **—** 1834-1835, *lacune entre ces deux vers.* — 1836
Quatrevins ioit des To. les c. c. — 1837 *Cf. v. 1701.* — 1838 por
lor mesaluer. — 1839 monnoié. — 1840 d. monter. — 1841 I e. ;
entrer. — 1845 ne le est espargnié. — 1846 l. ait frains et cassés
— 1847 Et le h. — 1852 fuie, *ms.* fine — 1853 huis, *ms.* huisse. —
1855 f. geter.

« A la moie foie, sire, a grant tort m'asaillez :

« Se mes niez est or enfes, encor n'est adobez;

« Et se il fait folie, sel doit bien amender.

1860 « Je rendrai les chevaus, ja n'en ert trestorné;

« Si ferai droit Gontiaume volentiers et de gré. »

Et dïent li borjois : « En pardon en parlez.

« Ne ferez traïson quant de nos partirez ?

— Par foi, » dist l'arcevesques, « il parle com senez :

1865 « Les chevaus rendra il ; ja n'en ert plus parlé. »

Et dïent li borjois : « Si ert com dit avez. »

A tant s'en sont torné : li essauz est remez.

Tomiles s'en torna quant ot le plait guié,

Si moine les chevaus Gontiaume en son ostel,

1870 Entre lui et Malingre, le gloton desfaé.

Ou voient le borjois, au pié li sont alé,

Mais l'oste fu si fiers nes daigna resgarder ;

Si les bota du piet, a po ne sont crevé :

« Levez vos en d'ici, fals cuvert naturel ;

1875 « Ja ne vos amerai en trestot mon aé,

« Tot por l'amor Landri, mon seignor naturel,

« Que vos avez a tort de cest païs geté. »

Li messagïer l'entendent, grant joie en ont mené ;

L'un vers l'autre s'en rïent coiement et soef :

1880 « Par les sainz Deu, compainz, bien nos est encontré ;

« Landris est niés le roi : bien oïr le poez.

« Nos ne querons en France desormais [a] aler. »

Olive repairoit du mostier honoré,

En .j. crote avoit demi .j. jor esté,

1885 Et ot dit [son] sautier Olive [o] le vi cler,

Que Jesus gart Doon qu'ele pot tant amer,

Et li ramaint Landri, son fil qu'ele ne het,

1860 trestornés — 1862 En pardons — 1863 f. traïsons — 1865
L. ch. renderai je; p. parlés — 1867 s. tornés. — 1868 torne. —
1870 le, *ms.* li. — 1871 li. b. — 1877 p. geter. — 1881-2 *Cf. v.*
1658-9. — 1882 querrons. — 1883 m. sainc honorer. — 1887
ramoinne ; que ne.

Et ot oï la messe a la hone cité.

Jusqu'a l'ostel Gontiaume ne se vot arester,

1890 Car sove[n]te[s] foiées i prenoit le disner ;

Tuit li orent failli li boin et li privé,

Gontiaumes la retient, li gentis et [li] ber ;

Ou qu[e] il voit la dame, si est encontre alez ;

A .iiij. chevaliers si l'a fait adestrer.

1895 Toz les degrez de maubre sont ou palais monté,

[Dame] Olive ont assise ou faudestuel doré,

Puis demanderent l'eve, s'asirent au soper ;

Assez ont venoison et vins viez et claré.

Quant il orent mangié et beü a planté,

1900 Les napes corent traire serjant et bacheler.

Il demande[nt] congié, si ş'en vont as ostés,

Et Gontiaume remest et Olive au vis cler

Et li .ij. messagier, qui molt font a loer ;

Huimais porront noveles a loisir demander.

1905 — Hostes ! qu'est ceste dame ? » ce li a dit Outrés.

« Molt bien semble roïne, ainsi voir m'aït Dex ! »

Et respondit li ostes : « Ja 'n orrez verité :

« Ele est seror le roi qui France a a garder ;

« Si la dona .j. conte qui molt fait a loer,

1910 « Dan Doon de la Roche, onques ne fu tés ber ;

« De lui ot ele .j. fil qui molt fait a loer,

« Et ot a non Landri, molt gentis [est] et ber.

« Ne savons de l'enfant quel part il est alez ;

« Tomiles de Coloigne [molt] l'a mal engané,

1915 « Duc Doon de La Roche, c'est fine veritez :

« Sa fille li dona, cesti fist desevrer.

« Nos en avons les cuers corosos et irez. »

1888 ot, ms. ait. — 1890 s. foix il p. — 1891 boin s'oppose mal à privé : l'un de ces deux mots doit être fautif. — 1893 si est, ms. cest; alez, ms. aler. — 1894 a destier. — 1895 p. montés. — 1896 faulx destrier d. — 1897 l'eve, ms. ne. — 1905 H. ce li a dit qui a cest dame dit O. — 1909 fait ms. fut. — 1914 engané, ms. enginié. — 1915 Le duc D (sic) de La R. ceste fine m'tes.

— Sire », [ce] dit Outrés, » [en]vers moi entendez;
« Par la foi que vos doi, je dirai verité :
1920 « Homme somes Landri dont vos ici parlez;
« En cest païs venimes enquerre et demander
« Por savoir de l'enfant qui est ses parentez;
« Or savomes de lui tot[e] la verité,
« Le matin moverons, ja n'en ert trestorné.
1925 « Nos ne querons en France, certes, avant aler. »
Quant l'entendi Olive, s'en ot lïesse assez :
Quatre fois se pasma entre les bras Outré,
Quant Gontiaumes li ostes l'en corut relever.
Qui li veïst les mès baisier et acoler,
1930 N'i eüst si dur cuer non convenist piorer.
« Veïstes vos mon fil, por sainte charité? »
— Oïl, en nom Deu, dame, » ce li a dit Outre[z],
« Enz en Costantinoble est mes sires remés;
« La portera corone, ainz que past li estez,
1935 « Por la plus bele fame de la crestïenté,
« Et venra en cest regne ainçois .j. an passé;
« Tomile et Ma[lingre] fera les chiés coper.
— Hé Diex! [ce] dist la dame, tant l'avrai desiré. »
Cele nuit ont grant joie a loisir demené.
1940 Quant li lit furent fait, si sont couchier alé.
L'endemain par som l'aube se sont li mès levé,
Et vestu et chaucié et molt bien conreé,
Et mistrent en lor dos les hèrmins engolez
Par desus les blïauz a fin or gironez.
1945 Les granz ma[n]tiauz de sable ont li mès afuble[z],
Dont li tassel en valent tot l'or d'une cité,
A pierres et a bra[s]mes qui molt font a loer;
Les chapels sebelins ont en lor chiés posez,

1922 qui est de ces p. *On pourrait aussi corr.* qu'est de son
parenté. — 1924 trestornés. — 1925 *Cf. v. 1882* — 1929 nies b.
1932 en n. de D. — 1934 a. qui part — 1936 c. roine — 1940 s.
couchiés a. — 1941-51 *Cf. vv. 1570-8* — 1948 Les ch. ont s. en
lor chief poser.

Escharpes cordoaines et les bordons ferrez ;
1950 Li picois sont d'argent et li verroil d'or cler.

Les dromadaires font du celier amener ;
Li messagier i montent par les estriers [dorez],
Gontiaumes les convoie une piece, li bers,
E li sainz arcevesques et Olive au vis cler.
1955 La dame [ot] .j. anel qui molt fi[s]t a loer :
Ce fu du plus fin or c'on peüst recovrer ;
La piere qui fu enz ot molt trés grant bonté.
Li dus Doz li donna, qui molt fait a loer,
La nuit qu'il gist o lui a Monsteruel sor mer ;
1960 A donc [i] fu Landris li vassaus engenrez ;
Si le traist de son doit la dame o le vis cler,
Bel et cortoisement en apela Outré :
« Sire frans chevaliers, vers moi [en] entendez ;
« Vez ici .j. anel qui est molt bien ovrez,
1965 « Que me dona dus Do au gent cors honoré ;
« Si le baillez Landri le mien fil alozé.
« Ce seront [tels] ensoingnes que connoistra assez. »
Li messagiers le prist, qui nel vot refuser
[Et] molt cortoisement l'a en son doit bouté.
1970 Li messagier s'en tornent, qui sont preu et sené,
La bele se pasma, Olive o le vis cler.
Molt par fu granz li duels quant il sont desevré.
Li messagier cheva[u]chent, qui n'i sont aresté,
Et trespassent les terres, les porz et les regnez.
1975 En .viij. jors trespasserent .xlix. contez
Et .vij. roialmes granz et .x. arcevesquez ;
Deci qu'a Bras Saint George ne se sont aresté.
Quant il i sont venu, s'entrent en une nef,

1952 Li m. remontent p. l. estrieres. — 1953 Contre l. c. —
1959 qui g., Monstruer; cf. v. 2084. — 1960 Cf. v. 108. —
1965 Qui me d. Doon. — 1966 Si le me b. L. mon fils a. — 1969
d. bouter. — 1970 Cf. v. 1593. — 1974-76 Cf. vv. 1600-2. —
1976 archeveschies, qui ne convient pas à la rime. Il y a arce-
vesqués au v. 1602. — 1977-80 Cf. vv. 1594-7.

Diex lor dona tantost si droiturier oré !.
1980 D'autre part a la ter[r]e es les vos arivez.
Montent es dromadaires, si pensent de l'er[r]er,
Tresqu'a Costantinoble ne voldrent arester.
Par .j. mardi matin i vindrent au disner.
 Seignor, ce fu en mai, que fait chaut en esté,
1985 Que florissent cil bois, reverdissent cil pré,
Et ces aigues revienent ainsi en lor chinex,
Cil petit oisillon comencent a chanter,
Quant li rois Alixandres est par matin levez;   (v°)
En .j. vergier entra por son cors deporter,
1990 Trés en mi .j. prael i fait tendre son tref :
Les forches sont d'argent et d'or fin li frestel,
Trois escarboucles ot, qui molt font a loer,
Et fu d'un vermoil paile environ gironez :
Li pans en fu a or et a argent fra[i]sez;
1995 Dieus me fist [nule] beste qui ne soit pointe ou tref;
Les cordes sont de soie e li pan sont d'or cler.
Et Landris li cortois i est avec alez,
Asses et Guinemanz et li autres barnez.
Salmadrine la bele i a fait adestrer
2000 A .iiij^c. Griffons qui molt font a loer.
De la soie beauté vos doi je bien conter :
Vestu ot en son dos .j. hermin engolé,
Par desus .j. blïaut a fin or gironé,
E fu estrois as lez, qui molt fist a loer ;
2005 .I. grant mantel de sable ot la bele afublé,
Dont li tas[s]el en valent tot l'or d'une cité,
A pieres et a bremes qui molt font a loer ;
Ele·ot molt vairs les ieus, s'ot le viaire cler

1981 es, ms. a. — 1985 Que, ms. Quil. — 1992 T. escarboncle
d'or q. — 1993 vermoille. — 1996 pan, Corr. pau ou pel ? — 1998
G. sunt li a. — 2000 A .iiij. tois (ou cois) G. — 2002 dos, ms.
dois. — 2004 Et fust e. a las q. m. fust aloés. — 2005-7 Cf. vv.
1945-7.

Et la coleur vermoille comme rose en esté,
2010 A u[n] fil de fin or ot les crins galonés.
Et sist desus un mul qui molt fist a loer :
La sele de son dos vaut bien .j. cité ;
Li arçon sont d'or fin a esmaus tresgité,
[Et] la sambue en fu d'un brun paile roé.
2015 Onques ne tre[s]fina tant qu'ele vint au tref.
.I. vermoil paile firent desus l'erbe geter,
Sus se cocha Landris, li gentis et li ber.
Il oï l'oriol et la melle chanter ;
De sa mere li poise qu'il laissa outre mer,
2020 Et craint li faus Tomiles ne l'ai[t] fait afoler ;
Molt tendrement des ieus commença a plorer.
Salmadrine la bele l'en prist a regarder ;
Seignor, bien le sachiez, le cuer en ot iré,
Et cuide de l'enfant qu'il ait autre penser,
2025 Que ne dot les messages qu'en France sont alé.
Parmi trestoz les autres l'est alée acoler.
Plus de .xx. folz le baise par molt grant ami[s]té.
Bel et cortoisement le prist a apeler :
« Damoisiaus de bon aire, mar vos esmaierez.
2030 « Je m'en irai en France a pié, se vos volez.
— Dame », ce dist li enfes, « en pardon en parlez.
« Par la foi que vos doi, vos parlerez tost d'el.
« De ma mere me poise que laissa[i] outre mer
« Et dot li fel Tormiles ne l'ait fait afoler.
2035 — Sire », dist la pucele, « Dieus a tot a garder. »
Atant es vos les mès qui de loing ont erré ;
A pié sont descendu devant le maistre tref ;
Lor dromadaire furent estanc et tressüé.

2011 fut a l. — 2012 La sale. — 2016 vermoille — 2017 se, ber,
ms. bel. — 2020 o. mere. — 2022 prist, *ms.* print. — 2025 Qui ne
dote. — 2026 l'a a. — 2030 irais ; se, *ms.* ce. — 2032 el, *ms.* elle.
— 2034 fait esposer ; *cf. v. 2020.* — 2035 toust a g. — 2036-9
Cf. 1623-7. — 2038 estanc, *ms.* estaint ; *cf.* 1626.

[Et] li vassal forment travaillié et pené.
2040 Il saluent le roi com ja oïr porrez :
     « Cil Damedieus de gloire, qui en crois fu penez,
     « Gart le roi Alixandre et lui et ses privez.
     « Desor trestoz les autres devons Landri amer.
     « Sire, fumes en France oïr et esgarder
2045 « Por savoir de Landri de quel gent il est nez,
     « Se il est niés le roi qui France a a garder ;
     « Or savomes de lui tote la verité :
     « Por voir niés est Pepin qui France a a garder,
     « Qui ocist le lion qui tant fist a doter.
2050 « Et fumes a Coloigne, la mirable cité,
     « La veïmes sa mere qui tant a le vis cler,
     « Dame Olive la bele, seror Pepin le ber :
     « Il n'a tant bele dame en la crestïenté.
     « Tomiles et Malingres la nos firent rober
2055 « Et tolir noz chevaus, ne [le] vos quier celer,
     « Quant i ala Gautiers et l'arcevesques ber,
     « Par vive force firent noz chevaus ramener ;
     « Quatre vinz de[s] Tomile i furent decopé ;
     « Molt fu grant la meslée en la bone cité.
2060 « Malades est Pepins, bien a .vij. anz passez,
     « Por duel de son nevo qu'il en la[i]ssa aler ;
     « N'a qui teingne ses terres ne ses granz heritez ».
     Quant l'entent Salmadrine, ne l'en sot mie gré.
     Elle marcha avant, si le prist a ciner ;
2065 En l'oreille li dist coiement et soef :
     « Par les sainz Dieu, messages, molt as le sen desvé ;
     « Par le mien escïent, que tu es enivrez.
     « Tost et isnelement alez en voz hostés,   (f.
     « Si vos faites trés bien baignier et conreer,

2040 com, *ms.* comme. — 2042 Garde le r. — 2044 en Fr. fus-
mes. — 2049 fist, *ms.* fust. — 2050 l'amirable c. — 2052 La
belle O. s. P. li b. — 2054 vous f. r. — 2059 meslée, *ms.* malée.
— 2060 Pepin est malade. — 2064 marchit. — 2066 es le san d.

2070 « Car vos estes forment travaillié et pené,
   « De ci qu[e] a[u] matin que li jors venra clers.
   « Puis venez a mon pere, gardez n'i arestez,
   « Puis li dites trestot ce que avez trové ;
   « Damedex vos confonde se de mot en mentez ».
2075 Et il respondent : « Bele, a vostre volenté.
   « Ja chose ne dirons qui ne vos viengne a gré ».
   Outrés s'en est torne[z], que n'i est arestez,
   De ci que a Landri ne se vot arester ;
   Bel et cortoisement le prist a apeler :
2080 « Damoisiaus de bone aire, a moi [en] entendez.
   « Vés ici un anel de fin or esmeré
   « Que t'envoie ta mere Olive o le vis cler,
   « Que dus Do li dona, qui tant fait a loer,
   « La nuit, quant jut a li, a Monsteruel sor mer, »
2085 Quant Landris l'entendi, si commence a plorer.
   Outrés a pris l'anel, si li a presenté,
   Et Landris le reciut, qui molt fist a loer ;
   Plus de .c. fois le baise doulcement et soef ;
   Enz en son doit meïsme l'avoit mis de son gré.
2090 Li messagier s'en tornent ; congié ont demandé ;
   Landris lor a doné volentiers et de gré.
   Tost et isnelement s'en vont en lor ostel,
   Puis si se font [très bien] baingnier et conreer.
   Dist li rois Alixandres : « Baron, or entendez,
2095 « Landris est niés le roi, entendre le poez :   (v°)
   « Demain prendra ma fille, se vos le me loez ;
   « Si li donrai ma terre et trestot mon regné.
   — Sire », dist Salmadrine, « .vᶜ. mercis de Deu.
   « Par la foi que vos doi, forment l'ai desiré ».
2100 Li rois s'en est tornez et ses riches barnez ;
   Tost et isnelement est venuz a l'ostel ;

2070 travaillies et penés. — 2076 ja ne d. choses que ; *cf. v.*
1555. — 2081 Vees. — 2082 Qui ; au v. c. — 2084 Monstruer ;
cf. vv. 1958-9. — 2097 Ce. — 2098 S. ce dit Sa.

Tantost demande l'aigue, s'assirent au soper :
Molt i ot venoison [et] vins viez et clarez,
S'orent grues et gantes et paons empevrez,
2105 Isopé, bogu[e]rastre, piment et eluné.
Quant il orent mengié et beü a plenté,
Si chantent et violent et rotent li jugler ;
Cele nuit ont grant joie a loisir demené ;
Et li lit furent fait, si sont couchier alé.

LX

2110 Or lairommes de ces qui sont bien aaisié,
Quant tens [et lius] en iert bien savrons repairier ;
Si vos dirai du duc, de son grant encombrier :
Tant a norri Malingre qu'il le fist ch[eval]ier,
C'est li filz Audegour, cui Dieus dont encombrier.

LXI

2115 En meïsme cel jor que dans Do l'Alemans
Ot adobé Malingre, ne l'ama il noiant.
L'endemain par matin fu si ses malvoillanz
Que l'ala par haïne toz tens contralianz :
« Adoubez sui, beaus sire, merci Dieu le poissant !
2120 « Or se gardent tuit cil cui je suis mal voillanz !
« Dame Olive de France ne voil pas que se vant   (f.
« Qu'elle soit conreée dès cest jor en avant
« De totes celes terres qu'a vos sont apendant ».
Quant l'entendi li dus, a po ne pert le sen :

2104 gantes, *ms.* gentes. — 2105 elimé. — 2108 demener. —
2109 fait, *ms.* fais. — 2110 b. et aisié. — 2113 chevalier, *ms.*
chier. — 2118 Et. — 2121 vant, *ms.* vante. — 2122 conreée, *ms.*
courecee. — 2123 t. celle tere; v. soit a.

2125 « Por amor Dieu, biaus filz, ne te par coitier tant !

« Ja est [ele] seror dant Pepin le roi Franc ;

« Il n'a si bele [dame] en cest siecle vivant.

« Li rois vos a mandé par menace et par ban

« Qu'ele ne soit destruite ne des membres perdant ».

2130 Quant l'entendi Malingre, a po ne pert le sen :

« Haï ! vos i mentez com mauvais couz sofranz ;

« Vos estes de li couz tot a vostre esciant ».

Quant l'entendi li dus, a po ne pert le sen :

Il hauce le poing destre, si feri son enfant

2135 Qu'il[l']abati a terre, qui que plort ne qui chant.

Et quant le volt Malingre, si sailli en estant,

Et va saisir son pere par les grenons davant,

Son peliçon ermin li va tot des[c]irant,

Entreci qu'a la terre ne s'aresta neant.

2140 Adont i sont coru Baivier et Aleman,

Et furent en po d'ore bien .vij^{xx}. combatant.

Cil gentil chevalier en vont trives prenant

Et dou pere et dou fil, car molt est avenant.

LXII

Cil gentil chevalier qui les trives en quirent

2145 Et dou pere et dou fil et des autres meïsmes,

Que d'une part et d'autre très bien les affïerent

Et ostages livrerent et puis les raplig[i]erent.

Tomiles et Malingres chascun jor se porquïerent

2150 Comment la suer du roi du païs chasse[rïe]nt.

A son hostel li mande[nt], forment l'ont corrocie,

Que se ele i remest, la teste avra trenchïe.

2125 parceittier. — 2126 *On pourrait proposer* Ja est [ele] la
suer. — 2131 m. comme m. c. et s. — 2133 sen, *ms.* sanc. —
2134 feri, *ms.* ferut. — 2135 plore ne que. — 2152 avrait t.

Quant l'entent la duchesse, molt s'en est esmaïe ;
Damedieu reclama et le baron saint Pierre :
« Glorieus [sire] pere, qui de toz es jug[i]ere,
2155 « Cil Loherain me faillent, de tot m'ont abaissie ;
« Alez s'en est Landris, par cui fuisse garie.
« Faillie m'est l'estache ou m'e[s]toie apoïe.
« Or n'[avr]ai jamais aide ne davant ne dar[r]iere ! »
.II. garçons li envoient et .j. chamberiere,
2160 Sor .j. mauvais roncin ont la dame chargie.
Quatre fois se pasma quant la vile a vuidie.
Onque[s] ne trestina, si vint en Honguerie ;
L'avesque[s] Auberis l'a molt bien herbergie,
˙Car il estoit sis oncles et elle estoit sa niece ;
2165 Par le mien escïent que l'avra a mesnie
Tresque il li rendra Alema[i]gne et Baviere.

LXIII

Or est Olive bien assenée et venue ;
L'evesques Auberis l'a molt bien receüe.
Or vos dirons du duc, de sa mesaventure :
2170 Une guerre li sort, qui vient d'outre nature.
Tomiles et Malingre et sa fille, la pute,
Cil en ont conseil pris et parole tenue,
Et dïent l'uns a l'autre : « Cest[e] terre est molt drue
« Et riche et aaisiée ausiment comme Pu[i]lle ;
2175 « Qui or avroit Doon cest[e] ter[r]e tolue !
« Car se il se resemble et .j. po s'esvertue,
« Tost avrïent la ter[r]e gastée et confondue ;   (f.
« Et se Landris revient, ce ert malaventure ».

2155 C. la horain (*en deux mots*). — 2157 estaiche ou je. —
2158 n'ai. — 2160 la d. chergée. — 2161 a veudie. — 2163
habergee. — 2164 ces o. — 2170 d'autre nacure. — 2173 li .i. —
2176 C. ce. — 2177 T. avriens. — 2178 est m.

Tomiles est levez, quant Malingres l'argüe,
2180 Et montent es chevaus, par la terre corurent,
De l'un chastel a l'autre, por secors et ai[u]e;
Cil gentil chevalier lor afïent et jurent
Que ja Do ne tendra chastel ne teneüre.
Ou repairier sont mis, molt font malaventure :
2185 Dans Do tint en son poing .j. ostor de .v. mues,
Aler doit en riviere por le sien cors desduire;
Et li cuens i ala; .j. grant piece i furent,
Et mena .iiij. contes de molt grant teneüre ;
Et quant il se repaire, s'a Coloigne perdue.
2190 Cil gentil chevalier li escrïent et huchent
Et dames et puceles de soliers et de rues :
« Alez vos en, dans Do, en Calabre ou en Pu[i]lle,
« Que ja en Loereingne ne tenrez ma[i]s tenue ».

LXIV

Or est Do de La Roche corociez et irez :
2195 Les portes sont fermées, ne pot dedans entrer.
S'a Malingre son fil et Tomile apelez :
« Di va! ovre la porte, la[i] moi leanz entrer.
« Se de riens t'ai mesfait, près sui de l'amender ».
Et cil li respondirent : « Certes, n'i entre[re]z.
2200 « Par la foi que doi Dieu, mais n'i sejornerez :
« Après vostre putain vos convendra aler,
« Et querez tel conseil que soiez racordez,
« Que ja de Loereingne ne tenrez herité ».
Do li dus respondi[s]t : « Dans gloz, vos i mentez :
2205 « El ne fu onques pute, jel sai de verité.   (v°)
« Mais encui ve[r]rai je, voirement De[us] le set,
« Que a mauvais lignage sui du tout asemblez. »

2180 a ch: — 2183 Do] D. — 2186 p. son c. d. — 2195 furent
f. — 2203 de Orroine ne; herités. — 2205 je le s. — 2206 v. De
le s. — 2207 au m. l.

LXV

Or est Do soz Coloigne coreçous et pleins d'ire ;
Des ieuz de son front plore et de son cuer sospire.
2210 Tant atendi li dus que nuiz fu asserie,
Puis est montez [li dus] a mesnie escherie.
Onques tot[e] la nuit ne cesse ne ne fine,
Et est venuz a Ais quant l'aube est esclarie.
Entrer vot en la porte quant il li contredirent,
2215 Que l'avoient juré a Tomile et Malingre.
Quant le voit li dus Do, a poi n'enrage d'ire ;
Des ieuz tenrement plore et de son cuer sospire.
Et quant le voit li dus, si lor commence a dire :
« Je vos torrai les membres, le[s] te[s]tes et les vies. »
2220 Dont remonta li dus a mesnie escherie,
De ci a son demoine ne cesse ne ne fine.
Sui baron chevalier en La Roche se mirent,
En son prime demoine que il a de Dieu quite.

LXVI

Or est Do de La Roche voirement revenuz
2225 En son privé demoine que il a de Jhesu.
Or s'en ira clamer a Pepin a[u] lion
Del duel et del domage qui li est avenuz.
Il entra en la voie et ou chemin batu ;
De ci qu[e] a Paris ne s'est arest[e]üz.
2230 Tant fist par ses jornées qu[e] il i est venuz,
Et a trové le roi en sa sale lassus.
Molt le trova malade, dolent et confondu ;

2211 mainnie. — 2214 la portent. — 2215 et a M. — 2220 mein-
nie. — 2225 cleve (*ou* eleue) d. — 2226 a[u] lion, *sic ms.* — 2227
Des d. et des domaiges. — 2229 ne c'e. — 2230 ces j.

De duel [et] de pitié en a ploré li dus.   (f.

Et quant le voit li rois, si li a ramentu :

2235 « Que fait ma suer Olive en cest regne la sus ?

« Trés bien la me gardez [de] Malingre et d'autrui,

« Que ne li soit damages ne hontages venuz.

— Ne le vos celera[i] », puis si a dit li dus,

« Je ne sai de la dame quel voie ele ait tenu ;

2240 « Tomiles et Malingres l'enchassent par vertu.

« Les fiez que me donastes ai je trestoz perduz.

— Di va ! » ce dist li roi[s], qui les t'a donc toluz ?

— Par la moie foi, sire, nel vos celerai plus :

« Tomiles et Malingres, li cuvert mescreü. »

2245 Quant l'entendi li rois, molt [en] fu irascuz :

Quatre fois se pasma ; molt em pesa au duc.

LXVII

« Sire Do de La Roche », ce dist l'empereor,

« A tort et a pechié m'as tolu ma seror,

« Olive la duchesse a la clere façon.

2250 « Or m'en irai au regne voirement a estros,

« Ja n'i avra si riche que ne met[e] au desoz.

« Ou jel face ou jel lais, ja n'i aras honor. »

Del peliçon hermin a .iiij. pois derouz,

S'en desfia Doon, son serorge, oiant toz.

LXVIII

2255 « Sire Do de La Roche, » dist Pepins li bons rois,

2234 v. le roi ; si, *ms.* ci. — 2235 Et que f. O. ma s. — 2236
garde M. — 2238 ai d. — 2239 est tenus. — 2240 l'enchasserent
p. v. — 2241 Les chastels. — 2243 nel, *ms.* nos. — 2244 c. mes-
treux. — 2246 m. em pera. — 2250 i. ou rainne. — 2251 n'i aurai.
— 2252 Ou jel le f.

« A tort et a pechié ma seror me tolois ;
« Chalonge vos [par droit] : preste fu a cest soir
« A faire tel juïse quel gardassent François.
« Vous nel vousistes pendre ; orgueils fu, par ma foi.
2260 « Or m'en irai [au regne], ne puet pas remanoir. »
Dou peliçon hermin a rompus .iiij. pois,
Si desfia Doon, son serorge, c'est voir ;
Et quant le voit li dus, grant paour a de soi :
Il monta ou cheval ; n'i osa remanoir.

LXIX

2265 Do se part de la court, que congié n'i a pris.
N'a si haut homme en France nel haice por Landri,
N'en Flandres n'en Poitou, [Berri] ne Limosin.
Il entra en sa voie, s'acoilli son chemin
Et trespassa les terres [et] les porz et les puis,
2270 Deci qu'a son demoine ne prist [il] onques fin.
Venus est a La Roche ; si l'a faite garnir
Et fait serrer les portes et lever ces paliz
Regeter ces fossez et ces hauz rolleïz,
Et a mandé ses homes, ses chevaliers de pris,
2275 Tant qu'il en ot ensemble la monte de .iij. m. ;
Puis s'adobent ensemble li chevalier hardi
Et montent es chevaus et es destriers de pris.
Entreci que a Ais ne pristrent onques fin ;
Li dus Do s'embuscha en .j. brulet petit
2280 Qui fu d'is et d'aubors, de loriers et de pins ;

2257 Ch. li uus prestes sui a c. s. — 2258 j. quelle. — 2259 V.
ne le v. p. — 2260 irai, *ms.* irais. — 2262 c'e. voirs. — 2265 *Ce vers
se lit deux fois de suite dans le manuscrit, la première fois comme
vers final de la laisse LXVIII.* — 2267 Ne P. ne Flanras ne L. —
2272 f. lever l. po. — 2273 h. roillies. — 2274 m. ces h. ces ch. de
p. — 2275 la, *ms.* le. — 2277 a ch. et as d. — 2279 s'embricha.

.C. chevaliers errant a la porte tramist,
Tot droit..... les ont bien estormiz.
Cil dedans s'adouberent com chevalier de pris :
Il vestent les haubers, lacent hiaumes bruniz,
2285 Et ceignent les espées as bons coutiaus forbiz
Et montent es chevaus corans et arabis
Et pendent a lor cols les forz escus votiz
Et pristrent en lor poins les forz espiez forbiz.　　(f.
De la porte s'en issent et crïent a hauz criz.
2290 Le cembel ont molt bien premerain envaï,
De ci qu[e] en l'agait ne pristrent onque[s] fin.
Adonc lor sailli Do, qui fu pros et bardiz ;
Il broche le cheval des esperons d'or fin,
Et [a] brandi l'espié au confanon porprin.
2295 Joserant de Coloigne va en l'es[cu] ferir ;
Par soz la bocle d'or li peçoie et malmis[t],
Et l'aubert de son dos rompi et desarti,
Le cuer qu'il ot ou ventre en .ij. moitiés li mi[s]t,
Toute plaine sa lance l'ahati mort souvi[n].
2300 Il escrie : « La Roche ! Chevalier, ferez i ! »
La peüst on veoir .j. estor si basti,
Mainte hanste i ot frainte et maint escu croissi,
Tant haubert jaseran rompu et desarti,
Et l'un mort desor l'autre trebuchier et morir,
2305 Le sanc et la cervele a la terre cheïr.
Loorain s'en tornerent, qui nou porent soffrir,
Et li duc les enchau[ce], qui ne lor fu amis.
.XL. chevaliers a retenus et pris
Et .iiij^m. vilains des meillors du païs ;
2310 De ci que a La Roche les a menez et mis.

2281 C. ch. cerremant a la p. tresmit. — 2282 T. d. a la port
l. o. b. escernis ; *corr.* T. d. a la posterne (?) — 2284 h. forbis.
— 2285 Et ceindes. — 2286 es, *ms.* a. — 2287 l. coul. — 2288 Et
prinsent — 2289 a hault c. — 2291 ne prinrent. — 2294 c. pror-
pin — 2296 blocle d'o. — 2297 d. li rompit. — 2305 t. cheor. —
2306 Laorrain.

De ce tieṅg je Doon et a fol et à briċ
Quant nul de ces perjuŕs a a ra[a]nçoṅ mis :
Mieus les eüst fait pendŕe ou aŕdoir ou boulir.

LXX

Or s'en repaîre Do ou chaŝtel de La Rŏche,
2315 Serjaṅs et chevaliers eṅmoiṅñe a graṅt flŏte ;
Argeṅt et ŕaañçoṅ a ṃer'vòille li offreṅt.　　　　(vᵒ)
Onqües ne treśfiña s'èst veṅus à La Rŏche,
Gardeŕ fait ses prisoṅs en chartreś et eṅ fosses.
L. esculers s'en toŕne, qui a esperoṅs broche,
2320 Tomile et Malingŕe va ṅoncier la paròle.
Sa fille demaṅda, qui ṅe fu mié fŏlé :
« Qüé fireṅt ores d'Ais li baŕoṅ qui sŏṅt ṅostre ?
— A la ṃoie foi, dame, ṃalémeṅt ŝe deporte[nt],
« Car desdu[i]s de püceleś ne tableś nès conforte.
2325 « Mardi ṃátiṅ ños vint sire Do de La Rŏche.
« Si ños mist ses agais enz òu brul de Maṅople ;
« Danz Do ños [i] ocist Gilebert et Aṅtoine,
« Assoṅ et Gü[i]ñemaṅt et Raol de Vaudone,
« .XL. chevaliers : li maus en est grànz ṅostres ».
2330 Qüant l'eṅtendi Toṁiles, duel ot de ses paroles :
Il a mandé ses homes par vertu et par forċe ;
Onqüeś ṅe tresfiña si viṅreṅt à là Roché.

LXXI

Tomiles et Malingres ont mandé lor compaignes,
Et sont .xl. milé as haubers et as laṅceś.

2311 bŕic, ms. bris — 2313 Mais. — 2316 et aŕancon ; leuŕ offri-
reṅt. — 2319 tornent. — 2322 Q. font oci. — 2325 ṁ. voüs v. —
2327 Ď. vous o. — 2330 T. gŕant d. — 2331 Il mandá ; p. veŕ-
tus. — 2333 companies.

2335 [S]i sont venu a Ais en Loeraigne ensemble ;
Le samedi sejornent deci [que] a dimenge.
Apres le vespre montent [a] grant mervoille ensemble.
Li peres et li fils demoine[nt] si grant tence ;
Venu sont a La Roche ; tuit ensemble descendent,
2340 Puis se vont adober et leur armes presentent ;
.C. chevaliers envoient ou chastel endementre.
Do fu contremontez par sa grant sapïence,
Et a dit a ses hommes : « Tenez vos tuit ensemble ;
« Veez ci [le] cembel : l'agait avrons nos sempres ». (f.

LXXII

2345 Do fu contremontez a sa grant o[s]t bannie,
A .vij^c. chevaliers qu'il avoit en baillie ;
Li cembels s'en torna, s'ont la barre guerpie,
E dus Do les enchauce com chevaliers nobile ;
De ci qu'a .iiij. lieues de l'abatre ne fine.
2350 Tomiles lor sailli d'une grant bruil[le] antive,
Ensemble o lui ses niés, li [faus] cuvers Malingre ;
La peüssiez veoir .j. estor a delivre.
La ot tant escu fraint, tante lance fresnine,
Tant gentil chevalier abatü mort sans vie.
2355 « Seignor », dist li dus Do, « vez la force plus riche.
« Damedieus, se lui plait, me venge de Tomile ! »
La n'ot onques parlé [de] joer ne de rire,
Ne d'eschas ne de tables ne deport de meschine ;
Qui mieus puet, si s'en vait, n'i atent seignorie.

2336 sejornierent. — 2338 g. tante — 2340 l. a. prenent. — 2341
c. avoient ; en demanter. — 2345 o. batime. — 2353 fresnine,
ms. frazine. — 2354 vie, ms. mes. — 2357 p. joier. — 2359 ma-
tant s.

LXXIII

2360 Molt fu grant la bataille [et] merveillose et pesme ;
La gent Doon se traient es larris et es terres
Et navrent ces chevaus et ocïent et versent.
Es vos Doon poignant parmi la greignor presse,
Et a brandi [la] lance a trenchant alemele,
2365 Et va ferir Tomile, que il haioit a certes :
Sa lance li conduit lez le costé senestre ;
Empoint le par vertu, si le trabuche a terre,
Puis a traite l'espée de son costé senestre,
Ocire vot Tomile, que il haioit a certe[s],
2370 Quant li baron i corent, qui faire ne le la[i]ssent,
A cheval le remonte[nt] li homme de sa terre.   (v°)
Tomiles s'en foï a Ais a la chapele,
Et Malingres li fels ad Espire la bele,
Et dus Do s'en repaire a sa mesnie bele ;
2375 Entreci qu'a La Roche ne fine ne [ne] cesse.
Tomiles et Malingres s'en enragent et desvent :
Il remande[nt] lor hommes a force et a poe[s]te.

LXXIV

Lor homes ont mandez Tomiles et Malingres ;
Il sont sor les destriers monté .xl. mile.
2380 Or asaudront La Roche et sa gent la hardie.
L'endemain par som l'aube tienent la vile asise ;
Do et Joffroiz s'en issent, chascun jor i ocïent,
Do les conquesist bien, ne vos me[n]tirai mie,

2360 pesme, *ms.* peniue. — 2361 se retraient es larcis — 2363
Doz p.; la, *ms.* les. — 2364 brandi, *ms.* brandie. — 2365 q. il
cheoit a terre; *cf. v. 2369.* — 2367 Au point la pervertus. —
2373 fels, *ms.* fele. — 2378-2379 T. et M. o. l. h. m., Il s. .xl. mi.
s. l. d. mo. — 2381 par souz l'a. treuvent. — 2382 j. si o. —
2383 l. conquerit.

Quant vint Pepin[s] de France a sa grant ost banie.
2385 En Lo[e]roigne en entre nostre emperere riches,
Et aquiert les chastiaus [et] les hours et les viles.
Il est venuz en l'ost dant Tomile et Malingre ;
Ce fu par une nuit, la gent fu endormie ;
Ja les ont bien rateins, d'ambe part lor escrïent.
2390 La peüssiez veoir bataille si fornie
Qu'il i ot bien des morz, mien esciant, .x^m. ;
Lor pere ne lor meres onques puis ne les virent,
Ne de confession ne orent il ainc mie.
Tomiles s'en foï a Maience la riche,
2395 Et li rois repaira endroit ore de prime,
Et ses riches harnez et sa grant compaignie, ,
Et asaillent La Roche par molt grant seignorie,
La ot tant targes frainte[s], qui si bien [sont] florie[s],
Tant gentilz chevaliers, qui gisent mort sans vie !
2400 Assez en petit d'ore orent La Roche prise.
Do et Jofroiz mal virent a estros dame Olive,
Car il ne gardent [l'ore] que il perdent la vie.
Mais Pepins l'emperere n'ot cure des ocire,
Ainçois lor fait jure[r] desus sain[te]s reliques
2405 Qu'e[n] trestote lor terre ne remanront il mie.
Or s'en va li dus Do corociez et plain[s] d'ire,
Il et Jofroiz ses niés, que il aime et prise,
Car cil a [si] bon cuer que ne li faudra mie.
    Cil autre jugleor qui de Doon vos dient
2410 Assez en ont chanté, mais il ne sevent mie...
La ou il la vos laissent la vos a[i] rafichie ;
Je ramenrai Landri, mais ne vos anuit mie.

2387 dant, *ms.* danz. — 2391 n'i ot. — 2393 ne orent, *ms.* ne
oit *ou* ueoit. — 2396 barnez, *ms.* barons. — 2398 qui, *ms.* et.
— 2402 Car il ne g. que leur qu'il p. — 2403 des, *ms.* del. —
2405 Que t. — 2410 *Il faut admettre après ce vers un vers
perdu, où il était question d'*histoire *ou de* chanson, *autrement*
la, *dans le vers suivant, ne se rapporte à rien.*

Or s'en va li dus Do corociez et plein[s] d'ire ;
A poine et a travail vinrent en Honguerie.
2415 La ont trové le roi de molt grant seignorie ;
S'a retenus les contes par force et par aïe.
Car ne le sait Landris ! n'eüst talent de rire.
Par tens verra son pere, que il aime et prise ;
Granz cos se donneront en champ par a[a]tie,
2420 Né s'entreconoiss[oi]ent, car pieça ne se virent.

LXXV

Li rois de Honguerie fist forment a prisier,
Et ot a non Dorames, molt fu bons chevaliers.
Costantinoble claime, siene en fu la moitié.
Ce fu droiz et mesure, car [tel] part li afiert.
2425 Il a mandé ses hommes, si retint chevaliers,   (v°)
Ensemble o eus Doon et Jofroi le guerrier.
Sor la rive de Hongre sont Hongre herbergié,
Et jurent Damedieu, le glorios du ciel,
Tresqu'a Costantinoble ne [lor] laira il riens,
2430 De proie, d'autre chose, vaillant .iiij. deniers.
. . . .
A tant es vos .j. mès sor .j. corrant destrier ;
Et fu parmi le cors d'un grant espié plaiez.
A hauté voie escrie : « Emperieres, oiéz !
  « Dorames vostre niés [s']est bien de vos vengiez ;
2435 « Sor la rive de Hongre sont si homme logié,
  « Et jure Damedieu, [le glorios] du ciel,
  « Tresqu'a Costantinoble ne vos laira il riens,

2419 G. c. se donnarent en bataille p. a. — 2424 Seigneurs ce
fu d. — 2427 S. l'aigue de Hoguerie ; *cf.* v. 2435 — 2429-30 *cf.*
2437-8 et 2450-1. — 2430-2431 *Entre ces deux vers il faut admettre une lacune : on est brusquement transporté à Constantinople.* — 2434 vengiez, ms. rangiez ; *cf. v. 2447.*

« De proié, d'autré chose, vaillant .iiij. deniers. »
Salmadrine la bele en a oï plaidier ;
2440 Bien poëz diré et croíre son cuer en ot irié.
Venue est a Landri, ou se devoit chaucier ;
Si li baisa la boche, le genol et lé pié,
Bel et cortoisemènt l'en prist a aresnier :
« Sire Landris de France, molt es boins chevaliers,
2445 « De tôté nostre guerré es tu vénus a chief,
« Ne ma[i]s que d'une seule, mais éle est molt grief.
« Bien se venge de nos Dorames, nostre niés :
« Il a mandé ses hommes ; si retient chevalier[s]
« Et jure Damedieu, le glorios du ciel,
2450 « Tresqu'a Costantinoble ne nos laira il riens
« De proie, d'autre chose, Vaillant .iiij. deniers. (
— Bele, ce dist Landris, « ester car me laissiez :
« Je les sai si coarz, si mauvais et laniers,
« Or ne cuit nul en champ encontrer ne bailler. »
2455 Atant es vos .j. mès sur .j. corrant destrier,
Et fu parmi le cors navrez d'un roit espié,
Et monta ou palais ; ne se vot atargier ;
Li sans vermeus li raie [et] davant et darier.
A haute vois s'escrie : « Empereres, oiez... »
2460 Et quant l'entent Landris, a poi n'est enragiez.
A haute vois escrie : « Armez vos, chevalier! »
Et cil li respondirent : « Com vos plaira si [i]ert. »
Lors s'adobent ensemble li noble chevalier,
Et vestent les haubers, lacent heaumes vergiez
2465 Et céignent les espées a[u] poing d'or entaillié
Et pendent a leur cols les escuz de cartier

2439 o. plaidoier. — 2440 irié, ms. iriés. — 2446 Ne m. ques;
m. griefve. — 2447 de vous, votre n. — 2449 le, ms. dou le. —
2450 vous l. — 2453 sai, ms. sauz (ou sanz); et si m. — 2454
champ, ms. chant. — 2456 espié, ms. espiés. — 2458 darier, ms.
dariere. — 2459 h. v. rescrie. Il est probable qu'il y a une lacune
après ce vers, cf. v. 2434 et suiv. — 2460 n'est, ms. n'a. — 2464
vergiez ms. vergiers. — 2465 ceignent, ms. ceindent.

Et prenent en lor poing les rois trancha[n]z espiez,
A .vij. clous de fin or les confenons laciez,
Et montent es chevaus arabis et corsiers,
2470 Et sont .xl^m. armé sor les destriers ;
Et Landris les conduit, li cortois et li fiers,
Li niés le roi de France, [qui molt fist a prisier].
De ci qu'a l'oste ne firent la rue atargier ;
La s'atiengnent ensemble com vaillant chevalier
2475 (Il broche l'aragon des esperons d'ormier)
Grans cos se vont doner es escuz de cartier,
De sor les bocles d'or les ont frains et perciez,
Les haubers jazerans rompuz et desmailliez.   (v°)
La peüssiez veoir .j. abateïs fier,
2480 Le sanc et la cervele contre terre ra[i]er
Et l'un mort desor l'autre verser et trebuchier.
Atant es vos Landri armé sor .j. destrier :
Il broche [le] cheval des esperons d'ormier,
Sor l'escu de son col ala ferir Garnier :
2485 Desor la bocle d'or li a fraint et percié
Et l'aubert de son dos rompu et desmaillié,
Le cuer qu'il ot ou ventre li a par mi trenchié ;
Puis escria et broche : « Ferez i, chevalier! »
Et il si firent sempres ; ne s'i vont atargier.

LXXVI

2490 Molt fu grant la mellée la ou cil ost s'assemble
Et d'une part et d'autre fu la perde molt grande.
La ot tant hante fraite et route targe tante,

2469 a. et coreciés — 2472 vers incomplet dans le ms. — 2473
sic ms., altéré; corr. De ci que a la rive ne firent a. (?); cf. v.
2427, 2435. — 2475 des e. et des piés. — 2486 rot et d. — 2488
broche, ms. broiche, altéré? — 2490 La ou cil o. ansemblet
f. m. g. la m. — 2491 fut m. g. la p. — 2492 h. frainte et tante
targe route.

Tant gentilz chevaliers gisent mort en la lande.

Trés par mi leu dou champ vint li rois Alixandre ;

2495 A haute vois escrie : « Ou es alez, Dorames,

« Li filz de ma seror, qui chalonges mon reigne ?

« Demain seras penduz, se as main[s] te puis prendre.

Quant cil l'a entendu, a po que ne forsane ;

Il crie a haute vois, si que trestuit l'entendent :

2500 « La terre vos chalonge et trestot le realme. »

Quant l'entendi li rois, a po que ne forsane ;

Il broche le cheval des esperons qui trenchent :

Li oncles et li niés de l'esperoner pensent ;

Sor les escuz se donent si granz [cops] des lances

2505 Desor les bocles d'or les peçoient et fendent.   (f.

Li haubert sont si fort n'en porent rompre maille.

Totes plaines lor lances s'entrabatent ensemble.

Il resaillent en piez com nobile chataigne,

Et sachent les espées dont li coltel bien trenchent.

2510 Granz cos se vont doner sor les heaumes a tente ;

Les pieres et les flo[r]s en font aval descendre.

Li niés l'oncle vainquist, ja n'i eüst desfence ;

Atant es vos Landri, s'ot bris[i]ée sa lance.

Ou qu'il voit son seignor, a lui aidier s'avance,

2515 Il tint traite l'espée tote nue sanglante ;

Va ferir le gloton sor l'iaume de Plaisance,

' Que les flors et les pieres contreval en cravante,

Que tot l'a estoné, et li gloz s'espoente.

Il va crier merci et Landris le va prendre ;

2520 Parmi le nasel d'or son seignor le presente.

2493 gisent, *ms.* gisant. — 2494 champ, *ms.* chans. —
2495 est a. — 2497 m. tu p. p. — 2498 que, *ms.* qui. —
2500 Je v. ch. la t. — 2504 *Vers trop court; corr.* s₁
ruistes [cops] des l. (?) — 2505 l. perçoient. — 2507 Toute plaine
lour lance s'entrebatent e. — 2508 chataigne, *ms.* chadonne.
— 2510 a tente, *ms.* atante; *leçon douteuse.* — 2512 Li n. v. l'o.;
daffance. — 2518 Qui.

LXXVII

Quant Dorames fu pris, la bataille est finée,
Li Hongre s'en fuïrent [tot] contreval la prée,
Ne mais que .m. chaitif qui en l'estor remestrent :
Do et Jofroiz les tindrent as trenchanz des espées.
2525 Se tel fuissient li Hongre, mar i fu[s]t la meslée,
Cil de Constantinoble l'eüssent comparé[e].
Atant es vos Landri, sa lance [a] recovrée,
Il broche son cheval et vait ferir son pere :
L'escu li a percié et la broigne faussée,
2530 Ou cors li mi[s]t la lance, si l'abat en la prée.
Cele part vint [corant], si a traite l'espée,   (v°)
Ja eüst voirement pris la teste son pere,
Quant li dus li cria : « Ne me tochiez, beaus frere !
« Soudoie[r]s sui chaitis de mout longe contrée ;
2535 « Qu'averas gaaingnié? je n'ai d'avoir denrée. »
Quant l'entendi Landris, s'a la color muée :
Grant pitié en a pris, [s']a restoié l'espée.
Par le nasel du heaume ala penre son pere,
Si le rendi le roi ; ce est chose provée.

LXXVIII

2540 Quant li dus Dos fu pris, lors fu li chans fine[z]
Et Asse et Guinemanz ont Jofroi remené ;
Et li niés et li oncles furent forment pené

— 2524 as, ms. es. — 2525 mar i, ms. mari (en un mot). — 2526
l'e. comparer. — 2529 a perçier ; çourgne faulcer — 2530 cors,
ms. coz ; lance, ms. lanor. — 2532 Ja e. p. v. la t. de s. p. —
2534 mout, ms. mon. — 2535 a. gaingnier ; d'a. danrées. — 2536
Q. l'antant L. — 2537 restoié, ms. ratoié. — 2538 nasel, ms. vaisel
— 2539 tandi le r.

Et furent enz es çors [mout] plaié et navré.
Il retornent ariere en la bone cité ;
2545 Mout fu granz li eschas que il ont conquesté.
Enz en parfonde chart[r]e les fist li rois geter,
Et .iiij^{xx}. des autres, car il furent conté ;
Il i furent .vij. ans, trop i ont conversé ;
Do [en] ot toz porriz les flans et les costez.
2550 Or vos lairons de ce[u]s ; mar lor est encontré !
Et vos dirons d'Olive, qui ariere remest,
Qui tant a les noveles enquis et demandé
Par quoi ses sire Do est du païs getez ;
A l'evesque tantost l'ala dire et conter.

LXXIX

2555 La suer a[u] roi de France est ariere remese,
Avec le bon evesque qui tant [l'ot] honorée ;
Ele vint du moustie[r], s'a la messe escotée.
Et li per de La Roche o[n]t la mer [tres]passée   (f.
Bien a passé .vij. ans qu'il l'avoient outrée,
2560 Ainçois que la duchesse fu[s]t de pechié retée
Et dou duc d'Alemaingne partie et desevrée.
Quant il virent la dame, sur les murs s'aresterent.
Desouz les esclavines ont les paumes botées ;
Molt se sont merveillié, s'ont les coleur[s] muées
2565 Et dient l'un[s] a l'autre : « No dame avons trovée :
« C'est Olive la bele, qui de France fu née. »
Ainz ne s'en dona garde la duche[sse] honorée ;
Si la tienent as poinz de la manche froncée,
Parfondement l'enclinent ; par non l'ont apelée :
2570 « Duchese de bone aire vos soiez bien trovée !

2545 fu, *ms.* tuit. — 2549 costez, *ms.* costel. — 2556 Ensemble
a b. e, — 2558 li pere ; la mere. — 2560 retée, *ms.* restée. — 2561
A. fu p. — 2563 pauuces b. — 2565 Nos d. — 2569 l'o. enclin a.

— Baron »,dist la duchesse, « vostre arme soit salvée.
« Dont estes, de quel terre et dont est[es vos] née? »
— En la moie foi, dame, de la vostre contrée ;
« Nos servîmes es noces ou tu fus esposée,
2575 « Quant tu fus de Doon, nostre duc, marïée.
« Ou est remés li dus ? qui vos a desevrée? »
Quant l'entendi la dame, s'est cheüte pasmée.
Li .iiij. pelerin par les bras l'ont levée ;
Ele lor a sa honte et sa perte contée,
2580 Coment li fel Tomiles l'a a tort demenée,
Et Audegou[r] sa fille a a[l] duc marïée,
Et que ne set novel[es] ne del fil ne del pere.
Quant li per [l']entendirent, de pitié em plorerent;
Desur saintes reliques tuit ensemble jurerent
2585 Qu'il li rendront sa terre et tote sa contrée
Ne la fille Tomile n'ert ja par lor amée.
Quant l'entent la duchesse, grant joïe en a menée.
« Niece »,dist li evesques, «franche dame honorée,
« Cil .iiij. baron sont de la vostre contrée.
2590 « Et si ont devant moi vostre honor bien jurée,
« Et si la vous rendront, ja n'en ert trestornée.
« Quant vos avrez La Roche et tote la contrée,
« Niece », dist li evesques, « ne soiez esgarée :
« Tenez large mesnie, donez larges sodée[s],
2595 « Car par ce serez vos servie et honorée. »
D'or en avant commence de la [ruiste] meslée...
De la fiere venjance que il fist de sa mere
Et geta de la chartre le duc Doon son pere
Et jura Salmadrine, la fil[l]e l'emperere,
2600 Et ensembla la gent qui de Pu[il]le fu née,
Tosquanz et Genevois et ce[l]s de Valfondée :

2572 et de q. t.; d. est nez. *Altéré.* — 2573 Et en. — 2582
des f. — 2583 li pere. — 2591 la v. randrons. — 2594 l. mainie.
— 2596 *Après ce vers, il doit manquer un vers où Landri était
nommé.* — 2601 Torquanz.

Par ce[l]s fu Alemaine conquise et aquitée
Et Tomiles destruiz et sa fille afolée.

LXXX

Baron, c'est verité, sachiez a escïent,
2605 Li hom, puisqu'il faut l'autre, ne[l] doit traire a garant
Ne cil celui [que] hait, se sa honte consent.
Qui que prisa Pepin, Landris le tint por lent,
Qui lui et la duchesse failli vilainement
Et prist du traïtor son or et son argent;
2610 Perdue eüst puis France, que Landris [la] li rent.
Li vallez s'en issi jovene [tot] povrement,
O lui .v. chevaliers qui furent si parent;
Il n'ot pas [ceint] l'espée, mais a son col la pent;   *(f.*
Jusqu'a Constantinoble ne prist arestement.
2615 La li dona li rois armes et garnemenz;
Cil ot non Alixandre, cui Grifonie apent,
Dont la geste Tomile chaï puis en torment.
Li rois ot .j. guerre qui l'angoisse et sorprent,
De son nevo Dorame qui s'onor li deffent;
2620 Landris le prist [par force] et desconfi[s]t sa gent
Et rendi l'emperere par le nasel d'argent,
Et son pere le duc prist il v[e]raiement
Qu'estoit au roi Dorame remés novelement
Par le felon Tomile qui s'anor li desfent.
2625 Li dus ala en France; mauvais secours i prent :
Pepin[s] l'i desfia se Olive ne li rent.
Tant chevaucha li dus qu'a Dorame se prent;
Landris le prist [par force] par son grant hardement,

2607 L. le tient. — 2609 prist, *ms.* print. — 2612 ces parans.
— 2613 l'espee, *ms.* espées. *Cf. v. 1086.* — 2616 Grifoine. — 2621
Ce Landri l'ampereres per le noel d'a. — 2623 Dorames. — 2624
q. sa uoi; *cf. v. 2619.*

Mais il nel conut mie, si en fu plus dolenz;
2630 .VII. anz et .iiij. mois i sofri le torment.
Cil qui le prist par force le regreta sovent
Et Olive sa mere dont novele n'entent.
Par la terre Alixandre fist Landris son talent,
Li rois ot une fille qui molt ot le cors gent;
2635 De l'amistié Landri se desdu[i]t et esprent,
Son servise li offre par sa boche sovent.
Mais li vallez fu sage[s] [et preuz] et de bon sens:
Ne feïst le roi honte por or ne por argent;
De sa mere et del duc li remembre sovent.

LXXXI

2640 Landris qui fu de France ama molt Salmadrine;
Se li rois li dona[st], volentiers l'eüst prise.
.I. nuit fu li enfes a mesnie escherie,
O ses .v. compaignons de France la garnie:
Por l'amor de l'enfant ont lor terres guerpie[s].
2645 De la honte li membre que li a fait Tomiles;
Li ber plore des ieus et de son cuer sospire.
Dit Guinemanz ses maistres: « Que nos demandez, sir
— Baron, » ce dit li enfes, « je ai au cuer grant ire:
« Tomiles a ma mere vergondée et honie
2650 « Et del duc d'Alemaigne desevrée et partie,
« Et quant je sui chaitis et ma mere chaitive,
« Li dus est hors de France, ja ne le verrai mie,
« Et ma mere, la lasse! estranglée et murtrie,
« Et Pepins m'a failli: ja n'e[n] avrai aïe;
2655 « Et li malvais lignage[s] a ma terre saisie:
« Perduz ai les honor[s] de Gormaise et d'Espire,

2629 il ne le, fut le p. — 2535 a. de L. — 2637 saige et de b.
sanc. — 2638 f. li r. — 2642 miennie. — 2645 qui li. — 2646 de ces
i. — 2647 maistres, *ms.* mâuués; *cf. v. 2659.* — 2650 del, *ms.* des.

« Le chastel de La Roche et Coloigne la riche ;

« Certes, quant m'en remembre, ne puis joer ne rire

Dist Guinemanz ses mai[s]tres : « Ne vos esmaiez mie.

2660 « Pris es[t] li rois Dorames et conquis Montervile

« Et li .iiij. baron qui les granz maus vos firent.

« Hé ! Deu, se il [i] muerent, com mar virent lor vies !

« Et li rois Alixandres a sa grant terre quite.

« Hé ! ber, car pren congié au roi et a sa fil[l]e ;

2665 « Ralons nos en [arriere], a la Pasque florie,

« Pour veoir le lignage qui nos peres traïrent.   (f.

« Hé ! ber, se ne te venges, ta proesce est fa[il]lie.

« Se tu trueves le roi, de t'amor le desfie.

— Mai[s]tre », ce dist li enfes, « f[e]el conseil me dites

2670 « Se Pepin[s] ne m'aïe, de m'amisté n'a mie ».

.I. vaillanz escuiers a la parole oïe ;

Cil est a son hostel, mais ne le sevent mie.

De ci que ou palais ne cesse ne ne fine,

Et trueve Alixandre ou par[o]le a sa fille ;

2675 Devant lui s'agenoille, si li commence a dire :

« E[n] nom Deu, emperere, or vos croi[s]t poine et ire

« Du damoisiel de France n'avrez jamais aïe.

« Li ber s'e[n] vuet aler, et ses maistre l'otrie.

— Amis », dist l'emperiere, « ce que est que vos dites ?

2680 « Li damoisiaus de France a m'anor en baillie,

« Tote Constantinoble, Monbardon et Vaillie ;

« Si m'a conquis Dorame et ma guerre finie ;

« Et, s'il s'en vuet aler, bele ert la departie :

« Je li ferai merir sa poine et son servise ;

2685 « Tant li donra[i] avoir, tot son vivant ert riches ».

Quant l'entent la pucele, s'est müée et vertie :

« Sire rois Alixandre, ce que est que vos dites ?

« Ja ne m'a pas Landris jurée ne plevie

2660 c. Monteruule, *cf. v. 2848*. — 2661 li, *ms.* les. — 2662 come m. v. 1. nies. — 2664 prens. — 2675 si, *ms.* ci. — 2679 Ains ce d. — 2680 m'amor en b. — 2684 m. ses poines.

« Ne livrez ses ostages, ne point ne sui je fie. »
2690 — Fil[l]e, « dist l'emperere, « ne soiez si hastive ;
     « Li ber a molt grant sens avec chevalerie ;
     « Si a dedanz son cuer .j. venjance prise.
     « Mais or pl[e]üst a Deu, le fil sainte Marie,
     « Qu'il eüst toute France forjurée et guerpie :
2695 « Certes, je li donroie de m'anor grant partie ».
     Li rois s'en va couchie[r] en sa chambre garnie,
     De ci qu'a mie nuit, que sonent les matines ;
     L'empereres i va, o lui grant compaignie
     Des barons de sa terre, qui son regne jostisent ;
2700 Davant lui fait po[r]ter [les] granz cierges de cire,
     En .j. crote [en] entre davant Sainte Sofie ;
     Souvent reclame Deu, le fil sainte Marie.
     Et la fille le roi ne fu pas endormie,
     Ainz se leva en piez, seule sanz compaignie,
2705 Si sainglement, sanz dras, c'onques n'i ot chemise,
     Mais ele [s']afubla d'un mantelet d'ermine ;
     Venue est en la chambre ou cil de France gisent,
     Le lit a son ami ne meschoisira mie,
     Car du franc chevalier ot la parole oïe.
2710 De Landri qui s'en va est dolante et pensive ;
     Entre lui e l'esponde s'est mucie et glacie ;
     Quatre fois le baisa ainz qu'ele mot li die.
     Li vassaus s'esvoilla, s'a la dame sentie,
     Trova ces mameletes gisant sor sa poitrine ;
2715 Dures sont et noveles, encor ne sont blemie[s].
     Es vos la char l'enfant si d'amisté sousprise
     Que li tremble li cors com foille qui balie ;
     [Ainz] mais de fame en terre n'ot itel compaignie. (f.

2689 as o. — 2695 de m'aver. — 2696 Li .j.; ch. parmie. — 2698
L'empereur. — 2700 des cires. — 2704 A. li sc l. — 2706 afubla,
ms. afluua. — 2707 cil, ms. so. — 2708 meschesira m. — 2712
le, ms. la. — 2713 li v. s'avoilla. — 2716 sourprist. — 2717 Se;
come f. q. baillie.

Il li a demandé : « Qui estes vos, meschine ?
2720 « Je te conjur ta loi et [tres]tot ton batisme.
    — Sire », dist la pucele, « j'ai a non Salmadrine,
    « Et sui fille Alixandre le roi de Griffonie,
    « Qui tient Constantinoble, Monbardon et Valie.
    « Que vos en mentiroie ? je sui la vostre amie.
2725 « Tes talenz en puez faire, que que nus hons en die.
    « Se je muer par amor, m'arme en ert garie.
    — Dame, » dist li valez, « ce que est que vos dites ?
    « Certes m'amor m'avez afïée et plevie.
    « Ja set bien toz li monz, tis peres es[t] mes sire
2730 « Se tient Malingre, par coi il me jostise.
    « Ralez vos en gesir, bele suer, douce amie.
    — Sire, » dit la pucele, « tost m'en serai partie,
    « Mais d'un des jeus de France vuel ainçois estre apris
    — Bele, » ce dist li enfes, « et je le vos otrie,
2735 « Par .j. tel covenant com vos m'o[r]rez ja dire :
    « A ceste Pentecoste, dont la feste est joïe,
    « Que portera corone l'emperere mes sire,
    « Get[e]rez de prison les prisoniers qu'i gisent
    « Et prierez vo pere sauveté de lor vie[s],
2740 « Et je lor pardonrai mon mautalent et m'ire,
    « Que Deus me doint venjance du traïtor Tomile. »
Cele tendi sa main, sa foi li a plevie ;
De son commant rover ne fu pas esmaïe ;
Li niés Pepin de France bonement li otrie :
2745 « Baisiez moi, s'il vos plaist, bele tres douce amie,
    « Que ja por .j. baisier ne serez escharnie,
    « Ne ja ver[s] Alixandre n'avrai ma foi mentie ».
Et respont la pucele : « Fole qui ne l'otrie ! »
A cel mot s'entrebaisent, que plus n'i atendirent.

2722 f. le roi A. — 2723 Monbordon. — 2725 quelque n. — 2726
ert,. ms. est — 2729 b. tout li mont — 2730 sic ms., vers trop
court; corr. [Ma terre] tient M. (?), cf. v. 2655. — 2737 Qui p.
— 2738 de prisons; qui i g. — 2739 p. vos perez. — 2748 F. soit
q. l'o.

LXXXII

2750 Landris et la pucele se sont entrebaisié,
     Amor sanz mespresure se sont afiancié.
     La pucele lui a greé et otroié
     Que ele, a Pentecoste, a la feste qui vient,
     Getera de la chart[r]e les chetis prisoniers
2755 Et lor donra bl[i]auz et garnemenz molt chier[s].
     Par le conseil Landri est alée couchier.
     La nuiz est trespassée, li jor[s] est esclairiez.
     Quant les messes sont dites et finé li mestler,
     Ou palais Const[antin] est li rois repairiez.
2760 L'emperere manda ses barons chevaliers,
     Et Alemant i vienent molt bien apareillié,
     Ne ja por plus prodome[s] ne les estuet changier.
     Quant li rois vit Landri, dejoste lui l'assiet,
     Lors li a demandé sanz point de delaier :
2765 « Landris, filz a baron, me vole[z] vos laissier ?
     « Hé ! ber, car pren ma fille et si part a mon fié.
     « Mes hommes de Calabre vos donrai volentiers,
     « Et Tremoi[g]ne et Antoine et Boneven[t] mon fié.
     « De tout mon fié [demaine] avrez une moitié. »
2770 Quant l'entendit li enfes, ne le vot otroier ;
     De sa mer[e] lui membre, Olive o le vis fier,
     Et por Doon son pere commence a larmoier.
     Mais l'enfes ne set mie qu'il l'ait tant habergié,   (f.
     En la chartre Alixandre pené et travaillé.

2751 D'a. s. pressure. — 2754 Getrai — 2757 j. e. esclarcer. —
2758 mestier, *ms.* mestiers. — 2759 p. de Const. (*sic ms.*) — 2768
Et Tremoine et Antoine (*corr.* Hantone ?). — 2769 De sour son f.
a. — 2771 o le, *ms.* a. — 2772 pour Doz. — 2773 m. qui l'ait. —
2774 A la ch.

LXXXIII

2775 Ou palais emperier sont venu Alemant;
    La fille au roi [i] moine ses maistre Guinemanz,
    Joste l'empereor l'a asise en .j. banc.
    En la cort sont venu Pullois et Aufricant,
    Et li rois Alixandre [a] fait crier son ban,
2780 Que sa corz est si fiere que mais ne fu si granz.
    Sa grant sene[s]chaucie livra as Alemanz;
    Les esperons porterent Joffroiz et Guinemanz,
    Amauris et Andrius lor enseigne et les branz.
    Landris porta le jor livrée [o] croiz d'argent,
2785 A .j. baston qu'il tint va la presse rompant.
    Cil avesque et cil abe i dient gentilz chanz,
    Cil jugleor violent, notent et vont chantant.
    Li dus est en la chartre, qui la noise [en] entent,
    Le chartrier en a apele : « Qui sont, va ! cele gent?
2790 — A la moie foi, [sire], grant barnage a ceanz :
    « Li rois porte corone, cui Grifonie apent;
    « Ou palais Constant[in] le servent cele gent,
    « Si rendra a ses princes lor meillor chasement. »
    Quant l'entendi li dus, a pou d'ire ne fent;
2795 Et dit Do de La Roche : « Que ferai je, dolenz !
    « A ceste clere feste suel revestir ma gent
    « Et doner a ma gent chevaus et garnemenz.
    « Aï ! Olive dame, com mal desevrement !
    « Certes, biaus filz Landris, jamais ne vous ratenz.
2800 « Haï! mors », dist li dus, « que tardes? car me prent.
    « Certes, mielz aim morir que vivre longement. »
    Dist Asse [de] Maience : « Las ! Dex omnipotenz,

2775 p. emperiers. — 2776 m. son maitre Guinemant. — 2778
Aufricant, *sic ms.* — 2780 Qui. — 2781 es A. — 2785 prise r. —
2786 il d. g. champz. — 2789 va, *ms.* na. — 2791 Li roi portent c.
— 2792 p. a Constant. (*sic ms.*); ces g. — 2796 soloie r. — 2797
d. a mes genz — 2798 Oï d. O. — 2802 Dite ; Dieu omnipotant.

« Que nos puez bien secour[re], s'a toi vient [a] talent!
« Enuit sonja[i] .j. songe, sus ces buches ardanz,
2805 « Que iere a La Roche el plus haut mandement;
« Si me donoit Landris, voz filz, .j. garnement,
« Et Olive sa mere chevaus et garnemenz;
« De ma ci[t] de Maience vi toz les murs sanglanz,
« Et veoie en .j. eve Tomile et ses parenz,
2810 « Il n'en issoient mie, ainz remanoient enz.
— Biaus niés », ce dist li dus, « trop tarde longement;
« Et moi que chaut, pecheres? je n'en verrai nïent. »

LXXXIV

Le jor fu en la chartre Do, si fort se demente
Et plore et sospire por s'amie la gente :
2815 « Ahi! biaus filz Landris », fait il, « bel[e] jovente,
« Jamais ne vos verrons [vivant] en Looraingne!
« Ce nos a fait Tomiles, li fel, par sa chalenge.
« Li fel nos a traïz; Deus mal [guerdon] l'en rende
« Et Audegour sa fille, que me dona a fame. »

LXXXV

2820 Alixandre li ber repaire du mostier
Et a en sa compaigne .xx^m. chevaliers.
Davant l'empereor ardent .m. encensier;
Li niés Pepin de France repaire ou premier chief,
Par soz l'uis de la chart[r]e s'est alez apoier;
2825 S'ot dementer les contes, si l'en pri[s]t grant pitié;

2803 Que, corr. Qui (?). — 2804 buches ardans, sic ms., altéré.
— 2805 el, ms. en. — 2813 f. D. en la ch. — 2819 que, ms. qui.
— 2820 Li barons A. — 2825 S'oit, .

Le bon roi Alixandre en va dire et proier
Et sa fille la gent[e] l'en est cheüe as piez ;   (f.
« Sire rois Alixandre, nobile chevalier,
« Car getez de voz chartres ces gentiz prisonie[r]s ;
2830 « A ceste clere feste lor donez a mangier. »
Et respont l'emperieres : « Par mon chief, volentiers.
Il envoie en la chartre .xv. serjanz a pié :
« Par la loi Dieu, seignor, bien devez [Dieu] proier,
« Quant li rois Alixandre vos demande et requiert :
2835 « A ceste clere feste vos donra a mangier. »
Quant l'ot Do de la Roche, onques ne fu si liez.
Li dus se vot lever et ester sor ses piez ;
Tant fu foibles et las ne pot ester sor piez.
Li bon serjant le portent contremont le planchié,
2840 Lui et ses compaignons, nen i ont nul laissié,
De ci qu'a[u] mandement ou l'emperiere siet ;
Ainc ne furent .v. home mielz servi de mangier.

LXXXVI

Or est Do de la Roche devant le roi venuz ;
Cil chevalier le gardent, que il ot abatuz
2845 Et plaiez et navrez et les chevaus toluz.
Dit li rois Alixandre : « Chevaliers, qui es tu ?
« Certes molt es prodom ; molt fu beaus tis escuz.
« Es plains sor Montervile nos fus molt chier venduz ;
« Trestuit fuissons vaincu, se li François ne fust ;
2850 « Par lui et par ses homes fu li estorz vaincuz.
— Et que vos chaut, beaus sire ? », ce li a dit li dus ;
« Ja chevaus de .iij. livres n'est par nos maintenuz,
« Grosse lance portée ne ruistes cos feruz.

2826 en, ms. li. — 2831 Et par m. c. — 2836 Q. D. de La R. oï.
— 2837 ces p. — 2841 l'emperiers s. — 2842 Ains. — 2844 ot,
ms. oit. — 2847 tis, ms. li. — 2848 sor, sic ms., corr. soz (?) ; Mont
eraule (en 2 mots ; cf. v. 2660) ; fus, ms. fut. — 2849 T. fuissiés ;
fust, ms. fut. — 2853 verulles cors f.

« Je sui Do de la Roche, voirement sui .j. dus ;   (v°)
2855 « Forment m'ama Pepins, nostre roi[s] al lion ;
« A moillier me dona Olive sa seror ;
« J'en oi .j. fil, Landri, que a tort ai perdu. »

LXXXVII

Quant ot Landris li enfes que ses peres a dit
Et Guinemant son maistre a coneü al vis,
2860 Ses deux mains a tendues, cheüz est devant lui.
« Sire Do de La Roche, por amor Deu, merci !
« Pardonez moi les maus que en l'estor vos fis,
« Ou chief de la bataille quant par force vos pris.
« Que mentiroie jé ? Je sui Landris voz fiz. »
2865 Qui donc veïst baisier et le pere et le fil,
Et Asse de Maience et son frere Jofrin,
Dieus ne fist home ou mont cui pitié n'en preïst ;
Li emperere plore ; ne s'e[n] pot a[s]tenir.

LXXXVIII

« Sire », ce dist Landris, « qu'avez fait de ma mere ?
2870 — Ne sai », ce dist li dus, « si m'aït Deus li pere.
« Tomiles et Malingres du païs me geterent
« Et Griffe d'Autefueille, li traït[r]e[s], li lerre ;
« Sim desfia en France Pepin[s] li emperere ;
« Por amor dame Olive la terre m'en veerent.
2875 « Je ne sai quel chemin la bele en est alée ».
Quant l'entendi Landris, s'a la color müée ;
Voianz toz se pasma, de pitié de sa mere.
— « Ne le faites ainsi, amis, » dist l'emperere,

2855 de l. — 2857 oi, *ms.* ois ; que, *ms.* qui — 2858 oi L.; ces p.
— 2859 s. m. a requeneu amis — 2864 Q. vos m. — 2866 et, *ms.*
a. — 2867 preïst, *ms.* prinst — 2873 Si me d. *Cf. v.* 2626. —
2874 P. a. de O. la t. m'envaierent. — 2878 f. mie a.

« Mais mandez ma grant gent par tote ma contrée,
2880 « Tant qu'aiez assemblé .xx^m. homes a espées;   (
   « Reva t'en en ta terre, si [la] conquier, beaus frere.
   « Quant tu l'avras conquise, si la rent a ton pere,
   « Et a ta mere [Olive], se puet estre trovée,
   « Car assez en avras en la moie contrée. »
2885 Atant es Salmadrine en[z] ou p[a]lais entrée :
   « Sire rois Alixandre, trop m'avez obliée :
   « Ja ne m'a pas Landris prise ne esposée,
   « Ne livrez les ostages ne a mostier menée.
   « Sachiez, se il s'en va et je sui esgarée,
2890 « Je me lairai cheoir de cele tor carrée,
   « A plus de .c. garçons me ferai delivrer,
   « Ma vi[l]té et ma honte vos sera reprovée. »
   — Dame, » ce dist Landris, » trop vos estes hastée ;
   « De diz et de paroles es trop abandonée ;
2895 « Il nen avenra ja ; c'est chose destinée. »
   Or en ont tant parlé Landris et l'emperere,
   Cil a fait sa venjance et sauvée sa mere.
   Li bons rois Alixandre li dona grant soudée,
   Chargiez .xxx. somiers de l'or de sa contrée
2900 Et ot bien .xx^m. homes toz hardiz a l'espée.
   Par ces fu Alemagne conquise et aquitée
   Et Tomiles destruiz et sa gent afolée.

LXXXIX

Bien l'avez oï dir[e] plusor et li auquant,
Le jor jura Landris Salmadrine a[l] cors gent

2880 ansemblé ; *le second hémistiche est trop long; lire* h. d'es-
pées(?). *Pour le chiffre, cf. v.* 2900. — 2883 ce p. — 2884 avras,
ms. avrés. — 2885 e. oui p. — 2891 me ferai delivrer, *sic ms.* —
— 2895 Il ne m'avra ja. — 2896 t. parler; Landris, *ms.* li duc; *si
l'on n'admet pas cette correction, il faut supposer une lacune après
ce vers.* — 2897 sauue en sa m.; *corr. douteuse.* — 2899 somiers,
ms. solmiers.

2905 Et lëaument son maistre, li cortois Guinemant.
Li bons rois Alixandre li dona avoir tant,
Chargiez .xx. dromadaire[s] d'or fin et de besanz.   (
Les terres de Calabre s'en vienent chevalchant
Et trespassent Dunoe,..j. eve fort et grant,
2910 Les puis de Leoroingne et les terres avant.
Laissent le Genevois, si passent le Pisant,
Et vienent a Seüse, si gisent en val Lant;
Les vaus de Morïene s'en vienent chevalchant.
Or avra mais Tomiles sa deserte avenant :
2915 De Maience briserent les portes d'olifant;
Dont la chançon commence des ici en avant.

XC

A merveillos barnage vint en France Landris,
De Pu[i]lle, de Tosquaigne en amoine le pris;
A merveillos barnage requiert ses anemis.
2920 Or commence Tomiles ses chastiaus a garnir;
Li fel est a Maience, ou chief de son païs,
Audegour a La Roche et Malingres ses fiz,
De l'avoir d'Alemagne ses [a] fait bien garnir.
D'Olive la duchesse plairoit vos a oïr,
2925 Qui en Seine la ville a son ostel porpris,
Avec le bon evesque, le cortois Auberi?
Sovent plore Doon et regrete son fil.
A unes saintes Pasques qu'est a l'entrant d'avril,
Que on doit celebrer, honorer et cherir,

2905 *vers obscur; leçon altérée?* — 2909 Dunoe, *ms.* Dunot. —
2910 Leoroingne, *sic ms., altéré.* — 2911 les G. — 2912 Senus-
sent; Valant. — 2914 *le vers serait mieux à sa place après le v.*
2915. — 2918 Torquaigne; le plus. — 2919 requiers s. a. —
2922 ces f. — 2923 ses, *ms.* ce. — 2925 v. et s. h. — 2927 regarde
s. f. — 2928 l'antree d'a.

2930 Tint l'evesque[s] sa court; granz barnages i vint.
Par ces hautes eglises font ces cloches bondir.
Li evesques s'ala premerains revestir;
[Dame] Olive adestrerent li baron du païs,   (f.
Devant les euz l'evesque la menerent seïr;
2935 Ja de plus bele fame n'orra nus hom escrit.
L'avesque[s] la regarde; molt grant pitié l'en prist,
Et voit ces chevaliers par ces sieges seïr.
— « Or m'entendez, seignor, » dist l'evesque Aub[e]ri
« Veci .j. duchesse, Olive o le cler vis,
2940 « Fille fu ma seror la bele Beatriz...
« Il la dona .j. duc, qui a joie la pri[s]t;
« Or les a .j. traît[r]es par engien departiz,
« Chacié en a le duc fors du regne en essil;
« Mais, se cil [Dex] m'aïe, qui vraie mort sofri,
2945 « Et je truisse Tomile, [ja] n'en estordra vis. »

XCI

L'evesques Aub[e]ris fu molt pros et nobiles,
Le pueple chiet as piez por amor dame Olive,
A son col ot l'estole et le fanon de tire.
— « Baron ! por Deu merci, le fil sainte Marie,
2950 « Veez ci la duchesse qui de seignor n'a mie,
« La dame avoit .j. fil; morz li est par envie.
« Suer est Pepin de France le roi [puissant et] riche.
« Il la dona .j. duc de molt grant seignorie;
« Or les a departiz par engien .j. traît[r]es,
2955 « Tomiles de Coloigne, cui Damedeus ma[u]die !

2932 L'evesque s'en a. — 2939 Vees ci; au c. v. — 2940 *lacune après ce vers. On doit supposer un vers perdu, où était nommé Pepin (cf. v. 2952) dont il est question au vers suivant.* — 2943 essil, *ms.* aisil. — 2945 estordera v. — 2948 fenon de cire. — 2949 Barons. — 2951 est, *ms.* ast. — 2952 Sire e. P.

« Tant enchanta le duc qu'i[l] li dona sa fille.
« .I. oirs en est issuz qui pórte Deu envie :
« Abatu a le duc de sa grant seignorie
« Et Olivé sa fame de l'avoir desaisie ;
2960 « A tort et a pechié en tienent l'avoir quite ;
« P[epin] s'en est clamez, coresos et plein[s] d'ire...
« Mais, [par] la foi [que] doi Dieu [et] sainte Marie,
« Je l'en movrai tel guerre, si ne tardera mie ;
« Se je puis encontrer Tomile ne Malingre,
2965 « Les honors de La Roche lor voldrai contredire.
« Seignor, aidiez nos en, por Dieu le fil Marie ! »
Li avesques manda qui ses sodoiers prirent ;
Desor Seinne la vile en .j. pré s'asemblirent,
La chargent la vitaille, le pain et la farine,
2970 As montenieres montent, cil char braient et crïent ;
A l'esmovoir de l'ost .c. olifant bondissent.
La duchesse monterent sor .j. mur de Surie,
Estroitement vestue d'un paile de Roissie.
De l'eve de ses ieus fu la guimple moillie ;
2975 Molt par semble la fame qui de seignor n'ait mie ;
En sa main .j. perche qu'el' estreint et paumie.
Le lundi ajorné ne le mardi ne finent ;
Tant se sont travaillé que a La Roche vindrent :
Quant voient le païs, la duchesse en sospire.
2980 Es [prez] devant La Roche .iij. agais lor bastirent ;
A .xxx. chevalier[s] la proie recoillirent.
La dedenz s'adoba li fiz a[l] duc, Malingres,
A .vij^xx. chevaliers est issuz de la vile,
La proie lor rescourent et l'avoir lor tolirent,   (f.
2985 Entre ci qu'as agaiz ne voudrent laissier mie.

2961 Pepin, *ms.* P. *Lacune après ce v.* — 2962 M. la f. du Dieu
s. M. — 2963 Je l'ammenerai. — 2967 *sic ms.; vers altéré?* —
2970 montemeres; char, *ms.* chars. — 2974 De laiue de ces
chief. — 2976 el, *ms.* il. — 2977 l. ajornée. — 2979 Q. le p. v; —
2980 Ez uant de la R. niez .iij. a. l. b. — 2981 p. acoillirent.
— 2982 d. s'adobast. — 2984 l. toloient. — 2985 E; ci que.

Cil lor corurent sus, qui de l'agait issirent;
La ot tant han[s]te frainte, tant[e] targe percie,
Mainz morz et abatuz des compaignons Malingre.
Es vos par la bataille Amorant de Saint Gile :
2990 Niés ert Aubri [l'evesque], cosins germains Olive,
Dus estoit de Be[o]rges, siue en ert la baillie;
Va ferir Grifone[l], .j. des neveuz *Ma[lingre],
Fil sa seror germaine, la dame Malsarie,
Qui tint quite Gormaise et la grant seignorie;
2995 Le cuer li a fendu, l'arme s'en est partie.
Et Esmerez josta a Salvain d[e] Espire,
Nez fu des traïtors, seneschaus fu Tomile ;
Tant soef l'abat mort que ne brait ne ne crie.
Aubris, li bons avesque[s], reva ferir Malingre,
3000 Que l'escu li fendi et l'ausberc li descire;
Parmi le flanc senestre li a l'enseigne mise.
Et Olive seoit sus .j. mul de Sulie,
En sa main .j. perche dont la han[s]te est fresnine :
Sor l'iaume de son chief ala ferir Malingre,
3005 Que le nasel d'acier en mi le front li brise,
Que les denz li esclate et froisse les gencives.
Li sanc[s] vermoilz en raie et a val en defile;
Moillie[z] en a les pans et du haubert les lices.
Lors escria la dame : « N'i dureroiz, traïtres,   (v°)
3010 « Ça me lairez La Roche ; ne l'avrez jamais mie ;
« Ja la me dona Do, quant a moillier m'ot prise,
« Et tote[s] les honors de Coloigne la riche. »
Malingres vit ses homes detrenchier et ocire ;
Il est tornez en fuie, s'a ses regnes guenchies ;
3015 Damedeus le confonde, qui trestoz nos cha[s]tie !

2986 la gent i. — 2990 Aubri, ms. Auberi. — 2991 en est. — 2994
Germaise. — 2995 Li c. li a fondus. — 2996 josta, ms. joste;
Salvain, sic ms., cf. v. 3078. — 2998 que, ms. qui. — 3000 Qui.
— 3003 e. frazine. — 3005 nasel, ms. vaisel. — 3006 froissent l.
g. — 3013 ces h. — 3014 ces roigne g. ·

De .vij^{xx}. chevaliers n'en demora que .xv.

La gent Malingre fu passée et desconfite ;

Maint et communement entrerent en la vile ;

Le chastel et le bourc et la tor lor tolirent.

3020 Et Malingres chevalche coresos et pleins d'ire ;

D'autre part s'en issi par la porte d'Espire,

La trueve son aiol, le traïtor Tomile ;

Ne s'a mie atargié de ses noveles dire.

　　　Oiez des chevaliers qui la Roche orent prise !

3025 Toz les degrez en montent de la sale perrine

Et truevent Audegour sus en la tor antive,

Par la mange la prirent, contreval la traînent,

[De]soz l'ombre d'un aubre la presentent Olive :

« Tenez, franche duchesse, vo mortel enemie ;

3030 « Du duel et du contraire li rendez la merite.

— Par foi ! « ce dist Olive, » a gré m'avez servie.

« Ici tornez, garçon, escuier, » dist Olive ;

« Menez moi cele dame [ça aval] en la vile.

« Esgardez com est bele, gre[s]lette et eschevie !

3035 « Vos l'aiez enuit mais : je la vos claime quite.　　(f.

« Ainc n'ot de moi pitié, ainçois me fist chaitive.

« Se peüst esploitier, si m'eüst fait ocire. »

Quant l'entent Audegour, si plore et [si] sospire :

« Merci ! franche duchesse, vo mere fu roïne ;

3040 « Tot ce fist li miens pere, li fel et li traît[r]e.

« Il est bien verité, toz tens l'ai oï dire,

« Que fame de bon aire de pitié s'umilie. »

Cele la voit plorer, li cuers li atenrie ;

La suer Pepin [l']apele, si li comence a dire :

3045 « Por l'amor de Doön ou preïs compaignie,

« N'esterez enuit mais de vo cors mal baillie,

3017 fu, ms. est. — 3020 M. chevalchent. — 3021 s'en issirent ;
de Spire. — 3023 s'a m. estargiés de ces n. d. — 3028 On pourrait
aussi proposer Soz l'o. d[e] un a. — 3029 voz mortele. — 3030 le
m. — 3032 Veci — 3035 V. l'a. enuiuais ; cf. v. 3046. — 3036
Ainz.

« Ainz vos ferai geter en ma chartre perrine,
« Illu[e]c vivrez toz jours a duel et a martire. »

XCII

3050 Dame Olive en apele ses .ij. maistres chartrie[r]s :
« Prenez moi cele dame, trés bien me la gardez ;
« Je ne vous commant mie sor terres ne sor fiez,
« Ainçois la vos commant sor les ieus de vo chief.
« Certes, se vos eschape, n'en estordrez vos piez. »
3055 Et cil respondent : « Dame, com vos plaira si [i]ert. »
Et le gris et l'ermine li ont du dos sachiez,
En la chartre l'avalent parfonde .xij. piez,
Tot li firent veer le boir[e] et le mangier.
Et Malingres cheva[u]che, qui est ou cors plaiez ;
3060 De ci qu[e] a Maience ne voldra atargier
Et vint en son ostel, s'e[s]t en .j. lit couchiez.
Li gloz prent .j. ba[s]ton, a po ne l'a mangié.   (v°)
Tomiles de Coloigne, qui devant lui [en] vient,
Ci[l] li a demandé : « Com vos esta, .beaus niés?
3065 — A la moie foi, sire, je sui mal engigniez.
« Hui estoie en La Roche sus ou palais plainnier,
« Dou gentil duc mon pere m'estoit remés en fié,
« Fu[s]t a tort ou a droit, j'en estoie heritier[s],
« Si avoie a ma table .vij^{xx}. de chevaliers
3070 « Quant Aubris li evesques la me vint ostagier,
« Et ot en sa compaigne .x^{m}. de chevaliers ;
« .III. agaiz nous ba[s]tirent ou val de Roche Viés ;
« Nostre proie acoillirent a .xxx. chevaliers,

3051 *corr.* me la g. trés bien (?) — 3054 n'en estorderez nes —
3055 com, *ms.* come. — 3057 xij, *ms.* xiiij (*vers trop long*). —
3062 mangié, *ms.* mangier. *Ce vers n'a aucun sens et ne se ratta-*
che pas au vers qui suit. — 3063 qui, *ms.* cui. — 3071 sa compaignie. — 3072 m. vous b. ag., *cf. v.* 2980.

« Je m'en issi là fors, armez sor mon destrier,

3075 « Et .vij^{xx}. de mes homes, les confenons laciez,

« De ci que.ou Val [Viés] nes vousimes laissier,

« Et barnage nous sordrent et devant et darier.

« Vo neveu i perdîmes a l'estor commencier,

« Lui et Salvain d'Espire, le vostre conseillier.

3080 « Des agaiz a l'evesque ne me soi ainz gaitier,

« Ainz me sort d'une lande, armez sur .j. destrier.

« Li fel me vint ferir, ne me vot espargnier,

« De mon helme tenant m'a les clavains trenchiez,

« Soz le poing de m'espée m'a enz ou cors plaié.

3085 « Mes esbais m'a tolu[z], dont m'a dolent laissié.

« Et Olive seoit sus .j. mul sulien,

« En sa main .j. lance plaine de poi ranier,

« Tel cop me vint paier que tot me fi[s]t ploier,

« Sur mon destrier corant me fi[s]t agenoillier.   (f. 59

3090 « Illu[e]c vi je mes homes ocire et detranchier,

« Et mes cha[a]ingnes rompre et mes pons abaissier.

« Mes barrés m'ont copées et mes portes froissies,

« Je ne pou en ma tor venir ne repairier.

« Mon chastel me tolirent, le borc et le marchié;

3095 « N'en mena[i] que .xiiij. de .vij^{xx} chevaliers.

« Tant par est grant ma perde ne la vos puis noncier.

« Or ne sai que je face quant putain m'a chacié.

« Remese i est ma mere; ne li porrons aidier. »

Li fel chaït pasmez, tant [par] fu angoissiez.

3074 armez, ms. a mieulx. — 3076 *La correction, empruntée
au v. 3072, est assez douteuse, car nous ne savons ce qu'il faut
entendre par* Val Viés; *on pourrait proposer d'après le v. 2986*
De ci que as agaiz. — 3077 Et barnel n. soudrent. — 3078 Vo
neveu, ms. Nous vous; *cf. v. 2992.* — 3083 helme, ms. clavains
— 3085 esbais, *sic ms.,* corr. eschaà (?); laissié, ms. laissier. —
3086 seoit, ms. se sciet; *cf. v. 3002;* sulien, ms. sulier. —
3087 poi ranier, *sic ms. en deux mots;* corr. bois ramier (?) — 3088 f.
plaier — 3089 Que sur — 3091-2 *Ces deux vers sont intervertis
dans le ms.* — 3092 barrès, ms. baires — 3093 repairier ne venir.

3100 Et dist li fel Tomiles : « Beaus niés, ne t'esmaier.
   « Or[e] lor mand[e]rai treves et ami[s]tié,
   « De l'avesque et d'Olive reconoistrai mon fié ;
   « En present lor metrai m'onor et ma daintié,
   « Tant que de lor [meson] puisse tant aprochier
3105 « Que [je] soie en la Roche .j. nuit a cochier.
   « Je les enerberai au boire ou au mangier,
   « Ou les acorerai a .j. coutel d'acier ;
   « Ja ne verront la Pasque ne septembre moié ».
   Et dit li fel Malingres : « Se vos ice faites,
   « Dont serez vos mes oncles et je serai voz niés.
3110 — Oïl », ce dist Tomiles, « se je puis esploitier. »
   Ma[i]s li gloz ne set mie del franc duc qui revient
   Devers Constantinoble o .xx^m. chevaliers,
   Et sont desor Sobrie aresté et logié ;
   Maint riche tref de soie i veïssiez drecier.   (v°)
3115 Li borjois citïen s'en sont molt esmaié,
   Ou palais font porter lor or et lor deniers
   Et si conduisent tuit lor vitaille a somiers.

XCXIII

   Ez prez desoz Sobrie vienent li ost errant,
   Tendent trez et aucubes et pavillons lu[i]sanz.
3120 En la cit s'espoentent borjois et autre gent,
   Ou palais font porter lor or et lor argent

3100 esmaier, *ms.* amaier. — 3102 d'Olive, *ms.* de la dame. — 3103 m. m'avoir et ma dointié. — 3104 T. q. de l. me puis je tant a. — 3106 enarbrai. — 3109 faites *altéré, corr.* fesiez (?) — 3109 a A ce vers commence le second feuillet appartenant à M. Lelong. Ce fragment s'étend jusqu'au vers 3288. La plus grande partie du vers 3109 a est coupée dans L. — 3112 o d'après L., *ms.* ot. — 3113 *ms.* Sorbrie, *mais v.* 3118 Sobrie, *comme dans* L. — 3114 L. Maint riche trez de s., *ms.* Mains trés de soie riche ; veïssiez, *ms.* meüssiez. — 3118 L. *ms.* les oz e. — 3120 L. cit, *ms.* cité.

Et conduent a force le vin et le froment,
Car il ne sevent mie dou duc le covenant;
C'est sa chambre [demaine] de son droit tenement,
3125 Si la conquist ses pere, li Alemanz Florenz,
Il en ocist .j. roi dur et fort desersenz;
A Doon en remestrent trestuit li chasement.
La gent dont fu puplée ainme le duc forment,
Onques ne li vousirent faillir a son besoin
3130 Ne doner Audegour ne servise ne cens.
Toz tens tindrent la vile par lor efforcement :
Molt fait li hons que saiges qui son seignor ratent.
Lor seignor ratendirent cil dedanz longuement,
Et li dux lor en fist .j. guerredon molt grant :
3135 Lor fiez lor clama quites et lor hommes lor rent.
Li dux se fu levez par son l'aube aparant,
Davant lui a mandé Asson et Guinemant
Et Jofroi son nevou et Landri son enfant :
« Consoilliez moi, mi home, franc chevalier vaillant.
3140 « Je redot molt Tomile, et lui et ses parenz,
« Que ne face asemblée de vitaille et de genz.
« Baron, s'il nos eschape, molt en serai dolenz ».
Landris, li filz le duc, parla premierement :
« En non Deu, sire pere, vos parlez de noient :
3145 « Ja n'ert en tel chastel que ne l'ensuiens enz,
« La vile n'ert si forz le chastel ne crevant.
« Ces qui ma mort jurerent vos metrai en present;

3124 [demaine] *manque dans les deux textes.* — 3125 li, *ms.* si,
mais dans L. *la première lettre est surchargée, et on peut hésiter
entre* l *et* s. — 3126 *Sic dans les deux textes, sauf que le ms.
porte* desersans. Corr. Durefort de Sersens (?) — 3127 *Sic* L., *ms.*
remetent ...charsemant. — 3128 fu, L. fui, *ms.* fut. — 3129 *Sic
dans les deux textes; corr.* f. a lor serment (?) — 3130 *sens dans
les deux textes.* — 3132 L. ratant, *ms.* atant. — 3133 *ms.* Leurs
seigneurs; *L.* longuemant. — 3136 fu, L fui; son, *ms.* sor. — 3140
L. redoz, *ms.* redoute. — 3144 L Enondeu (*en un mot*) — 3145 L.
lansuiens, *ms.* laissuiens. — 3145 L. aucel ch. *ms.* en cel — 3146
Ce vers n'est pas clair. Corr. Ja vile n'ert si fort ne chastels (?)

« Le hontaige ma mere lor vendrai chierement.

— Biax filz », ce di[s]t li dux, « vos parlez gentement,
3150 « Mès d'essilier le roigne n'ai cure ne talant,

« Car ce sont tuit mi home et de mon tenement

« Et li auquant resont de ma honte dolent.

« Je et Jofroiz me[ï]smes volons aler devant,

« Afublées les guimples par atempreement,
3155 « Por savoir et enquerre bien et certainement

« Com se contient Malingres et sa mere ausiment.

— Sire », ce di[s]t Landris, « je l'otroi bonement.

« Hé Jofroi, biax doz sire, le vostre loiaument ».

XCXIV

Li dux s'atapina, il et Jofroiz ses niés
3160 De guintes sarrazines et de dras depeciez ;

Chapes orent floquans et chaperons fleciez,

Escharpes cordoainnes et bastons de pomier ;

Par dedesus lor gui[n]tes ont lor treüs liés ;

Bien resemblent tel gent qui vienent de proier.
3165 « Peres », ce di[s]t Landris, « bien semblez pautonier

« Gardez que par folie ne vos i otraigiez,

« Que ne soiez Tomile mostrez ne enseigniez :

« Tost vos feroit les membres coper et detrenchier ;

« Puis que li hons est morz n'i a nul recovrier.
3170 — Biax filz », ce di[s]t li dux, « je m'en garderai bien.

Il se parti de l'ost et si a pris congié ;

En .j. forest entre qui .xv. liues tient :

Li dux sot bien le bois, car ce fu de son fié,

3154 *Ms.* atampraemant, *qui est obscur. Dans L. ce vers, qui était le premier de la seconde colonne, est coupé.* — 3155 bien et certainement, *mots coupés dans L.* — 3158 *Ce v. parait corrompu. Il y a peut-être une lacune avant ou après.* — 3163 *L.* guites, *ms.* guindes ; treüs, *corr.* trebus (?) — 3171 parti *d'après L. Il y a seulement* p *dans le ms.* — 3172 *L.* forel.

Mainte nuit i ot geu, sejorné et chacié.

3175 Il regarda sor destre, vit .j. aubre foillié ;
D'Olive lui remembre, commence a larmoier :
« Haï ! franche duchesse, com cest jor m'amïez,
« Et je plus vostre cors que nuns hons sa moillier !
« Quant je vos ai perdue, bien en puis enraigier. »

3180 Li dux s'en passe outre parmi un val croissier,
Ou il oï le blasme primes de sa moillier,
Dont ele fu chaitive et il fu essilliez.
Parmi .j. brüel[et] ont lor chemin changié ;
A l'issir d'une lande troverent .j. plaissié,

3185 Clos de pés et d'espines et de palis troiliés.
Illuc maint .j. frans maires prodons por gaaignier ;
Cil estoit hons le duc plevis et fianciez,
De lui tenoit ses terres, s'estoit ses moitoie[r]s,
Mais il ne se vot onques a Malingre acointier

3190 Ne doner Audegour vaillant .j. sol denier.
Encor avoit Bernarz .x. filz de sa moillier :
Proz [furent] et cortois, li .v. sont chevalier,
Et a .xxx. charrues dont il fait gaainnier,
Que sui .v. fil maintienent a .lx. boviers.

3195 Il ont laz et oisiauz et grant mute de chiens ;
Li maire fait sa vinne planter et prevoignier.   (fᵒ
Il est alez a vespres por Damedeu proier :
Damedeu reclama, le glorios dou ciel,
Qu'il garisse Doon de mort et d'encombrier.

3200 Davant la maistre porte sus .j. perron s'asiet,
Desoz l'ombre d'un chasne grant et gros et plainnier,

3174 *L.* sejorner, *mot omis dans le ms.* ; chascié, *ms.* chascier.
⟵ 3178 plus *d'après L.*, *ms.* puis ; que *L. et ms.* con. ⟶ 3179
Quant, *L. et ms.* Que. — 3180 *Ms.* croisie. — 3181 blasme, *ms.*
bame. — 3185 *L* Clox ; palis *d'après L.*, *ms.* pas. — 3190 sol
denier, *L.* soul donier, *ms.* souldoier. — 3191 avoit, *les deux
textes* a. *On n'a pas dit jusqu'ici que le père se nommât Bernard.*
— 3194 sui, *ms.* ces ; a, *ms.* et. — 3199 *ms.* garissent ; *ce vers et
le suivant presque entier* (*début du verso*) *sont coupés dans L.*

Et voit de totes parz son avoir repairier,
Entrer enz en ces parz et berbis et bergiers,
Et gesir en ces loiges et ma[s]tins et levriers,
3205 Et ces buès et ces vaiches dont il i a miliers.
Gillebert en apele, son ainné fil premier :
« Biax filz, pleüst a Deu, qui tot puet jostisier,
« Que de cest grant avoir fust venduz la moitiez,
« Si tenist Do mes sires l'argent et les deni[e]rs.
3210 « Je redot molt Tomile que ne l'ait espïé.
— Sire », li enfant dïent, « molt en serïens lié ;
« Bien nos garirïens et lui avroit mestier. »
A icestes paroles ez le duc ou il vient
Et son nevou Jofroi, les bordons enpoigniéz ;
3215 Bien [re]connuit Bernart, qui sor le perron siet ;
Quant il le voit en vie, joianz en fu et liez,
Damedeu en aore, le glorios dou ciel ;
Son nevou en apele, si li a consoillié :
« Biax niés », ce dist li dus, « ce est mes moitoiers ;
3220 « Certes, molt est prodons por son seignor aidier.
« Mais ce ne sai je mie s'a Malingre se tient.
« Je me voudrai enuit avec lui haubergier,
« De diz et de paroles le voudrai essaier.   (v°)
— Sire », ce dist li enfes, « com vos plaira si [i]ert ».
3225 Li dux Doz se leva, qui molt fu ensoigniez :
« Dex te saut ! gentis hons, es prevoz ou voiers ?
« Le seignor de ceanz sés me tu ensoignier ?
— Oïl », ce dist Bernars, « que li proz en est miens,
« Si me claiment seignor mi fil et ma moillier.
3230 — Amis », ce dist li dux, « Dex en soit graciez.
« Faites nos enuit mais avec vos haubergier,
« Por amor Deu de gloire nos donez a mangier ».

3203 en, *ms.* es. — 3210 *L* redoz. — 3211 *L S.* dient li enfant.
— 3216 joianz, *ms.* joieulx. — 3220 son, *ms.* ces. — 3225 *L* en
soignier (*en deux mots*). — 3231 *Le ms. omet* mais; avec, *L.* o,
ms. ou. — 3232 *L.* maingier; *de même vv. 3273, 3276, etc.*

Et respondi li maires : « Par mon chief, volentiers ;
Ainz nou veai a home ; anuit n'ert commencié.

3235 — Amis », ce di[s]t li dux, « granz mercis en aiez ;
« Cist bois par est molt granz, si m'a fort travaillié ;
« Et cis païs est gastes, povres et essilliez.
« Comme Doż en fu sires, ce fu torz et pechiez ;
« Par sa grant coardise a cest païs laissié.

3240 « Ja Damedeu ne place que il soit repairiez,
« Si ait eü dou cors si mortel encombrier
« Comme mes cuers le vuet et je le vuel proier ».
Quant l'entendi li maires, molt en fu corrociez,
Son mantel deffubla, si sailli sus ses piez,

3245 De son baston meïsmes le vot ferir ou chief,
Quant sui .ij. fil i corrent, Gilliberz et Gautiers ;
Puis li a dit : « Truanz, bien semblez pautoniers ;
« Ce vos puet on bien dire, ou por musart changier,
« Qui mesdites [i]ci dou meillor chevalier

3250 « Qui onques portast armes ne montast sor destrier ;
« Mais li dux fu traïz ; ce fu duès et pechiez
« Et cil qui le traïrent en avront mal loier.
« Alez autre ostel querre : failli avez au mien ;
« Ja dedenz ceste barre ne metrez mais le pié ».

3255 Quant l'entendi la dame, si l'en pri[s]t grant pitié :
« Por Deu, merci, biax sire, nobiles chevaliers !
« Se il dirent folie, ne s'en sorent gaitier,
« Ne ja por lor parole n'ert li dux enpiriez.
« Quant vos les hauberjastes, por Deu nes enchaciez ;

3234 veai, L. et ms. vaiai ; ms. commancier. — 3236 Ms. Si
b. m. p. e. grans; L. porte, au lieu de grans, un assemblage
de lettres dénué de sens ljezas. — 3238 vers probablement altéré;
cf. plus bas v. 3366. — 3238 L. poichiez. — 3240 L. Damedex.
— 3244 v. coupé dans L. — 3246 sui, ms. ces. — 3249 ici, ms, ce;
L. moillor. — 3251 L. Mas. — 3253 autre ostel, L. ûre o., ms.
vostre oste. — 3258 Ms. nen ert; L d. enperiez, ms. d. enpirier. —
3259 L haubergetes, ms. haubergeres, lecture à laquelle peut, à la
rigueur, se prêter L., mais cf. 3297.

3260 « Enuit les mangeroient ors ou lion ou chien ;
    « Por no droit seignor lige le vos ruis et requier ;
    « Que Dex, par son commant, le doinne repairier !
    — Dame », ce di[s]t li maires, « com vos plaira si [i]er
    « A vo talant en faites, ne m'en entremet riens ».
3265 Toz les degrez de maubre en montent ou planchier,
    Et la dame les moinne sus ou terrin celier
    Ou on fait la cu[i]sine et la mesnie siet ;
    De lait et de frommaige i sont li mès plenier
    Et de flaons noviax et de pain tot musié ;
3270 De la froide fontainne se pue[e]nt aaisier.
    Et quant li dux le voit, s'en fu joianz et liez.
    « Biax niés », ce dist li dux, « cist est biax vivandiers,
    « Certes, molt est prodons : assez done a mangier ;
    « Damedex me confonde se il n'est corrociez ».
3275 Il a boté la table laidement de son pié,
    Trestot a respandu le boivre et le mangier,
    Dont en tindrent lor feste et braichot et levrier.
    « En la moie foi, sire, ne somes pas bergier
    « Que nos de tel viande dëussiens aseier.
3280 « En la terre de France n'en vi onques mangier ;
    « Vos en verrez demain ces ma[s]tins enragier.
    « Nos l'avons en costume, en France et a Poitiers,
    « Quant hons hauberge autrui, qu'il le conroie bien,
    « De pocinèz pevrés et [de] gastiaus broiez
3285 « Et vin et ysopé tant com li est mestiers.
    « Et se tu vuels, bel oste, tel viande nos quier,
    « Et se tu nel vuels faire, remés est nos mangier.
    « Se venons a La Roche, nos l'amanderons bien. »
    Quant l'entendi la dame, s'a son talent changié,

3260 *L.* maingerôiens. — 3261 *L* P. nos droiz ; *ms.* P. vos drois
s. liges le v. prie et r. — 3265 *L* plainchier. — 3269 tot, *ms.* sont.
— 3272 *Ms.* si e. b. — 3277 braichot, *ms.* broches. *Vers perdu
après ce vers ?* — 3279 dëussiens *mq. ms.* — 3283 autrui, *L et ms.*
autre (*cf. 3333*); *L.* conraie. — 3286 et 3287 vuels, *L* viels, *ms.*
vuels (vues). — 3288 *Ici s'arrête le fragment L.*

La dame ist de sa chambre, si entre en sa maison,
Par les maistres degrez en monta contremont ;
3295 Quant la vit li frans maire, si l'a mis[e] a raison :
« Dit[es] moi, bele dame, vo pelerin que font ?
« Arsoir les hauberjastes ou je vousisse ou non,
« Por mon droit seignor lige vos en dona[i] le don.
— A la moie foi, sire, je n'e[n] sai se mal non ;
3300 « Plus sont de fier coraige et hardi com lion.
« No vitaille et nos tables ont boté en .j. mont,
« Or en tienent lor feste et braichot et waignon ;
« Damediex me confonde se ce pelerin sont !
« Je cuit que sont espies Malingre et Audegour   (f°
3305 « Qui nostre avoir espïent e no riche maison ;
« A tart vos vendra mais li secor[s] de Doon.
« Certes, li dux est morz, ou il gist en prison ».
Quant l'entent li frans maire, molt pensa a baston,
Ses .ij. filz en apele, Gilebert et Simon :
3310 « Alons ou sosterrin por veoir les glotons,
« Se il ne sevent rendre escondit ou raison,
« Damediex me confonde se il mal ostel [n']ont !
« Ja por lor dos bien batre mar iront a Soissons.
— Sire », dient si fil, « nos irons avec vos,
3315 « Mais, se Deu plai[s]t de gloire, ja ne le penserons,
« Quant vos les hauberjastes, nul mal ne lor ferons

3290 crient, *ms.* craint. — 3293 sa ch., *corr.* la ch. (?) — 3295
vit, *ms.* vint. — 3296 q. f. il. — 3302 braichot, *ms.* broiches ; *cf.*
v. 3277. — 3304 Je cuide que ce sont e. — 3305 Qu'en. — 3308
baston, *ms.* baron, *cf. v.* 3322. — 3310 ou sorterrin. — 3314 d.
ces filz. — 3315 se, *ms.* ce.

« Pour tel vitaille perdre, car assez en avons,
« Et molt plus de meillor se doner les volons ».
Par les mai[s]tre[s] degrez en montent contremont :
3320 Encor trueve[nt] le duc et son nevou selonc,
Ou atendent la dame que a mangier lor dont.
Atant es le maior, en sa main .j. baston,
Par estrif et par ire mi[s]t le duc a raison :
« Dites, vassaus, qui estes, et comment avez non,
3325 « Ou, par le cors saint Pierre c'on quiert em pré Noi
« De no vitaille espandre aurez tel g[ui]ardon,
« Tel com on [en] doit faire a encrime felon ;
« Ainz oste ne trovastes si fel ne si felon,
« Qui espandi ma table, [ou je] vosisse ou non.
3330 — Sire », ce dist li dux, « Frobert m'apele on,
« Cest mien compain apele[nt] Espovante-felon.
« En la terre de France acostumé avons,
« Quant on hauberge autrui, que bel ostel li font
« De pocinèz pevrez, de haste de chapon,
3335 « Et vin et isopé assez et a foison ;
« Onques ne vi mangier fromaige ne maton ;
« Vos en verrez demain enraigier ce[s] gaignons.
— Amis », ce dist li maire, « assez vos en donrons ;
« Ci manja .j. avesque[s], passé a .iiij. jors,
3340 « Assez nos en remest pain et vin et poisson,
« Aloues en pastez et bons esturions,
« Nos n'en manjasmes onques, car apris ne l'avons ».
Davant lor en fist metre de ci a .iiij. jors,
Et li dux en manja, s'en dona son nevou,
3345 Aval, parmi la table, pastoriaus et garçons.

3318 les, *sic ms.*, *corr.* lor (?) — 3323 estrif, *ms.* estre. — 3326 noz vitailles. — 3328 fel, *corr.* fier ? *Le sens se suivrait mieux si on faisait passer ce vers après le suivant.* — 3329 *La resti-tution est justifiée par le v. 3297.* — 3331 c. apele on. — 3333 autrui, *ms.* autre. — 3338 maire, *ms.* dus. — 3344 en m., *corr.* n'en m. (?); do. a s. n.

Et dïent li .j. l'autre : « Cil paumiers est prodons.
« Ci[l] sire le garisse qui sofri passion ! »

XCXVI

Li dux sist a [la] table, qui les morciaus tailla
Et versa Jofroi vin, as pastoria[x] dona.
3350 Cele nuit fu li dus a[s] pastors seneschals,
Et dïent li .j. l'autre : « Deu ! quel paumier ci a !
Jhesus, li rois de gloire, le garisse de mal ! »
A iceste parole estes vos Bernehart,
Vestuz .j. peliçon qui jusqu'a[s] piez li bat ;
3355 Ou qu[e] il voit le duc, Frobert l'en apela :
« Dites, sire Frobert, est nostre mangiers saus ?
« Gardez ne porchaciez ne traïson ne mal ;
« Il n'est pas [a] costume que ja nulz hons se gart
« De prendre tel vitaille com ses ostes avra,   (f° ℓ
3360 « Mais volentiers en prengne [com la trueve] en tresp
« L'endemain prengne mieus, se il puet et il l'a.
« — Sire, » ce dit li dus, « prisie est ceste char
« Et ci[s] vins est boutez .vij. ans [et plus] i a ;
« Maleoite soit il de Deu qui l'escota !
3365 « Et cist païs est gastes, que prodome n'i a ;
« Comme Do en fu sire, l'amistié en passa,
« Par sa grant coardise le guerpi et laissa,
« Et la dame [et] la terre, quant fuant s'en ala.
« Ja Damedieu ne place que jamais i a[it] part,
3370 « Ne jamais i revoingne, que trop mal fait i a ! »
Quant l'entendit li maire, son mantel defubla,

3346 li .j. a l'a.; *on pourrait conserver cette leçon et changer*
dient *en* dist ; *de même au v. 3351.* — 3347 Ci nostre sire le
garissent. — 3349 au pastoria d. — 3351 li .j. a l'a.; *cf. la note*
du v. 3346. — 3355 v. li d. — 3356 saus, *ms.* sans. — 3361
prenent m.; se il, *ms.* si. — 3364 *vers altéré ;* il, *corr.* el (?) — 3365
cist, *ms.* cest ; n'i a, *ms.* uie. — 3366 Com D. en f. s. tot la
moistié en pesa. — 3370 q. trope m. i, a t.

Il aprocha au feu, .j. baston en sacha,
Et vot ferir le duc, quant ses filz li osta,
Et sa moiller la gent[e] par les flans l'embrasça...
3375 « Par foi, [sire] Frobert, molt me tiens por musart ;
« A pou que ne t'ai mort et ton compaignon ars,
« Quant vos ci me mesdites dou seignor natural
« Qui ja tint cest[e] tere et encor la tenra.

XCVII

« Par la foi Dieu, Frobert, je vos tien a bricon ;
3380 « A pou ne vos ai mort et ars vo compaignon,.
« Quant vous me[s]dites ci dou riche duc Doon,
« Dou meillor chevalier qui chauça esperon ;
« Et cil qui le traïrent en avront guerredon.
— Sire », ce dit le dus, « trop savés de sermon ;
3385 « Se vos fuissiez evesque, molt fuissiez riche[s] hons.
« Meitez nos hors dou bois .iij. liues davant jor ;
« Pourcoi si le ferez, ou vos veulliez ou non. »
Quant l'entendi li maine, molt pesa au baron,
Il tressailli en piés, si a pris .j. baston ;
3390 Et si fil ne li vourent mais proier des baron[s],
Hors de l'ostel les boutent, ou vousissent ou non.

XCVIII

Or sont andui li conte hors de la baitre a plein ;
.I. pleuge chiet froide, qui forment les destreint.

3372 sacha, *ms.* faicha. — 3373 ses, *ms.* ces. — 3375 P. ma f.
Vers perdu entre ce v. et le précédent? — 3376 mort, *ms.*
mors. — 3379 au b. — 3380 ne, *ms.* je ne ; vous compaignons.
— 3386 Mestes ; de cest b. ; d. le j. — 3387 *Vers obscur ; lacune
entre ce vers et le précédent?* — 3390 p. dou baron. — 3392
baitre, *corr.* bare (?), *comp. v.* 3254. — 3393 chiet, *ms.* chief.

Li dus [Do] tient a jeu de Joffroi qui se plaint :
3395 « Beaus niés, forment me poise que de trambler te foi
      « Vostre manteaus ... n'est pas forrés de plain,
      « Tot a ese est li povre qui n'a ostel ne pain ;
      « Quant il en vait a Rome ou a Jherusalem,
      « Ja plus n'avra pienté que bare a autrui main.
3400 —Sire, » ce dist li enfes, « car cil frois me destraint
      « Se enuit n'ai ostel, ja ne verrai demain ».
      La fame Be[r]n[eh]art en [a] oï le plain[t] :
      « Por Dieu, merci, beaus sire, des pelerins est[r]ains,
      « Enuit les mangeront ors ou lion ou dain,
3405 « Ou il morront la hors, ou de froit ou de fain ;
      « Enuit les harbergiez, si s'en iront demain ;
      « Por amor vo seignor le ru je et reclain,
      « Que Damedeu de gloire par tens le vos ramaint
      « Et confonde Tomile et ramaint Olivain,
3410 « Et destrue Audegour, celle male putain !
      « Cil paumier sont molt sot et estout et vilain,
      « Abatue ont vo table, ja pour ce n'avrons mains.
      « Sire, merci te pri por le cors saint Germain.   (f°
      — Dame », ce dist li maire, « de folie me plain ;
3415 « A vos talans en fait[es], c'est li plus et li main[s] ;
      « Certes, l'a[u]smone d'eus ne pris je pas .j. pain ».
      Quant ce oït la dame, si prist la clef au çain[t],
      Les pelerins rappelle, ne laira nes ramaint,
      Et li maire en monta en son palais [h]autain.
3420 La dame ouvrit la porte, ses mit ens par la main ;
      De diz et de folie les chastie et destraint :
      « Pelerin, trop par est[es] fel et felon et vain. »

3394 se, ms. ce. — 3395 foing, sic ms., altéré, l. feins (?). —
3396 vers incomplet ou altéré ; l. V. m. [est povres] n'e. p. (?) —
3399 bare, sic ms. — 3404 dain ms. dains. — 3405 fain ms. fains.
— 3406 si, ms. cis. — 3407 de vos s.; ru, ms. rue. — 3409 et si
ramaine Olive. — 3415 t. en fait iest li p. — 3417 si p. la clef au
çaint, ms. si p. la cler au cain. — 3419 monta, ms. monte. —
3420 ses ms. ces.

Le feu fait alumer Arembour et Bertain ;
Les .ij. filles la dame aluent a .j. plain,
3425 Veullent ou non, lor tollent les bordons de lor main,
Deus manteaus lor afublent, qui ne sont pas vilain,
Forré furent de gris, covert d'un drap [d']estain,
Qui fut ouvrés en Inde, en .j. païs lointain ;
Asseż [i] orent pomes [et] poires et parmain[s]
3430 Et .j. hanap de madre, qui d'isopé fu plain.
Bien fut servi[s] li dus, de folie se plaint ;
Joffrois doute son oncle, que mais ne les pormaint,
Du froit qu'il a soffert a son visaige taint :
« L'estre dehors, beaus oncle[s], certes n'est mie sains ;
3435 « Laissiez vostre folie, bien pouez faire a mains,
« Damedieus me confonde se sui plus vo compains ! »
Quant l'entendi li dus, parmi les flans l'estreint.
Atant es vous Bernart, de molt grant ire plein,
Vestu d'un peliçon, .j. baston en sa main,
3440 Et regarde le duc as lon[s] doiz et as mains,   (v°)
Et ot ou poing .j. seing, [qui] de vermeil [fu] teins,
Qu'aporta de sa mere, quant nasqui primerains ;
Ains ne le pot laver eve chaulde ne bains
Ne onque[s] por nul basme nen i pot avoir meins.
3445 Quant il choisi la tache, dont fu il bien certain[s]
Que c'est Do de la Roche, li mari[s] Olivain.
— Sire, par le bapteme, par coi Dieu[s] vos destreint,
« Dite[s] moi qui vos estes, que je soie certains,
« Car por mon seignor lige t'esgart et entreprains.

XCIX

3450 — Certes », ce dist li dus, « jel dirai voirement :
« Je sui Do de la Roche, sachiez a escïent ;

3423 A. a B. — 3426 qui, *ms.* ci — 3430 Et, *ms.* En; qui, *ms.*
que — 3434 Lestres — 3441 .j. soing de vemoille taint — 3444
basme, *ms.* blasme — 3446 li *ms.* le — 3450 je le d.

« Je ai esté maint jor en peine et en torment. »
Quant l'entendi li maire, devant ses piés s'estent,
De la joie qu'il a toz li cors li resplent,
3455 Vint fois li [a] baisé la jambe voirement,
Et sa femme et si fil le baisent doucement.
Dont demanda novelle de sa femme Olivant.
— A la moie foi, sire, ja l'orrés aparmant :
« Ele a prise La Roche, s'est entrée dedens,
3460 « Chacié en a Tomile et lui et ses parens,
    « Et Audegour sa fille est cheüe en torment. »
Quant l'entendi li dus, molt en devint joians.

C

Grant joie en ot li maire, quant conut son seignor ;
Qui veïst le barnage que si .ij. fil li font
3465 Et li pere et la mere, ains hons ne vit graignor.
Li enfant li baiserent les piés et les genous,
Et la dame et li maire le vis et le ma[n]ton.
Dont demanda novele de sa femme Audegour.   (f° 6
« Sire », li dist li maire, « dont ne me creez vos ?
3470 « Olive l'a en chartre avalée en parfont,
    « Des maus que li a fait li rendra guerredon,
    « Par l'effort de l'evesque ; Diex li otroit pardon !
    « Tomiles et Malingre droit a Maiance sont
    « Et lor felon[s] lignage[s], dont .iiij^xx. [i] sont ;
3475 « La escillent la terre entor et environ ;
    « Cil Sire les confonde, qui sofri passion ! »
Et respondi li dus : « Nos les departiron,

3452 mains j. — 3453 ces p. — 3456 li b. — 3457 sa f. Olive
— 3458 l'o. a parmant (*en deux mots*). — 3460 ses, *ms.* ces —
3462 d. joieulx — 3464 ces .ij. fils — 3466 Li enfes — 3467
maire, *ms.* maistre. — 3470 en la ch. — 3471 que, *ms.* qui —
3472 otroit, *ms.* ottroie. — 3474, felonc l., sont, *sic ms.*, *corr.*
[en] ont (?)

« Se Dieu plaist et saint P[i]ere, qu'on quiert el Pré Noir
Dont aprestent les liz, s'i couchent li baron.

CI

3480 Grant joie ot li frans maire quant le duc ot couchié,
De frés dras et nouveaus le porvoit et porquiert;
Il a levé sa main, si l'a de Dieu seigniet,
Puis a esteins les cierges pour la clartés qui vient.
Au matin, par som l'aube, l'est alé esveillier,
3485 A .iiij. chandelabres, et il et sa moillier.
« Sire duc de bon aire, vestez vos et chauciez,
« Tant a li.cos chanté que jour[s] est esclarciez. »
Quant l'entendi li dus, si fu joios et liez.
Damedieu reclama, qui en crois fu dreciez :
3490 « Car me rendez m'enor et ma gente moillier,
« Olive la roial, cui fis tant encombrier.
— Sire, » ce di[s]t li maire, « ores de l'esploitier ».
Et respondi li dus : « Par ma foi, volentier[s]. »
Il a levé sa main, si a seignié son chief.
3495 Et li maire li baille .j. osterin molt chier
Et Jofroi son neveu .j. bliau[t] de cartier.
« Amis, » ce di[s]t li dus, « tout ce ne m'est mestier,
« Mais les dras nous rendez que ci aporta[i] hier ;
« Vos .v. filz, s'il vos plaist, les ainez me cherchiez,
3500 « Si soient povrement et vestu et chaucié.
« Grant mal doit li hons traire por son seignor aidier
« J'en irai a La Roche Olivain essaier ».
Quant l'entendi li maire, joious en fu et liez ;
Cel jour vesti ses filz les dras a ses bergiers,

3478 en p. N. — 3479 s'i, ms. ci. — 3480 ot couchier. — 3481
d. et de n. — 3482 D. seignier. — 3483 les, ms. ces. — 3484
soubs l'a. — 3495 .j. estour m. c. — 3499 s'il, ms. cil ; me cherqiés.
— 3502 Olivain, ms. Olive. — 3504 Ces jours ; ses ... ses, ms.
ces ... ces

3505 Si n'orent nulles chausse[s], escapins ont chaucié.
   Au pere et a la mere prinrent li fil congié,
   Et Bernars si cria : « Enfant, a Dieu ailliez,
   « Pensez de vo seignor maintenir et aidier,
   « Ou, par le saint apostre qu'om a Rome requiert,
3510 « Ja ne avrez du mien vaillant .iiij. deniers,
   « Ne de mon tenement ne herite[z] ne fiés. »
   Li maire les convoie .j. grant piece a pied.
   Quant la nuit lor deffaut, li jors est esclariez,
   Li soleil[z] raie chaut qui d'Orient lor vient ;
3515 Li dus garde sur destre, s'a veü le clochie[r]
   Du chastel de La Roche, la tour et le moustier.
   « Baron », dist li dus Do, « tant avons esploitié
   « Que je voi de La Roche les murs et les terrie[r]s ;
   « La dedans maint Olive qui ja fu ma moilliér,
3520 « Nous fumes desevré a tort et a pechié.
   « Je me voudrai enuit avec li haubergier,
   « De diz et de paroles la voudra[i] essaier,
   « Son corage esprover se ele m'aime riens.   (f.
   « Gardez ne dites riens de quanque vous orriez ».
3525 Et cil li respondirent : « Com vos plaira, si [i]ert. »
   Il se géta a terre desoz .j. olivier,
   Et se sont une piece dormi et someillié,
   Car li dus et Jofroiz furent molt travaillié ;
   Puis prennent lor bordons quant se sont esveillié ;
3530 S'acoillent lor chemin, ne se voudrent targier.
   Quant vindrent a La Roche, si fu li jour moiés,
   Les vespres sont sonée[s] par le bourc au moustier,
   Es rues de la ville sont entré sans congié ;

3505 escapins, *ms.* escapint'. — 3506 les filz c. — 3507 si,
ms. ci ; Enfant, *ms.* Enfans. — 3508 P. de vos seigneurs. — 3517
a. esploitier. — 3523 se, *ms.* ce. — 3524 v. orer. — 3525 Cóm,
ms. Come. — 3526 geta, *ms.* giete. — 3527 se, *ms.* ce ; d. et
somoillier. — 3528 m. travaillier. — 3529 *et* 3530 se, *ms.* ce. —
3533 congié, *ms.* congiés.

Il trespassent la ville et le mai[s]tre marchié...
3535 Devant l'uis de la sale encontra sa moillier,
Ou ele vient de vespre[s], a .xxx. chevaliers;
Li dus se met devant, bien resemble paumier,
Et salue la dame, ne se vot plus targier.
« Duchesse debonaire, » dist li dus, « bien veigniez. »
3540 La dame le regarde, le vit bien afaitié.
« Seignor, dont estes vous ? Diex vos ..., paumiers ».
— « Dame », ce dist li dus, « de douce France vieng,
« Dou regne vostre frere, Pepin qui France tient;
« Je m'en vais a Coloigne a saint P[i]ere proier.
3545 « Faite[s] nos [ci] enuit, se vos plai[s]t, haubergier ».
Et respont la duchesse : « Par ma foi, volentier[s] ;
« Pour Dieu et pour mon frere serez bien haubergié. »
Son seneschal apele, le cortois Flori[i]en :
« Moine moi ces .vii. homes lassus en ces planchier[s]
3550 « Si soient enuit mais richement aesié,
« Le matin par som l'aube revestu et baignié;
« Si lor donez .x. livres de bon[s] colonoissiens,
« Qu'en la ter[r]e de France se puissent repairier,
« Si diront a mon frere les nouvelles de bien. »
3555 Et dist li seneschaus : « Par ma foi, volentier[s] ».
Toz les degrés de maubre les enmeine es planchier[s].

CII

Or est Do de La Roche monte[z] [sus] en sa sale,
En son alué demoine de son droit heritage,

3534 m. marchier. — 3535 *Entre ce vers et le vers précédent,
il faut admettre une lacune : Doon, qui va entrer dans la « sale »,
devait être nommé.* — 3537 met, *ms.* mit. — 3538 se, *ms.* ce. —
3540 r. se le v. — 3541 Seigneurs; D. v. garisce p., *leçon qui
fausse le vers. On pourrait proposer* D. si vous gart, p. — 3542
F. vienge. — 3545 se, *ms.* si. — 3551 som, *ms.* soubz. — 3553
Quant la t.; p. repairiés.

Dont il ne doit nul home servise ne chavage,
3560 Et voit desour ces bans asseoir le barnage,
Les viax et les chenus et ces de joene eage ;
Dont ot li dus pitié, si sospire et larme :
Diex ! tant de mesestances a eu en son eage,
Quant cil ne le congnoissent qu'a nori[z] a sa table !
3565 Quant li soir[s] s'aprocha, si demanderent l'aigue ;
Cil gentil chevalier s'asirent par ces tables,
La suer Pepin de France se siet au chief des altres,
Bien la servent de vin trestuit li conestable,
Mais li dus ne gosta des premerains mès .iiij.;
3570 Pitié ot de la dame, membre li del hontage.
Quant il orent mangié, si font traire les napes,
Cil jugl[e]or desponent lor chançons et lor fables,
Mais Olive la gente ne joe ne ne gabe. ·
Quant li desduiz fu faiz, la mesnie s'en partent,
3575 Cil chevalier s'en issent et les degrez avalent
Et les gaites monterent et es murs et [es] flaides.
Or parlera li dus, cui soit bel ne cui plaise,
Si que l'eve del cuer li coule aval la face :
« A la moie foi, dame, molt est ces païs gaste[s]   (f.
3580 « Et povres et maldiz et alez a Deables.
« Li duz s'en enfouï per son malvais corage ;
« Quant il vos ot a fame ce fu duel[s] et domage[s] ;
« Se il [i] revient mais a Noël ou a Pasque,
« Se vous le recevez, ce ert duel[s] et domage[s] ;
3585 « Or pouez seignor prendre sans [honte et sans] doma

3559 d. a nulz h. — 3561 les chenus, ms. les joene — 3562
larme, ms. larmoie ; cf. v. 4298. — 3565 s'aproche ci d. l'aive.
— 3567 au ch. desaintres. — 3571 si, ms. ci. — 3574 desduit fut
fait. — 3575 d. availlent. — 3576 flaides, sic ms. — 3578 Lacune
entre ce vers et le précédent ? — 3581 enfouï, ms. a fouï en deux
mots. — 3584 L'expression duels et domages a déjà été employée
dans les v. 3582. Un des deux vers doit être altéré, d'autant plus
que domage revient encore au v. 3585. — 3584 prendre, ms.
panre.

« Molt sera fous Pepin[s] se il ne[l] vos porchace. »
Quant l'entendi la dame, le siglaton deslace
Et vo[l]t ferir le duc, mais cenor ne li laisse :
« Par mon chief, dans truans, dit avez grant oltrage.
3590 « Molt fu prodons mes sires et de gentil corage,
« Mais li ber fu traïs par .j. mauvais linage;
« Glouton, alés gesir, n'ai soing de vostre ostage,
« Jamais n'avrez de moi .j. seul denier qui vaille. »
La duchesse s'en entre en sa chambre de ma[u]bre,
3595 Qui fu trestoute peinte a oiseaus et a brame[s];
Le lit a[s] pelerin[s] firent en mi la sale,
Il se couch[i]erent si que nuns ne se desaise.
Au main avant le jour, ainsois que crevast l'aube,
Li .vij. baron se lievent, si s'adobent et s'arment,
3600 Et mo[n]tent as fenestres des grans palés de maubre;
Li dus cria « Sobrie! », s'enseingne quenoissable.
Quant l'entendi la dame, tuit le membre li faillent,
Or li tremble li cors et li mue la face.
« Laisse! » dist la duchesse, « ci a mal haubergage,
3605 « Tot por voir m'a traïe li so[u]du[i]ans lignage[s],
« Tomiles de Coloigne et Grifes a la barbe;
« A non Dieu, sire dus, nos amitié[s] departent,
« N'oras jamais de nos nouvelles ne message[s],
« Ne verras ja mon fil a Noël ne a Pasque.
3610 « Par Dieu, Pepin de France, vostre secours me targe.
De duel que [a] la dame, a .iiij. fois se pasme;
'Aval, parmi le bourc, en oïssiez la fable,
Quant li baron s'adobent et [li chevalier s']arment
Et viennent a[s] destroiz, si decopent les bares
3615 Et jurent Damedieu truant mar i entrarent.

3586 s. faus P. — 3588 le, *ms.* li; cenor, *sic ms.*, *altéré.* —
3592 n'aies s. de nostre o. (*vers trop long*). — 3593 m. que .j. s.
d. vaillent. — 3598 avant, *ms.* devant. — 3599 baron, *ms.* barons.
— 3600 as, *ms.* es; maubres. — 3601 Sorbrie. — 3603 li f. —
3607 vos amitié. — 3609 Ne verrés. — 3612 la fable, *sic ms.*,
altéré? — 3614 si decopes les baires.

Di[s]t Jofroi[z] de Maïance : « Oi ai grant outrage,
« Molt fait li ons que fous qui son seignor menace,
« Ce est Do de La Roche, ne me chaut qui le sache. »
Quant l'entendi la dame, .j. petit s'asouage,
3620 Ele est drecie en pié, si a vestu .j. paile ;
Ele issit de la chambre, si entra en la sale.

CIII

Or est dedans la tour la gentil dame enclose,
Ensemble [o] son mari, qui la prist a espose ;
Ele fu prouz et sage et gentiment parole :
3625 « Dites, vassals, qui es si hardis et si nobles...
« Quant vos en ces palais m'osastes faire choses ?
— Dame », ce dist li dus « c[e] est Do de La Roche,
Qui t'aporta de France a plenté et a noces.
— Sire », ce dist la dame, « de paour m'avez morte ;
3630 « Se vous estes mes sire, tost en ert fait l'acorde.
« Hé ! bers, car fais ouvrir ces postiz et ces portes,
« Si monteront as uis vo baron et li nostre. »
Li .v. fil Bern[eh]art les euvrent et descloent   (f.
Et li baron i montent a vertu et a force.
3635 Quant il treuvent le duc, le baisent et acolent.
Cil de plus riche[s] fiés lor homage li offrent,
Mais sa moillier la gente de rien ne le conforte.
« Sire », di[s]t la duchesse, « bien sçai l'avoirs est vostr
« Et je vous reprendrai a honor et a noces,
3640 « Mais de gesir ensamble n'i avra ja parole...
« La cité de Sobrie, le chastel et la roche

3617 q. foulx. — 3618 que le saiche. — 3620 dreciés en p.
ci a. — 3625 q. est ci h. *Lacune après ce vers.* — 3626 choses,
sic ms., altéré? — 3630 Ce. — 3632 m. casuis vos barons. —
3634 a vertus. — 3635 ce b. — 3636 fiés, *avant ce mot le ms.
porte* chief *exponctué.* — 3638 S, ce d.; l'avoirs, *ms.* le voir. —
3641 *Il faut supposer une lacune entre ce vers et le précédent.*

« Et l'enor de Coloigne que li gloton vos tollent...
« De ci que a dimanche m'avrez frainte[s] les portes
« Et vous m'avrez rendu Tomile par la gorge
3645 « Et il avra gehi a riches et a povres
   « Qu'il coucha le garçon [de]lez moi de pute ordre.
   — Dame », ce dist li dus, « ce n[e] iert mie encore :
   « Landris voz fils i vient devers Constantinoble
   « Et par mer et par terre amoine tel efforce
3650 « Li lignage[s] Tomile ne se pourat estordre,
   « Ains achetera fort mon hontage et le vostre. »
Quant l'entendi la dame, sa jo[i]e li efforce.

CIV

Or a Do de La Roche sa cité recouvrée
Et Olive la belle, que molt a desirée ;
3655 Le jour i a de joie maint[e] larme plorée.
[Et] li dus s'adouba en la soie contrée ;
Sa moillier lui dona haubert et bone espée
Et hiaume a ce[r]cle d'or, bone targe roée ;
Les armes son neveu ne sont pas obliée[s],   (v⁰)
3660 Les .v. filz Bern[eh]art les a bone[s] donées.
Li dus ist de la ville quant l'aube fu crevée,
Au mostier [le] plus mai[s]tre s'ont la messe chantée,
Li bon[s] dus d'Alemangne l'a de cuer escoutée,
Son auferrant demande et sa gent est montée
3665 Et vienent a Sobrie, la ou les oz trouverent.
Et Jofroi[z] va devant, poi[g]nant toute l'estrée ;
Landris ala encontre, si demanda son pere :
« Qui vos dona ces armes, avez les vos emblées ? »

3642 enor, ms. anor ; *lacune aprés ce vers.* — 3643 que a, ms.
qu'a. — 3644 rendu, ms. randus. — 3646 Quant il c. — 3648
Ca[r] L. v. f. qui v, d. C. — 3650 se, ms. nos. — 3654 qui m.
la d. — 3660 f. Barnars. — 3665 oz, ms. os.

Dist Jofroiz de Maiance : « La duchesse voz mere;
3670 « Large part de vos terres vos a ele aquitée ;
« Jamais jour tele dame ne sera [mais] trovée;
« Ele a prise La Roche, si est dedans entrée,
« Leans est Audegour en la chartre avalée. »
Atant es vos le duc et sa gent honorée,
3675 D'Alemangne Doon, qui la dame a amée.
« Beaus filz », ce dist li dus, « alons en pour vo mere,
« Si forment vos desire, [trestoute] est aplorée. »
Et respondi Landris : « Ne pla[i]ce Dieu le Pere
« Que je baise sa boche ne ja soit ma privée,
3680 « Si li rendrai Tomile par la goule parée
« Et si ert davant tous la grant honte contée
« Par coi vostre amors fut de ma mere sevrée
« Et m'en alai chetis en estrange contree ;
« Après sera ma dame de m'amor s[a]oulée ; »
3685 Hé ! Dieu[s], cele promesse ot si corte durée ;
Puis qu'il ot sa jouvente et sa tere aquitée
Ne demora il mie la moitié d'une année   (f.
Qu'il me[i]sme passa outre la mer salée,
La ou la chair de Dieu fu de la Virge née
3690 Et la grans oz de France travaillie et penée.

CV

Quant li dus de La Roche oï son fil parler
Qu[e] il ne voldra mie a sa mere torner,
Deus messages envoie en la bone cité,   .
Que c'est Do de La Roche, ne se vuelt plus celer,
3695 Qui enchace Tomile et son fel parenté,
Quant il ot pris sa fille, ou molt ot fauçeté.

3670 e. aquiter. — 3671 j. celle d. — 3675 D'A. Aubri q. —
3680 parée, sic ms. — 3681 si, ms. ci. — 3683 a. chatif. — 3686
P. qui — 3688 mer, ms. mere. — 3689 la chars. — 3690 g. os.—
3691 parler, ms. parles. — 3694 ce v. — 3696 ot de f.

Quant li borjois l'entendent, grant joie en ont mené
Il font traire ces cordes et ces cloches sonner,
Ces riches draps de soie par ces rues poser,
3700 Encens, autres espices i font [il] embraser ;
Pour la joie du duc font .m. grailles sonner,
Et ces portes ouvrir et ces pons avaler
Et ces chevaus isniaus covrir et énseler
Et ces nobles vassaus joieusement monter.
3705 Encontre lor seignor poindre et galoper.
Tot lor avoir li offrent sans nes .i. refuser.
« Baron, » ce dist li maire « a Maiance en irez,
« La asaudrez Tomile par vive poësté.
« Le matin, par som l'aube, quant il ert ajorné,
3710 « Vos manré .iii^c. mars de cumin et de sel,
« Et de poivre molu .iii^c. ro[n]cins trossez
« Et .m. buefz et .m. vaiches et .m. bacons salez,
« De vin et de froment empliromes .c. nés,
« Toz l'avoir[s] de Sobrie vos ert abandonez. » (v°)
3715 — Baron, » ce dist li dus, « bel aïde m'offrez ;
« Cil sire le vous mire, qui en crois fu penez.
« Certes, je n'en avrai [nes] .i. denier vaillant.
« Trop avons nous avoir pour nos cors conreer ».

CVI

Li dus voit ses barons, dolcement les mercie ;
3720 Au matin par son l'aube est meü[z] de Sobrie.
Riche fu la vitaille, belle sa compaignie.
Or chevalche li dus parmi la terre alisse,
Une terre sauvage que Damedieu maudie !

3699 Ses. — 3700 E. et a. — 3701 graillier s. — 3703 ch·ignias
c. et ensaler. — 3705 Et contre. — 3707 Barons — 3709 som *ms.*
soubz. — 3710 manré, *ms.* manres. — 3716 mire, *ms.* mre *ou*
iure. — 3719 ces b. — 3720 som, *ms.* soubz. — 3722 alisse,
sic ms.

Onque[s] n'i crut vitaille dont frans hom peüst vivre,
3725 Mais pieres de liois, bruieroi et espines ;
Ains i fuit on la tere et cuert on la marine.
Molt lor poisent lor armes, car li chaus les aigrie.
Cel jour se part Landris de l'ost par grant folie,
Sur son poing .j. faucon, dont li ber se délite ;
3730 De ce f[ist] il que fox que son cheval oblie...
Selonc .i. riviere ot sa voie acoillie.
En mi la voie encontre deus des nevou[s] Tomile,
Li .j. ot non Hardré et li autre[s] Helie,
Et furent fil Griffon a la barbe florie ;
3735 Jamais a plus felons ne prenra compaignie,
Bien sevent .j. prodome engignier et ocire,
Onques n'amerent femme, si ne l'orent honie ;
La mort Aubri l'evesque ont juree et plevie ;
Diex ! que li filz au duc n'a la broinne vestie !
3740 Plus en fust asseür et moins dotast sa vie.
A ce[l] faucon qu'i[l] porte a abatu .j. cine,
Li faucons s'i encharne, par vertu s'i afiche ;   (f.
Li filz au duc descent, qui son oisel delivre ;
Li ber revot monter quant Hardre[z] li escrie :
3745 « Si m'aïst Diex, vassal, c'est molt grans lecherie
« Quant ou vivier mon pere venez prenre les cines :
« Qui le tienne a savoir, je le tien a folie ;
« Se ch[i]er nel comparez, Damediex me maudie !
« Ou palais de Maiance en venrez a Tomile,
3750 « A son commandement en ert fait[e] justice ».

3725 de l., brueuus et saspine. — 3726 fuit, *ms.* fuet ; cuert on,
ms. creue en. *Ce vers se rattache mal à celui qui précède ; il y a*
p.-ê. un vers perdu entre les deux. — 3728 Se. — 3729 ce d. —
3730 *Il faut probabl. supposer un vers perdu où il était dit que*
Landri était monté sur un mulet ; cf. v. 3765, 3771. — 3734
fil, *ms.* cil. — 3735 prenra, *ms.* panra. — 3737 si, *ms.* se. — 3739
le f. — 3740 Puis en f. — 3742 p. vertus ci a. — 3745 aïst, *ms.*
eïst. — 3746 prenre, *ms.* panre. — 3747 Q. le toinne. — 3748
ne le compares — 3749 varés a T.

Quant l'entendit Landri[s], de mal talant s'aïre
Et dit li filz au dŭc : « Molt tres grant pechié dites
« Quant voŭs pour .j. oisel me jugiéz a ocire,
« Dite[s] moi qui vos estes, ne le me celez mie ».
5755 Et respondit Hardrez : « Nevou somes Tomile,
« Fil Griffon d'Autefeulle, qui Sorable jostise,
« De sa part chalongons le vivier et le cine ».
— Certes », ce dist Landris, « or ne m'amervoi[l] mie
« Se vos estes felon et plain [d'orgueil et] d'ire;
3760 « C'onque[s] vostre lignage ne fut sans felonnie.
— Fils a putain, felon, li miens cors vos deffie,
« Se Damediex n'en pense, molt a fa[i]t grant folie,
« Quant .j. hons desarmés .ij. chevaliers deffie. »
Il a traite l'espée d'acier vert et brunie,
3765 Et broche le mulet, sur les estriers s'afiche,
Et va ferir Hardré par orgueil et par ire.
Li glous li atendi sa grant hante fraisnine,
Qui li trancha le ploi de son mantel [d']hermine;
En sa char le navra par davant sa poitrine.   (v°
3770 Damediex le gari, que mort nel feri mie;
Li mulès desous lui chaï d'encombrier,
Landris resaut en piés, trait l'espée forbie,
De la honte qu'il a la face li pailie,
Davant lui voit la mule, si [li] commence a dire :
3775 « Ha[i]! mule d'Espaigne, Damedieu[s] te maudie!
« Diex confunde la tere ou vous fust[es] norie;
« Molt fait li hons que fox qui en asne se fie! »
Il a traite l'espée, si li cope l'eschine.

3752 g. pechiés d. — 3756 Filz. — 3758 e. felons — 3761 *Faut-
il admettre un vers perdu annonçant la réponse de Hardré?* —
3764 vert, *sic ms., altéré?* — 3767 li atandi sa g. h. frazine —
3770 m. ne le f. — 3771 *altéré; corr.* La mule d. l. chiét d'e.
[sovine](?) — 3775 H. mules. — 3777 M. faite; a. ce fient.

CVII

Quant Landris ot parler les freres Guenelon,
3780 Qui sont nevou Tomile et enfant a Griffon
Et du felon lignage qui fist la traïson,
Li sanc qu'il ot ou ventre [si] li fremi[s]t et bout.
Helye[s] li escrie, qui d'autre part li sourt ;
Li enfes se trestorne, qui ot cuer de baron,
3785 Selonc le cors le conte fiert l'espié ou sablon :
S'il atainsist Landri, ja ne veïst Doon
Ne dame Salmadrine ne l'eüst a baron.
Et li bers feri lui dou bon branc de quelor,
Si li trancha le bras, le foie et le poumon,
3790 Tant com [l']espée dure abat mort le felon,
Et saisist le cheval, que n'i quist achoison,
Mist sa main a la sele, si salli en l'arçon,
Il ne le rendist mie por .c. mars de mangon[s] ;
Il apelle Hardré, sel clame compagnon :
3795 « Or vous puis je bien bien dire que je suis filz Doon,
« Vers cui vostre lignage fist la grant traïson ;   (f.
« Mais je ne vous dout mie la monte d'un boton ».

CVIII

Or est Landris li enfes remontéz al destrier,
Que il tolit Helie, le fil Griffon le viel,
3800 Et Hardrés li relance pour son frere vengier ;

3779 ot, *ms.* oi. — 3780 et niés a G. — 3781 Et des f. — 3782
f. et boute. — 3783 escrient q. — 3784 ce trestornent. — 3785
espié, *ms.* espies — 3786 veüst D. — 3788 quelor, *sic ms.* —
3789 poumon, *ms.* pormont. — 3792 Met la m. a la sale ; si, *ms.*
ci. — 3793 mars, *ms.* marc. — 3794 sel, *ms.* ce le. — 3797 doute
m. la moule *ou* monle d'u. b. — 3798 r. a cheval — 3799 G. le
mal.

La merci Damedieu, ne le pot pas tochier;
Et li ber ferit lui, ne le vot espargnier,
Amont, desur la face, parmi le henepier,
Qu'il li tranche l'oreille et des denz la moitié,
3805 Le.cheval desouz lui a fait agenoillier.
Li traît[t]re trabuche, delez son frere chiet,
Au fil Doon escrie et merci et pitié.
« Pour Dieu, merci », fait il, « frans hons, ne m'ocīez,
« Mon cors pouez vous vendre .j. mui d'argent [entier]
3810 — Diva ! » a dit Landris, « ja [n']en avrai denier. »
Son cheval lui remoine, sus le fait ancroier,
Par de dessous le ventre li lie les .ij. piéz,
Son oisel rapela, qui sus .j. a[r]bre siet,
En l'ost le duc son pere s'est tantost repairie[z].
3815 Li dus Do vat encontre, molt s'en est merveillie[z],
Car il l'a quis en l'ost, en la coue et ou chief.
« Beaus filz ! » ce dist li dus « qui est ci[l] prisonie[r]s
— A la moie foi, sire, Hardris ci[st] losengiers,
« Filz Griffon d'Autefeulle, le chenu et le viel;
3820 « Mort li a[i] .j. sien frere, si l'ai tout soul laissié;
« Cestu[i] voz amena[i], qui a vo part affiert. »
— Certes », ce dist li dus, [a] mervoille l'ai chier,
Car il est du linage qui vos volt essilier. »
Tant cheva[u]che li dus qu[e] a Maiance vient;
3825 Es prés davant la ville s'est tendus et logiés,
Puis[si] a fait les forches sus .j. haut pui drecier,
Hardré i ont pendu garçoñ et escuier,
Que si parent le voient des murs et des clochiers.
Dont oïssiez Tomile plorer et larmoier,
3830 Molt forment se demente et Malingres ses niés :
« Haī! tant mar i fustes, nobiles chevaliers ! »

3802 li bers. — 3803 A. desour; p. le henapies. — 3804 Qui li.
— 3810 Dija. — 3813 q. desus. — 3820 t. s. laissiés. — 3821 voz
pert a. — 3825 cest t. — 3826 pui, *ms.* pin. — 3828 Qui ces
parans. — 3830 ce d.; ces n.

CIX

Or sont li ost au duc sous Maiance en la prée,
Tendent trés et aucubes, pavillons et ramée[s],
Et cil qui dedans sont ont les portes fermées
3835 Et cil de l'o[s]t au duc ont perieres levée[s],
Engins et ma[n]goniaus et grans cloies ramées,
Getent trons et mairie[n]s et grans pierres carées.
Mais la cité est forte, Sarrazin la fonderent;
Les portes d'olifant, que nulz hons ne vit teles,
3840 Il nes empire[nt] mie vaillant .j. denrée.
Landris jura le siege de ci a .vij. année[s],
Et Guinemans ses mai[s]tre et li dus Do ses pere
Et Asses de Maiance et puis Jofroi[z] ses pere
Et après li baron qui tiennent les contrée[s].
3845 Malingres fist ouvrir .j. postis a celée,
Le mielz de sa maisnie en conduit fors armée,
Par itel convenant qu'onques puis n'i entrerent,
Car Landris lor cheva[u]che parmi .j. valée　　　　(f.
A .iiij^m. Turcoples, qui ains mort ne doterent;
3850 Entr'ex et le po[s]tis fu le voie copée.
A lor espiés tranchans lor paient lor soldée ;
Le jor fu dame Olive [chierement] comparée.
Malingres cheva[u]cha, la reigne abandonée,
A l'is[s]ir de la barre [il] encontra son pere ;
3855 Li dus avoit josté, sa lance avoit froée.

3832 s. les oz. — 3840 denrée, *ms.* danrées. — 3842 ces perre.
— 3843 Assons de M.; ces p. — 3846 Li m. de sa mainnie. —
3847 i. conveniant; ne e. — 3851 lors e. — 3854 la barre, *ms.* la
batre (*en deux mots*); encontre s. p.

CX

Malingres vit son pere, bien congnuit ses ados,
La riche congnois[anc]e, l'oriflanbe au dragon,
Et va ferir son pere par sa gránt traïson;
Et li dus ferit lui en guise de baron,
3860 De l'escu de son col li fendi le blason,
Et lui et le cheval abati en .j. mont.
Li dus a trait l'espée, si repaire au baron,
Ja'n eüst pris la teste par dessus le menton,
Quant Malingres escrië : « Pere, que faites vos ?
3865 « Hé! ber, je sui vos filz de vo feme Audegour,
« Et niés le ber Tomile et le conte Griffon ;
« Onques de tel lignage ne fu néz certes hons ».
— Non voir », ce dist li dus, « pour faire traïson.
« Damediex me confonde se ja avez pardon,
3870 « Que ne vos pende as forches de costé le gloton. »
Par le nasel du heaume le rendi a Oton,
Amauri de Coloigne et son frere Symon ;
Et cil le gardent bien a .xv. cómpagnons.

CXI

Or sont li óst au duc es prés desous Maiance,
3875 Li viés est ou palais, cui Diex dont meses[t]ance !
De son nevo li poise, qu'il ot jugier à pendre :
« Haï! beaus niés Malingre, mar fut vostre jovente.
« Que fera vostre mere, Audegour la dolente,
« Et Hardrés d'Autefeulle et Helies li enfes?

3856 c. ces ades. — 3857 l'oliflanble le d. — 3858 grande t. —
3859 au g. — 3865 Hé bers ; vos fe. — 3866 le bers T. et li c. G.
— 3869 se, ms. ce. — 3872 Amarri. — 3874 s. les oz. — 3875 on
p. — 3876 oie j. — 3878 Qui. — 3879 *Ce vers paraît singulier,
Hardré et Hélie étant morts tous les deux*.

3880 « Li miex de mon lignage est tornez a tormente.

« Ains mais ne fut .j. dus qui tels hons osa[s]t pendre.

« Je ne croirai en Dieu se de lui ne me venge ».

La oïssiez plorer les homes et les fames ;

De ce sont il dolent qu'a Doon ne se rendent,

3885 Car de nul home en tere autre secours n'atendent.

Mais et mais .j. et autre chascune nuit s'en emblent,

As murs et as fossés et as terriers se prennent,

Por l'ami[s]tié de Dieu lor fait li dus consente.

CXII

Or sont li ost Doon soz Maiance la cit ;

3890 Toute la gent menue la[i]ssa li dus issir,

Les fames, [les veillars] et les enfans petiz,

Pour l'amistié de Dieu qui de m'arme ait merci.

Molt s'en vont [a] emblée, quant l'evesque[s] i vint,

Devers Saine la ville vint [i]l a oès Landri ;

3895 Li sieges a duré .iij. ans et .j. demi

Que n'i creü leans ne char, ne pain[s] ne vins[s] ;

Tomile est ou palais, cui Diex puet maleïr,

Sa gent sont departi, tuit sont mort et ocis,

De toute sa mesnie ne remaint il que vint,

3900 Et cil demandent l'eve, au mangier sont assis,   (f.

A ce mangier n[i] orent trestuit ma[i]s qu' .j. poucin,

Sel mangierent sans sel et sans pain et sans vin.

Qui les oïst plorer et . . . .

Et dist li .j. a l'autre : « Venuz est Antecrist ;

3881 q. tel h. — 3882 se, *ms.* ce. — 3883 *Entre ce vers et le précédent, faut-il supposer quelques vers perdus, où était représentée la détresse de la ville assiégée?* — 3886 mais, *ms.* mois. — 3887 terriers, *ms.* terrieres. — 3888 de Dieu, *ms.* le duc, *cf. v. 3892*; 1. faite. — 3889 les oz D; M. la cité. — 3892 m'arme, *sic ms., corr.* s'arme (?) — 3894 v. laues L. — 3896 Qui — 3902 Se le m. — 3903 Q. l. o. p. et vongier et vomir. *Cette fin du vers doit être altérée.* — 3904 Et dient.

3905 « Car alons a Doon, si li crion merci,
 « Por l'amor Dieu de gloire, lui et son fil Landri ».
 Et dist li fel Tomiles : « Ja n'i meteron fin ;
 « Dame diex me confonde s'anquenuit ne m'en is,
 « Quant l'oz ert endormie et la gent en seri...
3910 « Qu'en bois ne en forest [errant] ne soie pris.
 « Tant m'en irai par nuit qu'avrai passé le Rin ;
 « El reigne de Saissoigne voldrai Deu relenquir,
 « Puis esteront paien mi per et mi ami,
 « Par ex ferai encor ceste terre fremir. »
3915 Et cil le otri[er]ent, qui muer[en]t a envis ;
 Mais il ne sevent mie com se porquiert Landris :
 Ainc chevaliers en tere tel ahan ne sofrit,
 Car il ne siet a table ne ne dort en son lit,
 Ains fait gaitier les aives, les pors et le[s] païs,
3920 Deci qu'a .iiij. lieues a ses espies mis,
 Que ci[l] dedens n'en issent ne soient escharni.
 Molt i orent..... quant l'evesque[s] i vint,
 De tante bone enseigne i peüst on veïr ;
 La vitaille qu'il meine ne puet nulz metre en pris ;
3925 A .j. engigneor, Gillibert filz Henri,
 Plus savoit il d'engin que nulz clers de latin.
 Cil fait .xxx. perieres charpenter et fornir (v°)
 Et grans cloies barées et soliers lanceïs ;
 Par force les conduit jusques a[u] mai[s]tre...
3930 Quant la polie torne, dont font les pons cheïr ;
 Ennuié sont de l'os[t], n'i vuelent plus seïr :
 .iiij^m. perées font cheoir en .j. bruit,

3905 si, *ms.* ci. — 3908 s'a. ne mains. — 3909 l'oz, *ms.* l'os.
Après ce vers il y a probablement une lacune d'un vers. — 3912 E
breigne des aix ne v. Doz r. — 3913 esterent; ami, *ms.* amis.
— 3914 P. ce. — 3916 se, *ms.* ce. — 3917 Ains; ne s. telle
anhan. — 3920 ses, *ms.* ces. — 3922 M. i. o. ablaue. *Corr.* a
faire (?) — 3924 meine, *ms.* moingne; metre, *ms.* mestre. — 3929
j. a m. roi. *Ce dernier mot est altéré.* — 3930 cheïr, *ms.* choir.
— 3932 perées, *ms.* perieres; bruit, *sic ms.*

Gietent trons et mariens [et] grans perons marsis,
Les portes d'olifant firent rompre par mi,
3935 Et plus de .vij^xx. toises firent des murs cheïr.
A l'entrer de la ville fut grans li envaïs,
De tous les primerains fut Jofroi[z] et Landris
Et li prous Guinemans et Asses ses cosins
Et Gautier[s] de Sorbrie et li prous Amauris.
3940 Tomiles torne en fu[i]e, s'a son ostel g[u]erpi,
Landris le suit de près, qui a[u] nasel [le] tint.
« Damoisel debonaire », ce di[s]t li fel, « merci !
« Faites moi .j. evesque ou prevoire venir,
« Si prendra[i] ma confesse por mes pechiés gehir. »
3945 Et dist Landris li enfes : « Bien en av[r]ez loisir. »
Au mai[s]tre tref demoine le rent son pere pris ;
Lors trai[s]t li dus l'espée, car i[l] le vot ferir,
Quant Landris li escrie : « Malvais hons, c'as tu dit !
« Pour .m. mars ne voldroie, certes, qu'il fu[s]t ocls,
3950 « Ains le rendrai ma mere, car je li a[i] promis. »
Celle nuit jut [li dus] ou palais signori[l],
De la riche vitaille le fist li dus garnir
Et li cortois evesques, qui de vers Saine vint ;   (f.
A Asson la rendirent, qui la soulo[i]t tenir,
3955 Li gentis damoisels, li chevaliers gentis ;
Li bers l'avoit g[u]erpie pour son seignor servir
Et pour Landri de mort eschiver et garir.

CXIII

Celle nuit jut li dus ou palais fort et grant,
Les mors en fait fors metre a roncins traïnant ;

3938 ses, *ms.* ces. — 3939 li p. et Mauris. — 3940 s. estel g.
— 3942 ce, *ms.* a. — 3946 m. trai d. — 3949 P. m. m. certes ne
v. — 3952 li dus, *sic ms.*, *corr.* Landris (?) — 3953 q. daversaine
v.; *cf. v.* 2925, 2968, 3894. — 3955 ch. gentis, *corr.* ch. hardiz (?)
— 3959 r. traïner.

3960 Aubris li bons evesques [i] mi[s]t vitailles tant
Que Landris [l'en] mercie et li prous Guinemans.
Al matin font destendre les trés et les brebans
Et les aigles jus metre et les pommeaus lu[i]sans.
Or cheva[u]che li dus par puis et par pendans,
3965 Molt sont fieres les oz et les compaignes grans ;
Tomile en menerent [lié] a un chalant.
Ou chastel de La Roche es vos .i. mes poinnant
Et trouve la duchesse enz en la tour seant.
« A la moie foi, dame, ja verrez vostre enfant
3970 « Et le duc debonaire, que vos amastes tant. »
Quant l'entendi la dame, dont fu la joie grant,
Tous les degrés de maubre en descendist errant ;
Davant l'uis de la sale encontra son enfant,
Mais el nel congnust mie au vis n[e] au samblant,
3975 La face avoit troblee du fer et de l'aban.
Ambedui s'entrebaisent [tenrement] em plorant ;
Pour la joie d'els .iij. em plorent ne sai quant.
Ne vos mervoilliez mie s'elle aime son enfant :
Tomile lui amaine et Malingre davant.   (v°)
3980 Quant le voit la duchesse, tout li trenbla li sens,
Et a dit a ses homes : « Ostez ce mescreant,
« Si le m'avalez tost en ma chartre plus grant ; »
Et il l'i trabucherent le visage davant,
Et Audegour sa fille a trovée seant,
3985 Coleuvres, boterel li ma[n]joent les flans ;
Et Malingre garderent a .xiiij. serjans.
Il demanderent [l'eve] sus ou palais a tant ;
Li dus et la duchesse s'asirent en .j. banc ;
Le jour servi Landris du [vin] et du piment

3962 brehans, *ms.* brebans. — 3964 puis, *ms.* pins. — 3965 M.
font fiers ; compaignes, *ms.* compaignies. — 3966 T. enmenerent
(*en un* mot). — 3969 maie f. — 3972 descendist, *ms.* descendent.
— 3974 e. ne le c. — 3975 ahan, *ms.* anhan. — 3978 c'e. a. —
3980 le s. — 3981 ces h. — 3982 p. grans. — 3985 C. et boteres.
— 3989 pumant.

3990 A une cope d'or, a covercle d'argent ;
Dont manja la duchesse, mais petit [ele] en prent,
Landris ne pot mangier, tant ot fier mautalent,
Si eüst mort Tomile et fait son jugement.
Les napes firent traire chevalier et serjant.

CXIV

3995 Landris et la duchesse avalerent le pont.
Ambedui s'entretienent as mains et a ba[s]ton,
Doucement s'entrebaisent le vis et le menton...
Son sene[s]chal apelle : «Amainne mon prison.»
Et il [le] amenerent sous le pin a[l] perron,
4000 La hart lïée au col come .j. autre laron ;
Quant le voit la duchesse, si l'a mis a raison :
« Si m'aïst Diex, [Tomiles], vous semblez bien felon :
« Vous me mellastes primes al riche [duc] Doon,
« Et davant l'emperere qui Pepin a a non
4005 « Moi chaçastes du reigne pour vo fil[l]e Audegour.
« Assez sait Damediex se je ai droit ou non ; • *(f. 76)*
« Selon vostre servise atendez guerredon.
— Dame, » ce di[s]t Landris, « baissiez vostre raison,
« Si parlera[i] Tomile et pour moi et pour vos.
4010 — Vassaus », ce dist li enfes, « di ta confession ;
« Or aproche li termes qu'or endroit te pendron.
— Sire », ce dist Tomiles, « pourquoi le celeron ?
« Quant je voi mon juïse, je n'i avra[i] pardon.
« Selonc [la] dame Olive coucha[i] je .j. garçon,
4015 « De loier lui dona[i] mon hermin peliçon,
« Dont il perdit la teste et la dame s'anor.

3990 a cole d'a. — 3993 Sil e. — 3996 au m. — 3997 menton,
ms. maton. *Après ce vers, lacune : il doit manquer un vers où
il était question d'Olive.* — 4001 mis, ms. mise. — 4002 aist, ms.
eïst. — 4003 Me melletes p. — 4005 M. chaceste. — 3406 A. cest
Dieu se je ais ou d. ou n. — 4007 a. guerendon.

« La mort Landri jura[i] a .xv. compaignons,
« De ces de mon lignage, de toz les plus felons;
« Tost le mis hors de France par ma grant traïson.
4020 « Or renoi Damedieu, le bapteme et les fons,
« A lui ne a sa mere n'atent nul guerredon.
— Baron, » ce dist Landris, « cist moz doit estre a so
« Ce est molt grans pechié[s] quant nous ci l'escouton
A la coue d'une ieve li lïent le chaon,
4025 Par rues le traïne[nt] [et] aval et amont ;
Li pautas est espès et li borbois parfons,
Del maltagre li gietent corrées et pormont
Et pierres [et] çavates et chaillois et bastons,
Et li .j. li compisse le vis et le me[n]ton.
4030 « Baron », dist la duchesse, « as forches en iron. »
La duchesse meïsme monta sus l'eschaillon,   (vº)
Ou col li mi[s]t le ce[r]cle et puis le chaienon,
De sa honte lui membre et de sa mesprison.
Par [de]desour la goule li feri le cranpon ;
4035 Quant la polie torne, li fel va contremont.
Puis firent .j. feu faire de mairiens et de trons;
La porterent le cors, si l'ardent en charbons.
[Et] la dehors la chartre amoinent Audegour,
Tote la despoill[er]ent, voiant les iex Doon,
4040 Puis la portent au feu, lez son pere felon.

CXV

Tomiles fu pendus et sa fille estorchie
.   Et la chars en fut ars[e] et tote graïllie

4019 Toz les m. — 4020 Or ie noi (ou uoi) D. — 4021 n'atans
n. gardons. — 4022 cest moit d. e. asson. — 4024 chaon, ms.
haon. — 4026 borbrois p. — 4031 s. les chaillons. — 4032 m. le
c. et p. li mist le ch. — 4037 si l'arderent. — 4038 amenront A. —
4039 les ieulx Dos. — 4041 estorchie, sic ms. — 4042 et t.
graïlloie.

Et la poudre ventée [en] aval la bruïre ;
Sachiés ceste justice fut merveillouse et fiere.
4045 Malingre en menerent estroit les mains lïées,
Si li tranchent les piés et les jarès derier[e]s;
Pour la pitié de lui em plore sa mesnie
Et ses pere meismes i soffrit grant haschiere,
Quant voit son fil sanglant detranchier [et ocire] ;
4050 Des larme[s] de son cuer a la face moillie.
.X. abé, .x. evesque au[s] piés Doon chaïrent,
Et Olive de France i fut assez proïe :
« Pour Dié, merci, beaus sire, assez a grant haschie;
« Par lui n'iert jamais arme portée ne baillie ».
4055 Li moinne l'en proi[e]rent du cloistre [de] Saint Piere
Quant il [l']orent gari, les blans dras li bailli[e]rent,
Mains ainc n'ama les dras, car toz tems fut [traître];
Onque[s] bien ne vot faire, mais fu mals aüseres.
Et li dus s'en revat droit a Coloigne arrieres,   (f.
4060 Si li vieent les portes [icil] qui les detiennent,
Et li dus les assi[s]t et davant et darieres.
Le jour jura li dus et sa compaigne fiere,
Se il prent la cité, la gent ert essillie...
Le feu griois [forment] as rues descoch[i]erent,
4065 Deci au mai[s]tre borc sont arces, peçoïes.
Li borjois citeen forment s'en esmai[e]rent,
Car [a] Pepin de France ont la vile ottroïe,
Chascun an l'en envoient .xxx. mules chargies
De bon[s] dras d'Aumarie et [d']escu[s] d'Angarie ;

4043 bruïre, *ms.* bruine. — 4044 f. molt m. — 4046 les jarois
d. — 4047 em plorent sa magnie. — 4048 ses, *ms.* ces; i, *ms.*
il; g. haichier. — 4049 fil, *ms.* filz; s. et detranchier (*altéré*) —
4051 Doon, *ms.* Lam. — 4053 g. haichie. — 4054 j. armes por-
tées ne baillies. — 4057 ainc, *ms.* ains; f. ordes — 4058 m. de
mal a. — 4060 li vaient; q. l. entiennent. — 4063 e. assilie. *Il
est probable qu'il manque un vers entre celui-ci et le suivant.*
— 4065 arces, *ms.* s. a. et p. — 4066 b, citeins, — 4067 v.
ottroier. — 4068 e. d'Angie.

4070 Et dient li .j. l'autre : « Nos terres sont jugie[s],
  « Se Do nos prent a force et nos vies trenchies.
  « Car li rendon les clés de ceste [tour] plainiere,
  « Du borc et du marchié et du mostier saint Piere ;
  « Se Pepin[s] se coroce, dehaiz ait cui en … »
4075 A lor riche archevesque ont lor raison chargie.
  Plus de .c. ordené au tref demeine vienent,
  Bene[i]çon [et pais] par Dieu li ottroi[er]ent :
  « Sire Do de la Roche, or est bon que tu viegnes ;
  « Li bourjois citaen de merci vos requierent,
4080 « Si vos rendront les clés de ceste tour plainier[e],
  « Toute vous ert la ville et laissie et guerpie,
  « Mais que vostre ire soit pardonnée et remise. »
  Quant l'entent la duchesse, forment en devint lie,
  Dolent[e] est de la tere quant la voit essilie.
4085 Maint et communement [ens] en la ville entrerent ;   (
  Le jor i ot de cloches mainte corde tirée
  Et si fut dame Olive confermée et baigniée ;
  Li dus la respousa droit au moustier saint P[i]ere.
  Ens ou palais [i] furent ces noces commencies,
4090 Bones et merveilloses, ainc hons ne vit si riches.
  .x^m. chevalier i sirent et mangi[e]rent ;
  Ainc n'i ot jugleor n'i [ot] robe novelle.

4070 Et d. l. .j. a l'a. — 4071 f. nous detranchies. — 4072 clés,
ms. clers ; *cf. v. 4080 ;* c. planniere. — 4074 d. a. a c. en chaille
(*altéré*). — 4075 l. r. charg'. — 4076 au t. demers amennent. —
4077 B. de p. D. — 4078 que tu voignes. — 4080 clés, *ms.* clers.
— 4082 v. i. lor s. p. et laissie, *altéré ; on a déjà eu* laissie *dans
le v. précédent.* — 4084 Dolant ; v. assilie. — 4085 entrerent, *sic
ms., altéré.* — 4086 de c. maintes cordes tirees. *Le dernier mot
doit être altéré.* — 4088 moustier, *ms.* monstier. — 4090 Seigneurs et m. c'onques ne vi si r. — 4091 chevaliers issirent et
m. — 4092 Ains n'i ot juglour ne r. n.

CXVI

A l'entrée de mai, a une feste clere,
Do li dus de La Roche a sa moillier respousée
4095 Et fait bones ses noces, ainc nulz hons ne vit teles.
Viennent [i] li baron de lointainnes contrées ;
Et Aubris li avesque[s] a la dame menée,
Aidie et maintenue et forment honorée.
De douce France i vint Pepin[s] l[i] empereres,
4100 Molt fu beaus li barnage[s] que François amenerent.
Li roi[s] ala orer a[u] grant mostier saint P[i]ere,
Puis est venus as noces ou la joie est menée ;
Dame Olive se drece, si va baisier son frere,
Em plorant se bais[ier]ent la dame et l'empereres.
4105 Contre le roi Pepin est maint[e] gent levée ;
De son nevou Landri novelle a demandée :
« Dame, quex est voz fils a la ch[i]ere membrée,
« Par cui tu as ta terre et t'enor recouvrée ?
— Veez le la, beaus sire, » ce respondi sa mere,
4110 « Cil valès qui la tient celle verge pelée.
— Beaus niés, » ce dist Pepin[s,] « bien vos porta voz m
« Quant vos l'avez vengie de la gent desfaée ;   (f.
« Hui vous sera Bretaigne ottroïe et donée,
« Anjou et Normandie jusqu'a la mer salée,
4115 « Et la senechauciée de France oan donée ;
« De fié vos serviront .xx^m. home a espée.
— Sire, » ce dist Landri, « ci a gente soudée
« Et cortoise promesse et ch[i]er don d'emperere.
« Ja Damedieu ne place que puis que cein espée

4094 Et li d. ; m. reprise. — 4095 ces n. ains n. h. — 4098
Aidie, *sic ms. Altéré?* — 4103 se, *ms.* ce. — 4104 em plorent ;
et li e. — 4107 est, *ms.* a. — 4110 v. palée. — 4112 g. defee. —
4114 mere s. — 4115 F. ahan d. — 4118 d. d'ampereres —
4119 p. cuide e.

4120 « Que je tiengne de vous une sole denrée.

« Par le present Tomile faillistes vos ma mere,

« Moi fut bien vostre porte [et] vostre aide veé[e] ».

Quant l'entendi Pepin[s], s'a la coulor muée.

« Garçon[s] », ce dist Pepins, « laisse ester ta posnée;

4125 « Encor n'eüsse[s] tu onques [d']avoir denrée;

« Mais je conquis Sasoingne au tranchant de m'espée

« Et ocls Carsadoine et Justamont son frere,

« Dont chascun an me vient li avoirs a charée,

« Dont France est maintenue et ma court honorée

4130 « Et la loi crestïene essaucie et montée.

— Sire », ce dist Landris, « trop par estes vanteres;

« Plus avrai je de vous, se longues ai durée ».

CXVII

Entre li niés et l'oncles sunt au palais par ire;

L'andris l'en apella qui molt le contralie :

4135 « Certes, orguillous roi[s], ce fut molt grant folie

« Et tort et pechiéz grans quant vo seror faillistes

« Et vo nevou petit por l'avoir le traït[r]e;

« Encor avrez .j. jour gent soffret[e] d'aïe;

« Se je vouloie France, el me seroit g[u]erpie, (v°)

4140 « Ja vous ne voz moillier n'i avroiz seignorie.

« En non Dieu, petis roi[s], je n'en prendroie mie,

« Ains servirai le roi cui j'ai ma foi plevie,

« Si me donra s'enor, se Dieu plest, et sa fille,

« Et je penrai par force tous les po[r]z de Hongrie,

4145 « Certe[s], n'a millour tere tant com li monz tornie;

4121 faillit v. ma m. *Cf. plus haut v. 617 et suiv. et plus bas v.*
4136. — 4124 ta ponnée. — 4126 c. Salsoigne. — 4127 Et occis
Lazadoine et Justemont s. f. — 4131 trope p. — 4132 v. ce longe.
— 4133 Entres. — 4136 q. vos serors falittes. — 4137 voz n. p.
que l'a. en t. — 4139 elle me. — 4140 avroìt s. — 4141 E n. de
D.; je — mie, *sic ms.*, *corr.* ja n'en prendrai je mie (?). — 4142
cui, *ms.* que. — 4145 m. teres.

« Au fel roi mescreant trairai du cors la vie ;
« Mi enfant avront France par droit[e] ansesserie ;
« En non Dieu, mauvais roi[s], ne la vous lairai mie :
Quant l'entent l'empereres, a po n'enraige d'ire,
4150 Volentier[s] le feri[s]t de sa paume sovine,
Quant Asse et Guinemans et si home s'escrïent :
« Sire Pepin[s] de France, laiss[i]ez vostre folie,
« N'a si bon roi en France n'i perdi[s]t ja la vie ».
Et dient li marchis : « Ralons nous en, bea[us] sire,
4155 « Ce fut torz et pechiés quant vo nevou failli[s]tes.
— Hé! Dex, » ce dist Pepin[s], « com mai[e] departie !
A tant ont demandé les mules de Sulie ;
Or s'en revont en France, s'ont lor voie acoillie ;
Or n'a talent Pepin[s] que joue ne que rie.

CXVIII

4160 Or s'en revient en France Pepin[s] en sa contrée ;
Li dus et sis bernaige[s] a Coloigne remestrent ;
L'enfes Landris en a sa compagne sevrée,
Ces de Constantinoble, la gent a l'emperere ;
Venus est a La Roche, nuls ne set sa pensée,
4165 Lïement le recevent la gent de sa contrée,
Encor n'avoit li bers sa venjence finé[e].   (f.
Au matin par som l'aube furent sa gent armée
Et vont a Hautefeulle a grant esperonnée ;
Davant la mai[s]tre porte ont la proie praée.
4170 Leans s'adoba Griffe a la barbe me[s]lée,
A .iiij^xx. serjans s'en ist lanse levée ;
La maisnie Landri ont la sue encontrée,
Ainsois la vont ferir que l'aient deffïée.

4151 Q. Asses ; sui h. — 4153 ne p. — 4155 q. vous nous f.
Cf. v. 4136-4137. — 4159 P. qui juiot ne qui r. — 4161 ces b.
— 4164 sceit sa p. — 4167 p. soubz l'a. — 4171 i. la l. — 4172
La maignie.

La ot tante hante frainte, tant[e] targe froée,
4175 De sanc et de cervelle ont la terre puplée.
La ndris si[e]t ou cheval qu'ot la crope levée,
Que li dona s'amie le jour qu'il cint espée ;
Fiert Griffon d'Autefeulle sus la targe li[s]tée,
Desour la bocle d'or li a frainte et cassée
4180 Et du haubert trellis .iij^c. mailles copées,
Qu'il li trancha le pis, le foie et l'eschinée ;
Tant com hante li dure, l'abat mort en la prée.
Sur la gent d'Autefuelle est la perde tornée,
La gent furent atainte, conseüe et passée,
4185 Maint et communement [ens] en le vile entrerent,
De l'or et de l'argent a planté i trouverent,
Froit vin et bon froment et bone char salée.
Landris en a .xx. barges chargies et comblées ;
En la cit de Coloigne les envoie a son pere ;
4190 .C. chevaliers i laisse qui la ville garderent ;
Va s'en li filz au duc en la soie contrée.

CXIX

Ou chastel de La Roche est repairiez Landris ;
Il a conquis sa tere et mors ses ennemis ;   (v^o)
Or se cuide li enfes reposer et dormir,
4195 En bois et en rivier[e] sa joie maintenir,
Et son pere et sa mere honorer et servir ;
Mais sa grant poine sort et commence a venir.
Li bons rois Alixandre s'est levez par matin,
Droit a Saint[e] Sofie va por la messe oïr,
4200 Avec lui a dis contes et dis autres marchis,
Des barons de sa tere qui le vienent servir.

4175 puplée, *sic ms., corr.* porprée (?) — 4176 *sic ms., corr.* qui
ot le crope lée (?) — 4178 Fierent. — 4189 cité de C. — 4190 ch.
il laissent. — 4194 se, *ms.* ce. — 4198 s'est, *ms.* cest. — 4200
et dex a. m.

Il issent du mostier a ore de midi,
As fenestres de maubre se va li roi[s] seïr,
Par dever[s] Orïent voit .j. signe venir,
4205 Par desous la fenestre en .j. vivier s'asi[s]t
Et fist tous les oiseax remüer et fremir.
Por la beauté du signe li membre de Landri,
Pitié le prist au cuer, si geta .j. sospir,
Et dist entre ses denz que nulz hom ne l'oï
4210 « En non Dieu, belle fille, au meillor ai failli
    « Qui ainc manja[st] de pain ne ne beü[s]t de vin ;
    « Hélas ! de son servise li a[i] molt mal meri ! »
Atant es Salmadrine, la fille au roi, qui vint,
.III. chevalier l'amoinent a .j. mantel d'ermin ;
4215 Ja de plus bele fame n'or[r]a nulz hons latin ;
As piés l'empereor souz la fenestre sist.
    « Fille », dist l'empereres, « que demandes, que dis ?
    « Tout l'avoir de cest siecle pües en ton cuer choisir.
    — Peres », dist la pucele « dont me rendez Landri,   (f.
4220 « Le demoisel de France qui roi Dorame prist
    « Et m'afia par foi mariage a tenir
    « Et aquita par force vo terre et vo païs.
    « Certes, se je ne l'ai, molt aproche ma fin, ·
    « Ja ne vera[i] la Pasque ne l'entrée d'avril ».
4225 — Fille », dist l'empereres, « bien i poëz faillir :
    « Je cuit bien qu'il ne soit ; morz ne puet revenir. »
  · Respondit la pucele : « Dont [n']ait li roi[s] merci ;
    « Puis que roi[s] son dit passe, ne doit son fié tenir. »
    — Non voir, » dist l'empereres, « se le puet acomplir.
4230 Li rois en apela son messagier Malprin :
    « Tu t'en iras en France, à Rains ou a Paris,

4203 Au f.; ce vait le r. s. — 4205 fenestre, ms. f'te. — 4207 li remembre de L. — 4209 ces d. — 4210 belle fille, sic ms.; altéré ? — 4211 ainc, ms. ains. — 4213 r. ou v. — 4214 m. esterni. — 4216 Au p. l'e. s. la forme s'asist. — 4118 Tous. — 4222 vos terres et vos p. — 4223 se ms. ce. — 4226 Je cuide b. qui ne s. — 4227 ait, ms. out. — 4228 fiés t. — 4229 l'emperieres; se, ms. ci.

« Et cherche [en] Alemangne, [en] Bourgongne et Ber
« Tous tens mais seras riche[s] se tu le fais venir.
« Le gentil chevalier salue de par mi,
4235 « De la foi lui remembre qu[e] il [ja] me plevi,
« Sur le branc de s'espée o les lettres d'or fin ;
« Le convent qu'il i out suis je près de tenir.
« A iceste[s] enseigne[s] le faites revenir ;
« Et s'il ainsi nel fait, molt i avra mespris,
4240 « M'amistié et la soie estovra departir. »
Quant l'entent la pucele, s'en apelle Malprin
(Bien sot .xxx. langaiges, li roi[s] l'avoit norri) :
« Vous en iréz en France, quant mis peres l'a dit,
« Et cerchiez tant la tere que vous truissiez Landri ;
4245 « De ma part li portez cest anelet petit,
« Ou fut li sairemenz et jurez et pleviz. »   (v°
Si dist cele donzelle : « Reveigne ou païs
« Dedans Constantinoble l'empereor servir,
« Et, se ne fait ainsi, molt i avra mespris,
4250 « La fille [l']emperer[e] en conviendra morir. »
Il a pris l'anel d'or, en s'escharpe l'a mis.
Cele nuit sejorna, si monta au matin ;
Deci qu'en Alemangne ne prist il onques fin.
Molt fort li ennuerent les poines a soffrir ;
4255 Tote passa la terre, outre mer et Mongiu.

CXX

Baron, ce est en mai que chaude[s] sont les ore[s],
Chevaliers a s'amie volantier[s] se deporte,

4232 *Entre ce vers et le suivant, il faut admettre un vers perdu :*
Que tu truisses Landri, le chevalier de pris *ou quelque chose*
d'analogue, cf. v. 4244. — 4233 se tu me pues v. — 4236 o, *ms.*
ou. — 4239 s'il, *ms.* cil. — 4242 sot, *ms.* soit. — 4243 mes p. — 4247
Reveigne, *ms.* Revoinne. — 4249 se, *ms.* si. — 4252 monta, *ms.*
monte. — 4255 outremer *en un mot.* — 4257 ce d.

Que ces puceles vont a geus et a quaroles ;
Dont fut Landris li enfes ou chastel de La Roche,
4260 Et si[s]t sur .j. perron devant la mai[s]tre porte ;
Atant es le messaige qui l'anel d'or aporte;
Il ne porta pas brief, ains a dit par parole :
« Jhesus li roi[s] du ciel, qui comma[n]ça l'istoire,
« Il salt et gart Landri et li croisse sa force !
4265 — Amis, » ce dist Landris, « Dieu vous croisse victoir
« De quel tere es tu nez qui contes tels paroles ?
— A la moie foi, sire, droit de Constantinoble,
« Ou la plus bele fame por vostre amor s'afole,
« Qui onques fut en tere ne jamais soit desore.
4270 « Or vous mande mes sires et li grans apostole[s],
« Li convent que vous orent vos atendent encor[e].
« Garde[z] que [ja] vers els soit sauve vo parole ;   (ƒ.
« Qui sa fiance passe, a tous jour[s] s'en affole
« Et qui soufri grantment, li tala[n]s le sorporte. »
4275 Quant l'entendi Landris, de bien parler le loue.

CXXI

Quant entendi li enfes que li messages dit,
Ne li laissa plus dire, ains le fi[s]t aseïr ;
A .j. conseil le meine desoz l'ombre d'un pin :
« Comment avez a non ? — On m'apele Malprin,
4280 « Bien me devez cognoistre, car main[t] jor vos servi.
— Li bons rois Alixandre comment se maintient-il ?
— A la moie foi, sire, molt est proz et genti[z].
— Et sa fille la gente, la belle a[l] cler vis,
« Est elle morte ou vive, at elle seignor pris ?

4258 *Corr.* Et ces p. (?) — 4260 sur, *ms.* sus. — 4266 De quelles
t. es tu n. q. Constantin p. — 4270 li grant a. — 4271 Les
convant. — 4272 v. eulx s. sauvee voz paroles. — 4276 messages.
ms. messager. — 4278 conseil, *ms.* conseille. — 4284 ait e.

4285 — Sire », dist li message[s], « merveilles avez dit :
« Por la vostre amistié est toz jours en depri,
« Car el ne siet a table ne ne dort en son lit,
« Ains est a orison davant le crucifi[s],
« Et proie Damedieu le vostre cors garit.
4290 « Vez ci .j. anel d'or que t'envoie par mi ;
« Desour la mai[s]tre jame li juras et plevis
« A tote[s] ces enseignes repairier ou païs ;
« Se ainsi ne le faite[s], de s'amor vous deffi,
« Ne jamais l'emperere n'ert as François amis. »
4295 Quant l'oit Landris de France, molt s'en est esmarri

CXXII

Quant li filz D[o] le duc entendi le message,
Il [li] a pris l'anel. qui bien fut congnissable,   (1
Pitié ot de s'amie, si sospire et larme.
Atant es vous son mai[s]tre contremont en la sale...
4300 — « Ou est li preuz Landris a l'aduré corage? »
— « La aval el vergie[r] parole a .j. mesage. »
Quant li baron l'entendent, les degrés en avalent,
Truevent le fil au duc descoloré et pale ;
Premerains l'en apelle dans Guinemans ses mai[s]tres
4305 « Damoiseaus, fils au duc, quex est vostre corage? »
— « Mai[s]tre », ce dist Landris, « bien doi avoir la r
« Quant li roi[s] Alexandre[s] me [desfie et me] bla[s]
« Un chevalier me mande cui me laissa en garde,
« De son tresor plus riche m'emplist il bien mes male
4310 « Conseilliez moi, beaus maistre[s], que je ne sai que fa

4287 el, *ms.* ele. — 4289 c. garit. — 4292 c. anseige repaire. —
4294 as François, *ms.* affrac'. — 4296 li m. — 4299 *Il faut
admettre qu'après ce vers, il y avait un vers perdu, disant que
Guinemant s'entretient avec les autres « barons », v. 4302.* —
4301 a. en ce v. — 4303 pale, *ms.* paile. — 4307 Q. li. r. A. me
blame. *Vers trop court.* — 4308 Molt cher me m. quil me l.
en g. — 4310 que fere.

Et respont Guinemans : « Tu as mauvais corage !
« Conquis as tes onors et mort le fel lignage,
« Qui te firent chetif en la tere sauvage ;
« Et voz pere li dus est molt [de] grant eage,
4315 « Bien mainta[n]ra la tere et ta mere la sage ;
« Et tu vas ou païs ou tu [as] pris tes armes,
« Tant te donra li roi[s], jamais ne seras povres,
« Puis prenez la pucelle par leal mariage,
— Mai[s]tres, » ce dit Landris, « gentil conseil me bai
4320 « Se ainsi ne le fais, ce ert molt grant folage. »
. . . .
Ma[i]s .... celle enseingne, après revint .j. autre,
Qui dut torner en France a perde et a domage.   (f.
Les rues de la ville vint poi[g]nant .j. messages
Et fut navrez forment dessus la maistre espale,
4325 Sanglant en ot le pan de son bliau[t] de paile.
A haute vois escrie, oiant tout le barnage :
« Ou estes vous, Landris, filz au duc ? Trop te targes !
« L'empereres de France est pris a .j. chace,
« O lui .c. chevaliers du miex de son barnage ;
4330 « Chascun[s] tenoit un cor, n'i avoit plus des armes;
« Hé ! bers, se nes secours, po pris ton vaselage ;
« Se il passe[nt] le Rin, ce ert molt grant domage,
« Ja por la ra[a]nçon mar i queront ostage. »
Quant l'entendi li enfes, dont ne sait que il face ;
4335 Parmi son hardement acoilli son corage,
A haute vois escrie : « Car m'aportez mes armes. »

4312 t. honeur; li f. l. — 4313 firent, *ms.* fier't. — 4317 le r.;
povres, *sic ms.* — 4321 Mas c. ensoingne a. r. .j. a. *Altéré, on
peut proposer* Ma[i]s partie l'enseingne, a. r. .j. a. *Il faut admettre
qu'avant ce vers il y avait des vers perdus, disant que Landri
congédia le messager de l'empereur, après lui avoir promis de
partir pour Constantinople.* — 4323 p. .j. messager. — 4326 a h.
v. a crie. — 4330 p. d'armes. — 4331 pris, *ms.* prise.

Baron, desous le pin la ou Landris s'adobe,
Entor lui s'aresterent li baron de Coloi[g]ne,
Et Asse de Maiance et lor maisnie tote
4340 Et Guinemans ses maistre[s] tint l'enseigne de porpre
Molt fu granz li barnage[s] quant li mai[s]tre[s] cor[s] s
Parmi la mai[s]tre rue s'en issent a grant corre.
La dehors a la barre furent esmé lor home :
4345 .iiij^m. haubert, molt fu gente la rote.
Or cheva[u]che[nt] ensemble le bruel desus Coloigne.
Landris plore et demente et regrete son oncle :
« Haï! Pepin[s] de France, gens roi[s], belle persone,
« Se paien vous enmoine[nt], com ira France a honte! »
4350 Et li Sesne chevauchent, que Damediex confonde,
L'empereor en meinent, Pepin de France dolce,
.iiij^xx. chevaliers et sa maisnie toute.
Molt forment les destreint Brohimax de Sesoine :
« Par Mahomet, dans roi[s], molt est vo vie corte.
4355 « Mar veïstes la mort Carsadoine mon oncle,
« Demain serez jugiez en la cit de Tresmoigne,
« Cil de France en seront. . . . .
« Tu rendras . . . . »
Quant l'entent l'empereres, de duel et d'ire [plore],
4360 Des liens de ses poins a fait [rompre les cordes],
Et vient a .j. paien, merveillous cop li done,

4339 maisnie, *ms.* magnie. — 4340 ces m.; l'assongne de p. —
4342 rue, *ms.* rues ; corre, *ms.* corne.— 4344 fire esmes lor hornes.
— 4345 haubert, *ms.* herbers. — 4346 le b. desue longue. — 4347
demre et regrate s. o. — 4350 Et li S. chevoichent. — 4351
en meinent, *ms.* amoine. — 4352 maisnie, *ms.* maignie. — 4354.
Mahomet, *ms.* Mahon ; vo, *ms.* voz. — 4355 Jazacoigne (*ou*
Jaracoigne), *cf. plus haut, v. 4127.* — 4357-4360 *vers incomplets
dans le ms.* — 4359 l'empereres, *ms.* l'empereur. — 4360 ses, *ms.*
ces.

Que dou mai[s]tre os del col li froissa la m[e]olle,
Tres davant le seignour . . . .
Dolans en fut ou cuer. . . . .
4365 Il traient les esp[e]es, si corrent le [confondre]
Que ja l'eüssent mort, neant fu[s]t del re[s]corre,
Quant Landris lor sordit par miliu d'une combe.
A .xx^m. chevaliers lor enseigne lor mostrent ;
Landris si[s]t ou cheval a la levée crope,
4370 Va ferir Brohemax en l'escu de Sasoinne,
Qui du haubert li tranche bien .iiij^m. doble[s],
Le foie et le pormont et l'eschine li cope :
« Fils a putain, paiens, vos me rendrez mon oncle! (*fol.*
« Cuvers! mar le baillastes; vos le lairez a honte. »

CXXIV

4375 Grant paor ont li Sesne quant il le ot ocis;
Il coururent en fuie, si o[n]t le champ guerpi
Et laissierent tout soul l'emperere Pepin
Et les frans chevaliers qui France ont a baillir ;
Li .j. deslie l'autre des chevaliers gentis
4380 Et jurent Damedieu [et] le cors saint Denis
Mar fut si grans orguels porpansés ne bastis;
Ja le comparont Saisne s'il i pu[e]ent venir.
Pepin[s] regarde avant, voit Brohemax gesir,
Par delez la mamelle ot trespercié le pis,
4385 L'heaume li deslaça, l'haubert li desvestit ;
L'emperer[e]s si vait sus .j. cheval saillir,

4363-4365 *vers incomplets dans le ms.* — 4365 [confondre]
suppléé par Benary. — 4366 eussient m.; d. recoure. — 4367 par
miliu, *ms.* parmi liu. — 4368 ch. tout l. e. — 4369 a la loe c.,
cf. v. 4176. — 4371 b. iiij double. — 4373 putain, *ms.* putains.
— 4374 mar, *ms.* mal. — 4375 li serf q. — 4377 Et lassarent
tous s. — 4379 deslie, *ms.* desue. — 4381 M. f. li grant orguel.
— 4382 Saisne, *ms.* Sainne. — 4383 v. Brenehaut g.

Pent l'escu a son col, le roit espié saisi[s]t,
En la rote se met o son nevou Landri.
Qui lors veïst paiens trabuch[i]er et morir
4390 Et ces barons de France les guarnemens vestir
Et ces chevax isniax sur les seles saillir,
De molt grant vasselage li peüst sovenir.
En la rote se metent as compaignons Landri ;
Ainc paien n'encontrerent plus orguilox voisins,
4395 Et escrïent « Monjoie ! mar passa[s]tes le Rin ! »
Il n'en estort .j. seul[s], s'il ne s'en puet foïr,
En crote ou en citerne ou en bove garir.
Qui le jour vout eschac, bien en ot a loisir :
Ce que li .j. puet prendre ne menassent li .x.   (*v°*)
4400 Des mors ne des navrés ne sa[i] conte tenir,
Mais durement reclament Mahon et Apolin.
Autour de la bataille es vos poi[g]nant Landri,
Et ot frainte sa hante, trait ot le branc forbi,
L'espée fut vermoille, tant ot paiens ocis.
4405 Ou que il voit son oncle, par la main le saisi,
Puis li dist fierement : « Dans rois, vous estes pris,
En la cit de Coloigne en vanrez avec mi,
Après vos m'escherra li tresor[s] de Paris. »
Et dist Pepin[s] de France : « Jel commant et otri,
4410 A mangier ne [a] boire n'avrai avant de ci. »
Du cheval ou il siet li est as piés chaïz ;
Et Landris l'en redresse, que ne le vot soffrir,
Trois fois s'entrebaiserent, car Diex le vot ainsi ;
Deci qu[e] a Coloi[g]ne ne prirent onque[s] fin.

4388 se mete. — 4389 morir, *ms.*.moris. — 4390 Et as b. —
4391 Et es c. — 4394 Ains paiens. — 4398 Que; en fut a l. —
4400 s. cope t. — 4407 cit, *ms.* cité. — 4408 m'escherra, *ms.*
mesnera; li, *ms.* le. — 4409 Je le commande et o. — 4410 Auoit
ne b. — 4412 vot, *ms.* voit. — 4413 c. Dieu.

CXXV

4415 En la cit de Coloi[g]ne est repair[i]ez li rois,
La mai[s]nie Landri et li autre François ;
Son cors et son haubert a fait peser .iij. fois
Du plus fin or d'Arabe, ja meillour ne verroiz,
Qu'il offrit a saint P[i]ere, a l'autel ben[e]oit ;
4420 Molt riche don il done ses compaignons françois
Et Landri .c. chevax, qu'as paiens a tolois ;
Tuit ensemble monterent au palais maginois.
Li frans dus de Coloi[g]ne ala baisier le roi,
Et Olive son fils, qu'ele plus aime et croit
4425 Que nul home qui vive, [et] certes ele a droit.   (fol.
Molt demeinent grant joie li baron celle fois ;
Li aigue fut cornée, si se sistrent a[u] dois.
Assez orent viande et [le] bon vin et froit ;
A icelle foïe fut bien servi[z] li roi[s]...
4430 Et Guinem[ans] .sis mai[s]tres, qu'il aime en bone foi,
Et tuit li haut baron qu'il retient avec soi.
« Seignour », ce dist li enfes, « entendez [en]vers moi

CXXVI

« Baron, [seignour, »] dist il, « entendez mon semblan
« Mes sire m'a mandé, au coraige vaillant,
4435 « Qui tient Constantinoble et quanqu[e] i apent,
« Li v[e]rais empereres, de cui je me lo tant ;

4415 cit, ms. cité. — 4420 ces c. — 4423 Le franc duc de C.
— 4425 nulz h. — 4426 M. demoinne g. j. li barons. — 4429
A. i. fois f. b. servi le roi. Après ce vers, il faut admettre une
lacune d'au moins un vers, où il était question de Landri. —
4430 G. son maitre. — 4431 Et tous les haus barons qui estient
a. s. — 4432 Seigneurs. — 4434 mandés en c. v. — 4435 q.
il a. — 4436 loe t.

« Jurer me fist sa fil[l]e et faire sairement
« Qu'a moillier [la] penroïe sans nul arestement ;
« Charga moi grant avoir, ses barons et ses gens.
4440 « La merci Damedieu, il nos vat bellement :
« Li traïtor sont mort et livré a torment,
« Mes peres et ma mere ont fait acordement,
« En pais tenront la terre, des ore en avant ;
« Droit a Constantinoble, ou j'ai mon sairement,
4445 « M'en irai le matin, se Diex [le] me consent,
« Si penrai Salmadrine, la bele au cors gent ;
« Tels noces i ferai, par le mien esciant,
« Il n'ot onque[s] si belle[s] au realme de[s] Franc[s.]
« Ma mere [avrai] o·moi et mon pere ensiment ;
4450 « .I. prodome lairons tout nostre tenement.
— Beax niés, » dist l'emperer[e]s, « ne vos dotez nean
Avec vos [m'en] irai et si menrai grant gent.
— Sire, » ce dist Landris, « vous parlez avenant. »
L'endemain, par matin, font lor atornement
4455 Et acoillent lor voie et tout lor errement.
Ici que vous iroie lor jornées contant ?
Tant errent et chevalchent, par le mien esciant,
Que de Constantinoble virent le mandement.
⌐Il prinrent .j. message cortois et avenant ;
4460 En la cité l'envoient la novele portant
Que Landris s'en repaire, si ameinne grans gens.

CXXVII

Li messagier[s] s'en torne a grant esperonnée ;
Au bon roi Alixandre les noves a contées

4438 Que a m. — 4439 ces b. et ces g. — 4440 vat, ms. u'at —
4441 s. mors. — 4445 se Dieu. — 4447 Telles. — 4452 Aveques
irais. — 4455 errement, ms. errammant. — 4458 Qui. — 4461 g,
gent. — 4463 nouvelles a conter,

Que Landris est venu[z], si ameine sa mere
4465 Et son oncle Pepin, qu'est roi[s] et empereres,
Et molt de haus barons et Doon le sien pere.
Salmadrine l'entent, grant joie en a menée.
Toute la ville en bruit ; meïsmes l'emperere
Monta en .j. destrier qui la crope ot lée,
4470 A l'encontre lor va, grant joie a demenée.
Entrencontré se sont Landris et l'emperere ;
Olive et Salmadrine aussi s'entrencontrerent,
Plus de .c. fois s'acollent et assez se baiserent.
En la cité s'en entre[nt], grant joie demenerent.
4475 Encontre lor venue trestuit li sein sonerent ;
N'i ot si povre rue ne fu[s]t encortinée.
Droit au mai[s]tre palais descent li empereres
Et Pepin[s] et Landris et Olive sa mere ;   (*f. 85*)
Tout contreval la ville escuier s'ostelerent.

CXXVIII

4480 Contreval la cité est la novelle oïe
Que Landris est venu[z] por esposer s'amie ;
Diex ! quel joie on en fait [en] contreval la ville !
Salmadrine la bele aresne dame Olive :
« Bien soiez vos venue, ma dame et m'amie ;
4485 « De Dieu et tous les sains soiez vos beneïe !
« Quanques je ai est vostre et en vostre baillie. »
Quant Olive l'entent, si en devint molt lie ;
[Se] grant joie se font, je ne m'e[n] merveil mie.
Et li escuier font que les napes sont mises ;
4490 Quant l'eaue fut cornée, cil chevalier s'asirent ;
Li dui empereür, Doons et dame Olive

4465 qu'est, *ms.* qui est. — 4466 Doon, *ms.* Doz. — 4468 m.
l'empereur. — 4471 L. et l'empereur. — 4475 li s. senerent. —
4485 et de t. — 4488 merveil, *ms.* mervoille. — 4491 Li deux e.

Au mai[s]tre dois s'asirent de la grant sale antie ;
Landris servi le jour a la table s'amie,
O lui .c. damoisel de France la garnie ;
4495 Asses et Guinema[n]s, Hues de Pontalie
Servent l'empereür, Doon et dame Olive.
Assez orent piment et vins seant sor lie,
Viandes a foison, poisson, char, voleïlle ;
Ainsois seroit, je cuit, li ore de complie
4500 Que devisé eüsse tout[e] la seignorie.
Quant il orent mangié, droit a la prai[e]rie
Cil legier bachelier ont quintaine drecie...
Joer et envoisier par grant bachelerie ;   (vº)
Le jour i ont François mainte lance brisie.
4505 L'emperere Alixandre ne s'i oblia mie
Il tresmet ses messages et fait ses briés escrire,
Que trestuit li baron qui sont de son empire
Soient tuit a la feste et as noces sa fille ;
Tant i vi[n]drent baron a grant chevalerie
4510 Que fors de la cité a la grant praierie
Convint faire les noces la belle Salmadrine.

CXXIX

Molt fut grans li barnage[s] qui la fut assemble[z] ;
Li afaire Landri con fut renovelez !
Davant l'empereür, qui de France fut nez,
4515 Et davant les barons qui [la] sunt assemblé,
Ja Landris avera a moillier et a per
Salmadrine la belle, que il doit molt amer ;
Bien i est emploie[z], de haute gent est nez,

4492 m. doz. — 4494 c. damoiseax. — 4498 ch. voloisie. —
4501 o. mangier. — 4502 C. l. bechelet o la quiterne d. — 4503
Lacune entre ce vers et le précédent. — 4504 Se j.; m. l. brisee.
— 4505 L'empereres A. — 4506 ces b. — 4512 f. grant; que la.
— 4515 li b.; s. assemblés. — 4516 Que L.; a pere.

Et s'est bon[s] chevalier[s], plain[s] de [molt] grant bea
4520 L'emperer[es] de France, qui tant fist a loer,
     Est.frere a sa mere, bien veoir le poez,
     Es noces est venuz et li et ses barnez...
     « Venez avant, Landris, .i. petit m'entendez ;
     « Tel chose vous dirai dont grant joie av[e]rez :
4525 « Je vous ottroi ma fille, tantost l'esposerez,
     « La tere et tout l'empire de cest jour en tenrez,
     « En avant de cest jour corone porterez
     « O ma fille roïne, que vous esposerez.
     — Sire », ce dist Landris, « .vͨ. merci[z] de Dé. »   (f.
4630 Maintenant fut Landris a[u] grant mostier menez ;
     Salmadrine s'amie fut joste ses costez.
     .I. [gentilz] arcevesque[s], Jehan[s] fut apelez,
     Cil esposa la dame a molt grant dignité ;
     Dis avesques i ot et s'i ot .c. abez,
4535 .C. contes et .c. dus et .x. rois coronez,
     Et deus empereors i ot a l'esposer.
     La messe commança l'arcevesque[s] Jehans ;
     Molt fut riche l'offrande qui fut mise a l'autel.
     Quant la messe fut dite et [li] missels chantez,
4540 Au palais en monta Landris li adurez,
     En son chief ot corone, ja meillor ne verrez ;
     Grant joie en ot sa mere, de cui il fut amez.
     Salmadrine la belle, qui molt ot de beauté,
     Fu coronee ainsi com vos oï avez.
4545 L'empereres de France et Do li adurez
     La tiennent par la main ; tuit i sont li abé.

4519 Et cest. — 4521 poez, ms. poiez. — 4522 barnez, ms.
bernes. — 4523 m'atandés. Entre ce vers et le précédent, il faut
supposer au moins un vers perdu, où il était dit que l'empereur
de Constantinople paraissait et adressait la parole à Landri. —
4524 v. diras; j. aurés. — 4527 Et anon en c. j. — 4528 Et ma
f. — 4531 ces c. — 4532 J. i f. a. — 4533 Sil aposa. — 4537 l'a.
Jehans, sic ms. — 4539 d. et misdel ch. — 4540 En p. — 4545
L'empererer de F. — 4546 t. en vont les abés.

Et Landris li beaus enfes refut bien adestrez
D'arcevesques, de contes, de rois et de abez.
- Les tables furent mises au palais principel,
4550 En sales, en maisons, en jardins et en prez ;
De tous les mès qu'il orent n'iert ja conte[s] trovez,
Que bien pouez savoir qu'il en i out assez.
Molt furent bien servi de vin et de claré ;
Et si vous di pour voir que tuit li menestrel
4555 De France, d'Alemangne, deci qu'a Balegué, (v°)
Cil de Constantinoble, de Rome la cité,
I furent a la feste venu et assemblé :
Li un[s] timbre de harpe, et l'autre a violé ;
Cil meine guigue et rote, ci[l] fait harpe soner ;
4560 Chascun[s] de son mestier i a le jour monstré.
Quant vint, après mangier, que il furent levé,
Lors font li menestrel lor feste a grant plenté,
Ces gentis tumeresces i ont le jour tumé,
Ces belles dam[o]iselles dancié et espringué,
4565 Cil jone damoisel ont le jour behordé.
· Ce seroit grans enuis de trestot recorder ;
.I. mois durent les noces, c'on ne puet aviser ;
Ou palais toz les jors ont grant joie mené.
Et quant les noces faillent, i out [grans] dons donez.
4570 Lors s'en vont li baron, quant ont fait fëauté,
Cil qui de la contrée erent norri et né ;
Mais Landris n'en la[i]ssa pas les François raler,
Ains les [re]tint encor pour eus miex honorer,
Par les chasteax les meine pour trestout regarder ;

4548 abez, *altéré ; les abbés ont déjà été mentionnés deux vers plus haut ; corr.* chasez (?) — 4551 c. trover. — 4555 Baligné. — 4556 de C. et de R. — 4557 Il f.; venu, *ms.* venus. — 4558 Li u. timpre; de v. — 4559 Si m.; harpe, *sic ms., doit être altéré.* — 4562 f. li menestres l. festes. — 4563 g. tumerestes. — 4564 dancier et espigner. — 4565 o. cil j. behordel. — 4566 t. recordes. — 4568 Onque l^t de tous les jours ot moins j. m. — 4570 grant o. f. fiantei. — 4574 meinent p. trestous r.

4575 Et Pepin[s] et ses pere et sa mere a[u] vis cler
Furent bien ou païs servi et honoré
Et de molt riche[s] dons lor at on presenté.
Quant vint a chief de piece qu'il orent sejourné,
L'emperer[es] de France at Landri apelé :
4580 « Beaus niés », dist l'empereres, « je m'en vuel retourr
« Et Do et vostre mere, qui en volons raler,
« Que de nostre païs n'oïmes. puis parler,   (f.
« Comment qu'il est mes homes, qui l'ont a gouverne
« La tere et lou païs [et] lor fame[s] garder
4585 — Sires », ce dist Landris, « a vostre volenté.

CXXX

— Oncles, » ce dist Landris, « empereres nobile,
« Vous en irez ariere en France la garnie
« Et s'en menrez mon pere, ma mere [dame] Olive;
« Pour Dieu, amez l'un l'autre, si ferez cortoisie.
4590 — Landris, » ce di[s]t li rois, « ne vous esmaiez mie;
« Se vous avez mestier de ma chevalerie,
« Sachiez certainement qu'elle est aparillie.
« Se j'ai de vous mestler, si ne m'oblïez mie. »
On fait crïer par l'ost : « Ci est la departie ! »
4595 Et chascun[s] apareille [et] lui et sa maisnie;
Il trosent et enmalent et issent de la ville ;
L'emperere Alexandre les conduit et les guide.
Quant vint a[u] desevrer, grief fut la departie ;
Do vait baisier Landri et ausi fist Oli[v]e ;
4600 L'empereres Pepins ne s'i oblia mie.

4579 F. et L. a. — 4580 vuelle r. — 4581 vostre, *ms.* vos —
4588 et ma m. O. — 4591 m. de mon demaine. *Cette leçon peut
s'expliquer par une mauvaise lecture de l'abréviation* chlerie *ou*
chrie. — 4593 si, *ms.* ci. — 4594 le departir. — 4595 sa maignie.
— 4596 enmalent, *ms.* emnalent — 4599 Do fait et v. b. — 4600
L'empereur P.

Salmadrine [la belle] s'en vint a dame Olive,
Par molt de foi[s] la baise, ne cesse ne ne fine ;
Dit Olive la belle : « Ma fille Salmadrine,
« Car pensez de mon filz, je vous requier et prie,
4605 « De tout en vous me fie ; or en pensez, amie !
« Le lairai remanant, bien voi n'en menrai mie.
— Dame, » dist Salmadrine, « j'en suis toute p[er]ie.
A grant peine ont fait entre eus la departie.
Plorent li chevalier et dames eschevies,
4610 A Dieu le[s] recommande[nt] et li duc et li prince.
Et li roi[s] Alixandre en meine Salmadrine
Et Landri, cui il aime d'amour bien enterine ;
Li rois Pepins en meine Doon et dame Olive ;
A Coloigne s'en vienent a hore de complie ;
4615 Diex ! con grant feste en font li borjois de la ville !
Bien i fut conreé[e] toute la baronnie.
Quant vint a l'endemain, ne vos mentirai mie,
Pepin[s] ala en France, il et sa compagnie,
Et li dus de La Roche ot avec lui s'amie,
4620 Dame Olive sa fame, en cui [il] molt se fie ;
En pais tenront la terre, ne est qui les guerrie.
Et Landris demora avec[que] Salmadrine ;
Enfans out de sa fame, qui est de bone orine,
Qui puis [tinrent en pais] la terre dame Olive,
4625 Toute Constantinoble, la grant cité antie,
Et quanque il i apent et roialme et empire ;
Molt bon chevalier furent et de molt bone vie.
Ci defenit la geste, la chançons est faillie
De Landri, de Coloigne et de ma dame Olive
4630 Et del roi Alixandre, qui tenoit tout l'empire
De[vers] Constantin[oble], et de sa belle fille

4602 la baisse. — 4605 De toute. — 4606 Le romenant l. b.
v. nen manirai m. — 4615 con, *ms.* cum. — 4616 f. corree. —
4618 P. alast. — 4619 a. l. sa mie (*en deux mots*). — 4621
l. gerie. — 4630 t. toute l'e.

Et du bon roi Pepin, qui France out en baillie,
Et des maus traïtors Hauquetant et T[o]mile,
Forbin et Malquerant, Loqueste et Malingre, (*f. 88*)
4635 Que Landris ocist tous a l'espée forbie.
Cil Diex qui maint en haut si doint durable vie
Cex qui de bon cuer ont ceste chançon oïe !
Plus ne vous en dirai, querez qui plus en die.

Explicit li romans de Doon.
l'Alemant qui fut de la Roche.

4635 Qui L. — 4636 d. bone vie (*vers trop court*).

NOTES

V. 56. Voici le passage du *Charroi de Nîmes*, auquel renvoie la variante, d'après le texte établi par M. Meyer lui-même (*Recueil d'anciens textes*, p. 239, v. 36-38) :

> Nostre empereres a ses barons fievez.
> Cel done terre, cel chastel, cel cité,
> Cel bour et ville *selonc* ce que il set.

V. 102-109. On remarquera que la ville où eut lieu le mariage de Doon et d'Olive n'est pas indiquée ; d'autre part, dans la suite du poème, deux fois (v. 1959 et 2084) Montreuil-sur-Mer est nommé comme la ville où *Do gist o lui* (Olive). Il est par conséquent possible qu'il manque dans ce premier passage un vers, où Montreuil-sur-Mer était désigné.

V. 654. *Audegour.* Voici les différentes formes de ce nom dans le manuscrit de Londres : vv. 654, 913, 1030, 2114, 3865, 3878, 4038, *Audegour* ; v. 887, *Audegours* ; vv. 1193, 2819, 2922, 3026, 3038, 3468, 4005, *Andegour* ; v. 2581, *Andegou* (lecture de M. P. Meyer ; Sachs et M. Benary ont lu *Andegon*) ; v. 3304, *Andegon* ; v. 3131, *And'* ; v. 3191, *Audeg'*. Quant aux fragments *L*, on lit v. 1193, *Andegour* (nettement, et en toutes lettres) ; v. 3130, *And'* (leçon douteuse, mais plutot *And'* que *Aud'*) ; v. 3190, *Aud'* (nettement) — Dans cette incertitude, la faute *n* pour *u* étant tout aussi possible, paléographiquement, que *u* pour *n*, nous avons donné la préférence à *Audegour*, qu'on peut

expliquer comme une altération d'*Audegon*, nom qui se
trouve dans plusieurs chansons de geste (voir la *Table* de
M. E. Langlois), tandis qu'*Andegour* ne correspond à rien ;
on peut en outre remarquer, avec M. Benary (p. 329), que
dans le roman espagnol le personnage s'appelle *Aldigon*.
D'autre part, nous sommes bien obligés de conserver la
terminais *our*, quelque singulière qu'elle puisse paraître : elle
est certifiée par l'accord du manuscrit de Londres et du
fragment *L*.

V. 659. Ce vers est peut-être quelque peu altéré dans la
forme, mais le sens général parait clair : « Ce que chacun
lui demande de dire, il veut le dire de son propre mouvement. » En effet, dans la suite, nous voyons que le petit
garçon parle très bien.

V. 1198. *Tomiles fu seneʒ* (ms. *senes*). Il faut corriger
Tomiles fu saneʒ.

V. 1219. Ce vers est sûrement altéré, malgré l'accord du
fragment *L* et du manuscrit de Londres. En admettant la
correction *restera* pour *recevra* indiquée en note (*Li niés le
roi de France* restera *par folie*) on obtient le sens : « le
neveu du roi de France fera une folie en restant (ici), car
sa mort ont jurée.... » Comp. *Roman de Thèbes*, v. 4209
édit. Constans : *Cist remandra ci folement*. Pour *par folie=
folement*, comp. plus loin, v. 3728 et les locutions *par estul-
tie* « follement », *par vertu*, « courageusement » etc.

V. 1429. La correction *Lalice* pour *lice* a déjà été proposée
par M. Benary (p. 318 note, de son mémoire) mais avec un
point d'interrogation. Elle nous parait absolument certaine,
à cause de la mention des *Hermins* (Arméniens) dans le vers
suivant. *Lalice* (Laodicée) est nommée dans le *Pélerinage
de Charlemagne* v. 106 ; pour d'autres mentions, voir la
Table de M. E. Langlois. D'autre part, les Arméniens sont
à leur place comme défenseurs d'une ville chrétienne de
l'Asie Mineure.

V. 1609. *Gontiaume*. Cette forme ne se trouve qu'ici ; dans
la suite, on lit presque toujours *Gonciaume*. C'est *Gontiaume* qui est la bonne forme ; comp. dans la *Table* de
M. E. Langlois, *Gontelme, Gontiaume* ; Förstemann, *Alt-
deutsches Namenbuch*, 2ᵉ édit. Bonn, 1900, I, 703, *Gun-
thelm, Gunthalm*.

V. 1661. En voyant que dans ce vers et plus loin, vv. 1665 et 1680, les montures des messages qui jusqu'ici ont été qualifiées de *dromadaires*, sont appelées *chevaus*, tandis que *dromadaire* reparait au vers 1696, on pourrait croire à des altérations du texte; mais une telle supposition n'est pas nécessaire. Les gens instruits, au moyen âge, savaient bien que le dromadaire était une variété du chameau (on peut citer, par exemple, Sicard, évêque de Crémone, *Mitrale*, lib. V, c. 9, dans Migne, *Patrologia latina*, vol. 213, col. 235 : *dromedarius est animal minus camelo, sed velocius eo; currit enim una die quantum equus tribus diebus*); mais les auteurs des chansons de geste ne se faisaient pas une idée bien nette de l'aspect de la bête : pour eux, le dromadaire était avant tout un animal courant très vite; voir F. Bangert, *Die Tiere im altfranzösischen Epos*, Marburg, 1885 (*Ausgaben und Abhandlungen*, fasc. 34), p. 49. Le « trouveur » de *Doon de La Roche* est donc excusable d'avoir cru que le dromadaire était une sorte de cheval, courant beaucoup plus vite que les chevaux ordinaires.

V. 1720. [*D'*]*or et* [*d'*]*argent ai ge .xxx. somiers trossez.* On pourrait lire, sans correction, mais en introduisant une ponctuation : *Or et argent ai ge, .xxx. somiers trossez.*

V. 2128-2129. *Li rois vos a mandé par menace et par ban Qu'ele ne soit destruite ne des membres perdant.* Il n'y a rien de pareil dans ce qui précède : Pépin n'a rien mandé à Malingre. On pourrait corriger NOS *a mandé*, en se rappelant le v. 635, où Pépin dit *à Doon* en parlant d'Olive : *Et qui mal lui fera, si soit chier comparée.*

V. 2215 *Que l'avoient juré a Tomile et Malingre.* C'est la leçon du manuscrit, mais on obtiendrait un vers plus conforme aux habitudes du style et de la versification de l'auteur en biffant *a* et en lisant *Que l'avoient juré Tomile et Malingre.* Comp. v. 1937 *Tomile et Malingre fera les chiés coper.*

V. 2347-2348. *Li cembels s'en torna; s'ont la bare guerpie Et dus Do les enchauce com chevaliers nobile.* — Le sens parait être : les chevaliers qui font partie du *cembel* et qui s'étaient avancés jusqu'à la *bare* (la barrière, la fortification extérieure du château de La Roche) en guise de défi (comp. G. Paris, *Mélanges de littérature franç. du moyen âge*, p. 115, note 1), lâchent la *bare*, dès qu'ils voient que Doon sort avec sa troupe, et tournent bride; Doon les poursuit.

V. 2720. *Je te conjur ta loi et [tres]tot ton batisme* (le manuscrit porte *batesme*). Nous avons noté trop tard pour pouvoir l'introduire dans notre texte la correction plus simple de M. Benary (p. 387 de son mémoire) : *Je te conjur ta loi et tot ton batestire.* On sait que *batestire* pour *batesme* est fréquent dans les chansons de geste.

V. 2728. *Certes m'amor m'avez afiée et plevie.* Ce vers est certainement altéré; on pourrait lire, en biffant le premier *m'* : *Certes amor m'avez afiée et plevie*; cette correction a déjà été proposée par M. Benary (*l. c.*). Seulement, le vers ainsi corrigé se relie mal à celui qui suit : *Ja set bien toz li monz tis peres est mes sire*; il faudrait admettre un *mais* sous-entendu, à moins de supposer un vers sauté par le copiste.

V. 2730. La restitution indiquée en note — *Ma terre tient Malingres, par coi il me jostise* — suppose que le pronom *il* ne se rapporte pas à Malingre, mais à l'empereur, dont il a été question dans le vers précédent. Des équivoques syntaxiques toutes semblables se trouvent ailleurs dans notre chanson; par exemple, v. 2545-46 :

> Mout fu granz li eschas que *il* ont conquesté.
> Enz en parfonde chartre *les* fist li rois jeter.

Le *les* du v. 2546 désigne Doon et Jofroi, dont il a été question aux vv. 2542-43; tandis que *il* dans le v. 2545 se rapporte aux guerriers du roi Alixandre. — Pour la pensée, plutôt suggérée qu'exprimée, comp. plus loin, v. 2747 *Ne ja ver[s] Alixandre n'avrai ma foi mentie,* et le récit en prose sur *Ami et Amile,* publié par Mone, d'après un manuscrit de Lille, dans *Anzeiger für die Kunde der teutschen Vorzeit* V (1836) col. 162 : *elle* (la fille de Charlemagne) *le requist qu'il* (Ami) *fust son ami. Et Ami en nulle maniere ne s'i acordast, que il ne vouloit mie faire traïson a son seingnour.*

V. 2782. Il y a ici, et dans la suite de la chanson, des confusions singulières, qui peuvent difficilement être imputées aux copistes, mais qui semblent être le fait de l'auteur. Jofroi, qui figure ici comme compagnon de Landri, était représenté dans ce qui précède comme compagnon de

Doon ; il est fait prisonnier en même temps que celui-ci au
v. 2542. Par une confusion en sens contraire, Asson, le
fidèle compagnon de Landri dans son voyage en Orient
(v. 1425, 1469) et qui se bat à ses côtés en même temps que
Guinemant (v. 2542), partage au v. 2802 la captivité de
Doon. Enfin, au v. 2859, Landri reconnaît avec joie, comme
délivré en même temps que Doon, son « maître Guinemant »,
qui a toujours figuré et figure ici (v. 2782) comme compagnon de Landri, pendant son voyage et à la cour de l'empereur Alixandre. Ici, au v. 2782, on pourrait, au besoin, substituer *Asses* à *Jofroi̧*, mais il est impossible de changer, au
v. 2802, *Asse de Maience* en *Jofroi̧ de Maience*, Mayence
étant, dans tout le poème, la ville d'Asson et non celle de
son frère Jofroi. Et il est impossible de modifier *Guinemant*
son maistre au v. 2859 sans fausser le vers. On pourrait, il
est vrai, considérer ce vers comme interpolé, mais cela ne
résoudrait pas les deux autres difficultés, relatives à Jofroi
et à Asson. — Dans le roman espagnol, le compagnon
d'Enrique (Landri) en Orient s'appelle *Jufre*, et nous mon-
trons dans l'Introduction que l'auteur du poème conservé
et celui du roman espagnol ont travaillé d'après le même
original perdu ; il est par conséquent possible que le souvenir du *Jofroi* de ce poème perdu se soit mêlé aux inventions
personnelles de notre « trouveur » ; mais ce souvenir n'explique pas les deux autres erreurs que nous venons de constater.

V. 2925. *Seine la ville* est en réalité, ainsi que l'a déjà vu
M. Benary (p. 321, note 1 de son mémoire), la ville de Sienne
en Italie, que notre auteur a transportée du côté de la Hongrie (voir au v. 2162). Faut-il, avec M. Benary, ici et aux
vv. 2968 et 3894, corriger (*Seine la vieille*) = S e n a v e t u s ?
Nous ne le croyons pas. *Saine ville* se lit également dans le
Roman de Cassidorus, Bibl. Nat., ms. franç. 22549, fol. 56 *f*,
comme nom d'une ville de « Lombardie » (dans la suite du
récit, fol. 57 *f*, le nom est écrit *Scienne*, sans adjonction).
Seine la ville était une forme fautive, mais consacrée par
l'usage.

V. 2961. *Pepin s'en est clamȩ, coresos et pleins d'ire.* Leçon
du manuscrit, littéralement : *P. s'en est clamés.* Naturellement, on pourrait aussi interpréter *Pepins s'en est c.*, mais cela

serait moins satisfaisant. Selon nous, le sujet est Doon, dont il a été raconté, v. 2226 et suivants, qu'il alla se plaindre à Pépin. Il faut peut-être supposer, après le v. 2961, un vers perdu, rappelant que Pépin se déclara contre Doon et le chassa de ses terres.

V. 2967. *Li avesques manda qui ses sodoiers prirent.* Ce v. n'est pas clair et paraît altéré. On pourrait corriger : *des sodoiers*, et comprendre : « l'évêque manda [des gens] qui prirent (= levèrent) [pour lui] des soudoiers. »

V. 2992. *Va ferir Grifonel, .j. des neveuz Malingre, Fil sa seror germaine, la dame Malsarie.* Le nom de « Malingre » est sûrement altéré : Malingre est toujours représenté comme l'enfant unique de Doon et d'Audegour. Il faut probablement corriger : *Tomile*; comp. le v. 119, où il est dit de celui-ci : *oncles fu Guenelon.* — Dans d'autres poèmes, Grifonel est fils de Ganelon (comp. G. Paris, *Mélanges de littér. franç. du m. â.*, p. 200); pour l'auteur de *Doon de la Roche*, semble-t-il, Grifonel et Ganelon étaient frères, fils de Malsarie (et de Griffon de Hautefeuille? comp. v. 3755, où Hélie et Hardré, fils de Griffon, sont également dits « neveux de Tomile »).

V. 3010. *Ça me lairez La Roche; ne l'avrez jamais mie.* C'est la leçon du manuscrit ; on pourrait corriger : N'EN *avrez iamais mie*, suivant la locution bien connue ; comp. *Ne de Carlon mie vos n'en avrez*, Roland, v. 1172 ; *De Gaudissete mie n'i ont trouvé*, Jourdain de Blaie, v. 3209, éd. C. Hofmann.

V. 3783-3785. Il y a dans ces vers une singulière confusion de sujets : au v. 3784, *li enfes* est évidemment Landri, mais au v. 3785, le sujet sous-entendu de *fiert* est Hélye, nommé au v. 3783. Cependant il nous semble inutile de supposer une altération du texte.

V. 3912. *El regne de Saissogne voldrai Deu relenquir.* On pourrait aussi restituer : *El reiaume des Saisnes v D. r.* Ce vers a été terriblement malraité par les copistes ; le sens général paraît pourtant clair dès qu'on a substitué *Deu relenquir* à l'absurde *Doz relenquir* du manuscrit. Le premier hémistiche contient manifestement le nom de la *Saissoigne* ou des *Saisnes*, dont il sera question dans la suite du récit. Ces *Saisnes*, placés naturellement de l'autre côté du

Rhin (v. 3911), sont, dans les chansons de geste, toujours représentés comme païens. L'ambition de Tomile est de jouer, avec leur aide, le rôle d'un Isambart, d'un Girard de Fratte (dans la suite d'*Aspremont* conservée en italien ; G. Paris, *Hist. poét. de Charlemagne*, p. 325). Dans *Girbert de Metz*, également, le vieux Fromont se réfugie chez les Sarrasins d'Espagne et en revient avec une grande armée pour attaquer ses ennemis ; voir l'analyse de P. Paris, dans *Hist. littér. de la France*, XXII, 625, 628.

V. 4030-4036. Cette description de la pendaison de Tomile est loin d'être claire. Qu'est-ce que l'auteur veut dire au juste par *le cercle* et le *chaienon* (v. 4032) ? Il n'est pas facile de le comprendre. Dans *Florence de Rome* on lit (v. 4079, éd. Wallensköld) : *Veez le la aux forches, au cou le chaenon* ; ici, *chaenon* semble l'équivalent de *hart* « la corde qui sert à pendre ». — Ce qui paraît certain, c'est qu'on attachait à la potence, aux *forches* (v. 4030), une *poulie* (v. 4035), sur laquelle passait la corde ; il faut admettre qu'on tirait sur la corde, le condamné étant soulevé de terre et s'en allant en haut, *contremont* (v. 4035). — La même façon de pendre semble indiquée dans *Parise la Duchesse*, p. 19, v. 601-602, à propos du supplice du traître Milon :

> Puis li ont fait la hart entor le col noer,
> *Contremont la sacherent,* si l'ont fait ancroer.

Cette façon de pendre diffère de celle généralement connue, où l'on obligeait le condamné à monter sur une échelle, que le bourreau retirait ensuite sous ses pieds (comp. *Florence de Rome*, v. 4955). — Ici il semble être question également d'une sorte d'échelle (v. 4031 : *La duchesse meïsme monta sur l'eschaillon*), mais elle sert au personnage chargé de l'exécution (ici Olive) pour mettre le *cercle* autour du cou du condamné et fixer le « crampon » (cf. *feri le cranpon*, v. 4034). La poulie était-elle attachée à ce crampon ?

V. 4121. *Par le present Tomile faillistes vos ma mere.* Il faudrait peut-être corriger : Por *le present Tomile* ; comp. v. 4136-4157 :

> Quant vo seror faillistes
> Et vo nevou petit *por* l'avoir le traître.

V. 4127. *Carsadoine.* Ce personnage, nommé dans le manuscrit *Laꝫadoine*, est évidemment le même qui, au v. 4355, est nommé dans le manuscrit *Jaꝫacoigne* ou *Jaracoigne*. La restitution *Carsadoine* est due à G. Paris *Mélanges de littérature française du moyen âge*, p. 203), qui connaissait notre poème par l'analyse de Sachs. « *Carsadoine de Perse* » figure comme ennemi de Pépin dans un fragment de *Mainet* (*Romania*, IV [1875], p. 229, v. 58). La correction paraît d'autant plus évidente que, dans ce passage, Carsadoine est également mis en rapport avec Justamont. Dans *Mainet*, il est, semble-t-il, son allié ; ici, il est son frère.

V. 4176. *Landris si[e]t ou cheval qu'ot la crope levée.* Comp. *Fierabras*, v. 4108 (dans la description d'un cheval) : *le bu en haut levé.* — C'est d'après ce v. 4176 que nous avons corrigé le v. 4369 : *Landris si[s]t ou cheval a la levée crope.* Si cependant ces expressions, *qu'ot la crope levée* et *a la levée crope*, paraissaient trop singulières, on pourrait lire, au v. 4176 : *qui ot la crope lée* et, au v. 4369 : *qui ot lée la croupe*; comp. v. 4469.

V. 4373-4374. La leçon adoptée est celle des manuscrits, et suppose que Landri parle à Brohemau. Cependant, il y a quelque chose de singulier à ce qu'il s'adresse en de tels termes (*vos me rendreꝫ mon oncle!*) à un homme qu'il vient de tailler en pièces. Faudrait-il plutôt admettre que Landri apostrophe les Saxons en général? Dans ce cas, il faudrait corriger et lire : *Fil à putain, païen, vos me rendreꝫ mon oncle! Cuvert, mar le baillastes, vos le laiseꝫ a honte.* — Pour le premier hémistiche du v. 4374, comp. *Roland*, 3446 (*Carles li dist : Culvers, mar le baillastes!*) et *Prise de Cordres*, 1856-1857 (*Fil a putain, gloton et pautonnier, Mar lou baillastes, par les anges du ciel!*). Ces rapprochements justifient la correction *mar*, pour *mal* du manuscrit.

GLOSSAIRE [1]

A, à. *Sert à marquer la possession* : c'est a fame nature,
459, *cela tient à la nature de
la femme*; a lui ne a sa mere
n'atent nul guerredon, 4021,
*il n'attend de récompense ni
de lui (Dieu) ni de sa mère.*

*Sert à indiquer que l'action se
fait de la façon indiquée par
le substantif qui le suit* : a
duel et a martire, 3048; a
duel et a torment, 159; a
force, 3122; a force et a
poeste, 2377 : a force et a
vertu, 1018; a honor et a
noces, 3639; a honte, 4374; a
hu et a cri, 1110; a joie,
1589, 2941; a joie et a barnage, 107; a joie et a baudor,
971; a joie et a lïesce, 102;
au mautalent, 1175; a mervoille, 2316, 3822; a grant
mervoille, 2337; a poine et a
travail, 2414; a tort, 1780,
1877, 2857; a tort et a pechié,
2248, 2256, 2960, *etc.*; a tort
et a pechié et a mal, 890; a
vertu et a force, 3634.

Indique l'instrument : ocis a
mon acerin brant, 262; a son
bran acerin, 739; a .j. coutel
d'acier, 3107; a .j. baton,
2785; abatu a ce[l] faucon,
3741.

Le vêtement : a armes, 772; as
haubers et as lances, 2334;
l'amoinent a .j. mantel d'ermin, 4214, *l'amènent vêtu
d'un manteau d'hermine.*

*La partie du corps, qui sert à
accomplir l'action* : baiserai a
ma boche, 1285, *baiserai de
ma bouche*; as genolz et as
paumes, 1792; vi a mes ieus,
419, 430, *je vis de mes yeux*;
aus iclz, 1161, *de ses yeux*;
as mains et a baton, 3996; as
mains te puis prendre, 2497.

1. L'astérisque indique les formes restituées.

La concomitance de temps : a cest di, 468; a cel jor, 484; a jour que je soie vis, 480, *aucun jour de ma vie*; a nul jor, 492, 1497; a tant, 2431, 3322 (*cf.* atant).

Précède le nom des personnes qui accompagnent le sujet de la phrase; a s'amie, 4257 ; a .iij^c. chevaliers, 40; a .xv. compagnons, 3873, 4017; juer a son cosin, 1777; a merveillos barnage, 2917, 2919 ; a sa mesnie bele, 2374 ; a mesnie escherie, 2211 ; a sa grant ost bannie, 2345, 2384 ; me faites penre a deux de voz serjanz, 245; se couchera a .xl. ou a .c., 273.

Indique la matière dont est fait un objet : bocle a or, 1103 ; eschaquier a or et a argent, 1069.

Préposition de lieu, indique le mouvement : a la terre cheüz, 1023, *tombé à terre*; a la terre en espant, 1077, *répand par terre; précédant un nom de personne, indique chez qui on se rend* : 913, 946, 1235, 1283, 1336, 3749. *Au v.* 3824, a Maiance *veut dire : devant Mayence*.

Dans les cas suivants, le français moderne rendrait a par d'autres prépositions : avoir a non, 119, 156, *etc.*, *pour*; a la moie foi, 1402, 1637, *etc.*, *par*; a lor bele jornée, 648, *dans leur beau voyage*; porter a fil, 762, *porter dans son sein, comme fils*: au droit, 773, *du côté du droit*; au pueple, 662, *devant le peuple.*

Employé avec le gérondif précédé de son complément, dans le sens où nous employons le gérondif précédé de en : as esperons brochant, 1089, 1160, *en éperonnant leurs chevaux*; a noz doiz demostrant, 275, *montrant de nos doigts*; a roncins traînant, 3959, *faisant traîner par des chevaux*; a .xx. homes levant, 252, (*poids*) *que vingt hommes seulement peuvent soulever*; jusqu'as armes portant, 281, *jusqu'à l'âge de porter les armes.*

aage, *voir* eage.

aaisier, aesier, 3550, *réconforter*; s' —, 3270, *se réconforter*; bien aaisié, 2110, *à son aise, en bonne situation*; aaisiée (*dit d'une terre*), 2174, *riche, fertile.*

a[a]tie : par —, 2419, *à l'envi.*

abandonée (*fém.*), 2894, *sans retenue, sans mesure*; la regne —, 3854, *à bride abattue.*

abandonéement, 264, *à l'excès.*

abateïs, 2479, *carnage.*

abisme, 150, *l'Enfer*; la greignor —, 255, *l'endroit où la mer est le plus profonde.*

abrivé : cheval —, 1772, 1817, 1825, dromadaire —, 1563, *ardent, fougueux.*

acerin, 262, 739, *d'acier.*

acheter : — fort, 3651, *payer cher.*

achoison, 3791, *raison, motif.*

acoillir, acuillir, *3° p. sing. prés. ind.* aqueust, 1377 ; — sa proie, 3073, *s'emparer d'un butin*; parmi son hardement acoilli son corage, 4335, *dans sa hardiesse il trouva comment disposer son cœur ;* — son chemin, 323, 2268, 3530, 4455, — son erree, 646, — son errement, 4455, — son oire, 1377, — sa voie, 3731, 4158, 4455, *se mettre en route.*

acointier (s') a, 3189, *faire connaissance avec.*

acoler, 1929, 2026, 3635, *embrasser*; s' —, 4473.

acorde, 968, 3630, *accord.*

acordement, 4442, *accord.*

acorder, 896, *arriver à un accord.*

acorer, 3106, *percer le cœur, tuer.*

acostumé : avoir —, 3332, *être habitué.*

acuillir, *voir* acoillir.

adens, 284, *sur les dents, le visage contre terre.*

*adenter [ms. danter]. 907, étonner, stupéfier.

adeprimes, 1475, *d'abord.*

adestrer, 1894, 1999, 2933, 4547, *accompagner [qqn] comme suite, comme garde d'honneur.*

adob, *cas rég. pl.* ados, 3856, *armure, armes*; avoir ses ados, 1430, *avoir été armé chevalier.*

adober, adouber, 34, 1684, 1858, *etc., armer chevalier*; s'—, 1812, 2276, *etc., s'armer.*

adolé, 1612, *triste.*

adonc, 31, 108, *etc.,* adont, 2140, *alors.*

ados, *voir* adob.

adouber, *voir* adober.

aduré, 4300, 4540, 4545, *aguerri, éprouvé.*

aé, 293, 884, *âge*; en trestot mon —, 1691, 1875, *pendant toute ma vie à venir*; se il vit son —, 710, *s'il arrive à l'âge d'homme.*

aerdre, *3ᵉ p. sing. prés. ind.* aert, 1341, *saisir, empoigner.*

aesier, *voir* aaisier.

afaire, 4513, *situation.*

afaitié : bien —, 3540, *courtois, sage.*

aferir, *3ᵉ p. sing. prés. ind.* afiert, 2424, 3821, *appartenir de droit.*

affier, *voir* afier.

affoler, *voir* afoler.

afiancier (s'), 2751, *se promettre mutuellement.*

afichier (s'), 3742, 3765, *se fixer, se cramponner.*

afier, afier, affier, 2146, 2182, 2728, 4221, *jurer.*

afoler, affoler, 433, 454, 899, *etc., tuer*; au v. 4268 s'afoler, *se dit d'une personne qui se meurt d'amour.*

afubler, 1573, 1945, *etc., passer sur son dos [un vêtement].*

agait, 2291, 2326, *etc., embuscade.*

ahan, 3917, 3975, *peine, labeur.*

ahonter, 686, *honnir.*

aide, *voir* aïe.

aïdier, *3ᵉ p. sing. prés. ind.* aïe, 2670, 2944, *3ᵉ p. sing. prés. subj.* ait, 1906, 2870, aïst, 411, 1474, *etc., aider.*

aïe, aïde, 2416, 2677, *etc., aide*; fere aïde, 1310, *aider.*

aigle, 3963, *emblème surmontant les mâts des tentes.*

aigrier, 3727, *tourmenter.*

aigue, 1091, 1123, *etc., eau.*

ainc, 940, 1024, *etc., jamais (cf.*

ainz); — mais ... ne, 347, *jamais... ne.*

ainçois, ainsois (*conj.*), 350, 478, etc., *mais;* (*adv.*), 2733, 3036, *auparavant;* 377, *plutôt;* (*prép.*), 1261, 1936. *avant;* — que (*conj.*), 554, 1604, etc., *avant que.*

ains, *voir* ainz.

ainsi : — com .j. tel bers, 1614, *comme il convient à un tel baron;* — voir m'ait Diex, 1906, *puisse Dieu me venir en aide.*

ainsois, *voir* ainçois.

ainz, 343, 464, etc., *mais;* — que, 99, 1430, etc., *avant que;* ainz, ains, *pour* ainc, 1029, 3443, etc., *jamais;* — ... ne, 1029, 2718, *jamais;* mais —, 45, — mais, 3881, *même sens.*

aire : *toujours dans la locution de* bon —, 2029, 2080, etc., *de bonne lignée.*

aïrer (*inf. pris substantivt*), 296, *colère;* s' —, 3751, *se mettre en colère.*

aiue, 2181, *aide.*

aive, *voir* eve.

ajorner, 1559, 1568, etc., *faire jour;* le lundi ajorné ne le mardi ne finent, 2977, *le lundi tant qu'il fait jour, ni le mardi, ils ne s'arrêtent.*

ajoster : vos lignages ert au mien ajostez, 92, *votre lignée sera unie à la mienne.*

alemele, 2364, *fer de lance.*

alenée, 501, *souffle, respiration.*

aler, *aller :* s'en vait, 2359, *s'en va;* m'en irez, 311, *vous vous en irez;* au pié li sont alé, 1871, *se sont jetés à ses pieds.*

alever, 534, *promouvoir, aider.*

alis : terre alisse, 3722, *terre compacte, peu fertile.*

aloue, 3341, *alouette.*

alozé, 1966, *digne d'éloges, renommé.*

alué, 3558, *alleu.*

amander, *voir* amender.

ambe: d' — part, 2389, *des deux côtés.*

ambedui, 1017 [*var.* enmedui], 3976, 3996, andui, 3392, *cas suj. plur.*, ambe .ij., 984, andeus, 1673, 1774, *cas rég. plur., tous les deux.*

amender, 596, 1859, 2198, amanderons, 3288, *réparer.*

amener, 3e *p. sing. prés. subj.* ameigne, 1043, amoine, 2918; *p. pa.* amenez, 1581, *emmener.*

amervoillier (s'), 3758, *s'éton ner.*

amiral, 1396, *titre donné à l'empereur de Constantinople.*

amisté, amistié, 2635, 2716, 4286, *amour;* 3366, *concorde;* 3101, *traité de paix.*

amoine, *voir* amener.

amont, 798, 3803, *en haut.*

ancesserie, ansesserie : de grant —, 1245, *de longue date;* par droite —, 4147, *par succession directe.*

ancroier, 3811, *accrocher.*

ancui, *voir* encui.

andeus, andui, *voir* ambedui.

anoer, 697, *lier.*

anor, *voir* honor.

anquenuit, 3908, *cette nuit même.*

ansesserie, *voir* ancesserie.

anste, *voir* hanste.

antif, *fém.* antive, 2350,

3026, antie, 4492, 4625, *antique.*

antrée, *voir* entrant.

anuier, *3º p. sing. prés. subj.* anuit, 2412, *ennuyer.*

anuit, 3234, *cette nuit.*

aorer, *3ᵉ p. sing. prés. ind.* aore, 3217, *adorer.*

apareillier, 2761, 4595; *p. pa. fém.* aparillie, 4592, *préparer.*

aparler, *3ᵉ p. sing. prés. ind.* aparole, 964, *interpeller.*

aparoir : l'aube aparant, 3136, *l'aube apparaissant.*

aparmant, 3450, *tout de suite.*

apartenir a, 121, 483, 746, *être apparenté à.*

apeler, 708, 887, *etc.*, *interpeller*; 1241, 1260, *etc., faire venir.*

apendre a, 8, 527, 1522, *etc.*, *dépendre de (terme de droit féodal).*

apercevoir (s'), 909, *observer avec intelligence*; — comment *(suivi du subj.)*, 1012, *faire en sorte que.*

aploré, 3677, *éploré.*

apoier, 2157, 2824, *appuyer.*

aporter : li cuers nel m'aporte, 967, *mon cœur ne me le dit pas.*

apostoile, 693, apostole, 4270, *pape.*

aprendre : estre apris de, 2733, *être renseigné au sujet de*; apris ne l'avons, 3342, *nous n'en avons pas l'habitude.*

apresser : ses ventres li apresse, 953, *son ventre lui pèse (en parlant d'une femme sur le point d'accoucher).*

aprocher a, 3372, *approcher de.*

aquerre, *1ʳᵉ p. sing. prés. ind.* aquier, 1247, *3ᵉ p.* aquiert, 2386, *prendre, occuper militairement.*

aqueust, *voir* acoillir.

aquiter, 317, 1459, *etc.*, *délivrer.*

arabi, 322, 2286, 2469, *arabe (épithète de* mul, *de* cheval*).*

arabois *(à l'asson.)*, 620, 1375, *arabe (épithète d'or).*

aragon, 2475, *destrier de race aragonaise.*

araisnier, 1517, aresnier, 1445, 2243, 4483, *interpeller.*

arbroi, 352, *lieu planté d'arbres.*

arces, *voir* ardoir.

ardoir, 222, 234, *etc.*, *brûler*; 35, *incendier*; *p. pa. masc.* ars, 234, 985, *etc.*, *fém. plur.* arces, 4056.

aresnier, *voir* araisnier.

arestée : fere —, 647, *faire halte.*

arestement : fere —, prendre —, 177, 192, 2614, *faire halte*; sans —, 4438, *sans délai.*

arester, 1603, 1973, *etc.*, *tarder*; *p. pa.* aresteüz *(à l'asson.)*, 1050, 2229.

arguër, 2179, *presser, aiguillonner.*

arier, 1800 *(à l'asson.)*, *arrière.*

ariver : se sont arivé, 1597, *ont accosté, débarqué.*

arme, 636, 644, *etc.*, *âme.*

ars, *voir* ardoir.

arsoir, 3297, *hier au soir.*

art, 1012, *artifice.*

assaillir, *1ʳᵉ p. plur. fut.* assauromes, 1767, assaurons, 1754, *2ᵉ p. plur. fut.* asaudrez, 3708, *3ᵉ p. plur. fut.* asaudront, 2380, *attaquer.*

aseier, 3279, *goûter* [*d'un mets*].

aseïr, *voir* asseoir.

asemblée : faire — de, 3141, *réunir*.

asembler (s'), *3ᵉ p. plur. pf.* s'asemblirent, 2968, *se rassembler ; au p. pa.*, 107, 113, 889, 2207, *allié, marié*.

asouagier (s'), 3619, *se calmer*.

assener, 2167, *parvenir à destination*.

asseoir (*v. trans.*), 2381, 4061, *assiéger* ; aseir (*à l'asson.*), 4277.

asserir : nuiz fu asserie, 2210, *la nuit fut venue*.

asseter, 1545, *asseoir*.

assëur : estre —, 3740, *être en sécurité*.

assiantrous, *voir* escïentros.

ataindre, *3ᵉ p. sing. impf. subj.* atainsist, 3786, *atteindre*.

ataint, *voir* estanc.

atalenter : quant il vos atalente, 903, *quand le desir vous en prend*.

atant, a tant, 258, 2432, *etc.*, *au moment même, aussitôt*.

atapiner (s'), 3159, *se déguiser*.

atargier (*v. intr.*), 2473, 3060, *s'attarder* ; s' —, 2457, 2489, 3023, *même sens*.

atempreement, 3154 (?) [*peut-être faut-il corr.* atapinement, *déguisement*].

atendre (*v. trans.*), 3767, *tendre sa lance* ; (*v. intr.*), 2749, *attendre, différer* ; — a [*qqn*], 540, *s'occuper de*.

atenrier : li cuers li atenrie, 3043, *son cœur s'attendrit*.

atornement, 4454, *préparatifs*.

atot, 351, *avec*.

aubert, *voir* haubert.

aubor, 2280, *sorte d'arbre, cytise aubour*.

aubre, 1272, 1275, *etc.*, *arbre*.

aucube, 3119, 3833, *tente, pavillon*.

auferrant, 3664, *destrier*.

auquant : li —, 2903, 3152, *un certain nombre*.

auques, 83, 909, *quelque peu*.

ausberc, *voir* haubert.

* aüseres : mals —, 4058, *habitué à faire le mal*.

ausiment, 3156, *de même, également* ; — comme..., 2174, *tout autant que*.

autre : comme autres, 365, 387, *comme les autres* ; comme .j. autre chaitive, 475, 516, *comme la première malheureuse venue* ; comme autre creature, 583, *comme la première créature venue* ; comme .j. autre desvé, 696, *comme le premier fou venu* ; comme .j. autre larron, 4000, *comme le premier larron venu*.

autresi, 1127, *également*.

aval : (*avec idée de mouv.*), 2511, 3345, 3578, 4025, *de haut en bas* ; (*sans mouv.*), 3345, 3612, 4301, *en bas* ; en — la bruiere, 4043, *au bas de la bruyère*.

avaler, 3575, 3995, 4302, *descendre* [*un escalier*] ; 500, 3057, *etc.*, *faire descendre*.

avant (*adv.*), 10, 49, *etc.*, *plus loin, en avant* ; d'— moi, 914, *de devant moi* ; en — de, 4527, *à partir de* ; de cest jour en —, 541, 2122, *à partir de ce jour* ; parole de fame ne puet — aler, 426, *affirmation de femme ne peut aller loin, n'a pas d'autorité*.

avenant (*adv.*) : vos parlez —, 4453, *vous dites bien.*

avers, 56, *selon* (*voir la note*).

aversier, 3291, *le diable*; 522, *gredin.*

aviser, 4567 [*corr.* deviser], *raconter.*

avo, 1673, 1774, *avec.*

avoir (*subst.*), 96, 619, *etc.*, *richesse,biens*; avoir fiert molt granz cous, 567, *la richesse obtient tout;* avoirs fait molt grant chose que tote rien otrie, 610, *la richesse, qui procure tout, fait de bien grandes choses.*

bacheler, 1900, bachelier [ms. bechelet], 4502, *jeune homme.*

bachelerie, 4503, *valeur, habileté.*

bacon, 3712, *lard.*

baignier, 4087, *laver* [*d'une imputation*] (?).

baillie, 562, 600, *etc.*, *garde, gouvernement.*

baillier, 1966, 3495, *etc.*, *donner*; 2454, *atteindre, rattraper*; mar le baillastes, 4374, *c'est pour votre malheur que vous vous en êtes pris à lui;* 1485, 1492, 1507, *gouverner.*

1. baillir, 725, 766, 4054, *porter, manier* [*des armes*]; mal bailli, 216, 3046, *maltraité, malmené.*

2. baillir, 4378 (à *l'asson.* pour baillier), *gouverner.*

baitre, 2392 [*corr.* barre ; *voir ce mot*].

balier, 2717, *s'agiter, flotter au vent.*

ban, 2128, 2779, *proclamation vublique*; 316 (*plur.*), *territoi-*

res où s'exerce une juridiction.

bancloche, 1819, *cloche servant à appeler les bourgeois.*

banir, bannir, 2345, 2384, *convoquer par voie de ban, de proclamation.*

baptisement, 156, *baptême.*

bare, *voir* barre.

barnage, 2790, 2917, *etc.*, *bernaige*, 4161, *réunion de barons*; a joie et a —, 107, *au milieu d'une assemblée joyeuse de barons*; faire —, 3464, *faire fête* [*à qqn*]; 16, 3560, *ensemble. des qualités chevaleresques.*

barné, 1998, 2100, *etc.*, *suite de barons;* 1632, *suite de serviteurs*; estre a —, 1540, *mener un train magnifique, tenir table ouverte.*

baron (*au cas suj. sing.* ber, 433, *etc.*, bers, 3956), *homme noble, seigneur*; le baron saint Pierre, 2153, *appellation honorifique;* 1614, 1634, 1892, *personnage haut placé;* 54, 110, *etc.*, *homme vaillant;* 3292, 3787, *mari;* (*adj.*) ber, 42, 81 [*ms.* bel], 304 [*ms.* bel], *etc.*, *noble, vaillant.*

barre, 2347, 3254, *etc.*, baitre [*corr.* bairre], 3392, *barrière*; ja plus n'avra plenté que bare a autrui main, 3399 (?).

basme, 3444, *baume.*

bastir, 2980, 3072, 4381, *machiner, ourdir*; estor basti, 2301, *combat en règle* (?).

bataille, 774, *combat singulier*; 2863, *corps de troupe.*

batestire [*impr.* batisme], 2720. *Voir la note sur ce passage.*

baudor : a —, 113, 971, 1434, *avec joie.*

behorder, 4565, *combattre à la lance, jouter.*

bel (*cas suj. sing.* beaus), *terme affectueux* : beaus amis, 621, beaus filz, 756, *etc.*; estre bel, 904, 1376, 3597, *être agréable, convenir à*; (*adv.*), 1231, 1445, *etc., aimablement, courtoisement.*

belement. 358, 1148, *aimablement, poliment*; 4440, *favorablement.*

beneïçon, 4077, *bénédiction.*

beneïr, 321, *bénir*; beneoit, 1335, 4419, *béni.*

ber, bers, *voir* baron.

bernaige, *voir* barnage.

* berz, 281 [*ms.* braiz], 284 [*ms.* braz], *berceau.*

besant, 565, 608, *etc.*, bezant, 1619, *monnaie d'or.*

besoing : a —, 1336, *par nécessité.*

besoingnos, 1284, *pauvre.*

bezant, *voir* besant.

bien : nouvelles de —, 3554, *bonnes nouvelles*; — vos porta voz mere, 4111, *votre mère vous porta* [*dans son sein*] *pour son bonheur.*

bimar, 1013 [*faute probable pour* buisnart], *sot, imbécile.*

blemi, 2715, *flétri*; 207, *taché, roussi par la flamme.*

blïaut, 25, 1572, 1944, 2003, 2755, 4325, *tunique portée sur le « chainse »*; — de cartier, 3496 (?).

blos, 496, *privé, dépourvu.*

bocle, 1102, 1115, 2296, 2477, 2485, *bossette fixée extérieurement au centre de l'écu* (umbo).

boclé : escu —, 1834, *muni d'un « umbo ».*

boguerastre, 2105, *boisson préparée avec des plantes aromatiques.*

boivre (*subst.*), 3276, *boisson.*

bondir (*v. trans.*), 2931, *sonner* [*les cloches*]; (*v. intr.*) 2971, *retentir.*

bonement, 268, 404, 2744, *de bon cœur*; 282, *gentiment.*

bonté : dire —, 1472, *dire une chose bonne.*

borbrois, 4026, *bourbier* (?); *n'est pas dans* Godefroy.

borc, bourc, 915, 930, *etc.*, *ville, par opp. au château.*

bordel, 741, *petite ferme, masure.*

bordon, 1577, 1949, 3214, *bâton de voyage ou de pèlerinage.*

boter, bouter, 283, 1873, 2563, *frapper, heurter*; 912, 927, 3275, *repousser en frappant*; 3301, 3391, *jeter*; 1969, 2563, *mettre, fixer.*

bote, 438, *botte.*

* boterel, 3985 [*ms.* boteres], *crapaud.*

bourc, *voir* borc.

bouté : vin —, 3362, *vin tourné au gras.*

bouter, *voir* boter.

bove, 4397, *caverne.*

braichot, 3277, 3302, *chien, brachet.*

braire, 287, 1054, 2998, *hurler, crier*; 2970, *grincer* [*en parlant d'un charriot*].

braiz, *voir* berz.

brame, *voir* brasme.

bran, branc, brant, 262, 362, 739, *etc.*, *épée*; — de l'espée, 4236, *lame de l'épée.*

brasme, 1575 [*ms.* brenie], brames, 1947, brame 3595, breme, 2007, *pierre précieuse*;

comp. Roman de Troie, *Gloss.*, *v°* prasme.

braz, *voir* berz.

brehan, 3962, *tente, pavillon.*,

breme, *voir* brasme.

brɩc, 2311, *cas rég. sing.* brɩcon, 3379, *fou.*

bricon, *voir* bric.

brief, 4262, *cas rég. plur.* briés, 4506, *lettre.*

brochier, 1089, 1099, *etc.*, *piquer des éperons.*

broigne, broinne, 2529, 3739, *justaucorps garni de plaques de métal.*

bruel, 4346, brul, 23, 26, *petit bois.*

brüel[et], *voir* brulet.

*bruieroi [ms. brueuus], 3725, *lieu rempli de bruyères.*

bruil[le], *fém.*, 2350, *bois.*

bruir : *p. pa.* bruïz, 234, *brûlé.*

bruïre, 4043, *bruyère.*

bruit : en dolor et en —, 880, *en douleur et en tumulte*; en .j. —, 3932, *en un coup* (?).

brul, *voir* bruel.

brulet, 2279, *petit bois*; brüel[et], 3183 [*mauvaise correction, car le diminutif ne peut être que disyllabe comme* brulet, *corr. plutôt* petit bruel].

bruni : espée brunie, 3764, *polie.*

*buisnart [ms. bimart], 1013, *sot, imbécile.*

*çaint [ms. cain], 3417, *ceinture.*

car, 75, 131, *etc.*, *conj. exhortative; devant une exclamation* : — ne le sait Landris ! 2417, *quel malheur que Landri ne le sache pas !*

cartier : escu de —, 2466, 2476 (?); bliaut de — 3496 (?).

celée : a —, 641, 715, *etc.*, *en secret.*

celer, 48, 599, *cacher, tenir secret.*

celier, 1564, 1581, 1667, 1695, 1951, *cave (dans ces passages le* celier *sert d'écurie aux dromadaires);* 3266, *salle du rez-de-chaussée où mangent les serviteurs.*

cembel, 2290, 2344, 2347, *détachement destiné à attirer l'ennemi dans une embuscade.*

cendal, *cas rég. plur.* cendaus, 603, *riche étoffe de soie.*

cenor, 3588 (?).

cerchier, 1710, 1723, *fouiller [une maison]*; 4244, *fouiller [un pays]*.

certes : a —, 959, 2365, 2369, *certainement.*

cesse : aiez —, 949, *restez tranquille.*

cesser, 1216, 1318, *etc.*, *faire halte.*

chaienon, 4032, *corde pour pendre.*

chaillois (*cas rég. plur.*), 4028, *cailloux.*

chaillons, *voir* eschaillon.

chaïr, *voir* cheoir.

chaitif, 2523, 2534, *etc.*, chetif, 992, 2754, *cas suj. sing.* chetis, 3683 [*ms.* chatif], *fém.* chaitive, 475, 490, *etc.*, *malheureux, misérable.*

chalenge (à *l'asson.*), 2817, *dispute, querelle.*

chaloir, *3ᵉ p. sing. prés. ind.* chaut, 1797, 1811, *etc.*, *importer, être utile.*

chalongier, 315, 335, *etc.*, *réclamer en justice, revendiquer.*

chamberier, 1539, 1647, *valet de chambre.*

chamberiere, 2159, *femme de chambre.*

champ, *cas suj.* sing. chans, 2540, *bataille.*

chanfrein, 1582, 1598, *pièce de caparaçon couvrant le devant de la tête du cheval.*

chans, *voir* champ.

chaon, 4024 [ms. haon], *nuque, cou.*

char: hom de —, 470, 485, *etc., en chair et en os, vivant.*

charée, 4128, cherée, 252, *charretée.*

chargier, 4439, *donner.*

chartrier, 2789, 3050, *geôlier.*

chasement, 2793, 3127, *domaine, propriété.*

chastier, 3015, *gouverner (en parlant de Dieu)*; de diz et de folie les chastie, 3421, *les réprimande au sujet de leurs paroles et de leur folie.*

chataigne, 2508, *capitaine, chef de guerre.*

chatis, *voir* chaitif.

chaumois (*cas rég. plur.*), 376, *terrain couvert de chaume.*

chavage, 3559, *capitation, taxe personnelle payée par les nonnobles.*

cheïr, *voir* cheoir.

cheoir, cheïr (*à l'asson.*), 2305 [ms. cheor], 3930 [ms. choir], 3935, *3ᵉ p. sing. prés. ind.* chiet, 284, 2947, 3806; *3ᵉ p. sing. pf.* chaï, 800, 2617, 3771, *3ᵉ p. plur. pf.* chaïrent, 4051; *p. pa. cas suj. sing.* chaïz 4411 (*à l'asson.*), cheüz, 1023, *cas rég.* cheüt, 2577, *fém.* cheüe, 2828, 2860, 3461, cheüte,

2578; bien me seroit cheü, 1337, *bien me serait advenu.*

chere, 243, cherre, 230, *charretée.*

cherée, *voir* charée.

cherre, *voir* chere.

chetif, *cas suj.* sing. chetis, *voir* chaitif.

cheü, cheüe, cheüte, cheüz, *voir* cheoir.

chevauchier (*v. trans.*), 4346, *traverser à cheval.*

chief, 938, 1633, *tête*; — d'un pais, 2921, *capitale*; ou — de, 2863, 3816, *en tête de*; ou premier —, 2823, *en tête du cortège*; au — des altres, 3567, *en tête des autres, au haut bout de la table*; venir a —, 2445, *venir à bout*; quant vint a — de piece, 4578, *quand arriva le terme.*

chiere, 4107, *visage.*

chiet, *voir* cheoir.

chinel, *cas rég. plur.* chinex, 1986, *chenal, lit d'un cours d'eau.*

choisir, 209, 3445, 4218, *voir, observer.*

chose: douce — 439, *terme d'amitié*; faire —s, 3626 [*le passage doit être altéré dans le ms.*].

ci (*adv. de lieu*), 93, 363, *ici*; — iluec, 1007, *ici même*; de —, 914, 2221, *depuis ici*; de — que a, 150, 320, 574, *etc., d'ici jusqu'à*; de — que, 1384, *jusqu'à ce que*; (*adv. de temps*), — est, 4594, *voici le moment de*; de — 203, 4410, *depuis maintenant*; de — a .iiij. jours, 3343, *d'ici quatre jours*; de — que a, 311, 2071, 2336, 3841, *depuis ce moment jusqu'à.*

ciner, 2064, *faire un signe.*

cire, 561, 603, 2948 [*corr.* tire], *étoffe de soie* (*de Tyr*).

cit, 721, 1124, *etc., cîté, ville.*

citaen, 4079, citeen, 4066, citïen, 3115 (*adj.*), *de la ville* (*épithète de* borjois).

citerne, 4397, *grotte.*

clamer, 276, 493, *etc., appeler, nommer ;* — quitte [*un fief*], 3135, *déclarer libre ;* 1726, 1736, 2226, *porter plainte ;* 2423, *réclamer comme vous appartenant ;* se —, 2261, 2961, *se plaindre.*

claré (*adj.*), 1898, 2103 · (*épithète de* vin) ; (*subst.*), 4553, *vin de liqueur.*

clavain, 3063, *collet garni d'écailles de fer ;* esclavain, 1834, *doit être corr. en* clavain.

cler, 51, *etc., beau* (*épithète de* viaire) ; 2796, 2830, *etc., brillant, magnifique* (*épithète de* feste) ; 1643, 1950, *brillant* (*épithète d'or et d'*argent).

cloie, 3836, 3928, *claie.*

coiement, 171, 339, *etc., doucement, sans faire de bruit.*

coillir, 3ᵉ *p. sing. prés. ind.* queut, 172 ; — en amour, 172, *aimer ;* — en hé, 886, *prendre en haine.*

* cointe, 658, *intelligent.*

* coitier (se), 2125, *se hâter.*

cole, *voir* covercle.

colée, 1066, *coup sur la nuque.*

colonoissien, 3552, *denier de Cologne.*

coltel, 2509, coutel, 2285, *lame de l'épée.*

com (*adv.*) : — mal desevrement! 2798, — male departie! 4156, *quelle triste*

séparation ! (*conj.*) tant —, 1535, 1849, *etc., autant que.*

comander, comant, *voir* commander, commant.

combatre a, 771, — vers, 788, *attaquer.*

combrisier, 698, *briser, écraser.*

commander, comander, 255, 473, *etc., recommander.*

commant : tot a vostre —, 163, 175, *etc., tout à vos ordres ;* com vos vient a —, 242, *comme vous le voulez ;* se vous vient a —, 538, *si cela vous plait ;* faire les comans, 1621, *exécuter les ordres.*

communement, 3018, 4085, 4185, *ensemble.*

compaigne, 634, 2821, 4162, *compagnie, société ;* 3071, 4062, *troupe de soldats ;* (*au plur.*), 2333, 3965, *force militaire.*

compaignie, 2396, *société, commerce ;* ou preïs —, 3045, *dont tu fus la femme ;* 2718, 3721, *suite de barons ;* prenra [*ms.* panra] —, 3735, *rencontrera.*

compain, 1746, 1880, *etc., compagnon.*

comparer, 635, 857, *etc., payer cher* (*au sens figuré*); *le jor fu dame Olive* [chierement] comparee, 3852, *ce jour-là on paya cher à dame Olive les tourments qu'elle avait endurés.*

compisser, 4029, *uriner sur.*

concile, 1222, *conciliabule, complot.*

conduire, 3122, *transporter ;* sa lance li conduit, 1848, 2366, *lui donne un coup de lance.*

coneü, coneürent, *voir* congnoistre.

confanon, 2294, confenon, 1100,
1113, *oriflamme attachée au
haut de la lance* ; — s laciez,
3073.

confermer, 4087, *confirmer dans
un titre.*

confesse : prendre sa —, 3944,
se confesser.

confondre, 887, 1155, *tuer, dé-
truire*; — la terre, 2177,
3776, *ruiner, dévaster le pays;*
confondu, 1022, 2232. *troublé, bouleversé (sens moral).*

conforter, 717, 1353, etc., *réconforter, consoler.*

congnissable, 4297, quenoissable, 3601, *reconnaissable.*

congnoissance, 3857, *signe de
reconnaissance [pendant le
combat].*

congnoistre, *3ᵉ p. sing. pf.* congnuit, 3856, congnust, 3974,
conut, 2629, 3463, *3ᵉ p. plur.
pf.* coneùrent, 577 ; *p. pa.*
coneu, 2859, *reconnaitre.*

conquerre, *3ᵒ p. sing. impf.
subj.* conquesist, 2383; 2682,
vaincre [un ennemi]; 2881,
2882, *conquérir [un pays].*

conquester, 2545, *conquérir.*

conreer, 111, 1670, 1942, *équi-
per, vêtir* ; 3283, 4616, *avoir
soin de, régaler* ; 1569, 2069;
2093, 3718, *soigner, masser*;
— de, 2122, *investir de.*

conseil, consoil, 1209, *délibé-
ration* ; 4278, *entretien confi-
dentiel(entre deux personnes);*
1142, 2202, *expédient.*

conseiller, consoillier , 3218,
dire confidentiellement.

consente : lor fait li dus —,
3888, *le duc leur donne son
consentement.*

conseùe, *voir* consuir.

consoillier, *voir* conseillier.

consùir, *p. pa. fém.* conseùe,
4184, *atteindre.*

contenir (se), 3156, *se conduire.*

contor, 486, *comte.*

contraire (*subst.*), 3030, *adver-
sité.*

contraiz (*cas suj. sing.*), 1790,
cul-de-jatte.

contralier, 2118, 4134, *contredire, contrarier.*

contralios, 981, *qui aime à contrarier.*

contre, 578, 4105, *vers, à la
rencontre de* ; — terre raier,
2480, *ruisseler à terre.*

contredire, 664, 2214, 2965,
contester.

contredit : metre —, 724, *faire
une protestation.*

contremont, 1628, 1844, etc.,
*indique le mouvement de bas
en haut* ; 4299, *en haut (sans
mouv.).*

contremonter, 2342, 2345, *aller à contremont, remonter.*

contreval, 2517, etc., *de haut
en bas* ; —la ville, 4479, 4482,
— la cité, 4480, *en bas dans
la ville (par opposition à la
situation élevée du château).*

convenant, *voir* covenant.

convent, 4237, 4271, *engage-
ment, promesse.*

converser, 61, 300, 2548, *demeurer, se trouver.*

corage, coraige, 45, 3300, etc.,
disposition du cœur ; 526,
désir.

corant, 322, 1563, 1825, 2286,
corrant, 2431, 2455, *rapide
(épithète de* mul, *dromadaire,*
cheval, destrier).

cordoan, 1716, cordoain, 1949, 3162, cordoen, 1577, *en cuir de Cordoue.*

coreços, coresos, *voir* corosos.

corner : — l'aigue, 4427, 4490, *annoncer à son de trompe que l'eau est mise sur les tables, que le repas est servi.*

corocier (se), 4074, *s'irriter* ; p. pr., *corroçanz, 196, irrité* ; p. pa. *corocié, 2406, 2413, corrocié, 228, 397, irrité* ; 279, 507, 830, *ému, affligé* ; 215, *effrayé.*

corosos, 1917, coreços, 794, coresos, 2961, coreçous, 2208, 3020, *irrité.*

corpe, 257, 714, *faute, péché.*

corrant, *voir* corant.

corre, *3ᵉ p. sing. prés. ind.* cuert, 3726, *parcourir* ; *(inf. pris substantivt), a grand —, 4342, en grande hâte, en courant.*

corrée, 4027, *viscères, entrailles.*

corrocier, *voir* corocier.

corroz, 835, *colère ou chagrin :* — a enfant ne dure gueres mie.

corsier (*adj.*), 2469, *rapide* (épithète de cheval).

cort, 3, 455, 533, etc., *cour royale ou seigneuriale.*

cortois, 348, 602, 1489, 1997, *prudent, avisé* ; cors —, 615, *beau corps.*

costiere, 701, *pente, penchant d'une colline.*

costume : avoir en —, 3281, *être habitué.*

coue, 4024, cowe, 697, *queue [d'un cheval]* ; 3816, *queue, arrière-garde [d'une armée].*

courant, *voir* corant.

cous (*cas suj. sing.*), 276, couz, 2132, *cocu* ; — sofranz, 273, 2131, *cocu bénévole.*

coutel, *voir* coltel.

coutre, 1617, *couverture [d'un lit], courtepointe.*

couvenir : le couvendra, 205, *il sera obligé.*

covenant, 2735, 3123, 3847, *accord, condition stipulée.*

coverture, 1826, *manteau flottant posé sur le dos d'un cheval.*

cowe, *voir* coue.

cravanter, 1000, craventer, 2517, crevanter, 3146, *faire tomber à terre, renverser.*

crestienté, 1240, 2053, *pays des chrétiens.*

crevanter, *voir* cravanter.

crever, 3598, 3661, *poindre (en parlant de l'aube).*

criendre, *3ᵉ p. sing. ind. prés.* crient, 3290 (à l'asson.), *craindre.*

crins (*cas rég. plur.*), 2010, *cheveux.*

crine, 1305, *chevelure.*

croce, 1738, *crosse épiscopale* ; 1735, *mense épiscopale.*

croissier [*ms.* croissie] : parmi un val —, 3180 (?)

croissir, 2302, *rompre, briser.*

croistre (*v. intr.*), 590, 910, 2676, 3896, *survenir* ; (*v. trans.*), 4264, 4265, *augmenter.*

croiz : avoir male —, 588, *avoir mauvaise chance.*

crote, 1884, 2701, *crypte* ; 4391, *antre, caverne.*

cuer, 45, 161, 165, etc., *disposition du cœur* ; avrai le — noir, 1289, *j'aurai le cœur*

triste; de —, 810, 821, 3663,
du fond du cœur; de mon
--, 812, même sens.

cuidier, 636, 874, etc., 1ᵉ p.
sing. prés. ind. cuit, 2454, etc.,
penser, croire; 2454, 4194, se
proposer, avoir l'intention de.

cu[i]rie, 1582, 1598, harnais de
cuir.

cure : n'a nule —, 1809, n'a pas
de souci; n'ot — de, 2403, ne
songea pas à.

cuvert, 269, 374, etc., misérable, gredin; au fém. cuverte,
654, 887, etc.

daintié [ms. dointié], 3103, bien,
terre.

Damedeus (cas suj.), 1156, Da-
medex, 117, Damedieus, 1000,
Damediex, 523 ; Damedé (cas
rég.) 982, Damedeu, 1225,
Damedieu, 827, le Seigneur
Dieu.

damoisel, 157 (cas rég. sing.),
damoisiel, 2677, demoisel,
4220, damoisiaux (cas sujet
sing.), 1302, 1344, etc., damoiseaus, 675, 924, jeune
homme noble.

dans (vocatif enclit.), 1031,
1170, etc., messire.

darier, 2458, 3077, dariere,
2158, derrière.

davant, voir devant.

de, remplacé aujourd'hui dans
certaines locutions par d'autres prépositions : — Dieu,
2098, au nom de Dieu; — bien
et — amistié, 1179, au nom
de ; — sa suer demanda, 328,
s'enquit de sa sœur ; veez —
vostre pere, 1011, voyez
votre père; — diz et — folie,

3421, au sujet de leurs paroles et de leur folie ; — l'or
et — l'argent, 1388, au sujet
de ; dolente — la terre, 4084,
affligée au sujet de la terre ;
paour a — soi, 2236, il a
peur pour lui; — pitié s'umilie, 3042, il devient bon
sous l'influence de la pitié;
— merci vos requierent, 4079,
implorent votre pitié ; estre
bien -- la cort, 1425, être bien
en cour; il ot — sa mesnie,
1620, il eut comme suite ; —
loier, 4015, en récompense ;
— fait et — dit, 888, en fait
et en dit ; — veoir et — 'oïr,
237, 752, 1438, — 'oïr et —
veant, 261. par la vue et par
l'ouïe ; — costé, 3870, à côté ;
— devant, 209, devant ; —
la vostre aventure ! 448, quel
fut votre malheur!; partitif,
— tante bone enseigne i peust
on veïr, 3923.

deci, voir ci.

decoper, 2058, 3614, tailler en
pièces.

dedans, 4248, dedanz, 2692
(prép.), dans.

dedesus : par —, 3163 (prép.),
pardessus.

defenir, 4628, faire halte.

deffaé, voir desfaé.

deffaillir, 3ᵉ p. sing. prés. ind.
deffaut, 3513, manquer.

deffendre : s'onor li deffent,
2619, 2624, défend contre lui
son domaine.

deffier, voir desfier.

deffubler, 3244, defubler, 3371,
se dépouiller [d'un vête-
ment].

defiler, 3007, couler.

defors (*adv.*), 1625, *dehors*;
(*prép.*), 741, *en dehors de.*
defubler, *voir* deffubler.
degré, 1624, 1628, *etc., marche
d'un escalier.*
dehait, 1797, 1811, 4074, *malheur.*
dejoste (*adv.*), 1516, *à côté*;
(*prép.*), 2763, *à côté de.*
dejus, 1352, *en bas.*
delaier (*inf. pris substantivt*),
2764, *délai.*
delez (*prép.*), 327, 363, 3806,
à côté de; 1123, 3646, *le long
de*; par —, 4384, *à côté de.*
delitier (se), 3729, *s'amuser, se
distraire.*
delivre : a —, 2352, *librement,
sans obstacle.*
delivrer, 1666, *donner, remettre*; 2891, *donner à violer*;
(*v. intr.*) 659, *prononcer des
paroles*(?); — *d'un fil* (*verbe
intr.*), 937, 954, *mettre au
monde un fils*; se —, 78,
s'acquitter.
deloi, 404, *délai.*
demeine (*adj.*), 4076, *voir* demoine.
demener, 459, 701, 707, 2580,
maltraiter; — amors, 50,
— tel duel, 1354; — joie,
1939, 2108, 4426, 4470, 4474;
— granz riz, 729; — tence,
2338, *mener.*
dementer, 2826, 4347. *se la-
menter*; se —, 2813, 3830,
même sens.
demoine, demeine (*adj.*), *qui
appartient en propre* : fié —
518; alué — 3558; *qui appartient au seigneur* : chambre
—, 3124, tref — 3946, 4076;
(*subst.*), 2221, 2223, 2225,

2270, 3558, *domaine, territoire appartenant en propre
au seigneur.*
demoisel, *voir* damoisel.
demorer, 1278, 1799, 3687,
tarder; ne demorra nïent,
173, *cela ne tardera pas*; sans
—, 1751, *sans délai.*
demostrer, 275, *montrer, désigner*; 47, *expliquer, raconter.*
denrée, 506, 2535, *etc., valeur
d'un denier.*
departie, 2683, 4156, *etc., départ, adieux.*
departir, 472, 478, 2942, *etc.,
séparer*; 3477, 3898, *disper-
ser.*
depecier, 705, *briser en mor-
ceaux*; depecié, 3160, *arra-
ché en lambeaux.*
deport, 2358, *récréation, amusement.*
deporter : — son cors, 1989, *se
délasser, se distraire*; se —,
2323, 4255, *même sens.*
depri : en —, 4286, *en prières.*
deprier, 396, *prier, demander
en suppliant.*
derompre, *p. pa. cas rég. plur.*
derouz, 2253, *arrachés.*
dès (*prép. de lieu*), 859, *depuis*;
(*prép. de temps*) — *ici en
avant*, 2912, *à partir de ce
moment.*
desaisier (se), 3597, *se gêner,
s'incommoder.*
desaisir, 2959, *dépouiller.*
desartir, 2297, 2303, *mettre en
pièces, déchirer.*
desclore, 3633, *ouvrir.*
descombreement, 165, *ouver-
tement.*
desconforté, 882, *découragé.*

desduire : le sien cors —, 2186,
s'amuser, se distraire ; se —,
2635, se réjouir ; 516 (par
ironie), mener une triste existence.

desdu[i]s (cas suj. sing.), 2324,
amusement ; desduiz [ms. des-
duit], 3574, fête.

desersenz [ms. desersans], 3126,
nom propre altéré.

deserte, 2915, récompense.

desevrement, 2799, séparation.

desevrer, 114, 645, etc., séparer;
1916, 1972, se séparer, se quitter ; paroles qui desoivrent
d'amour, 487, paroles qui
séparent de l'amour, qui mettent fin à l'amour ; (inf. pris
substantivt) 4598, séparatior,
adieux.

desfaé, deffaé, 1692, 1776, 1870,
4112, sans foi.

desfier, deffier : de t'amor le
desfie, 2668, défie-le au nom
de ton amour, dis-lui que tu
ne l'aimes plus (défi cheva-
leresque transporté dans les
relations d'amour); de s'amor
vous deffi, 4293.

desloi, 373, faute, crime.

desmailer, desmailler, 1103,
1116, 2478, 2486, 2748, rompre le tissu de mailles du haubert.

desmentir, 1103, briser, mettre
en pièces.

desnaturer (v. intr.), 874, changer de nature, de caractère.

desnoer, 702, disloquer, dis-
joindre.

desoentre, 551, après.

desor (prép.), 2043, 2304, etc.,
desour, 3560, 4291, desur,
2584, dessus ; de sor soi, 912,

loin de soi ; 1572, par dessus ;
par [de] desour, 4034, par dessus ; (adv.) desore, 4269,
dessus.

desoz (prép.), 149, 1419, etc.,
de souz, 1396, 1411, etc.,
desous 3771, 4337, par
dessous, 4205, par de dessous
3812, sous ; metre au desoz
(adv.), 2251, vaincre, accabler.

*despersonéement [ms. desper-
sencemant], 1088, d'une manière déshonorante (manque
dans Godefroy).

despondre, développer, raconter : cil jugleor desponent lor
chançons et lor fables, 3572.

desrober, 1709, voler [qqn].

dessiré, 1847, déchiré.

destiné, 2895, décidé, fixé par
le destin.

destraindre, voir destreindre.

destre : par —, 269, sor —,
3175, sur —, 3515, à droite.

destraindre, destreindre, 3447,
serrer, enserrer ; 3393, 3400,
4353, tourmenter ; 3421, répri-
mander.

destroit, 1366, situation péni-
ble ; mettre en —, 392, accu-
ler à la nécessité de répondre.
(Cf. « Kar metez la dame
en destreit, S'alcune chose
vus direit », Marie de France,
Lai du Bisclavret, 255) ; a [s]
destroiz [corr. a destroit],
3614, serrés les uns contre les
autres.

destruire, 449, 454, etc., tuer;
126, 1001, ruiner (au sens
moral).

desur, voir desor.

desver, 406, 1313, 1327, 2376,
devenir fou ; se —, 1306,

même sens; desvé, 297, 696, etc., *fou*; avoir le sen desvé, 1787, 2066, *être fou*.

desvestir (*v. trans.*): l'haubert li desvestit, 4385, *lui ôta son haubert*.

detranchier, 3090, 4049, detrenchier, 3013, 3168, *mettre en pièces*.

devant, davant (*prép.*), 52, 2158, etc., *avant*; (*adv.*) la teste tot —, 254, *la tête la première*; ou visage —, 1073, 1076, 3983, par les grenons—, 2137; metre — [un péché], 257, *accuser de*; de —, 209, *devant*.

devers (*prép.*), 3112, 3648, 3894, 3953, *venant de*; par —, 4204, *même sens*.

devis: a son —, 232, *à son plaisir, à sa fantaisie*.

devise, 515, *ration*.

deviser, 4500, *raconter*.

devoir: ce que doit? 617, 918, 1292, *à quoi bon?*

di, 203, 468, *jour*; touz dis, 5, 12, etc., *toujours*.

dignité, 4533, *cérémonie*.

dija, 3810, *exclamation*.

dimenge, 2336, *dimanche*.

dit, 4228, *parole donnée, jurée*.

diva, 1709, 2197, 2242, 3810, *holà!*

doble, 4371, *maille double [du haubert]*.

doer, 1028, *doter*.

doi (*cas suj. plur.*), 371, 400, dui, 4491, *deux*.

doinst, doint, *voir* doner.

dointié, *voir* daintié.

dois, 4427, 4492, *table*.

dolent, 279, 305, etc., *affligé*.

doloros, 1287, *affligé*.

donc, 2865, etc., dont, 235, 248,

etc., *alors*; a —, *voir*, adonc,

doner, *fut. 1ᵉ p. sing.* donrai, 87, *1ᵉ p. plur.* donrons, 1139, 1149, *2ᵉ pers. plur.* donrez, 79; *condit. 1ᵉ pers. sing.*, donroie, 1174; *subj. prés. 3ᵉ p. sing.*, doint, 59, dont, 2114, doinst, 928, 1030; (*absolt*), 539, *donner en mariage*; — le don, 3298, *accorder, consentir*: se — garde de, 2567, *s'apercevoir de*.

dont (*conj. interr. de lieu*), 1401, 2572, 3541, *d'où?*; (*non interr.*) 1462; (*conj. de manière*) 869, *au sujet de quoi*; 4016, *par suite de quoi*; (*interr.*) 228, 273, *pourquoi?*; (*adv.*), *voir* donc.

dormir (se). 3527, *dormir*.

doter, 2025, 2034, etc., *douter*, 3432, *redouter, craindre*; ne vous dout mie, 3797, *je ne vous crains pas*; ains mort ne doterent, 3849, *jamais ils ne redoutèrent la mort*; — sa vie, 3740, *craindre pour sa vie*; jamar en doterez, 1662, *inutile de rien craindre*; se —, *même sens*; ne vos dotez neant, 4451, *n'ayez aucune crainte*.

dragon, 3857, *emblème représenté sur une oriflamme*.

drap, *cas rég. plur.* draps, 3699, dras 4069, etc., *étoffe*; 2705, 3160, 3498, 3504, 4057, *vêtements*; les blancs dras, 4056, *le froc blanc des Cisterciens*.

drecier, 527, 3489, *élever sur la croix*; 1598, *attacher, harnacher*; se —, 4103, *se lever*.

droit (*adj.*), *direct*: — e ansesserie, 4147, — heritage, 3558,

— tenement, 3124; *direct, légitime* : droiz emperere, 428, 659, — seignor, 590, 3261, 3298 ; *légitime* : — baptisement, 156; *juste*, 401, 1269, 1370 ; ce est —, 919, *c'est juste, naturel* ; *(subst.)* 401, 464, 2424, *chose juste et équitable*; n'a si grant droit ne soit a tort tornez, 427, *il n'y a droit si juste qui ne soit changé en tort ; le droit* : droiz a — repaire, 204, *le droit retourne au droit (la justice trouve toujours son compte)*; avoir —, 1061, 4006, 4425, *avoir raison* ; *(adv.)* — a *(sans mouv.)*, 1424, 1481, 3473, 4088, 4444, *justement à*; *(avec mouv.)*, : 1791, 4059, 4199; — de, 4267, *justement de* ; — niënt, *voir* niënt.

droitement, 1043, 1068, *tout droit*.

droiture, 453, *justice*.

droiturier, 76, 1652, *légitime* ; — oré, 1596, 1979, *vent favorable*.

dromadaire, 1563, 1581, 1696, 1951, 2038, *espèce de chameau*.

1. dru, *cas rég. pl.* druz, 1054, *ami*; drue, 461, *amie, épouse*.

2. dru : terre — e, 2173, *fertile*.

ducheé, 90, *duché*.

duel, 626, 716, *etc., cas suj. sing.* dues [*lire* duès], 1303, duès, 3251, *chagrin, malheur*.

dui, *voir* doi.

durée : se longues ai —, 4132, *si je vis longtemps*.

durement, 197, 824, 4401, *fortement*.

durer : tant com l'espée dure,

3790, tant com hante li dure, 1849, 4182, *de toute la longueur de l'épée, de la lance*.

eage, aage : ses aages, 532, *son développement corporel par rapport à son âge*; de molt grant eage, 4314, *bien en âge de se défendre*; en son eage, 3563, *dans sa vie*.

efforce, 3649, esforce, 863, *force armée, troupe*.

efforcement, 3131, *même sens que* efforce.

*efforcieement [ms. effreemant], 1096, *à grand effort*.

efforcier *(v. intr.)*, 3652, *augmenter, croître*.

effreemant, *voir* efforcieement.

el, 318, 2032, *autre chose*.

*eluné [ms. elimé], 2105, [vin] *où il y a de l'absinthe* (aluisne). *La forme avec e est normale en lorrain. Cf. Godefroy, v° aluisnier, où il faut probablement lire aluisniez au lieu de aluisniers (cas suj. sing.)*.

emblée : a — 3893, *en cachette*.

embler, 420, 3668, *voler, dérober* ; s'en —, 3886, *s'enfuir*.

embricher (s') [*corr.* s'embuscher], 2279, *s'embusquer*.

*embronc : le chief — [ms. a uif bron], 145, *la tête inclinée*.

emine, 565, 608, *mesure de capacité*.

emparlé, 658, *qui sait parler, disert*.

emperier, 2775, *impérial*.

empevré, 2104, *saupoudré de poivre*.

empirier *(v. trans.)*, 3840, *endommager*; *(v. intr.)* 1444 empirer ; n'ert li dux enpiriez, 3258, *le duc ne s'en portera pas plus mal.*

emploié, 4518, *placé, mis à sa place.*

empoindre, 2367, *atteindre en portant un coup.*

en (*prép.*) : — nom Deu, 1932, 3144, *au nom de Dieu ;* — après, 250, *ensuite.*

enarbrer, *voir* enerber.

encensier, 2822, *encensoir.*

encerchier, 4244, *parcourir en cherchant.*

enchacier, 3259, enchasser, 2240, *chasser, mettre à la porte ; voir* enchaucier.

enchanter, 115, 2956, *ensorceler.*

encharner (s'), 3742, *s'attacher* [*à sa proie*].

enchasser, *voir* enchacier.

enchaucier, 1092, 1107, 2307, 2348, enchacier, 3695, *poursuivre.*

enclin, 817, *incliné, penché.*

encliner, 2569, *saluer.*

enclore, 3622, *enfermer.*

encombrier, 928, 2112, *etc., malheur, dommage ;* chai d'—, 3771, *il tomba sous la douleur.*

encontre (*adv.*) : aler —, 1893, 3667, 3815, *se lever* —, 394, *aller, se lever pour aller à la rencontre ;* (*prép.*), 3705, 4475, *au devant de ;* aler a l'—, 576, 4470, *aller au devant.*

encontrer, 548, 690, *etc., rencontrer ;* (*impers.*) *survenir :* bien nos est encontré, 1656, *etc., nous avons eu de la chance ;* mal vos est encontré, 1706, *vous n'avez pas eu de chance ;* mar lor est encontré, 2550, *même sens.*

encorper (*v. trans.*), 1168, *porter préjudice à.*

encor (*suivi du subj.*), *même si :* — fust il bastars, 1467.

encortiner, 4476, *orner* [*une rue*] *de pièces d'étoffes, en l'honneur d'un personnage ou d'une fête.*

encrime, encrisme, 121, 3327 (*épithète de* felon ; *cf.* Romania, II, 108).

encui, 1798, 2206, ancui, 1657, *aujourd'hui même.*

endementre 2341, *cependant, sur ces entrefaites.*

endroit (*prép.*), 2395, *au moment de ;* 98, *selon.*

* enerber [*ms.* enarbrer], 3105, *empoisonner.*

enfant, *cas suj. sing.* enfes, 282, 669, *etc., enfant ;* 1858, *jeune homme non adoubé ;* 74, 1179, *etc., jeune noble en âge de porter les armes.*

enflé, 709, *gonflé de colère ;* 1653, *envieux, méchant.*

enforcier, 753, *renforcer, augmenter ;* enforcié, 1494, *fort puissant.*

enfouïr (s'), 3581, *s'enfuir.*

enfraindre : ma terre en est enfraite, 316, *ma terre est dévastée.*

* enganer, 1713 [*ms.* enginiés, *éd.* enginiez], 1914 [*ms.* enginie], *tromper* (*voir* engignier).

engenoiller (s'), 166, *s'agenouiller.*

engien, *voir* engin.

engigneor (*cas rég. sing.*), 3925, *ingénieur.*

engignier, 3065, 3736, enginier, 941, *tromper ; voir* enganer.

engin, 896, 1012, engien, 2942, 2954, *ruse, manœuvre*; 3836, 3926, *machine de guerre*.

enginier, *voir* engignier.

engolé, 105, 1571, 1622, 1943, 2002, *muni d'un collet*.

enmaler, 4596, *mettre [les bagages] dans les malles*.

enmi, 797, *au milieu de*.

ennuier : li ennuerent, 4254, *l'ennuyèrent*; ennuié sont de l'ost, 3931, *sont fatigués de servir dans l'armée*.

enoi, 624, *chagrin, ennui*.

enor, *voir* honor.

enpiriez, *voir* empirier.

enpoignier, 3214, *tenir à la main*.

enquerre, 1921, 3155, *rechercher, enquêter*; 2552, *demander [des nouvelles]*.

enragier, 785, 820, *etc.*, enraigier, 3179, 3337, *devenir fou*; s' —, 2376, *même sens*; — d'ire, 2216, 4149, *devenir fou de colère*; enragié, 2460, *fou*; fel et enragiez, 879, 937.

ens, *voir* enz.

enseigne, enseingne, ensoingne, 1967, 4238, 4292, 4321, *signe de reconnaissance*; 3601, *cri de guerre*; 2783, 3001, 3923, 4340, 4368, *oriflamme, gonfanon*.

enseignier, 3167, ensoignier, 3227, *indiquer, montrer*; ensoignié, 3225, *averti, intelligent*.

enseler, 3703, *seller*.

ensembler, 2600, *rassembler, réunir*.

ensiment, 4449, *de même*.

ensoignier, *voir* enseignier.

ensoingne, *voir* enseigne.

ensuire, 3145, *poursuivre*.

entaillié, 1389, 2465, *façonné, gravé*.

entalenté, 84, *désireux*.

ente, 1396, 1408, 1411, 1419, *arbre fruitier*.

entendre, *prêter attention* : a homme n'entend, 170, *elle ne fait attention à personne*; entendez ça vers mi, 1146, *vers moi (en) entendez*, 1963, *envers moi entendez*, 310, *a moi (en) entendez*, 2080, *dirigez votre attention de mon côté, écoutez-moi*; l'enfes entendi de Doon, 994, *l'enfant entendit Doon*.

enterin, 4612, *entier*.

entrabatre (s'), 2507, *se jeter mutuellement à terre*.

entrant [ms. antrée] (subst.), 2929, commencement.

entre : — lui et Malingre, 1870, — lui et Hardré, 1851, *à eux deux, lui et M. et H.*; —, li niés et l'oncles, 4133, *à eux deux le neveu et l'oncle*; — mon aubre et mi, 1275, *à nous deux, mon arbre et moi*; — ci que a (*prép. de lieu*) 177, 192, *etc.*, jusqu'à; (*prép. de temps*) 1650, *d'ici à*.

entrebaisier (s'), 2749, 2750, 3976, *etc.*, *se donner mutuellement des baisers*.

entreci, *voir* entre.

entreconoistre (s'), 2420, *se reconnaître mutuellement*.

entrée, 4224, *commencement*.

entremetre (s'), 3264, *se mêler [d'une chose]*.

entrencontrer (s'), 4471-2, *se rencontrer*.

entreprendre, 197, *saisir, attaquer*; de péchié entrepris, 235, *entaché de péché*; — por, 3449, *prendre pour* (*1ʳᵉ p. sing. prés. ind.* entreprains).

entrer : est li jors entrez que, 86, *le jour est venu où*; li mais doit —, 649, *mai doit commencer*; s'en —, 3594, 4474, *entrer*; (*inf. pris substantivt*), 3936, *entrée*.

entretenir (s'), 3996, *se soutenir mutuellement*.

enuit, 1641, 2804, *etc., cette nuit*; — mais, 3035, 3047, *etc., même sens.*

envaïr, 135, 2290, *attaquer*; 182, *violer* [*une femme*].

envaïs (*cas suj. sing.*), 3936, *assaut.*

envers, 310, 456, *etc., vers.*

enverser, 1849, *renverser.*

envie : porter —, 2957, *haïr.*

envier, *3ᵉ p. sing. prés. ind.* envie, 1479, *envoyer.*

environ, 1092, 1107, 1993, *alentour.*

envis (a), 3915, *malgré soi, à contre cœur.*

envoisier (s'), 4503, *s'amuser, se divertir.*

enz, 1381, 1957, *etc.,* ens, 3420, 4089 (*adv.*), *dedans*; — en, 1933, *etc.,* — es, 2543, — ou, 1039, *etc., au milieu de, dans l'intérieur de.*

ermin, *voir* hermin.

errant, 2281, 3118, 3972, *aussitôt.*

* errée [*ms.* ferrée], 646, *chemin.*

errement, 4455, *voyage.*

errer, 2036, 1623, 4457, *cheminer, voyager*; sus ou palais errant, 535, *mon tant dans le palais*; (*inf. pris substantivt*), 1981, *voyage.*

es, ez, *voici* : es le cuvert Tomile, 1034, es Guenelon, 1128, *etc.,* ez le duc, 3213; — vos, 535, 987, *etc.,* ez vos, 3967, *même sens*; es les vos arrivez, 1980, *les voici débarqués* (*Cf.* estes).

esbais, 3085, (?).

esbaudir, 851, *réjouir.*

escapin, 3505, *soulier léger.*

eschac, 4398, *cas suj. sing.*

eschas, 2545, *butin, prise.*

eschaillon, 4031, *échelon.*

eschaquier, 1069, *échiquier.*

escharni, 2746, *raillé, tourné en dérision*; 1136, 3921, *joué, trompé.*

escharpe, 1577, 1949, 3162. 4251, *sacoche de pèlerin.*

1. eschas, 1777, 2358, *jeu d'échec.*

2. eschas, *voir* eschac.

escheri, *peu nombreux* : a mesnie — e, 2210, 2220, 2642; *absolt,* a —, 343, *sans être accompagné, seul.*

escheveler : — sa crine, 1305, *s'arracher les cheveux.*

eschevi, 3034, 4609, *svelte, élégant.*

eschinée, 4181, 4372, *échine, colonne vertébrale.*

eschiver, 3957, *préserver.*

eschois (*cas rég. plur.*), 1380, *esquif, bateau.*

escïent, esciant : sachez a —, 2604, 3451, *sachez bien*; mien —, 2391, *par le mien* —, 657,

857, *etc., par ma foi* ; tot a
vostre —, 2132, *voûs le savez*
très bien.

escïentros [*ms.* assiantrous, es-
sciantiouz], 1274, *savant.*

escillier, *voir* essilier.

esclairier, *voir* esclarier.

esclarcier, 3487, *devenir clair.*

esclarier, esclairier : quant
l'aube est esclarie, 2213,
quand le jour est venu ; li
jors est esclairiez, 2757,
esclariez, 3513, *le jour a lui.*

esclater (*v. trans.*), 3006, *briser,*
faire éclater.

esclavain, 1834 [*corr.* clavain
et voir ce mot].

esclavine, 2563, *vêtement de*
pèlerin.

* esclice, *voir* lice.

escondire (s'), 421, *se justifier.*

escondit, 751, 777, *justification*
d'un accusé par une preuve
légale, ordalie ou duel judi-
ciaire (*cf.* le Tristan *de Bé-*
roul) ; rendre —, 3311, *faire*
amende honorable.

escoter, 3364, *donner un écot.*

escrier, 1079, 1106, *etc., crier* ;
(*suivi du cas rég.*) 1162,
3744, *etc., interpeller* ; —
merci, 3807, *demander*
grâce.

escriner (s'), 1305 (*var.*), *s'arra-*
cher les cheveux.

escu, 4069, *écu, monnaie.*

ese : tot a —, 3397, *satisfait,*
content.

esforce, *voir* eflorce.

esfroiz (*cas suj. sing.*), 353,
mouvement, tumulte.

esgarder, 687, 735, *etc., regar-*
der, observer ; — por, 3449,
considérer comme.

esgaré, 1295, 2593, 2889,
éperdu, fou.

esmaier (s'), 1488, 2029, *etc.,*
se troubler, s'effrayer.

esmarri, 4295, *attristé, troublé.*

esmaus (*cas rég. plur.*), 2013,
émaux.

esmer, 4344, *estimer, dénom-*
brer.

esmeré, 1619, 1664, 1827, 2081,
pur, affiné (*épithète d'or*).

esmovoir (*inf. pris substantivt*),
2971, *mise en marche* [*d'une*
armée].

espandre, 442, 571, *etc., répan-*
dre.

esperdre (s'), 1328, *devenir*
éperdu.

esperonnée, 4168, 4462, *coup*
d'éperon.

esperonner (*inf. pris substan-*
tivt), 2503, *action d'éperonner.*

espices, 3700, *parfums.*

espie, 3290, 3304, 3920, *espion.*

espié, 1045, 1701, 1837, 2288,
2294, 2432, 2456, 2467, 3785,
3851, 4387, *épieu, lance.*

esploitier (*v. intr.*), 3037, 3110,
3492, *agir, mettre ses idées à*
exécution ; 1591, 3517, *faire*
vite, se hâter.

espoenter (s'), 2518, 3120,
prendre peur.

esponde, 1616, 2711, *rebord du*
lit.

esposer (*v. trans.*), 692, 4533,
unir par un mariage ; (*inf. pris*
substantivt), 4536, *mariage.*

espringuer, 4564, *danser.*

espris, *p. pa. d'*esprendre, 230,
allumé ; de sens — e, 560,
aimant la sagesse.

essaiant, 1180, *brave, coura-*
geux.

essaier, 3502, 3522, *mettre à l'épreuve.*

essaucier, 5, 4130, *élever.*

essauz (*cas. rég. plur.*), 1867, *assauts.*

esciantiouz, *voir* escïentros.

escillier, *voir* essillier.

essil, 222, 2943, *exil.*

essillier, escillier, 3182, 3823, *exiler*; 3150, 3237, 3475, *etc., ruiner, dévaster.*

establer, 1696, *mettre à l'écurie.*

estache, 2157, *poteau (pris au figuré), soutien.*

estain, 3727, *laine peignée.*

estaint, *voir* estanc.

estamine, 438, 447, *vêtement de dessous porté par les clercs.*

*estanc [*ms.* ataint, estaint], 1626, 2038, *fatigué.*

estant : s'est levez en —, 1065, *s'est mis debout*; saillir en —, 2136, *se mettre sur pied en sursaut.*

estendre (s'), 3453, *se jeter par terre de tout son long.*

ester, *3ᵉ p. sing. ind. prés.* esta, 1009, 3064; *3ᵉ p. plur. fut.* esteront (*employé comme fut. d'estre*), 3913; *3ᵉ p. sing. pf.* estut, 1186, 1195, 1342; 734, 1792, 2837-8, *rester debout*; 1186, 1195, *demeurer, rester*; se longes i esta, 1009, *s'il reste ici longtemps*; s' —, 1342, *même sens*; laissier —. 618, 667, 712, *etc., laisser tranquille*; com vos esta? 3064, *comment allez-vous*?

estes vos, 202, 571, 3353, *voici* (*voir* es).

estoner, 2518, *ébranler.*

estor, 1832, 1841, *etc.,* estorz

(*cas suj. sing.*), 2850, *combat, mêlée.*

estorchier, 4041 (?).

estordre (*v. intr.*), 2945, 4396, *s'échapper, prendre le large*; s' —, 3650, *même sens.*

estormir, 2282, *réveiller en donnant l'alarme.*

estorz, *voir* estor.

estour, *voir* osterin.

estout, 3411, *sot, arrogant.*

estovoir, *3ᵉ p. sing. ind. prés.* estuet, 2762; *3ᵉ p. sing. fut.* estovra, 4240, *3ᵉ p.s. pf.* estut), 1342, *falloir, être nécessaire.*

est[r]ain, 3403, *fém.* estrange, 1294, 3683, *étranger.*

estre : ert que 842 (*cf., pour cet emploi, Victor Mortet, Langue de Vitruve, p.* 10); s'il est qui, 843, *s'il y a qqn qui*; comment qu'il est mes homes, 4583, *en quel état sont mes hommes*; (*inf. pris substantivt*), 1196, *manière d'être.*

estrée, 3666, *route.*

*estrif [*ms.* estre], 3323, *querelle.*

estroit (*adv.*), 4045, *étroitement.*

estros, estrous : a —, 185, 2251, 2401, *certainement.*

estuet, estut, *voir* estovoir.

esvertuer (s'); 2176, *faire preuve de sa force.*

euz, 3924, *yeux.*

eve, 413, 681, aive, 3919, *eau*; — del cuer, 3578, — des ieus, 2974, *larmes.*

ez, *voir* es.

fable, 3572, *conte récité par un jongleur*; 3612, *bruit, tumulte* (?).

façon, 151, 2249, *visage.*

faé, 1678, *doué par les fées,
heureux*.

faillir, *3e p. sing. impf. subj.*
fausist, 1430; *p. pa.* faliz (*cas
sujet sing.*), 1088, failli, 1891,
etc., 763, 1088, *manquer à,
abandonner dans la détresse*;
4155, *être infidèle*; 1430,
4569, 4628, *finir, se terminer*; li membre li faillent,
3602, *les membres lui manquent, cèdent sous elle*; est
vos failliz avoirs? 1720, *avez-
vous perdu votre fortune?*;
au meillor ai failli, 4210, *le
meilleur me manque aujour-
d'hui*; ta proesce est faillie,
2666, *ta vaillance a fait fail-
lite*; bien i poez —, 4225,
*vous serez obligé de vous en
passer*; failli avez au mien
[ostel], 3253, *vous n'avez plus
droit à mon hospitalité*.

faire, fere : me faites comme,
1238, *vous me traitez comme*;
comment le fait ? 330, *comment se porte-t-il ?* Tomiles
le fait batre garçons et pautoniers, 925, *Tomile fait en
sorte que g. et p. le battent*; —
les juïses, 405, *se soumettre à
un jugement de Dieu*; — ses
noces, 652, *célébrer son mariage*; — ses talenz, 2725,
*satisfaire ses désirs amou-
reux*; — que fous, 201, 3617,
etc., — que proz, 348, — que
saiges, 3132, *agir en*; molt
ou tant faire a, 33, 109,
315, *etc.*, *mériter d'être,
être à*.

fais, 252, *charge*.

faitement, 707, *de telle manière*.

faldestuel, 1545, faudestuel,
1515, 1896, *fauteuil*.

faliz, *voir* faillir.

*fanon [ms. fenon], 2948, mani-
pule*.

fantosme : torner a —, 430,
*faire croire que c'est un
songe*.

faudestuel, *voir* faldestuel.

fausist, *voir* faillir.

fautré : fautrées mules, 573,
*mules ayant une sambue de
feutre*.

feauté, 4570, *foi et hommage*

f[e]el, 2669, *fidèle*.

· fel, felon, 707, 879, *etc.*, 3328,
méchant, coléreux; (*subst.*),
2817-8, 3040, *etc.*, *grediu,
criminel*.

felonie, 688, *acte criminel*; 1472,
chose mauvaise, tromperie;
1213, *traîtrise, fait d'être
traître*.

fendre (*v. intr.*), 149, *se fendre*;
— d'ire, 277, 2794, *crever de
colère* (*voir* fondre).

fenon, *voir* fanon.

fere, *voir* faire.

ferir, *frapper : prés. ind.* 1re *p.
sing.* fier, 139, 1032, *etc.*,
3e p. sing. fiert, 285, *etc.*;
impér. 2e p. plur. ferez, 1119,
etc.; *pf. 3e p. sing.* feri, 1076,
etc., ferit, 1434, *etc.*; *subj.
prés. 1re p. sing.* fiere, 1098;
impf. 3e p. sing.. ferist,
4150; *p. pa.* feru, 1039, *etc.*;
4034, *fixer à coups de marteau*.

fermer, 1576, 1822, *fixer, attacher*.

fermeté, 58, 850, *lieu fortifié*.

ferrant, 1159, *gris (épithète de
cheval)*.

ferré, 1577, 1949, *muni d'une pointe en fer*.

ferrée, 646 [*faute du ms. pour* errée ; *voir* ce mot].

feru, *voir* ferir.

feste : tenir sa —, *voir* tenir.

fi, *fém.* fie 2689, *assuré* ; de —, 1467, 1551, *assurément, avec certitude*.

fiance, 901, *certitude, confiance* ; 4273, *serment, parole donnée*.

fiancer, 1154, *donner sa parole* ; 3186, *promettre foi* (*serment féodal*).

fié, 518, 1490, *etc.*, *fief, domaine* ; servir de —, 4116, *servir comme vassal*.

fier, 176, 1056, *etc.*, *grand, terrible* ; au vis —, 1498, 2771, *au beau visage* ; 1680, *beau* (*épithète de* cheval).

fier : *p. prés.* fiant a, 1188, *ayant confiance en*.

fier, fiere, fiert, *du v.* ferir ; *voir* ce mot.

1. fin (*adj.*) : — e veritez, 1915, *vérité pure*.

2. fin (*subst.*) : prendre —, 2270, 2278, *etc.*, *faire halte* ; a quel — que ce soit, 920, *quelle que soit l'issue*.

finer (*v. trans.*), 855, 2521, *etc.*, *finir, terminer* ; (*v. intr.*), 1216, 1239, *s'arrêter, faire halte*.

flaide, 3576, *tourelle* (?)

flecié, 3161, *fléchi, ployé*.

floquant : chapes floquans, 3161, *chapes à floches* (?).

flori, 2398, *peint à fleurs* (*épithète de* targe) ; 3734, *grisonnant* (*épithète de* barbe).

flote : a grant —, 2315, *en grand nombre*.

foi, 2747, 4235, *parole donnée* ;

a la moie —, 1402, 1637, *etc.*, à la moie foie [*lire* foi], 1857, 2243, *par ma foi* ; en la moie —, 2573, 3278, *même sens* ; par —, 823, 1153, *etc.*, *même sens* ; par la — que je vous doi, 564, 607, *etc.*, *par la parole que je vous ai donnée* ; porter —, 940, 957, *tenir parole*.

foie, *voir* foiée.

foiee, 1285 [*ms.* foiez, foix, *au plur.*], 1890 [*ms.* foix, *au plur.*]. foïe, 4429 [*ms.* fois], *fois*.

foilli, 1276, *couvert de feuillage*.

foillier, 1412, 1414, 3175, *se couvrir de feuilles*.

foindre (se) : de trambler te foing [*corr.* foins *ou* fains], 3395, *tu redoutes de trembler de froid*.

foing, *voir* foindre.

fol : *fém.* fole, 582, *dévergondée*.

folage, 4320, *folie*.

folie, 3747, 3762, *action déraisonnable* ; 3257, *propos inconsidéré* ; de — 3414, 3421, *par* —, 3166, 3728, *follement* ; * restera [*ms.* recevra] par —, 1219, *fera une folie en restant ici* (*voir la note aux var.*).

fondé (à l'asson.), 1579, *fondu*.

fondre : — d'ire, 136, 990, *crever de colère* (*cf.* fendre d'ire, 277) ; — de duel, 980, *mourir de chagrin*.

forbi, 2285, 4403, 4635 (*épithète d'*espée), 2288 (*épithète d'*espié), *aiguisé*.

force, 1082, 1092, 1107, 2355, *troupe de combattants* ; a —, 3122, 4071, a — et poesté ;

2377, par —, 2863, 3929, *de force*.

forche, 1991, *partie de l'armature d'une tente;* forches (*plur.*), 3826, 3870, 4030, *gibet.*

forjurer, 467, 2694, *abandonner* (*primitivement , jurer que désormais on n'aura plus rien de commun avec qqn*).

forment, 169, 499, *etc., fortement, beaucoup.*

fornir, 3927, *garnir* [*une machine de guerre*]; bataille fornie, 2390, *forte bataille.*

fors (*adv.*), 849, 1855, *etc., dehors* ; (*prép.*), 44, 1083, *excepté;* — *de,* 1737, 2943, *etc., hors de.*

forsener, *3ᵉ p. sing. prés. ind.* forsane (*à l'asson.*), 2498, 2501, *devenir fou.*

fosse, 2318, *cachot.*

fraindre, *briser : p. pa.* frait, 1833; fraint, 1846 [*ms.* frains], 2302, 2492 [*impr.* frait], 4174, *etc.*

fra[i]sé, 1994, *brodé.*

fraisnin, *voir* fresnin.

franc, 182, 310, *etc.,noble, généreux* ; au cors —, 241, *au beau corps.*

fresnin, 2353, 3004, fraisnin, 3767, *en bois de frêne* (*épithète de* lance, hanste).

frestel, 1991, *fleuron qui termine extérieurement le piquet central d'une tente; cf.* Godefroy, *vᵒ* fruitel.

froer, 1695, 3855, 4174, *briser, rompre.*

froissier, 3006, 4372, *endommager, blesser;* 3092, *briser* [*une porte*].

froncé, 2568, *plisse*

fuant, 1702, 3368, *fuyant.*

fuere, 1668, *fourrage.*

fuie, 1852, 3014, *etc., fuite.*

fuitis (*cas suj. sing.*), 1471, *fugitif.*

fust, 1032, *bâton* ; 1051, *bois de lance.*

gaaignier, gaainnier, 3186, 3193, *faire de la culture, labourer.*

gab, *cas rég. plur.* gas, 1011, *plaisanterie.*

gaber, 695, 3573, *se moquer, plaisanter.*

gaignarz (*cas. suj. sing.*), 963, 1004, *violent.*

gaignon, *voir* waignon.

gainchir (se), *voir* guenchir.

gaite, 3576, *sentinelle.*

gaitier, 3919, *surveiller;* se —, 3080, 3257, *se garder, prendre garde.*

galoné, 2010, *orné d'un fil d'or* [*tresse de cheveux*].

gante, 2104, *oie sauvage.*

garçon, 160, 163, *etc.,garchon,* 194, *valet, domestique de bas étage.*

gardain, 1429, *gardien, défenseur d'une ville.*

garde : avoir — de. 1124, *se soucier de, avoir peur de ;* se doner —, 2567, *s'apercevoir.*

garder : cui Deus gardoit de perde, 1307, *que Dieu protège de la mort;* — la cort, 67, *rester à la cour;* (*suivi de* ne *et du subj.*) 1298, 1561. *etc. prendre garde de;* 791, 141, *etc., regarder, voir;* ne — l'ore, 2402, *s'attendre à tout moment* ; 2258, *considérer comme valable* ; (*réfl.*): el ne se garde d'ome, 582, 917, *etc., elle laisse approcher d'elle tous les hommes.*

garir (*v. trans.*), 440, 450, *etc., protéger, préserver* ; 1451, *etc., guérir* ; (*v. intr.*), 218, 4397, *se mettre à l'abri, se sauver* ; se —, 1365, 3212, *se défendre.*

garnemenz, guarnemenz (*cas rég. plur.*), 26, 174, 2753, 2797, *vêtements* ; 234, 247, *vêtements de femme*: armes et —, 2615, preneutlor —, 1084, guarnemenz vestir, 4390, *armure.*

garni, guarni: du murtre bien —, 202, *bien en sûreté contre l'accusation de meurtre* ; 2643, 4494, 4587, *riche, plantureux* (*épithète de* France); 2696 (*épithète de* chambre).

garnir, 2271, 2920, 2923, *mettre en état de défense* ; 3952, *munir* [*de provisions*].

gas, *voir* gab.

gaste, 3237, 3365, 3579, *dévasté, ruiné.*

gaster, 876, 1137, 2177, *dévaster.*

gehine : metre a —. 201, *faire avouer* (*par la torture*).

gehir, 205, 497, 3645, 3944, *avouer.*

gemé, 1815, *orné de gemmes* (*épithète de* heaume); *cf.* jame.

gentil, 17, 32, *etc., noble.*

gesir, *être couché, dormir* : *3ᵉ p. sing. pf. ind.* jut, 320, 2084, *etc.; p. pa.* geü, 878.

geste, 795, 4628, *chronique* (*source originale de la chanson*) ; 2617, *race, famille.*

geter, gieter, 1429, 1654, 2553, *etc., chasser* [*d'un pays*] ; — un sospir, 208, 755, 4208, *pousser un soupir* ; 2598, 2754, 2828, *faire sortir* [*de prison*] ; — fors, 1855, *mettre* [*la tête*] *hors de la fenêtre.*

geü, *voir* gesir.

gieter, *voir* geter.

gironé, *qui a des bandes coupées en biais* : (*en parlant d'un «bliaut»*), 1572, 1944, 2003 ; (*en parlant de l'étoffe d'une tente*), 1993.

glacier (se), 2711, *se glisser.*

gloton, 1290, glouton, 1234, *cas suj. sing.* glous, 3767, gloz, 166, *etc., individu méprisable.*

goule, 3680, 4034, *gorge* ; goles (*plur.*), 800, *col de fourrure d'un vêtement.*

gracier, 3230, *remercier.*

grafiner, 703, *gratter. labourer* [*la terre*] *avec les ongles.*

graignor, 3465, greignor, 255, 838, 2363, gregnor, 1424, *plus grand.*

graile, 1819, 3801, *trompette.*

graïllier, 4042, *griller.*

grain, 1065, 1126, 1604, 1674, *triste, fâché.*

gré : de —, 77, 1587, *etc., de bon gré; venir a —, voir* venir; *servir a* —, 3031, *servir de manière à plaire.*

greer, 2752, *accorder.*

gregnor, greignor, *voir* graignor.

grenon, 69, 2137, *moustache.*

greslet, 3034, *svelte.*

grever, *3ᵉ p. sing. prés. subj.* griet, 1525, 1528, *grever, affliger.*

grief, 2447, 4598, *difficile, labo-rieux.*

griet, *voir* grever.

griois : feu —, 4064, *feu gré-geois.*

gris (*subst.*), 105, 633, 3056, 3437, *petit-gris, fourrure* ; (*adj.*), 779, *de petit-gris.*

guarn-, *voir* garn-.

guenchir, 960, *détourner* ; — les regnes, 3014, *tourner bride* ; (*réfl.*), se gainchir, 1178, *se détourner.*

* guerdon, *voir* guerredon.

guerpir, 2347, 2644, *etc.*, *aban-donner.*

guerredon, 3134, 3383, *guer-don, 2818, g[ui]ardon, 3326, récompense.*

gui[ar]don, *voir* guerredon.

guier, 1868, *diriger, conduire [une affaire].*

guigue, 4559, *instrument de musique.*

guimple, 2974, *guimpe [de femme]* ; *cf.* guinte.

guinte, 3154 [*ms. et impr.* guim-ple], 3160, 3163 [*ms.* guinte, guite], *capuchon, vêtement de pèlerin (ou turban?).*

guise : a — de, 3859, *à la ma-nière de.*

gurpir, 1258, *quitter.*

habergier, *voir* herbergier.

haï ! 439, 448, *etc.*, *exclamation de douleur (cf.* hé !).

haichier, *voir* haschiere

hair, 2ᵉ *p. plur. prés. ind.* haez, 423 ; *3ᵉ p. sing. impf.* haioit, 2365, 2369 ; *3ᵉ p. sing. prés. subj.* haice, 2267.

haitié, 332, *en bonne santé, dispos.*

haitier (se), 99, *se réjouir, s'ébattre.*

hanste, 1833, 1844, *etc.*, hante, 1849, 2492, *etc.*, *bois de la lance.*

haon, *voir* chaon.

harbergier, *voir* herbergier.

hardement, 182, 1056, *etc.*, *hardiesse, audace.*

harnois, 1377, *équipage, ba-gage.*

hart, 4000, *corde de gibet.*

*haschie, 852 [*ms.* adventure], 4053 [*ms.* haichie], *souf-france, tourment (cf.* has-chiere).

*haschiere [*ms.* haichier], 4048, *même sens que* haschie.

haste, 3334, *viande rôtie.*

haster, 1010, *attaquer.*

haubergage, 3604, *hospitalité (cf.* herbergier).

haubert, 1847, 4385, aubert, 2297, 2486, ausberc, 3000, *cotte de maille.*

haucer : — sa parole, 434, *éle-ver la voix.*

[h]autain, 3419. *élevé.*

hautement, 263, 882, 997, *à voix haute.*

hé : coillir en —, 886, *prendre en haine.*

hé! 580, 588, *interjection ex-primant la peine (cf.* haï !).

heaume, 4385, hiaume, 1815, *etc.*, iaume, 2516, 3004, *cas-que.*

*henepier [*ms.* henapies], 3803, *casque (?).*

herbergier, 1309, *etc.*, haber-gier, 2163, *etc.*, harbergier, 3406, haubergier, 3231, hau-berjer, 3297, *donner l'hospi-talité à qqn ;* 1662, 2163, *etc.*,

— avec qqn, 3222, 3231, *etc.*,
loger chez qqn; 1309, *loger*,
prendre logis; estre herbergié, 2427, *être campé;* s' —,
3521, *prendre gîte.*

herboi, *cas rég. plur.* herboiz,
379, *espace couvert d'herbe.*

herité (*subst. fém.*), 2062, 2203,
3511, *domaine, bien.*

hermin, hermine, ermin, 4214,
fourrure d'hermine, 105, 270,
1571, 1622, 1943, 2002, 2253,
2261, *manteau d'hermine;*
(*adj.*), 26, 800, 2137, 4015, *en
hermine.*

hiaume, *voir* heaume.

honir, 225, 264, *etc.*, *honnir.*

honor, 2252, 2590, *etc.*, anor,
2695, 4016, enor, 8, 974, *etc.*,
onor, 503, 511, *terre, fief;*
2619, 2695, *empire.*

honoré : franc duc —, 1611,
duchesse — e, 2568, franche
dame — e, 2588, gent — e,
3674, mostier —, 1883, don
—, 313, au gent cors —,
43, 1965.

hontage, hontaige, 2237, 3148,
etc., *honte.*

hu : a — et a cri, 1110, *avec
des huées et des cris.*

huchier, 501, 509, 2190, *crier.*

huer, 444, *crier.*

hui, 86, 829, *etc.*, *aujourd'hui.*

huimain, 1351, *ce matin.*

huimais, *768, 1124, 1904, désormais.*

huis, 265, *etc.*, *porte.*

huisset, 1215, *petite porte.*

hurter, 1341, *pousser violemment.*

iaume, *voir* heaume.

ieve, 4024, *jument.*

iluec, 516, illuec, 1007, 3048,
3090, illuc, 3186, *là.*

irascu, 1016, 1048, 1340, 2245,
en colère, furieux.

ire, 136, 277, *etc.*, *colère;* estre
par —, 4133, *être en colère;*
pleine de grant —, 837, *très
affligée.*

iré, 295, *etc.*, *en colère;* 499,
597, 881, 1674, 1917, 2023,
2440, *affligé, peiné.*

is (*cas rég. plur.*), 2280, *if.*

isnel, *cas rég. plur.* isniaus,
3703, 4391, *rapide.*

isnelement, 164, 178, *etc.*, *vite,
rapidement.*

isopé, 2105, ysopé, 3285, 3335,
3430, *vin parfumé à l'hy-
sope; cf.* Poème moral, *dans*
Zeitschrift f. roman. Phil.,
XXXII, 53, v. 7 : Or viut le
vin tot simple, or le viut
isopé.

issir : *ind. prés. 1e p. sing.* is,
3908, *3e p. sing.* ist, 451, *etc.*,
3e p. plur. issent, 2289, *etc.*;
impf. 3e p. plur. issoient,
2810; *parf. 3e p. sing.* issi,
279, *etc.*, issit, 3621, *3e p.
plur.* issirent, 2987; *fut. 3e
p. sing.* issera, 871; *subj.
prés. 3e p. sing.* isse, 266,
2e p. plur. issiez, 1784, *3e p.
plur.* issent, 1757; s'en —,
2611, *etc.*, *s'en aller;* 2289,
etc., *sortir;* (*inf. pris substantivt*) à l' — de, 3854, *au
sortir de.*

ja, 398, 711, *etc.*, *déjà;* 1247,
1315, *jamais (affirm.); explé-
tif,* 545, 581, *etc.*; — ne, 818,
905, *etc.*; — ... ne, 425, 465,
etc.; ne — ... mais, 1280, ne

— ..., 893, 1311, *etc.*; mais
— ne, 597, 616, *jamais ne*;
— ne... ne, 1295 *jamais ni ..
ni*; ne... — mais, 555, *plus
jamais.*

jamais : — jour, 3670, *jamais.*

jame, 4291, *pierre précieuse
(cf.* gemé).

jaseran, jaserant, 1834, 2303,
2478, *fait de mailles de fer
(épithète de* haubert).

jeu, *voir* partir, tenir.

joians, 3462, joianz, 544, 996
(cas suj. sing.), joyeux.

joïr, 2736, *célébrer.*

jor, jour : le —, 1019, 2784,
etc., ce jour-là ; a — que soie
vis, 480, *aucun jour de ma vie.*

jornée, 648, 1319, 2230, 4456,
voyage.

joste *(prép.)*, 2777, 4531, *à côté
de.*

joster, 2996, 3855, *jouter.*

jostisier, 2699, 2731, 3207,
3756, *administrer, gouverner.*

jour, *voir* jor.

jouvente, *voir* jovente.

jovene, 2611, *jeune.*

jovente, jouvente, 1418, 3686,
3877, *jeunesse* ; bele —, 1311,
1389, 1397, 1405, 2815, *beau
garçon.*

jugement, 1001, 1062, *témoignage* (?).

jugier, 4070, *confisquer par jugement* (?); — a, 3753, 3876,
condamner à.

jug[i]ere *(cas suj. sing.)*, 2154,
juge.

jugleor *(cas rég. sing.)*, 4092,
jugleor *(cas suj. plur.)* 104,
729, 828, 3572, jugleors *(cas
rég. plur.)*, 24, juglers *(cas*

suj. sing.), 1539, 1646, jugler
(cas suj. plur.), 2107, *jongleur.*

juïse *(masc.)*, 250, 267, 272, juïz,
748, 759 (*à l'asson.*), *jugement de Dieu* ; faire —, 405,
2258, porter —, 412, 415,
680, porter .j. juïz, 748, *satisfaire au jugement de Dieu*;
ofrir —, 429, *offrir de se
soumettre au jugement de
Dieu*; livrer a juïz, 753, *soumettre au jugement de Dieu*;
4013, *jugement.*

jurer : jura le siege de ci a .vij.
années, 3841, *jura que le
siège durerait au besoin sept
ans*; jura Salmadrine, 2599,
2688, 2904, *jura fidélité à
Salmadrine.*

jus *(adv.)*, 508, 1035, 1849, *en
bas (avec mouv.)*; metre —,
3963, *démonter, déposer.*

justice, 4044, *exécution d'un
arrêt de justice, supplice.*

jut, *voir* gesir.

laidement, 283, 965, 3275, *méchamment.*

laier (?) [*cf.* laissier], 421, 2429,
2437, *etc., laisser*; 4374, *lâ-
cher*; 3418, *laisser, négliger
de faire une chose* ; ne lairai
que, 1268, *je n'aurai de cesse
que* ; ne laira nes ramaint,
3418, *n'aura de cesse qu'elle
ne les ramène*; qui que chant
ne qui lait, 730, *quelque soit
celui qui chante ou qui s'abstienne de chanter*; ou jel face
ou jel lais, 2252, *que je le
fasse ou que je m'en abstienne.*

lais, 2232, *voir* laier.

laissier, 667, 832, *etc., abandon-*

ner, *délaisser* ; 2765, 3239, quitter (*cf.* laier).

lait, 730, *voir* laier.

lanceïs : soliers —, 3928, *ponts volants*.

lanier, 2453, *lâche, couard*.

larmer, 3562, 4298, *pleurer*.

larriz, 324, 771, 1121, 2361, *terre en friche*.

las, 580, 588, *interjection de douleur ; au fém.* 449, 466, 757, 3604, *malheureuse que je suis;* la lasse, 2652, *la malheureuse qu'elle est*.

lassus, 376, 1345, *etc., là-haut.*

latin : oïr — de, 4215, *entendre parler de*.

laz, 3195, *lacs à prendre le gibier*.

1. lé, *s. m., voir* lez.

2. lé, *adj., fém.* lée, 4469, *large*.

leans, 1838, 3673, *etc.,* leanz, 1222, 2197, leenz, 198, *là-dedans*.

leaument, 2905, *loyalement.*

lecherie, 3745, *impudence.*

lechiere, 175, *cas rég.* lecheor, 179, *individu méprisable.*

leenz, *voir* leans.

lent, 2607, *mou, sans force.*

lerres (*cas suj. sing.*), 432, 629, 2872, *misérable, gredin.*

lés, *voir* lez.

leu : par mi leu, 1052, *dans le milieu*.

lever, 252, *soulever ;* 5, *promouvoir, aider ;* en fonz —, 939, et, *ellipt.,* —, 955, *tenir sur les fonts baptismaux ;* 3835, *dresser, construire ;* 1613, *se lever;* est levez, 2179, *est en piez levez sus,* 1021, *s'est levé;* crope levée, 4176, 4369,

croupe élevée (*qualité pour un cheval ; voir la note*).

1. lez (*s. m.*), 1848 [*cf. l'*Errata], 2004 [*ms.* las], *côté.*

2. lez (*prép.*), 194, 361, *etc., à côté de ;* 1848, 2366, *du côté de, vers.*

lice, 3008 [*corr.* esclice], *frange tailladée* [*du haubert*].

lie : vins seant sor —, 4497, *vins vieux*.

1. lié, *cas rég. tonique d'*ele (*à l'asson.*), 1515.

2. lié (*cas suj. plur.*) 3211, liez (*cas suj. sing.*), 544, 993, 996, 3216, lie (*fém. sing.*), 4083, 4487, *joyeux*.

liege, *voir* lige.

lïement, 4165, *joyeusement.*

liez, *voir* lié.

lige, liege : droit seignor lige, 3261, 3298, 3449, *seigneur légitime qui a reçu le serment d'allégeance ;* home liege, 1508, 1535, *tenu par le serment d'allégeance.*

lignage, 7, 88, 92, *etc.,* linage, 1130, *lignée, famille ;* de —, 1494, *de haute naissance.*

lin : de put lin, 1130, *de race mauvaise*.

linage, *voir* lignage.

linçuel, 1618, *drap de lit.*

liois, 3725, *liais.*

lisant, 1273, *instruit, lettré.*

1. listé (*cas suj. plur.*), 1616, *listel.*

2. li[s]té, *fém.* —e, 4178, *peint à bandes* (*épithète de* targe).

liue, 3386, *lieue.*

livrer, 843, *délivrer, donner.*

1. loer, 2096, *conseiller.*

2. loer, 55, 104, *payer, récompenser.*

logier: estre logié, 2435, *camper.*
loiaument, 3158 (*mot altéré*).
loier, 3252, 4015, *récompense,*
salaire.
loige, 3204, *niche à chien.*
long, 2534, *éloigné, lointain.*
longement, 11, 61, *etc.*, *long-*
temps.
longes, 1009, longues, 4132,
longtemps.
lors : — meïsme, 1080, *à l'ins-*
tant même.
losengerie, 126, *tromperie.*
losengier, 115, 3818, *menteur,*
intrigant.

madre, *bois veiné* : hanap de —,
3430.
maginois, *riche, somptueux* :
palais —, 622, 4422 (*cf.*
G. Paris, *Romania, XIX,*
335, n. 3).
main, 134, 911, *etc.*, *matin.*
mainburnie, 1246, *protection,*
tutèle.
maine, 344, mainrai, 4452, *voir*
mener.
mains, 3412, 3415, 3435 (*à l'as-*
son.), *voir* meins.
maint, *voir* manoir.
maint et communement, 3019,
4085, 4185, *beaucoup d'hom-*
mes ensemble (*cf.* Bertoni,
Rev. des lang. rom., 1908,
p. 479, et Zeitschr. f. roman.
Phil., II, 88).
maintenir, 584, 1332, *etc.*, *pro-*
téger, aider; — *une charrue,*
3194, *conduire une charrue;*
902, *entretenir comme con-*
cubine; 2852, *entretenir [un*
cheval] ; 4315, *gouverner;* —
sa joie, 4196, *s'amuser;* —
ses noces, 764, *célébrer ses*

noces; se —, 330, 583, 4281,
se porter, être dans un état
de santé.
maire (*cas suj. sing.*), 3186,
3196, *etc.*, maior (*cas rég.*),
3322, *officier domanial.*
mairien, marien, 3837, 3933,
4036, *grosse pièce de bois,*
madrier.
mais, mès, 3432, *plus, davan-*
tage ; — *et* —, 3886, *de plus*
en plus ; 202, 2914, *désor-*
mais ; enuit —, 3035, 3046,
3231, *cette nuit-même* ; —
huimain, 1351, *aujourd'hui* ;
tous tens —, 4233, *toujours*
à l'avenir; ne... —, 460, 769,
etc., *ne... plus* ; ne — que,
302, 762, *etc.*, *excepté;* —
que, 243, 2412, 4082, *pourvu*
que.
maisnie, *voir* mesnie.
maistre (*adj.*), 2037, 3200, *etc.*,
principal.
mal, *cas suj. sing.* maus, 790,
fém. male, 912, 927, *etc.*,
mauvais, méchant; (*adv.*) —
virent, 2401, *ils virent pour*
leur malheur (*cf.* mar).
malaventure, 2178, 2184, *mal-*
heur, mauvaise affaire.
maldire, 1653, 2955, 3723, *etc.*,
maudire.
male, 1579, 4309, *malle, coffre.*
maleïr, 1193, 1212, 1264,
3897, *maudire.*
maleït, 758, maleoit, 308 [*ms.*
maldit], 644 [*ms.* maleot],
etc., *maudit.*
malement, 290, 1010, *etc.*,
mal; si — me puis ou lignage fïer, 898, *je puis si mal (si*
peu) me fier à la famille.
maleoit, *voir* maleït.

malmetre (*v. trans.*), 1115, 2296, *mettre hors d'usage, briser*; (*v. intr.*), 1444, *tomber malade*; mal mis, 210, *hors de soi* (?).

maltagre, 4027 [*corr.* massacre], *boucherie.*

maltalent, 1175, mautalent, 2740, 3992, *colère.*

malvoillant : fu si ses malvoillanz, 2118, *il lui fut tellement hostile.*

mameletes, 2714, *petits seins.*

mamelle, 4384, *mamelon de l'homme.*

manandies, 846, *richesses.*

mananz (*cas suj. sing.*), 27, *riche*; riches —, 172, 1090, *homme riche et opulent.*

mandement, 2805, 2841, 4458, *corps de bâtiment.*

mange, 3027, *manche.*

mangier (*subst.*), 728, 926, *etc.*, mengier, 1644, 1645, *repas.*

mangon, 3792, *monnaie d'or.*

mangonel, *cas rég. plur.* ma[n]goniaus, 3836, *machine à lancer des pierres.*

manoir, *3ᵉ p. sing. ind. prés.* maint, 3186, 3519, 4636, *demeurer.*

manré, 3710, *voir* mener *et l'Errata.*

mar, 2662, 3615, 4355, 4374, 4381, 4395, *malheureusement, pour son malheur :* — i fust la meslée, 2525, *l'issue du combat eût été malheureuse;* — lor est encontré, 2550, *ils n'ont pas eu de chance;* — fut vostre jovente, 3877, *votre jeunesse ne fut pas heureuse;* tant — i fustes, 3831, *quel malheur que vous y ayez été !;* (*suivi du futur*) : ja — en parlerez, 1592, 1728, *inutile d'en parler;* ja — en doterez, 1662, *inutile de rien craindre;* — i querroit ester, 1792, *inutile de chercher à s'y tenir debout;* ja por la ra[a]nçon —i queront ostage, 4333, *inutile de chercher des otages pour la rançon* (*les prisonniers auront été massacrés*); — vos esmaierez, 2029, *inutile de vous inquiéter;* ja por lor dos bien batre — iront a Soissons, 3313, *inutile d'aller à Soissons pour avoir le dos bien battu;* — i seront trové, 1770, 1785, *ils y seront trouvés pour leur malheur.*

marbrin, *voir* mauberin.

marc, *cas rég. plur.* mars, 3710, 3793, *marc* (*unité de poids*); 3949, *monnaie.*

marchis, 1447, 4200, *marquis.*

mari, marri, 794, *en colère;* 1126, 1548, *peiné.*

marien, *voir* mairien.

marine, 3726, *rivage de la mer.*

marrement, 176, *douleur, affliction.*

marri, *voir* mari.

marsis, 3933, *massif.*

martire : livrer a —, 458, *faire supplicier.*

*massacre [ms. maltagre], 4027, *boucherie.*

matir, 774, *mater, abattre.*

maton, 3336, *lait caillé.*

mauberin, 1624, marbrin, 326, *de marbre.*

maubre, 1895, 3265, 3556, 3594, 3600, 3972, 4203, *marbre.*

maus, *voir* mal.

maufé, 3291, *diable.*

mautalent, *voir* maltalent.

mauvaise (*adj. pris subs-tantivt*), 410, 479, 737, 742, *femme qui a une vie déré-glée.*

mauvaistié, 813, *débauche.*

meine, 3924, *voir* mener.

meins, 3444, mains, 3412, 3415, 3435 (*à l'asson.*), *moins.*

melle (*fém.*), 2018, *merle.*

meller a, 4003, *brouiller* [*qqn*] *avec.*

membré : chiere — e, 4107, *visage intelligent.*

membrer (*v. impers.*), 2645, 2771, *etc., souvenir.*

mener, *3e p. sing. ind. prés.* maine, 344, 831, meine, 3924, moine, 1869, *3e p. plur.* moinent, 1680, *fut. 1e p. sing.* mainrai, 4452, *2e p. plur.* menrez, 1536, 1560, 3710 [*ms.* manres] (*cf. l'*Errata); — joie, 80, 1685, *etc., —* son duel, 344, *se livrer à la joie, à sa dou-leur;* 498, *malmenre, maltrai-ter;* — parole, 644, *prononcer une parole;* — guigue et rote, 4759, *jouer de ces instruments.*

mengier, *voir* mangier.

menor, 978, *plus petit, plus jeune.*

mentir sa foi, 2747, *être infi-dèle à la parole donnée.*

m[e]olle, 4362, *moëlle épinière.*

merchié : c'est granz — z, 382, *c'est un marché avantageux.*

merci, 396, 747, *etc., grâce, pitié;* crier —, 3905, *deman-der grâce;* avoir —, 3892, 4227, *avoir pitié.*

mercïer, 3719, 3961, *remercier.*

merir, 2684, 4212, *3e p. sing.*

subj. prés. mire, 3716, *payer* [*qq ch. à qqn*].

merite (*fém.*), 3030, *récompense.*

merveille, mervoille, 195, 432, 442, *etc., chose surprenante;* a molt grant —, 684, *il est très surprenant;* a grant —, 2337, *de façon surprenante;* avoir —, 894, *être surpris, émerveillé.*

merveillier, mervoillier (se), 2564, 3815, 3978, 4488, *s'émerveiller, s'étonner.*

1. mès, 1262, 1810, 2446, 3150, *voir* mais.

2. mès, 3268, 3569, 4550, *plats, mets.*

3. mès, 1570, 1573, *etc., messa-ger.*

mesage, *voir* message.

meschine, 444, 558, *etc., jeune fille.*

meschoisir, 796, 2708, *ne pas reconnaître, méconnaître.*

mescongnoistre, *p.pa.* mesque-neü, 1049, *méconnaître.*

mescreü, 2244, *sans foi.*

mesestance, 3563, 3875, *cha-grin, peine.*

mesfere, 737, 2198, *faire du tort à.*

meslé : barbe — e, 4170, *grise.*

mesnie, maisnie, 1620, 2594, *etc., ensemble des serviteurs;* 2374, 3899, *etc., suite* [*de chevaliers*]; 3846, 4172, *etc., troupe, suite armée.*

mesprendre (*v. intr.*), 4239, 4249, *commettre une faute;* se —, 824, *même sens.*

*mespresure, 2751, *faute, acte qui prête au blâme.*

mesprison, 4033, *injustice, mauvais traitement.*

mesqueneü, *voir* mescongnoistre.

message, 3o6, *etc.*, mesage, 43o1, messaige, 1744, *etc.*, *messager.*

mestier, 2758, *office religieux* ; 1475, *dignité, office* (?); estre —, 396, 3285, 3497, *être nécessaire* ; avoir —, 419, 666, *etc.*, *avoir besoin de* ; avoir — a, 3212, *rendre service à, être utile à.*

mesure, 462, 464, 2424, *droit, justice.*

metre, *3ᵉ p. plur. pf.* mistrent, 1570, 1943 ; — ens, 342o, *faire entrer* ; ou repairier sont mis, 2184, *ils se mirent en route pour revenir* ; se — en, 727, 2222, *entrer dans* ; mal mis, — en pris, — a raison, *voir* malmetre, pris, raison.

mi, 233, 246, 3596, *milieu* ; en — (*prép.*), 233, *etc.*, enmi, 797, *au milieu de* ; par — (*adv.*), 2487, 3934, *par le milieu* ; par —, (*prép.*), 771, *etc.*, *au milieu de* ; 3722, *au travers de* ; 2520, 4335, *par.*

mieldres, *voir* millor.

mielz, miex : le mielz, 3846, le miex, 388o, 4329, *la meilleure partie.*

miex, *voir* mielz.

millor, 665, 666, 1617, *etc.*, *meilleur ; cas suj. sing.* mieldres, 532, *plus grand, plus fort.*

mi[r]able, 1638, *2o5o [ms.* amirable], *admirable.*

mire, *voir* merir.

mistrent, *voir* metre.

moié, 31o8, 3531, *arrivé à la moitié (en parlant d'un mois, d'un jour).*

moillier, 29, 1o24, *etc., épouse.*

moinent, *voir* mener.

moitoier, 3188, 3219, *métayer.*

molt, 11, *etc., beaucoup, très.*

molu, 1o45, *émoulu, aiguisé.*

moneé, 1651, 1663, 1839, *monnayé.*

monstrer, *voir* mostrer.

1. mont : en .j. —, 33o1, 3861, *en un tas.*

2. mont, 142, 153, *etc., monde.*

monte, 2275, *nombre* ; 3797, *prix.*

monteniere |ms. montemere], 2970 *mule de montagne* (?).

monter (*v. trans.*), 2972, *mettre en selle* ; (*absolt*) 35o, 2336, *etc., monter à cheval.*

morir, *1ᵉ p. sing. ind. pr.* muir [*ms.* mor], 2726 (*cf. l'*Errata), *1ᵉ p. plur. cond.* morrïens, 1275, *3ᵉ p. sing. subj. prés.* muire, 12o3, *mourir* ; avoir mort, 12o8, 3376, *etc., avoir tué.*

mortel : le traïtor — 653, *le traître cruel.*

mostier, 436, 445, *etc.*, moustier, 2557, *etc., église.*

mostrer, 45, 995, *etc., montrer* ; monstrer, 419, *démontrer, prouver.*

moustier, *voir* mostier.

movoir (*v. trans.*) : — plait, 1o15, 1o31, — guerre, 2963, *commencer une querelle, une guerre* ; (*v. intr.*), 1559, 1569, *etc., se mettre en route, partir.*

mucier (se), *p. pa. fém. sing.* mucie, 12o6, 2911, *se cacher.*

muele, 251, *meule [de moulin].*

muer, 2536, 2564, *etc., changer* ; se —, 2686, *changer de position, se tourner.*

muire, *voir* morir.

mul, 322, 355, *etc.*, mur, 2972, *mulet.*

murtrir, 941, 1141, 2653, *assassiner.*

musart, 3248, 3375, *sot, étourdi.*

musié : pain —, 3269 (?).

nasel, 2520, 2539, 2631, 3005, 3871, 3941, *partie du heaume qui protège le neẓ.*

natural, *voir* naturel.

nature, 459, *caractère inné.*

naturel, 1757, 1784, *etc.*, natural (*à l'asson.*), 3377, *de naissance.*

navrer, 1053, 1055, *etc.*, *blesser grièvement.*

neant, *voir* nïent.

neelé, 1773, *émaillé (épithète de* pom).

nef, 1595, 1978, *cas rég. plur.* nés, 3713, *navire.*

nen, 2840, 2895, 3444, *non.*

nes, 3706, nis, 704, *même.*

nïent, neant, 19, 29, noiant, 2116, *etc.*, *rien* ; ne... —, 127, 173, *etc.*, *ne... pas* ; de —, 1525, 1528, 3144, *en rien, pour rien* ; por —, 1371, *pour rien, en vain* ; por droit —, 1391, *vraiment pour rien* ; — fust del rescorre, 4866, *impossible de le sauver.*

niés, niez (*cas suj. sing.*) 1484, 1491, *etc.*, *neveu* ; 1010, 1858, *etc.*, *petit-fils.*

nis, *voir* nes.

nobile, 831, 1503, *etc.*, *noble.*

nobilité, 32, *noblesse d'âme.*

noiant, *voir* nïent.

noier, 1508, *nier.*

noise, 211, 2788, *bruit, tumulte.*

noncier, 1520, 1606, *etc.*, *annoncer, dire.*

norrir, 530, 872, *etc.*, *élever.*

noter, 2787, *jouer d'un instrument.*

noves (*subst. plur.*), 4463, *nouvelles.*

nuns (*adj.*), 7, 1203 ; (*pron.*), 3597, *aucun.*

o, 51, 171, *etc.*, *avec* ; ensemble —, 2351, 2426, 3623, *même sens* ; 845, 930, *cheẓ, auprès* (*avec mouv.*).

oan, 841, 4115, *cette année.*

obli : metre en —, 1498, *oublier.*

ocire, 159, 216, *etc.*, *tuer.*

oès : a — Landri, 3894, *au secours de Landri.*

oir, 2957, *héritier.*

oïr, *entendre* : *ind. prés. 1ᵉ pers. sing.* oi, 841, *3ᵉ p. sing.* ot, 170, *etc.*, *3ᵉ p. plur.* oient, 1330 ; *impér. 2ᵉ p. plur.* oez, 1, 179, oiez, 932, *etc.*, oiés, 1779 ; *fut. 2ᵉ p. sing.*, orras, 3608, *3ᵉ p.*, orra, 202, *etc.*, ora, 4215 ; *1ᵉ p. plur.* orrons, 825, *etc.*, *2ᵉ p. plur.* orrez, 10, 1497, *etc.* ; *condit. 2ᵉ p. plur.* orriez, 3524 ; *parf. 3ᵉ p. sing.* oï, 344, *etc.*, *1ᵉ p. plur.* oïmes, 4582 : *3ᵉ p. plur.* oïrent, 822 ; *subj. prés. 3ᵉ p. sing.* oïe, 1590 ; *impf. 2ᵉ p. plur.* oïssiez, 3612, *etc.* ; *p. prés.* oiant 4326 ; *p. pa.* oi, 1209, *etc.*

oire, 1377 [*ms.* or], *voyage.*

olifant, 2915, 3839, 3934, *ivoire.*

onor, *voir* honor.

or, 1025, *etc.*, ore, 869, ores,

422, 695, *etc.*, *maintenant*;
dès —, 854, 869, 965, 1457,
dès maintenant ; — endroit.
4011. orendroit, 375, *dans ce
moment même*; ores de l'esploitier, 3492, *il est temps
d'agir*; *agissons*.
ordené, 4076, *qui a reçu les
ordres sacrés*.
ordre (*subst. fém.*), *catégorie* :
de male —, 964; de pute —,
3646.
1. ore (*subst. fém.*), *heure* : en
petit d' —, 842, en po d' —,
1081, 2141, *en peu de temps*.
2. ore (*subst. fém.*), 4256,
vent.
3. ore, *voir* or.
oré (*subst. masc.*), 1583, 1596,
1779, *vent*.
orendroit, *voir* or.
orer, 1704, 4101, *prier*.
ores, *voir* or.
orguel, 4381, *entreprise auda-
cieuse, téméraire*; par —,
3766, *témérairement*.
orguillos 497, orguilox, 4394,
violent.
oriflambe, 3857, *oriflamme,
gonfanon*.
orine, 4623, *origine, race*.
oriol, 2018, *loriot*.
orison, 4288, *prière*.
ormier, 2475, 2483, *or fin*.
orrez, *voir* oïr.
ors, 3260, 3404, *ours*.
ost, 2345, 2384, *etc.*, *cas suj.
sing.* oz, 3690, *armée*.
1. ostage, 3592, *logement, gîte*.
2. ostage, 2690, 2880, *garantie
donnée en raison d'un futur
mariage*.
ostagier (*v. trans.*), 3070, *prendre en otage*.

oste, 2473 (?).
ostel, 514, *etc.*, *demeure* ; faire
bel — (*à qq.*), 3333, *servir un
bon repas*.
osteler (s'), 4479, *se loger*.
oster, 3373, 3981, *arracher des
mains*.
*osterin [ms. estour], 3495,
étoffe teinte en pourpre (sens
donné par Godefroy ; plutôt
étoffe précieuse*).
ostor, 2184, *autour*.
ot, *voir* oïr.
otraigier (s'), 3166, *se surpas-
ser, dépasser la mesure*.
otrier, 268, *etc.*, otroier, 1483,
ottrier, 4525, *etc.*, *accorder*;
610, *etc.* *approuver*.
1. ou (*conj. de temps*), 987, 2441,
2675, 3213, 3321, 3536, *au
moment où*; 1871, — que,
796, 805, *etc.*, *dès que*.
2. ou, 61, *etc.*, — *dans le*; 139,
etc., *sur le*.
outrage, 910, *excès, action injuste*; 3616, *conduite, parole
déraisonnable*.
outre : d' — nature, 2170, *contre nature*.
outrer, 2559, *traverser*.
ovré, 1964, ouvré, 3428, *fabriqué*.
oz, *voir* ost.

paiennie, 1239, 1271, *le pays
des païens*.
paier : — un cop, 3088, *porter
un coup*.
paile (*subst. masc.*), 561, 1617,
3620, *étoffe de soie*; 178, 180,
193, 210, *couverture de lit en
soie*; 2016, 2973, 3620, 4325,
robe en soie ; 1826, 2014, *couverture de cheval en soie*;

1993, *doublure de tente en soie.*

pais : aiez —, 617, 918, etc., *tenez-vous tranquille.*

paistre (*v. trans.*), *p. pa.* peü, 873, *nourrir.*

palais, 3116, 3121, *château d'un seigneur.*

palefroi, 106, 355, 446, *cheval de voyage.*

palis, 3185, paliz, 2272, *palissade.*

pan, 1994, 1996, *frange [d'une tente]* ; 3008, *basque [d'un haubert].*

par (*prép.*):—soi, 659, *de sa propre initiative* ; — non, 2569, *en son nom* ; — ses armes portant, 3, *en le servant de ses armes; marque le temps :*—matin, 1409, 1988, etc., — nuit, 3911, *au matin, de nuit; marque le lieu :* — destre, 269, *à droite* ; — ces tables, 3566, *à ces tables* ; — mi leu, 1052, 2494, — mileu de, 4367, *dans le milieu de* ;—sor, 1102, 1115, *par dessus; marque la quantité :* — pou que, 139, *peu s'en faut que; renforce le sens d'un verbe, d'un adjectif ou d'un adverbe,* 528, 755, etc.

parcreü, 872, 1347, *qui a terminé sa croissance, adulte.*

pardon, 129, *permission* ; em —, 101, en —, 1862, 2031, *en vain, en pure perte.*

parenté (*subst. masc.*), 718, 1830, 1922, 3695, *famille, parentage.*

parfondement, 2569, *profondément.*

parfont (*adj.*), 4026, *fém.* parfonde, 2546, 3037, *pro-*

fond ; en —, 3470, *tout au fond.*

parjuré, perjurez (*cas suj. sing.*) : toz en es perjurez, 374, *tu en es tout parjure* ; sont tuit mi —, 687, *sont tous parjures envers moi* ; dont sommes —, 1734, *envers qui nous sommes parjures.*

parler, 63, etc., *3e p. sing. ind. prés.* parole, 3624, etc., *parler.*

parmain, 3430, *variété de poire.*

parmi, *voir* mi.

1. parole (*subst. fém.*),855,1258, *discours;* tenir —, 2172, *discuter;* n'i avra ja —, 3640, *il n'en sera plus question* ; 70, 2320, *bruit, chose qui se répète* ; par —, 4262, *verbalement.*

2. parole (*v. intr.*), *voir* parler.

part : avoir — a, 3369, *s'intéresser à;* ja Damedieus n'en ait en m'arme — si..., 1008, *que Dieu ne reçoive pas mon âme si...;* cele —, 792, 804, etc., *à cet endroit;* d'ambe —, 2389, *des deux côtés;* quel —, 1913, *où.*

partir (*v. trans.*) :—un jeu, 377, *laisser le choix entre deux partis;* 2561, 2650, *séparer* ; (*v. intr.*), 468, 1863, *se séparer de;* — a, 2766, *prendre sa part de* ; se — de, 2265, 2732, etc., *s'en aller de;* s'en —, 3574, *s'en aller.*

Pasque florie, 2665, *dimanche des Rameaux.*

passer, 4255, *traverser;* 4228, 4273, *transgresser, être infidèle à;* 3366, *disparaître;* passé, 3017, 4187, *battu, déconfit.*

pastorel, *cas rég. plur.* pastoriaus, 3345, 3349, *jeune pâtre*.

paumier, 3346, 3351, *etc., pèlerin*.

paumïer (*v. trans.*), 2976, *manier*.

pautas, 4026, *boue*.

pautonier, 925, *valet*; 1679, 3165, 3247, *coquin, gredin*.

pavement, 285, 1077, *dallage*.

pechié : dire —, 3752, *dire une chose injuste*; faire son —, 459, *commettre le péché de la chair*; a tort et a —, 2248, *illégalement et méchamment*.

peçoier, 1102 [*var.* perçoie], 1115, *etc.. mettre en pièces*.

pel, *cas rég. plur.* pés, 3185, *pieu*.

pelé, 4110, *dont on a enlevé l'écorce*.

peliçon, 26, 779, 800, 1359, 2137, 2253, 2261, 3356, 3439, 4015, *manteau de fourrure*.

pendant (*subst. masc.*), 3964, *pente d'un coteau*.

pendre, *voir* prendre.

peneant, 138, *pénitent*.

pener, 2542, 3690, *etc., maltraiter*; 117, 424, *etc., supplicier*; pené, 1627, 2039, *etc.. fatigué, épuisé*; se — d'une besoingne, 1531, *s'occuper d'une affaire*.

penra, penrai, penre, *voir* prendre.

penser (*subst.*), 2024, *pensée*.

per (*subst. masc. et fém.*) : pers de Loereigne, 1243, de La Roche, 2558, 2583, *chevaliers de Lorraine, de La Roche*; a moillier et a —, 4516, *comme épouse et comme compagne*.

perche, 2976, 3006, *bâton*.

perçoivre, *p. pa. fém.*, perçeüe, 586, *apercevoir*.

perde, *1307, 2491, 4322, perte*.

perdre : por les membres perdant, 278, *dût-il perdre les membres*; estre des membres perdant, 2129, *mutilé*.

*peree, 3932 [*ms.* perieres], *charge de pierres lancée par une machine de guerre*.

periere, 3835, 3927, *machine à lancer des pierres* (*cf.* peree).

perir, 554, *mourir*; *p. pa. fém.* pe[r]ie, 4607, *brisée d'émotion*.

perjurez, *voir* parjuré.

peron, *voir* perron.

perrin, 833, 3025, 3047, *construit en pierre*.

perron, peron, 1389, 3200, *etc.*, — de degré, 1699, *perron*; 3933, *grosse pierre lancée par une machine*.

pés, *voir* pel.

peser, *3ᵉ p. sing. ind. prés.* poise, 965, *etc.*, *3ᵉ p. sing. subj. prés.* poi[s]t, 616; (*impersonnellement*), 365, 580, *etc., être un sujet de préoccupation, d'ennui, de chagrin*.

pesme, 2360, *terrible*.

petit (*adv.*), 726, 767, *etc., peu*; en molt — d'eure, 1820, *dans très peu de temps*; un —, 3619, 4523, *un peu*; 734, *un petit moment*.

peü, *voir* paistre.

peüssiez, *voir* pooir.

piaus (*cas rég. plur.*), 1359, *peaux, fourrures*.

picois, 1578, 1950, *pointe [d'un bâton]*.

pié en piez, 1021, *debout*; plain —, 520, 744, demi —, 1974, *un pied entier, un demi-pied* [*de terre*].

pieça, 891, 2420, *depuis long-temps*; — que, 204, 567, *etc.*, *il y a longtemps que*.

piece : une —, 1953, 3527, *pendant quelque temps*; une grant —, 2187, 3512, *pendant longtemps*.

pïeur, 738, *cas rég. de* pire.

pile[r], 1206, *pilier d'église*; *cf.* l'Errata.

piment, 169, 2105, 3989, 4497, *boisson préparée avec du vin, du miel et des épices*.

pis, 4181, 4384, *poitrine*.

pité, 682, *pitié*; pitié, 4208, *regret*.

place, *voir* plaire.

plaidier, 1513, 2439, *parler, discuter*.

plaier, 2432, 2543, *etc.*, *blesser*.

plaignier, *voir* plenier.

1. plain (*subst.*), *cas rég. plur.* plains, 352, 2848, *plaine*.

2. plain, plein (*adj.*) : de plainne · Monpeillier, 864, *du milieu de Montpellier;* toute plaine sa lance, 1105, 1118, 2299, 2507, *de toute la longueur de sa lance*; (*loc. adv.*), a plein, 3392, a un —, 3424, *complète-ment*; de —, 3396, *entièrement*.

plainier, plainnier, *voir* plenier.

plain[t] (*subst. masc.*), 3402, *gémissement*.

plaire, *3e p. sing. subj. prés.*, place, 982, 3240, *etc.*, place, 3678 (*cf.* l'Errata), *plaire*.

plaisir : dire tot son —, 765, *dire tout ce qui plait*.

plaissié, 3184, *domaine entouré d'une palissade*.

plait, 618, 622, 665, 1152, 1868, *convention, accord*; 906, *dis-cours*; 1015, 1031, *contesta-tion, querelle*; (*au plur.*) plaiz, 20, *cour de justice*.

planchié, 2839, planchier, 3265, 3549, 3556, *salle planchéiée, située à l'étage supérieur*.

planté, *voir* plenté.

plein, *voir* plain.

plenier, 1481, plaignier, 4072, 4080, plainnier 3066, *grand* (*épithète de* palais), 3201 (*épithète de* chasne); — de, 3268, *abondant en*.

plenté, planté, 3399, *abon-dance*; (*loc. adv.*) a —, 1899, 2106, 4186, 4562; a — et a noces, 3628.

pleuge, 3392, *pluie*.

plevir, 1153, 1456, *etc.*, *assu-rer, jurer*; fame —, 663, 2688, *lier à soi une femme par serment*; *p. pa.* plevis, 3187, *lié par allégeance*.

ploi, 3768. p[l]ois, 2253, 2261, *pli*.

plus : — tost qu'il onques pot, 1027, 1070, 1133, *au plus vite*; c'est li — et li mains, 3415, *c'est ma conclusion*.

po, poi, pou, peu, *peu* : .j. seul —, 1342, *un petit moment*; a — ne, 136, 186, *etc.*, a — que 1223, a — que ... ne, 1313, 1842, *etc.*, par — que, 139, 1354, por — que, 1032, *peu s'en faut que*.

pocinet, 3284, 3334, *poussin, petit poulet*.

poeste (*à l'asson.*), 2377, *puis-sance* (*cf.* poesté).

poesté, 3708 (*à l'asson.*), *comme* poeste.

poi ranier, 3087 [*corr.* bois ramier (?)].

poi, *voir* po.

poigneor 1433, *combattant.*

poil (*cas suj. sing.*). *cas rég.
plur.*, po̧s, 234, 247, 2253,
2361, *poil*; 926, *chevelure.*

1. poindre, 3666, 3705, *etc.*,
éperonner.

2. poindre, *peindre* : *p. pa. fém.*
pointe, 1995.

poine, 590, 2684, *etc.*, *peine,
labeur.*

poing, 2465, 3084, *poignée de
l'épée;* (*plur.*) poinz, 2568, *poi-
gnet, extrémité de la manche.*

point, *un peu* : sanz — de fauseté, 85 ; sans — de delaier,
2764.

pointe, *voir* poindre.

poinz, *voir* poing.

pois, *voir* poil.

poise, poist, *voir* peser.

poïst, *voir* pooir.

*pom [*ms.* poi], 1773, *pom-
meau d'épée.*

pommel, *cas rég. pl.* pommeaus, 3963, *boules posées
sur l'extrémité des piquets de
tente.*

ponnée, *voir* posnee.

pooir (*v. intr.*), *pouvoir* : *ind.
prés. 1e p. plur.* poomes,
1755, 1768, *2e p. plur.* poez,
1152, 1338; *pf. 1e p. sing.*
pou, 3093; *3e p. sing.* pot,
1037, 1070, *etc.*, *3e p. plur.*
porent, 1133; *subj. impf. 3e
p. sing.* poïst, 958, *2e p. plur.*
peüssiez, 2352 ; s'il poïst
estre, 958, *s'il eût été possible.*

por, pour (*prép.*), 589, 832, *etc.*,
à cause de; alons en — vo
mere, 3676, *vers votre mère;*

— ce que, 46, 1640, *parce
que*, 1361, *pour que*; — tant,
31, *pour cela*; 1056, *cependant*; (*avec le gérondif*) — les
membres perdant, 278, *dût-il!
perdre les membres*; (*avec
l'inf.*) — les membres coper,
416, *dût-elle avoir les membres coupés.*

porchacier, 3357, 3586, *procurer.*

pormener, 3433, *promener.*

pormont, 4027, 4372, *poumon.*

poroffrir (se), 415, *s'offrir volontiers.*

porpanser, 4381, *imaginer.*

porprendre : — son ostel, 2925,
prendre gite, loger.

porprin, 1112, 2294, *de couleur
pourpre.*

porquerre, 541, *rechercher,
poursuivre*; 3481, *fournir*;
se —, 521, 546, 2148, 3916,
s'efforcer de.

port, 2269, 3919, 4144, *passage* [*dans les montagnes*].

porter : portant, 1276, *portant
des fruits* (?) ; jusqu'as armes
portant, 286, 1002, 1063, *jusqu'à l'âge de porter les armes*;
par ses armes portant, 3, *en
le servant de ses armes.*

posnée [*ms.* ponnée], 4124, *orgueil, arrogance.*

postis, 3631, 3850, 3845, *poterne.*

pot, *voir* pooir.

1. pou, *voir* po.

2. pou, 3093, *voir* pooir.

pour, *voir* por.

prael, 1990, *pelouse.*

praer, *voir* preer.

prée, 2522, 2530, *etc.*, *prairie.*

preer, 35, praer, 4169, *piller.*

premerain, primerain, 554,

3569, *premier*; mi ami charnel —, 467, *mes plus proches parents*; — s (*adv.*), 2290, 2932, 4304, *en premier lieu*; quant nasqui —, 3442, *dès sa naissance*.

prendre, *ind. pf. 2ᵉ p. sing.* preïs, 3045, pr[es]is, 1024, *3° p. sing.* prist, 971, 1718, *etc., 3° p. plur.* prinrent, 3505, pristrent, 1696, 2278, *etc.; infin.* penre, 245, 253, *etc.; fut. 1ᵉ p. sing.* penrai, 1003, 1064, *3ᵉ p.* penra, 221; *subj. prés. 3ᵉ p. sing.* preigne, 1297; *impf. 3ᵉ p. sing.* presist, 278, preïst, 1482, 2867; 971, 2887, *etc., épouser*; — a, 63, 548, *etc., commencer à*; l'en prist a, 2022, *même sens*; se — a, 1414, 2627, 3887, *s'attacher, s'accrocher à*; — compaignie, 3735, *rencontrer*; — fin, 4414, *faire halte*; — les juïses, 267, 272, *accepter l'offre de se soumettre au jugement de Dieu*; — justice, 221, *faire justice*; l'en prist pitié, 2826, 2936, 3255, *cui pitié n'en preïst*, 2867, *il en eut, qui n'en eût pitié*; — prové, 134, 421, *prendre sur le fait*; — ses sodoiers, 2947, *lever ses soudoyers*; — trives, 1164, 1190, 2142, *conclure une trève*; — une venjance, 2692, *arrêter un projet de vengeance*.

presant : em — de, 788, *prêt à*; metre en —, 3147, *amener*.

presenter, 4577, *offrir*; presentent [*ms.* prenent], 2340 (?).

presse, 669 *etc., foule, multi-*

tude; fait la — coper, 673, *se fraie un chemin au milieu de la foule*.

preu, *voir* pro 2.

prevoigner, 3196, *provigner*.

prevoire (*cas rég. sing.*), 3943, *prêtre*.

prevost, 3226, *agent d'un seigneur*.

prime : demoine —, 2223, *domaine principal (peut-être à corr. en privé; cf. v.* 2225); 1261, 2395, *heure canonique, six heures du matin*; — s (*adv.*), 3181, 4003, *pour la première fois*.

primerain, *voir* premerain.

primes, *voir* prime.

princier (*cas suj. plur.*), 1190, *princes, nobles*.

principel, 4549, *princier (épithète de* palais).

1. pris, *prix*: de —, 1157, 2274, 2277, 2283; de si haut —, 1131; metre en — 3924, *évaluer, estimer*.

2. pris (*p. pa. de* prendre *pris substantivt*), 2918, *butin*.

prisier, proisier, 1502, 2418, 2421, *etc., estimer à un prix élevé, louer*; prisié, 924, 3362, *dont on fait grand cas*.

prison, 2318, 3998, *prisonnier*.

pristrent, *voir* prendre.

privé, 1620, *familier*; — demoine, 2225, *domaine propre* (cf. prime); (*subst.*), 83, 1891, 3679, *ami intime*; a —, 1544, *en secret*.

1. pro (*subst.*), *cas suj. sing.* proz, 3228, *profit, gain*.

2. pro, 1593, preu 40 [*ms.* prou] (*adj. des 2 genres*), *cas suj. sing.* pros, 2292, 2946, prouz,

3624, proz, 348, 369, 602, 1274, etc., *sage, vaillant.*

prodome, *cas suj. sing.* prodons, preudom, 1640, 2847, etc., *homme de valeur.*

proesce, 2667, *vaillance.*

proie, 2430, 2981, *etc., butin.*

proier, 2826, 3390, *supplier* [*qqn*]; 3242, *demander à Dieu par la prière;* prierez vo pere sauveté, 2739, *demanderez à votre père la vie sauve;* 3164, *aller prier sur le tombeau d'un saint, faire un pélerinage.*

proisier, *voir* prisier.

pros, prouz, *voir* pro 2.

prover : estre prové, 235, 237, 248, 586, *être convaincu* [*d'un délit*]; prové d'oïr et de veant, 261, *provée d'oïr et de veoir,* 369, 752, 1437, *convaincue par des témoins qui ont vu et entendu;* prendre prové, *voir* prendre.

Proverbes, locutions proverbiales : 204, 426, 427, 567, 610, 835, 871, 1023, 3132, 3169, 3397, 3501, 3617, 3777.

proz, *voir* pro 1 et 2.

pucele, 444, *etc., jeune fille.*

pui, 324, 2269, *etc., mont arrondi.*

puis (*prép.*), 259, 386, *après;* — que (*conj.*), 3169, 3686, 4118, *après que.*

pupler de, 4175, *couvrir de.*

put (*adj. masc.*), 1130, *mauvais;* (*au fém.*) pute, 347, 581, 2171, *etc., de mauvaise vie;* (*subst. fém. sing.*), *cas rég.* putain, 2201, 4335, *etc., femme de mauvaise vie.*

putage, putaige, 340, 1168, *etc.,* *conduite déréglée* [*d'une femme*], 770 [*d'un homme*]; 373, *action déshonnête.*

putain, pute, *voir* put.

puterie, 813, *vie de putain.*

quanque, 713, 888, *etc., tout ce que, autant que.*

quant (*adj.*) : ne sai quant, 3977, *ne sais combien;* (*adv.*), 132, 596, *etc., autant que;* 1349, 3259, *puisque.*

quarole, 4258, *danse.*

quart, 62, 1122, *quatrième.*

que (*pron. rel. sujet*), 1415; que que 2725, *quoi que;* (*conj.*) 803, 989, 1121, *etc., si bien que;* 944, *tant que;* (*suivi du subj.*) 1212, 2741, *pour que, afin que;* 689, *jusqu'à ce que;* (*interrog.*) 1082, 2724, 2864, *pourquoi?*

quel que, 2725, *quoi que.*

quelor, 3788, *couleur* (*cf.* mon branc de color, *Moniage Guillaume,* 2ᵉ réd., v. 3257).

quenoissable, *voir* congnissable.

querre, 477, 896, *etc., chercher, rechercher;* — que, 1365, *faire en sorte que;* 1554, 3326, 3478, *aller vénérer en pélerinage;* — les trives, 2144, *chercher à conclure des trêves.*

queut, *voir* coillir.

qui : cui... cui... 56, *à un tel...* *à tel autre;* (*suivi d'une phrase exclamative*), — or avroit Doon ceste tere tolue, 2175, *heureux celui qui aurait enlevé cette terre à Doon;* (*suivi du subj.*) — muere ne — vive, 839, *qui soit vivant ou mort* (*présent ou passé*);

— que chant ne — lait, 730, *quel que soit celui qui chante ou non* ; — que plort ne — chant, 2135, *qu'impoi te qu'on en pleure ou qu'on en chante.*

quintaine, 4502, *armure, montée sur un poteau, contre laquelle s'exerçaient les jeunes « bacheliers ».*

quite, quitte, 1244, *af'ranchi de tout service féodal* ; avoir —, 2223, 2663, *posséder librement* ; clamer —, 564, 607, 3035, 3135, *déclarer [une chose] libre de servitude* ; tenir —, 551, 2950, 2994, *tenir libre de servitude.*

racorder, 2202, *réconcilier.*

rafichier, 2411, *reprendre [un récit] où un autre l'a laissé, le compléter.*

raier, 3514, *rayonner* ; 2458, 2480, 3007, *couler, ruisseler.*

raies, 1365, *voir* ravoir.

rainme, *voir* ramer.

raison : baissiez vostre —, 137, 4008, *prenez-le sur un ton moins haut* ; metre a —, 805, 1133, *etc., adresser la parole* ; chargier sa —, 4075, *confier sa cause.*

raler, 55, 504, *etc., aller de son côté, s'en aller.*

ramé, 3836, *fait de branchages.*

ramée, 3833, *abri fait de branchages.*

ramener, *fut.* 1ᵉ *p. sing.* ramenrai, 2412 ; *subj. prés.* 3ᵉ *p. sing.* rameint, 1589, 1652, ramaint, 3408, 3409, 3418, *ramener.*

ramentevoir, 2234, *rappeler, faire souvenir.*

ramer : qui ne le rainme mie, 1221, *qui, elle aussi, ne l'aime pas.*

* ramier [*ms.* ranier], 3087, *de branche d'arbi e* (?) ; *cf.* poi.

rapligier, 2147, *cautionner, garantir.*

rateindre, 2389, *prendre, saisir par surprise.*

ratendre, 1277, 2799, *etc., attendre de son côté.*

ravoir : que raies ton droit, 1365, *que tu rentres en possession de ce qui t'appartient.*

realme, 2500, *royaume.*

recez [*ms.* reces] (*cas rég. plur.*), 58, *lieu fortifié.*

reclamer, 1ᵉ *p. sing. ind. prés.* reclain, 3407 ; 1211, 1225, *etc., invoquer* ; 3407, *demander en suppliant.*

recoillir la proie, 2981, *s'emparer du butin.*

reçoivre, 1315 (*au milieu d'asson. en* è... e), *recevoir* ; *fut.* recevra, 1219 [*faute pour* restera (?)].

reconoistre, 3102, *faire hommage.*

recorder, 4566, *rappeler, raconter.*

recovrer, 1956, *se procurer, trouver* ; 1058, *frapper un second coup.*

recovrier, 3169, *guérison, salut.*

recreant, 380, 774, *qui s'avoue vaincu* ; de pechiez —, 248, *qui avoue son péché, son délit* ; 271, *lâche, misérable.*

recuerre, 703, *recueillir.*

reenconu, 145, *rançon.*

regeter, 2274, *curer.*

regne, 104, 105, *etc.*, regné, 315, 1522, *etc.*, reigne, 1401, 2496, 4005, roigne, 3150, *royaume*; 627, 2235, 2250, *fief, domaine.*

regne, reigne, 325, 3014, *etc.*, *rêne;* n'i ot — tirée, 325, n'i ot — tenue, 574, *sans ralentir, sans arrêt.*

relancier, 3800, *attaquer de nouveau avec la lance.*

relenquir, 3912, *abandonner, renier.*

remander, 2377, *convoquer de nouveau.*

remanoir, *ind. prés.* 2ᵉ *p. sing.* remains, 1351, *3ᵉ p. sing.* remaint, 3899, *3ᵉ p. plur.* remainent, 441; *fut. 1ᵉ p. sing.* remaindrai, 1289, 1295, remandrai, 1240, remanrai, 1284, *1ᵉ p. plur.* remanrons, 217; *parf. 3ᵉ p. sing.* remest, 1902, 3340, *3ᵉ p. plur.* remestrent, 2523, 3127, 4161; *p. pa.* remés, 1933, 2555, *etc.*; 441, 861, *etc.*, *rester, demeurer;* — a, 263, *rester chez;* 921, 2260, *ne pas se faire, ne pas avoir lieu;* 1853, 1867, *cesser;* remés est nos mangiers, 3287, *notre dîner en restera là.*

remembrer, 2639, 2658, 3176, *souvenir;* 4235, *rappeler (à qqn).*

remener, 2542, 3811, *amener.*

remes, remese, remest, remestrent, *voir* remanoir.

remonter (*v. intr.*), 1599, *se remettre en selle;* (*v. trans.*), 2371, *remettre en selle.*

remuer, 685, *éloigner;* se —, 456, 578, *se porter, s'avancer vers qqn.*

rendre, 1661, 2793, 3950, *donner;* — pris, 380, *faire prisonnier;* 3946, *mener prisonnier;* si li rendrai Tomile, 3680, *même sens.*

renoveler : li afaire Landri com fu renouvelez ! 4513, *comme la situation de Landri a pris un nouvel aspect!*

repairier, 204, 510, *etc.*, *retourner chez soi, revenir;* 2395, *tourner bride;* — a, 3862, *s'avancer vers;* se —, 517, 2374, *etc.*, *retourner;* s'en —, 1674, 2314, *etc.*, *s'en revenir.*

reparler, 1004, *répliquer.*

repost, *p. pa. de* repondre, 1206, *caché.*

reprendre, 361, 364, 386, *surprendre;* 1412, *reprendre de la vigueur (se dit d'un arbre au printemps).*

reprover, 700, 719, 2892, *reprocher.*

requerre, 933, 3261, *demander, réclamer;* 4605, *supplier* [qqn]; — [qqn] de merci, 4079, *demander grâce à qqn;* 585, 1524, 3509, *aller vénérer* [un saint], *en faisant un pèlerinage;* 2834, *faire venir;* 2919, *attaquer.*

requoi : en —, 358, 625, *en secret.*

resaillir, *ind. prés. 3ᵉ p. sing.* resaut, 3772, *3ᵒ p. plur.* resaillent, 2508, *se redresser.*

rescorre, 495, 4366, *secourir, aider;* 2984, *reprendre [du butin à l'ennemi];* se —, 985, *se dégager, se libérer d'une étreinte.*

rescrïer (*v. trans.*), 444, *crier;* (*v. intr.*), 1119, *crier de nouveau.*

1. resembler, 3537, *paraitre, sembler*.
2. resembler (se), 2176, *réunir ses forces*.

respouser, 4087, 4094, *épouser de nouveau*.

rester, *fut.* restera, 1219 (?); *voir* folie et reçoivre.

restoier, 2537, *rengainer*.

restre, 3152, 4547, *être [de son côté]*.

retenir, 1363, 1370, etc., *retenir à son service* ; 1892, *garder auprès de soi* ; — *leur terre*, 1018, *tenir en leur possession, défendre*.

reter, 340, 525, 2560, *accuser*.

revenir : — *avant*, 49, *se manifester, se découvrir*.

reverser, 284, *renverser*.

revestir, 2796, 3551, *vêtir d'habits neufs* ; 1028, *investir de nouveau*.

revoloir, *ind. pf. 3ᵉ p. sing.* revot, 3744, *vouloir de nouveau*.

riche, 408, 850, etc., *fort, puissant* ; 3721, 3952, *abondant*.

rien, 529, 538, etc., *chose* ; franche —, 439, *noble créature* ; — s (*adv.*), 3523, *quelque peu*.

ris, 341, 729-730, *rire*.

riviere, 868, *cours d'eau [ici bras de mer, l'Hellespont]* ; 3731, *bord [d'un vivier]* ; 2186, *4195 [ms. rivier], vallée où on chasse le gibier d'eau*.

rober, 4, 35, *piller* ; 1737, 1780, 2054, *dépouiller [qqn], de ce qu'il possède*.

roé, *orné de figures de roues* : paile —, 1826, 2014 ; targe roée, 3658.

roi, *mesure, disposition*, 614 ; *cf.* l'Errata.

roiamant 1172 (*et 28 var.*), *rédempteur*.

roide, *voir* roit.

roigne, *voir* regne.

roit, 2456, 4387, rois (*rég. plur.*) 2467, *fort, dur* ; *fém.* roide, 868, *rapide (épithète de* riviere).

rolleïs, 2273, *fortification*.

rompre, *p. pa.* rompus, 2478, *fém.* route, 2492 ; — *la presse*, 2785, *séparer la foule*.

roncin, 2160, 3711, 3959, *cheval de charge*.

1. rote, 4345, 4388, 4393, *troupe*.
2. rote, 717, 4559, *instrument de musique à cordes*.

roter, 858, 2107, *jouer de l'instrument appelé* rote.

route, *voir* rompre.

rover, *ind. prés. 1ᵉ pers. sing.* ru, 3407, ruis, 3261, *3ᵉ p. sing.* rueve, 659, *3ᵉ p. plur.* ruevent, 899, 2744 ; 39, 476, etc., *demander*.

rovuel, *voir* voruel.

ru, 703, *ruisseau*.

ru, rueve, ruevent, ruis, *voir* rover.

*ruiste [ms. rulle], 2853, *violent*.

sable, 1573, 1945, 2005, *zibeline*.

sablon, 3785, *sable*.

sachant, *voir* savoir.

sachier, 3056, *tirer, arracher* ; 3372 [ms. faich-], *retirer* ; 2509, *dégainer*.

saillir, 2136, 2292, etc., *sauter*.

sainglement, 2706, *simplement*.

saintisme, 147, *très saint*.

sale, 12, 989, *etc., grande salle
du palais.*

salt, *voir* sauver.

saluer : Pepin... vueil que me
saluez, 312, *je veux que vous
saluiȝ Pépin pour moi.*

salve, *voir* sauver.

samblant, *voir* semblant.

sambue, 2014, *couverture que
l'on met sous la selle.*

saoulé, 3684, *rassasié.*

sauf : sauve parole, 4272, *parole
fidèlement observée.*

saus (*adj.*), 3356, *salé.*

saut, *voir* sauver.

sautier, 1885, *psautier.*

sauver, *3ᵉ p. sing. subj. prés.*
salt, 4264, saut 1399, 1400,
1632, 3226, salve, 1634,
sauver.

sauveté, 2739, *sauvegarde.*

savoir, *ind. prés. 1ᵉ p. plur.*
savomes, 1923, 2047, *3ᵉ p.
plur.* sevent, 1207 ; *parf. 1ᵉ p.
sing.* soi, 3080, *3ᵉ p. sing.*
sot, 1214 ; *subj. impf. 1ᵉ p.
sing.* seüsse, 1467, *3ᵉ p. sing.*
seüst, 1486 ; 3173, *connaître ;*
— du, 3926, *se connaître en ;*
dou siecle sachanz, 1274, *connaissant le monde ; (inf. pris
substantivt)* 3747, *action sage,
prudente.*

se (*conj.*), *suivi du subj.,* 3993,
jusqu'au moment où ; — lui
non, 124, *sinon lui ;* — bien
non, 140, *sinon du bien.*

sebelin, 1576, 1948, *de ȝibeline.*

secheant, 1279, *se desséchant.*

secour[re], 2803, *secourir.*

seignier (*v. trans.*), 3482, 3494,
*bénir par le signe de la
croix.*

seignor, 2950, 2975, *etc., cas*

suj. sire, 2553, 2949, 3590,
3690, *mari.*

seignorie, 2994, *domaine ;* 2959,
4140, *autorité ;* 2397, *puis-
sance ;* 1477, 4500, *splendeur,
magnificence ;* 555, 2415,
2953, *valeur, importance so-
ciale ;* n'i atent —, 2359, *n'attend pas son seigneur pour
avancer.*

seignoril : *cas suj. sing.* seignoris, 333, signori[l] 3951,
qui appartient à un seigneur,
333, *digne d'un seigneur.*

sein, 4475, *cloche.*

seing [*masc.* soing], 3441, *tache
naturelle à la peau.*

seïr, 2934, 2937, *etc., s'asseoir,
être assis ; ind. prés. 3ᵉ p. sing.*
siet, 363, 926, *etc. ; impér. 2ᵒ p
plur.* seez, 1035 ; *parf. 3ᵉ
p. sing.* sist, 2011, 3348, *3ᵉ
p. plur.* sirent, 370, sistrent,
4427 ; *inf.* 3931, *prendre part
à un siège.*

sejor, 150, *repos.*

sejorner, 2200, 2536, *rester,
demeurer ; p. pa.,* 106, *re-
posé, frais.*

selon, selonc, 1091, 3731, *le long
de ;* 3320, *à côté de, auprès.*

semblant, 299, 537, 4433, *opi-
nion, idée ;* samblant, 3974,
apparence extérieure ; mostrer bel —, 995, *montrer de
bonnes dispositions.*

sempres, 1407, 2390, *etc., tout
de suite, aussitôt.*

sen : perdre le —, 2124, 2130,
2133, avoir le — desvé, 2066,
*perdre son bon sens, devenir
fou.*

sendel, 1618, *étoffe de soie.*

sené, 40, 643, etc., *sage, sensé*; bien —, 642, *bien pourvu de sens.*

senechaucie, 2781, *fonctions de sénéchal.*

sener, *p. pa.* senez, 1198, *panser.*

senestre, 2368, 3001, etc., *gauche.*

sert : (*au fig.*) maus sers! 790, *gredin.*

sergant, sergent, *voir* serjant.

seri : coiement et —, 339, 782, 1145, *doucement, à voix basse;* en —, 3909, *dans le calme du sommeil.*

serjant, sergant, serjent, 5, 18, etc., *homme d'armes;* 245, 253, etc., *serviteur;* (*fig.*) — saint Piere, 1734 [*dit d'un évêque*].

seror (*cas sujet*) 631, 1908, 2126, (*cas rég.*) 42, 89, etc., *sœur; voir* suer.

serorge, 356, 2254, 2262, *beaufrère.*

servir, 38, 76, *s'acquitter du service féodal;* 2792, *s'acquitter du service de cour;* — armes, 784, *porter les armes;* par ses armes —, 1460, *par son service guerrier.*

servise, 37, 85, 2684, 3130, 3559, *service féodal;* feront mon servise, 847, *resteront à mon service;* selon vostre —, 4007, *selon votre conduite;* 2636, *service amoureux.*

setme, 961, *septième.*

seüsse, seüst, sevent, *voir* savoir.

sevrer, 3682, 4162, *séparer.*

si que, 822, 1078, etc., *de telle sorte que;* 1734, *ainsi que,* comme; si ne, 3737, *que... ne* (*subj.*).

siecle, 529, 948, etc., *monde terrestre.*

siglaton, 3587, *manteau de brocart.*

signe, 1209, *signal convenu [pour l'exécution d'un meurtre].*

signoril, *voir* seignoril.

sire, *voir* seignor.

sirent, sistrent, *voir* seïr.

sivre, *3ᵉ p. plur. ind. prés.* sivent, 1089, 1096; *3ᵉ p. plur. fut.* sivront [*ms.* suerront, sueront], 1290, *suivre.*

sodée, *voir* soldée.

sodoier, *voir* soldoier.

soduire, 158 (*gér.* soduiant), *tromper; p. prés. pris adjectivt.* soduanz, 1170, so[u]du[i]ans 3605, *trompeur.*

soëf (*adv.*), 344, 1879, etc., *silencieusement, sans faire de bruit.*

soffre[te], 4138, *besoin.*

soffrir, soufrir : armes —, 757, *porter des armes;* se —, 1292, *rester tranquille, patienter;* sofrant, 274, 2131, *patient à l'excès.*

soignier (se), 3290, *se garder, redouter.*

soing : n'avoir — de, 482, 745, 1135, *se soucier peu, n'avoir cure de.*

soldée, 3851, sodée, 2594, soudée, 93, 2898, 4117, *récompense en argent, argent.*

soldoier, 1458, 1496, 1523, sodoier, 123, 2967, soudoier, 55, *homme d'armes, soudoyer.*

soler, 1716, *soulier.*

solier, 2190, *étage;* — lanceïs, 3928, *pont volant.*

soloir, *1ᵉ p. sing. ind. prés.*
suel, 2796 ; *3ᵉ p. sing. impf.*
soloit, 298, souloit, 3954,
avoir l'habitude.

som, son : par — l'aube,
1230, 1357, 2381, etc., *dès
le lever du jour* : cist moz
doit estre a — [*ms.* asson],
4022, *ce discours doit être
fini.*

somier, 1722, 2899, 3117,
cheval de bât.

son, *voir* som.

soner : — viole, 1356, *jouer de
la viole.*

sor : — tote chose, 1361, —
tote rien, 1442, *par dessus
tout* ; de —, *voir* desor ; par
— 1102, *au dessus de.*

sordre, *3ᵉ p. sing. ind. prés.*
sort, 2170, 4197, sourt, 3783 ;
3ᵉ p. sing. pf. sordi, 1426,
sordit, 4367, *3ᵉ p. plur.* sordrent, 3077, *surgir.*

sorporter, 4274, *entraîner, em-
porter.*

sorterrin, 3310, *souterrain* (?).

sot, *voir* savoir.

souduiant, *voir* soduire.

soudée, soudoier, *voir* soldée,
soldoier.

souloit, *voir* soloir.

sourt, *voir* sordre.

souspris, 2716, *épris, séduit.*

sovent (*adj.*) : sove[n]te[s]
foiées, 1890, *fréquemment.*

sovin, 1040, 1118, souvin, 2290,
sur le dos, renversé ; paume
— e, 4150, *la paume vers le
ciel.*

soz, 301, 683, etc., *sous* ; par
—, 2824, *sous.*

suel, *voir* soloir.

suer, *cas suj. sing.*, 154, 2235,

2555, *cas rég.*, 2149, *sœur* ;
voir seror.

sueront, suerront, *voir* sivre.

sulïen, 3086, *de Syrie.*

sus (*adv.*), 280, 326, etc., *en
haut* ; 1021, 3266, *en haut*
(*avec mouv.*) ; 2017, *dessus* ;
la —, 1334, *là-haut* ; 2235,
là-bas, au loin ; (*prép.*), 322,
3002, etc., *sur.*

tables, 2324, *sorte de jeu, forme
primitive du tric-trac.*

taint, 3433, *coloré.*

taisier (se), *3ᵉ p. plur. pf.*
taisirent, 674 ; 714, 760, etc.,
se taire.

talent, talant, 161, 1796, etc.,
disposition d'esprit ; 526, *désir* ; avoir —, 1795, 2417,
3150, *avoir le désir de* ; faire
son —, 2633, *faire ce qu'on
veut* ; s'il vos vient a —, 244,
2804, *si vous voulez* ; 2725,
4159, 4274, *désir amoureux* ;
faire ses —, 365, 387, 2725,
*satisfaire ses désirs amou-
reux* ; mal —, *voir* maltalent.

tant (*adj.*), 420, 1393, 1833-4,
2492-3, etc., *en si grand
nombre, en si grande quantité* ; (*adv.*), 49, 861, 1024,
etc., *si, tellement ; voir* atant,
par, por ; (*conj.*) — com,
1535, 1849, etc., *autant que* ;
— que, 700, 1403, *tellemen
que* ; 531, 637, etc., *jusqu'à
ce que, tout le temps que.*

tantost, 1979, 2102, 3814, *tout
de suite.*

targe, 2398, 2492, 2987, 3658,
4174, *bouclier long et rectan-
gulaire.*

targier, 3610, *tarder;* se —, 4327, *retarder.*

tart : a —, 3306, *tardivement.*

tassel, 1574, 1946, · 2006, *franges, passements.*

tel : je vous donroie —, 1174, *je vous porterais un tel coup.*

tence, 2338, *querelle, lutte à main armée.*

tencier, 425, *engager une discussion, disputer.*

tenement, 3124, 3151, 4450, *domaine, propriété.*

teneüre, 465, 2183, 2188, *fief.*

tenir, *fut. 3e p. sing.* tenra, 465, 3378, tendra, 2183, *2e p. plur.* tenrez, 481, *etc.* ; *pf. 3e p. plur.* tindrent, 2524, 3277; *infin.* tenoir (*à l'asson.*), 627, *avoir, posséder (au sens féodal)* ; 693, *gouverner* ; 1233, *soutenir ;* 2524, *retenir;* — a, 3379, 3747, — por, 3375, *considérer comme ;* — a jeu de, 3394, *se moquer de ;* — .xv. lieues, 3172, *occuper une étendue de 15 lieues* ; .vijc. be- zanz tienent, 1619, 1827, *700 besants d'or y sont con- tenus, cela vaut 700 be- sants* ; or en tiennent lor feste, 3302, 3277, *maintenant [les chiens] s'en régalent ;* — grandement, 1477, *traiter avec distinction ;* — mariage, 4221, *épouser;* —parole, 2172, *délibérer;* — regne, 574, *rete- nir les rênes;* — une voie, 2239, *prendre un chemin;* se — a, 3221, *être partisan de;* s'en —, 1175, 1226, 1266, 1796, *s'abstenir de.*

tenrement, 1210, 1224, *etc., tendrement.*

tens : par —, 1589, 2418, 3408, *quand le moment sera venu, plus tard.*

tenser, 1237, *protéger.*

tente : heaumes a —, 2510, *heaumes à lambrequin* (?).

tenue, 2193, *fief.*

terme, 936, 1301, 4011, termi- ne, 844, 1194, *moment.*

terrier, 3518, 3887, *retranche- ment en terre.*

terrin (*adj.*), 3266, *dont le sol est en terre battue.*

timbrer, 4558, *jouer [d'un ins- trument].*

tindrent, *voir* tenir.

tire [*ms.* cire], 2948, *étoffe de soie [de Tyr].*

tirer : — la reigne, 325, *tirer les rênes, retenir le cheval.*

tolir, *ind. prés.* 2e p. sing. tos, 1033, *3e p. sing.* to[l]t, 1059, tout, 200, *2e p. plur. (et im- pér.)* tolez, 679, 1683, *3e p. plur.* tollent, 3425, 3642; *fut. 1e p. sing.*, torrai, 1257, 1316, 2219; *pf. 3e p. sing.* toli, 199; *p. pa.* tolu, 463, 1047, *etc.,* tolois (*cas rég.plur.à l'asson.*), 4421, *enlever.*

tondre : faire — en croiz (*com- me un fou*), 696.

tormente : torner a —, 3880, *soumettre à des supplices.*

torneïs, 1615, *fait au tour.*

torner, *3e p. sing. subj. prés.* tort, 27; — a, 427, 430, *trans- former en;* — a [qqn], 1640, 3032, 3692, *aller vers qqn;* — a gas, 1011, *tourner en plaisanterie;* — a tormente, *voir ce mot;* (*v. trans.*) 1538, 1645, *repousser, chas- ser;* — sor (*v. intr.*), 4183, *retomber sur* ; en —, 27, *prendre congé, se séparer* [*de qqn*] ; — en fuie (*absolt*), 3940, *s'enfuir* ; (*v. trans.*) 1852, 3014, *faire fuir* ; se — : tornez vos de sor mi, 479, 809, tornez [vos] de sus nos, 491, *alleⱬ-vous en* ; s'en —, 189, 742, *etc*, *s'en aller*.

tornïer : tant com li monz tornie, 4145, *sur toute l'étendue de la Terre* (*qui est ronde*).

tornoi, 17, *tournoi*.

torrai, *voir* tolir.

1. tort, 1248, 3238, *injustice* ; a —, 449, 890, 902, 2858, *injustement*.

2. tort, 27, *voir* torner.

tost, 791, 792, 1329, *etc.*, *vite*.

tot : de —, 882, *complètement*.

tout, *voir* tolir.

trabuchier, trebuchier (*v. trans.*), 2367, 3983, *renverser, précipiter* ; (*v. intr.*), 2481, 3806, 4389, *trébucher*.

traïner, 699, *supplicier, en trainant derrière un cheval*.

traire, 199, 213, *etc.*, *tirer* [l'épée], 926 [le poil = *les cheveux*] ; 1900, 3571, 3994, *enlever* [les nappes] ; — grant mal, 3501, *supporter grand mal* ; — la vie du cors, 4146, *tirer la vie du corps, tuer* ; — a .j. conseil, 1487, — a garant, 1171, 2605, *citer devant un conseil, comme caution* ; se —, 2361, *s'avancer*.

traïtor, 118, 1025, *etc.*, *traître*.

trametre [ms. tresmetre], 2281, envoyer.

travail, 2414, *peine, fatigue*.

travaillier, 2774, 3690, *molester, tourmenter* ; 3236, *donner de la fatigue* ; travaillié, 2039, 2070, *etc.*, *fatigué* ; se —, 2978, *se donner de la peine* (*pour voyager vite*) ; se — de, 1504, *s'activer, se demener pour*.

trebuchier, *voir* trabuchier.

tref (*masc.*), 1990, 1995, 2015, 2037, 3114, 3119, 3633, 3946, 3962, 4076, *pavillon, tente*.

trellis (*adj.*), 4180, *dont les mailles sont à triple fil*.

trés, 771, 1990, 2494. 4363, *exactement, précisément*.

tresfiner, 2014, 2162, 2317, 2332, *s'arrêter*.

tresgité, 2013, *fondu*.

tresmetre, 2281, 4506, *envoyer* ; *cf.* trametre.

trespas : en —. 3360, *au passage*.

trespasser (*v. trans.*), 324, 352, *etc.*, *passer, franchir* ; 316, *transgresser, violer* ; (*v. intr.*) 2757, *passer complètement* (*en parlant du temps*).

trespercier, 4384, *transpercer*.

tresque (*conj. de temps*), 2166, *jusqu'au moment ou* ; tresqu'a (*prép. de lieu*), 1609, 1982, *etc.*, *jusqu'à*.

tressaillir (*v. trans.*), 803, *sauter par dessus* ; (*v. intr.*), — en piés, 3389, *sauter sur ses pieds, se dresser*.

tressuer, 451, *se couvrir de sueur* ; tressué, 1626, 2038, *trempé de sueur*.

trestorner, 1765, *détourner, dérober* ; — 1621, *négliger, transgresser* [*un ordre*] ; ja n'en ert *ou* iert trestorné, 935, 1500, 1860, *etc.*, *c'est décidé, on n'y changera rien ; n'en serez trestornée*, 952, *vous n'échapperez pas à votre destinée*; se —, 3784, *se détourner.*

trestot, 217, 699, *tout entier*; trestoz (*cas rég. plur.*), trestuit (*cas suj. plur.*), 15, 1222, *etc., tous ensemble* ; (*adv.*), 221, 343, *entièrement.*

treüs, 3163 [*corr.*trebus (?)], *espèce de chausses.*

trive, 1139, 1149, *etc., trève.*

troblé, 3975, *troublé (dans le sens matériel et le sens moral à la fois).*

troilié, 3185, *treillissé.*

trois (*sens indéfini*) : — *paroles*, 472, 487, *etc., quelques paroles.*

tronc, *cas rég. plur.* trons, 3833, 3937, *tronc d'arbre employé comme projectile pour une machine de guerre.*

trone, 440, *ciel, firmament.*

trons, *voir* tronc.

trop, 846, 946, 1643, *beaucoup, très.*

trosser : — *son harnois*, 1377, *charger son bagage*; (*v.intr.*), 4596, *faire son bagage*; trossé, 1772, 3711, *chargé (en parlant d'une bête de somme).*

trover, *ind. prés. 3ᵉ p. sing.* trueve, 3022; *subj. prés. 1ᵉ p. sing.* truisse, 2946, *2ᵉ p. plur.* truissiez, 4244, *trouver.*

truant, 3247, 3589, 3615, *vagabond.*

trueve, truisse, truissiez, *voir* trover.

tumer, 4563, *faire des culbutes d'acrobate.*

tumeresce, 4563, *femme qui « tume », acrobate.*

uis, 906, 1043, *etc., porte.*

umilier (s'), 3042, *devenir bon, miséricordieux.*

va, 2790, *interjection.*

vaillant, 4, 7, 37, *etc.,* vaillissant, 133, *la valeur de.*

vaincre:—*l'estor*, 2850, *gagner la bataille.*

vair (*adj.*), 2008, *changeant, brillant (en parlant des yeux)*; (*subst.*), 105, 633, *fourrure de l'écureuil du Nord.*

val, 2912, *plur.* vaus, 2913, *vallée*; a —, *voir* aval.

valet, vallet, 108, 1326, *etc., jeune homme.*

vanteres (*cas suj. sing.*), 4131, *vantard.*

vaselage, *voir* vasselage.

vassal (*adj.*), 1960, *brave, courageux*; (*subst.*), 2039, 3324, *homme.*

vasselage, vaselage, 4331, 4392, *courage.*

veant : *d'oïr et de* —, 261, *par l'ouïe et par la vue.*

veer (*3ᵉ p. plur. ind. prés.* vieent [*ms.* vaient], 4060), 2874, 3058, 3234, 4122, *refuser, interdire.*

veez, *voir* vez.

veïr, 736, 810, 3923, *voir*; *p.prés.* veant, 261, 988, voiant, 1431.

venir : *bien veigniez*, 3539, *soyez le bienvenu* ; — *ensemble*, 908, *se marier* ; — a *comant*, 242, *etc.,* — a gré, 229, 1555, 1558, 2077, — a *plaisir*, 229, — en plaisir, 231, — a talant, 244, *plaire.*

venjance : faire sa —, 2897,
établir un plan de vengeance.

venter, 706, 4043, *jeter au vent.*

ventre, poitrine : le cuer qu'il
ot ou ventre, 1104, 1117.

vergié, 2464, *vergé (épithète de
heaume).*

vergonder, 225, 307, *etc., couvrir de honte.*

vergondos, 989, 1436, *honteux.*

verité, *voir* verté.

vermeus *(cas suj. sing.)*, 2458,
vermoilz *(id.)*, 3007, vermoil
(cas rég.), 1993, *vermeil.*

verroil, 1950, voruel |*ms.* rovuel] 1578, *virole.*

vers, 788, 824, *etc., contre,
envers ;* 818, *en comparaison
de ;* de —, *voir* devers.

verser *(v. trans.)*, 2362, *renverser ; (v. intr.)*, 100, 2481, *tomber.*

vert, 3764 (?), *épithète d'espée.*

verté, verité : de —, 75, 82, *etc.,
vraiment.*

vertir (se), 2686, *se tourner.*

vertu, 1018, *etc., courage ;* par
—, 2240, 2331, *etc., courageusement.*

ves, *voir* vez.

vespre *(masc.)*, 943, 2337, *soir.*

vesteüre, 438, 447, *vêtement.*

veudie, *voir* vuidier.

veve, 29, *veuve.*

vez, veez, ves : — ci, ici, 208,
2334, 4290, *etc.,* — moi ci,
788, *voici.*

vi, *voir* vis.

viaire, 51, 285, 2008, *visage.*

viande, 3279, *etc., nourriture.*

vianois, 362, 388, *fabriqué à
Vienne (épithète de* branc).

viax *(cas rég. plur.)*, 3561, *vieux.*

vieent, *voir* veer.

vilain, 2310, *homme non noble.*

vi[l]té, *voir* viuté.

viole, 717, 1356, *instrument à
cordes.*

violer, 858, 2107, 2787, 4558,
jouer de la viole.

1. vis *(cas suj. sing. de* vif). 223,
480, *etc., vivant.*

2. vis, 797, 799, *etc., cas rég.* vi,
1885, *visage.*

3. vis : il m'est a —, 1449, *il me
semble.*

viste, 658, *agile.*

vitaille, 2969, 3117, *etc., vivres,
provisions de bouche.*

viuté, vi[l]té, 2892, *abjection,
honte ;* 688, *acte criminel.*

vivandier, 3272, *homme hospitalier, généreux.*

vivre : — de, 966, *vivre aux dépens de.*

voiant, *voir* veïr.

voie : tote —, 1278, *de toute
manière.*

voier, 3226, *officier préposé à
la surveillance et à l'entretien
des routes.*

voir, 2262, *vrai ;* dire —, 372,
dire la vérité ; de —, 1228,
por —, 2048, 3605, *vraiment ;*
(adv.), 1181, 1906, *etc., vraiment ;* non —, 4229, *non vraiment.*

voire, 1043, *vraiment ;* voirement, 1061, *etc., même sens.*

voldrent, *voir* voloir.

* voleille, 4498, *volaille.*

voloir, *prés. ind.* 1ᵉ *p. sing.*
vueil, 1457 ; *condit.* 1ᵉ *p. sing.*
volroie, 1112 ; *pf.* 3ᵉ *p. sing.*
vot, 1845, 1968, 3373, vout,
1334, 1ᵉ *p. plur.* vousimes,
3076, 2ᵉ *p. plur.* vousistes,
2259, 3ᵉ *p. plur.,* voldrent,
1603, 1982, voudrent, 3530,

vourent, 3390 ; *subj. prés.
2ᵉ p. plur.* veulliez, 3387;
impf. 1ᵉ p. sing. vosissé, 720,
3329, vousisse, 3297, *2ᵉ p.*
vosisses, 474, 489, *3ᵉ p.* vosist, 1483, *3ᵉ p.* vousissent,
3391, *vouloir; inf. pris substantivt,* 1368, *chose décidée.*
voruel, *voir* verroil.
vosisse, vosist, vot, *voir* voloir.
votiz, 2287, *en forme de voûte,
bombé (épithète d'escu).*

voudrent, vourent, vousimes,
vousistes, vout, *etc., voir*
voloir.
vueil, *voir* voloir.
vuidier, *p. pa. fém. sing.* veudie,
2161, *quitter, abandonner.*

waignon, gaignon, 3302, 3337,
gros chien, mâtin.

ysopé, *voir* isopé.

TABLE DES NOMS PROPRES

Antoine, 2327, *partisan de Tomile*.

Apolin, 4401, *dieu des* Sesnes.

Arabe, *Arabie* : or d' —, 4418.

Arabois, *d'Arabie* : or —,
620.

Arembour, 3423, *fille du maire
Bernard*.

Asson, *cas suj*. Asses de
Maience, 1021, *partisan d'O-
live et de Landri*, 661, 1020,
etc.; *donné par erreur comme
compagnon de prison de Doon*,
2802.

Asson, 2328, *partisan de Tomile*.

Auberi (Aubri 2990, 2999,
3738), *évêque, oncle d'Olive*,
2163, 2168, *etc.*; *sa bio-
graphie*, 2926 *et suiv*.

Audegour, *fille de Tomile,
seconde femme de Doon*, 654,
2114, 3026.

Autricant (*cas suj. plur.*),
2778, *Africains*.

Aumarie, *Almeria (Espagne)* :
drap d' —, 4069.

Autefeulle, 4178, Autefueille,
2872, Autefuelle, 4183, Hautefeulle, 4168, *château de
Grifon, pris par Landri*,
4167, *et suiv.*; *voir* Grifon
d'A.

Auterme, 1320, 1355, *bourgeois
de Paris*.

Bacce a la porte, 859 (?).

Baivier, *voir* Bavier.

Balegué [ms. Baligné], 4555,
Balaguer (Catalogne).

Bavier, 13, 998, Bai'ier, 1080,
Bavarois.

Baviere, 2166, *pays appartenant
à Olive*.

Beatriz, 2940, *sœur de l'évêque
Auberi, mère de Pépin le Bref*.

Bencite, 1204, *nonne, qui dé-
nonce à Doon le complot de
Tomile contre Landri*.

Be[o]rges, 2991, *Bourges, ville
dont Amorant de St-Gile est
duc*.

Berengier, 1502, 1530, *chevalier de Constantinople envoyé
en France pour s'enquérir sur
Landri*.

Beri, 4232, *Berry*.

Bernart, 3191, 3215, 3228,
Bernehart, 3353, 3401, 3633,
3660, *officier domanial resté
fidèle à Doon*.

Bertain (*cas rég.*), 3423, *fille du
précédent*.

Bonevent, 2768, *Bénévent (Italie)*.

Bourgogne, 4232.

Bras Saint Georges, 867, 1594,
1977, *Hellespont, mer de
Marmara*.

Bretaigne, 4113.

Breton, 435.

Brohimax de Sesoine, 4353,
Brohemax, 4370, 4383, *roi
des Saxons, emmène pri-
sonnier Pépin le Bref*.

Calabre, 2192 (*nommé comme
un pays lointain*), 2761. 2908.

*Carsadoine 4127 [ms. Laza-
doine], 4355 [ms. Jazacoi-
gne], roi de Sasoingne, tué
par Pépin*.

Clarembaus (*cas sujet*) de Dinant, 1074, *partisan de Tomile*.

Coloigne, 112 [ms. Coulongne],
etc., Coloigne sor mer, 1622,
Cologne, ville habitée par

Gautier, 3246, *fils de Bernard.*

Gautier, *chevalier, cousin germain de Doon,* 1760 *et suiv., est chargé par l'archevêque de Cologne de réclamer à Tomile les dromadaires des envoyés de Constantinople.*

Gautier de Sorbrie, 3939, *partisan de Landri.*

Genevois, 2911, *territoire de Gênes* (?); 2601, *homme de Gênes* (?).

Germain (saint), 3413.　◼

Gilebert, 2327, *partisan de Tomile.*

Gilebert de Vaubile, 1241.

Gillebert, *fils ainé de Bernard,* 3206, 3246, 3309.

Gillibert filz Henri, *ingénieur, dirige le siège de Mayence,* 3925 *et suiv.*

Gontiaume, *riche bourgeois de Cologne, cousin germain de Doon, héberge les envoyés de Constantinople venus pour s'enquérir de Landri,* 1609 *et suiv.*

Gormaise, *Worms, vicomté appartenant à Tomile,* 563, 605, 848; *appartenant à Grifonel,* 2994.

Grégoire, *chapelain de Doon, envoyé en mission auprès de Pépin,* 309 *et suiv.*

Grice, 1382, *Grèce.*

Grifon d'Autefueille, Grifon le viel, 3799, *cas suj.* Grife, Grifes a la barbe, 3606, *traître,* 2872, *père d'Hardré et d'Hélie,* 3734, *seigneur de Sorable,* 3756, 3780, 3799, 3866, *attaqué à Hautefeuille et tué par Landri,* 4167 *et suiv.*

Grifon (comte), *voir* Grifon d'Autefueille.

Grifonel, *fils de Malsarie, seigneur de Worms, est tué par Amorant de Saint-Gile,* 2992 *et suiv.*

Grifonie, Griffonie, 2616, 2722, 2791, *empire des Grecs.*

Griffons, 2000, *Grecs.*

Guenelon, *cas suj.* Guenes, 1142, *traître, neveu de Tomile,* 119, 1128, *frère d'Hardré et d'Hélie,* 3779.

Guinemant, 2328, *partisan de Tomile.*

Guinemant, *partisan d'Olive et de Landri,* 661, 1020, *etc., donné à tort comme compagnon de captivité de Doon,* 2859.

Hardré, *traître, fils de Grifon, cousin de Tomile et de Guenelon,* 120; *ménage une trève avec Doon,* 1128 *et suiv.; conseille de voler les dromadaires des envoyés de Constantinople,* 1605 *et suiv.; fait prisonnier par Landri,* 3783 *et suiv.; nommé par erreur Hardris,* 3818.

Hauquetant, *traître, tué par Landri,* 4633.

Hautefeuille, *voir* Autefeuille.

Hélie, *traître, fils de Grifon, tué par Landri,* 3733 *et suiv.*

Henri, *personnage de la suite de Doon,* 227.

Henri, *père de l'ingénieur Gillibert,* 3925.

Hermins, 1429, *Arméniens.*

Herupe, 452, *région entre Seine et Loire (Cf.* R. de Cambrai, *Table).*

Hervi, *traître, cousin de To-*

130, 880, 2385, Looraingne, 2816, *Lorraine*; les puis de Leoroingne, 2910, *montagnes placées par l'auteur en Italie.*

Loqueste, *traître tué par Landri,* 4634.

Mahom, 4401, Mahomet, 4354, *dieu des Sesnes.*

Maiance, Maience, 2394, 2808, 2915, 2921, 3060, 3707, *est assiégé par Doon,* 3832 *et suiv.*; *voir* Asson.

Malingre, *fils de Doon et d'Audegour,* 938, 956, *etc.*

Malprin, *messager de l'empereur Alexandre,* 4230 *et suiv.*

Malquerant, *traître tué par Landri,* 4634.

Malsarie, *sœur de Tomile, mère de Grifonel,* 2992.

Manople : brul de —, 2326, *bois placé dans le voisinage d'Aix-la-Chapelle.*

Marie (sainte), 513, 827, *etc., la sainte Vierge.*

Maugin, *traître,* 121.

Monbardon, 1681, 2723, *Montebardone en Italie.* (*Cf.* J. Bédier, *Les Légendes épiques,* II, 204.)

Mongiu, 4255, *Montjoie.* (*Cf.* J. Bédier, *Les Légendes épiques,* II, 225 *et suiv.*)

Monjoie, 4395, *Montjoie, cri de guerre des Français.*

Monlaon, 1490, 1505, 1519, 1759, *Laon (Aisne).*

Monpeillier, 864, *Montpellier.*

Montefleune, 865 (?).

Monsteruel sor mer, 1959, 2084, *Montreuil - sur - mer (Pas-de-Calais).*

* Montervile [*ms.* Monteruule],

2660, 2848, *localité où eut lieu la bataille entre Dorame et l'empereur Alexandre.*

Moïene, 2913, *la Maurienne.*

Morise, *refuse de suivre Landri,* 1242 *et suiv.*

Moriz le chenuz, *neveu de Doon,* 370, 399, *se montre favorable à Olive,* 1020 *et suiv.*

Noiron (Pré), 1554, 3325, 3478, *ager Vaticanus, puis Prati di Castello, à Rome.*

Normandie, 4114.

Noimant, *cas rég.* Normans, 14, 435, 999, *Normands.*

Olive, *à l'asson.* Olivain, 3409, 3446, Olivant, 3457, *sœur de Pépin et femme de Doon,* 43, 50, *etc.*

Oton, *partisan de Doon,* 3871.

Outré, *envoyé de l'empereur de Constantinople en France,* 1502 *et suiv.*

Paris : *Pépin y tient sa cour,* 12, 38, 311, 325, 574, 575, 1283, 2229.

Pavie, 1791, *ville d'Italie.*

Pepin, *roi de France,* 11, 38, *etc.*; *qualifié roi,* 11, *etc., empereur,* 41, 54, *etc., le roi Franc,* 2126 ; *a tué le lion,* 220, 2226, 2855.

Pere (saint), *voir* Pierre.

Pierre (saint), *qu'on vénère à Rome,* 3325, 3478; *qu'on vénère à Cologne,* 2153, 3544 (*voir* Saint Pierre) ; *le grand chemin saint Pere,* 1378, *le chemin qui mène à Rome*; S. Pere au Bras, *voir* Saint Pere au Bras.

ERRATA

CORRECTIONS ET ADDITIONS

Lire :

V. 103, mois duré. — 528, par amoit. — 614, *suppr. la note aux var.* — 876, gastera voz. — 983, que soie bien o vos (?) (*cf.* Introd., *p.* **xxx**). — 1088, despersonéement. — 1159, Do. — 1206, pile[r]. — 1239, deci qu'en paiennie. — 1265, plore et sospire (*cf.* Introd., *p.* **xxvi**). — 1390, li uns a l'autre. — 1471, fu[i]tis. — 1605, mès. — 1625, laissi[e]rent (*cf.* Introd., *p.* **xix**). — 1639, saint Pere. — 1665, li mès. — 1713, enganez, *et ajouter en note :* 1713, enganez, *ms.* engigniez; *cf. plus loin, v.* 1914. — 1848, senestre le[z]. — 1857, foi. — 1914, *peut-être faut-il maintenir dans le texte* enginié, *leçon du ms. (cf. v.* 1713 *et* Introd., *p.* **xxviii**.) — 1924, nen. — 1995, Dieus ne fist. — 2066, *var.,* sanc. — 2080, de bon aire; *ajouter aux var. : ms.* de bonnaire. — 2215, juré Tomile. — 2253, 2261, p[l]ois. — 2319, .j. escuiers. — 2726, müir (*cf.* Introd., *p.* **xix**). — 2735, Par itel covenant. — 2741, di[s]t. — 2789, Le chartrier en apele. — 3107, *ajouter aux var. :* acorerai, *ms.* acorecerai. — 3397, li povre[s]. — 3478, 3544, saint Pere. — 3678, ne place Dieu. — 3710, Vos menrez. — 3795, puis je bien dire. — 3909, *var. : supprimer les 12 derniers mots.* — 4027, Del massacre, *et ajouter aux var. : ms.* maltagre. — 4086, *var. : supprimer les six derniers mots.* — 4101, saint Pere (*cf.* Introd., *p.* **xxxi**).

Notes. P. 175, l. 2, messagers, *au lieu de* messages.

TABLE DES MATIÈRES

Publications de la Société des Anciens Textes Français
(*En vente à la librairie* Edouard Champion, *5, quai Malaquais, à Paris-6ᵉ arr.*).

———

Bulletin de la Société des Anciens Textes Français (années 1875 à 1921). N'est vendu qu'aux membres de la Société au prix de 3 fr. par année, sur papier de Hollande, et de 6 fr. sur papier Whatman.

Chansons françaises du xvᵉ *siècle* publiées d'après le manuscrit de la Bibliothèque nationale de Paris par Gaston Paris, et accompagnées de la musique transcrite en notation moderne par Auguste Gevaert (1875). Epuisé.

Les plus anciens Monuments de la langue française (ixᵉ, xᵉ siècles) publiés par Gaston Paris. Album de neuf planches exécutées par la photogravure (1875) . . . . Épuisé.

Brun de la Montaigne, roman d'aventure publié pour la première fois, d'après le manuscrit unique de Paris, par Paul Meyer (1875). Sur papier Whatman seulement. . . . . 30 fr.

Miracles de Nostre Dame par personnages publiés d'après le manuscrit de la Bibliothèque nationale par Gaston Paris et Ulysse Robert ; texte complet t. I à VII (1876, 1877, 1878, 1879, 1880, 1881, 1883), le vol. . 15 fr.

Le tome VII est épuisé en papier Hollande.

Le t. VIII, dû à M. François Bonnardot, comprend le vocabulaire, la table des noms et celle des citations bibliques (1893) . . . . 25 fr.

Guillaume de Palerne publié d'après le manuscrit de la bibliothèque de l'Arsenal à Paris, par Henri Michelant (1876). Sur papier Whatman seulement. . . . . 40 fr.

Deux Rédactions du Roman des Sept Sages de Rome publiées par Gaston Paris (1876). Sur papier Whatman seulement . . . . 40 fr.

Aiol, chanson de geste publiée d'après le manuscrit unique de Paris par Jacques Normand et Gaston Raynaud (1877). Sur papier Whatman seulement. . . . . 50 fr.

Le Débat des Hérauts de France et d'Angleterre, suivi de *The Debate between the Heralds of England and France, by* John Coke, édition commencée par L. Pannier et achevée par Paul Meyer (1877) . . . . 15 fr.

Œuvres complètes d'Eustache Deschamps publiées d'après le manuscrit de la Bibliothèque nationale par le marquis de Queux de Saint-Hilaire, t. I à VI, et par Gaston Raynaud, t. VII à XI (1878, 1880, 1882, 1884, 1887, 1889, 1891, 1893, 1894, 1901, 1903), ouvrage terminé, le vol. 20 fr.

Le saint Voyage de Jherusalem du seigneur d'Anglure publié par François Bonnardot et Auguste Longnon (1878) . . . . 20 fr.

Chronique du Mont-Saint-Michel (1343-1468) publiée avec notes et pièces diverses par Siméon Luce, t. I et II (1879, 1883), le vol. . . . . . . 20 fr.

Elie de Saint-Gille, chanson de geste publiée avec introduction, glossaire et index, par Gaston Raynaud, accompagnée de la rédaction norvégienne traduite par Eugène Koelbing (1879). . . . . 15 fr.

Daurel et Beton, chanson de geste provençale publiée pour la première fois d'après le manuscrit unique appartenant à M. F. Didot par Paul Meyer (1880). Sur papier Whatman seulement... ... ... 30 fr.

La Vie de saint Gilles, par Guillaume de Berneville, poème du xii* siècle publié d'après le manuscrit unique de Florence par Gaston Paris et Alphonse Bos (1881) ... ... 20 fr.

L'Amant rendu cordelier à l'observance d'amour, poème attribué à Martial d'Auvergne, publié d'après les mss. et les anciennes éditions par A. de Montaiglon (1881)... ... ... 15 fr.

Raoul de Cambrai, chanson de geste publiée par Paul Meyer et Auguste Longnon (1882). Sur papier Whatman seulement . ... 50 fr.

Le Dit de la Panthère d'Amours, par Nicole de Margival, poème du xiii* siècle publié par Henry A. Todd (1883) ... ... 15 fr.

Les Œuvres poétiques de Philippe de Remi, sire de Beaumanoir, publiées par H. Suchier, t. I et II ensemble (1884-85)... ... ... 40 fr.

La Mort Aymeri de Narbonne, chanson de geste publiée par J. Couraye du Parc (1884)... ... ... 20 fr.

Trois Versions rimées de l'Évangile de Nicodème publiées par G. Paris et A. Bos (1885) ... ... 0 fr.

Fragments d'une Vie de saint Thomas de Cantorbéry publiés pour la première fois d'après les feuillets appartenant à la collection Goethals Vercruysse, avec fac-similé en héliogravure de l'original, par Paul Meyer (1885). 20 fr.

Œuvres poétiques de Christine de Pisan publiées par Maurice Roy, t. I, II et III (1886, 1891, 1896), le vol... ... ... 20 fr.

Merlin, roman en prose du xiii* siècle publié d'après le ms. appartenant à M. A. Huth, par G. Paris et J. Ulrich, t. I et II (1886). Sur papier Whatman seulement le vol... ... ... 40 fr.

Aymeri de Narbonne, chanson de geste publiée par Louis Demaison, t. I et II (1887). Sur papier Whatman seulement le vol. ... ... 40 fr.

Le Mystère de saint Bernard de Menthon publié d'après le ms. unique appartenant à M. le comte de Menthon par A. Lecoy de la Marche (1888). 15 fr.

Les quatre Ages de l'homme, traité moral de Philippe de Novare, publié par Marcel de Fréville (1888) ... ... 20 fr.

Le Couronnement de Louis, chanson de geste publiée par E. Langlois, (1888). Sur papier Whatman seulement... ... ... 50 fr.

Les Contes moralisés de Nicole Bozon publiés par Miss L. Toulmin Smith et M. Paul Meyer (1889)... ... ... 25 fr.

Rondeaux et autres Poésies du XV siècle* publiés d'après le manuscrit de la Bibliothèque nationale, par Gaston Raynaud (1889)... ... ... 20 fr.

Le Roman de Thèbes, édition critique d'après tous les manuscrits connus, par Léopold Constans, t. I et II (1890) ensemble... ... ... 50 fr.

Le Chansonnier français de Saint-Germain-des-Prés (Bibl. nat. fr. 20050), reproduction phototypique avec transcription, par Paul Meyer et Gaston Raynaud, t. I (1892)... ... ... 100 fr.

Le Roman de la Rose ou de Guillaume de Dole publié d'après le manuscrit du Vatican par G. Servois (1893). Sur papier Whatman seulement... ... ... 40 fr.

L'Escoufle, roman d'aventure, publié pour la première fois d'après le manuscrit unique de l'Arsenal, par H. Michelant et P. Meyer (1894). . 25 fr.

Guillaume de la Barre, roman d'aventures, par Arnaut Vidal de Castelnaudari, publié par Paul Meyer (1895)... ... ... 20 fr.

Meliador, par Jean Froissart, publié par A. Longnon, t. I, II et III (1895-1899), le vol.................,.............. 20 fr.

La Prise de Cordres et de Sebille, chanson de geste publiée, d'après le ms. unique de la Bibliothèque nationale, par Ovide Densusianu (1896)... Épuisé.

Œuvres poétiques de Guillaume Alexis, prieur de Bucy, publiées par Arthur Piaget et Émile Picot, t. I, II et III (1896, 1899, 1908), le volume... 20 fr.

L'Art de Chevalerie, traduction du *De re militari* de Végèce par Jean de Meun, publié, avec une étude sur cette traduction et sur *Li Abrejance de l'Ordre de Chevalerie* de Jean Priorat, par Ulysse Robert (1897). 20 fr.

Li Abrejance de l'Ordre de Chevalerie, mise en vers de la traduction de Végèce par Jean de Meun, par Jean Priorat de Besançon, publiée avec un glossaire par Ulysse Robert (1897)...................,........... 20 fr.

La Chirurgie de Maître Henri de Mondeville, traduction contemporaine de l'auteur, publiée d'après le ms. unique de la Bibliothèque nationale par le Docteur A. Bos, t. I et II (1897, 1898) ensemble......... 40 fr.

Les Narbonnais, chanson de geste publiée pour la première fois par Hermann Suchier, t. I et II (1898)...................... Épuisé.
Il reste quelques exemplaires du tome II.

Orson de Beauvais, chanson de geste du xii° siècle publiée d'après le manuscrit unique de Cheltenham par Gaston Paris (1899)........ 20 fr.

L'Apocalypse en français au XIII° siècle (Bibl. nat. fr. 403), publiée par L. Delisle et P. Meyer. Reproduction phototypique (1900).... 100 fr.
— Texte et introduction (1901)................................. 25 fr.

Les Chansons de Gace Brulé, publiées par G. Huet (1902).......... 15 fr.

Le Roman de Tristan, par Thomas, poème du xii° siècle publié par Joseph Bédier, t. I et II (1902-1905), le vol........................... Épuisé.

Recueil général des Sotties, publié par Ém. Picot, t. I, II et III (1902, 1904, 1912), le vol... 20 fr.

Robert le Diable, roman d'aventures publié par E. Lòseth (1903)... 20 fr.

Le Roman de Tristan, par Béroul et un anonyme, poème du xii° siècle, publié par Ernest Muret (1903).................,............... Épuisé.

Maistre Pierre Pathelin hystorie, reproduction en fac-similé de l'édition imprimée vers 1500 par Marion de Malaunoy, veuve de Pierre Le Caron (1904)... 15 fr.

Le Roman de Troie, par Benoit de Sainte-Maure, publié d'après tous les manuscrits connus, par L. Constans, t. I, II, III, IV, V et VI (1904, 1906, 1907, 1908, 1909, 1912), le vol.......................... 25 fr.

Les Vers de la Mort, par Hélinant, moine de Froidmont, publiés d'après tous les manuscrits connus, par Fr. Wulff et Em. Walberg (1905). Épuisé.

Les Cent Ballades, poème du xiv° siècle, publié avec deux reproductions phototypiques, par Gaston Raynaud (1905)...................... 20 fr.

Le Moniage Guillaume, chansons de geste du xii° siècle, publiées par W Cloetta, t. I et II (1906, 1911), le vol............................. 25 fr

Florence de Rome, chanson d'aventure du premier quart du xiii° siècle, publiée par A. Wallensköld, t. I et II (1907, 1909), le vol...... 20 fr.

Les deux Poèmes de La Folie Tristan, publiés par Joseph Bédier (1907)... Épuisé.

Les Œuvres de Guillaume de Machaut, publiées par E. Hœpffner, t. I (1908). . . . . 20 fr.
— t. II (1911). . . . . 25 fr.

Les Œuvres de Simund de Freine, publiées par John E. Matzke (1909). 20 fr.

Le Jardin de Plaisance et Fleur de Rethorique, reproduction en fac-similé de l'édition publiée par Antoine Vérard vers 1501 (1910). . . . . 100 fr.

Chansons et descorts de Gautier de Dargies, publiés par G. Huet (1912) . . . . 10 fr.

L'Entrée d'Espagne, chanson de geste franco-italienne, publiée par A. Thomas, t. I et II (1913) ensemble. . . . . 50 fr.

Le Lai de l'Ombre, par Jean Renart, publié par J. Bédier (1913). . 15 fr.

Le Roman de la Rose, par Guillaume de Lorris et Jean de Meun, publié d'après les manuscrits, par E. Langlois.
Tome I (1914), II et III (1920), le vol. 25 fr.

Le Roman de Fauvel, par Gervais du Bus, publié d'après tous les manuscrits connus, par M. A. Långfors (1914-1919). . . . . 20 fr.

———

Le Mistére du Viel Testament, publié avec introduction, notes et glossaire, par le baron James de Rothschild, t. I-VI (1878-1891), ouvrage terminé, le vol. . . . . 20 fr.
(*Ouvrage imprimé aux frais du baron James de Rothschild et offert aux membres de la Société.*)

———

Tous ces ouvrages sont in-8°, excepté *Les plus anciens Monuments de la langue française* et la reproduction de l'*Apocalypse*, qui sont grand in-folio, et la reproduction du *Jardin de Plaisance*, qui est in-4°.

Il a été fait de chaque ouvrage un tirage à petit nombre sur papier Whatman. Le prix des exemplaires sur ce papier est double de celui des exemplaires sur papier ordinaire.

Les membres de la Société ont droit à une remise de 25 p. 100 sur tous les prix indiqués ci-dessus.

———

La Société des Anciens Textes français a obtenu pour ses publications le prix Archon-Despérouses, à l'Académie française, en 1882, et le prix La Grange, à l'Académie des Inscriptions et Belles-Lettres, en 1883, 1895, 1901, 1908, 1911, 1914 et 1918.

———

Le Puy-en-Velay. — Imprimerie Peyriller, Rouchon et Gamon.